当孙悟空遇到哈利·波特

田姝 ◎ 主编

团结出版社
UNITY PRESS

小朋友，人的一生很漫长，但最关键的只有那么几步，小学阶段正是你成长的重要阶段。作为一个小学生的你，是什么样子的？你是不是喜欢嬉戏玩耍，而害怕受拘束和禁锢？你是不是喜欢自己动手实验，而不喜欢埋首于枯燥的课本当中？你是不是喜欢天马行空的想象，而不喜欢大人给的条条框框？

是的，你一定是这样的孩子。你一定像爱迪生一样爱思考；你一定像达尔文那样充满想象力；或是像司马光那样聪明机智；拥有毕加索那样的艺术天赋……其实，每一个孩子都是天才，只是，在成长的过程中，这些才能没有被激发出来而已。

现在，你一定想知道怎样才能让自己的潜能充分地发挥出来，让我们告诉你，秘诀就是《就是要不学无"束"》。它会帮助你找到分数与未来的平衡点；它会和你一起动手去探索那些生活中的科学小实验；它会用古老的益智游戏和有趣的数学谜题升级你的大脑；它还会带你穿越时空，去和古人交流思想；还有那些别人不知道的百科知识，那一棵棵引人发笑的稻草，那些无拘无束的想象，哦，还有你梦想着的未来……

目录

CHAPTER 3　插上想象翅膀

CHAPTER 4　神游天地之间

CHAPTER 5 走进梦幻王国

CHAPTER 1

看我七十二变

假如给你一段文字材料，

你是否能发挥想象将材料的形式和内容

进行改变，形成一篇新的文章？如果有一幅

画或者一组图片，你能根据画面内容展开想象写

成文章吗？若你来到郊外或者站在窗前，无意中听

到了一些声音，有风声、流水声、青蛙叫声等等，你

会不会想象这些声音之间有什么联系，构成一个完整

的故事？

　　根据现有的文字、声音、图片等发挥想象写出文

章，首先要仔细看材料，认真研究，再展开合理的想

象才行。比如对诗歌的改写，就要在准确弄清诗歌

的内容和情感的基础上，认真构思情节，大胆想

象。对于声音和图片，要在听清看懂的情况下，

联系生活实际，加以丰富的想象……

　　说白了，这类文章是依据现有的

一点材料，充分发挥想象后，

铺展成文的。

荷塘采莲

陈巧莉

夏天来了，太阳公公出来的时间可真多，它总是高高地挂着，小草低着头，大树喘着气，知了们聚在一块儿，叫着："真热！真热！"

可天再热，也关不住村里那些小家伙。你瞧，趁着大人们不注意，他们三两成队，撑着小船，偷偷来到别人家的荷塘里。阳光下，只有荷塘里的莲花，白得像玉，一朵朵，美丽又精神。

一阵风吹来，荷塘处处迷漫着莲花的香气。孩子们等不及

了，探出身子，采了起来。蜻蜓们在荷花与荷叶间相互追赶着，又好像在悄悄责怪这些偷采莲花的小家伙。

一朵，两朵，三四朵，每个孩子手上都举着刚采下的莲花，汗珠儿顺着他们的脸庞流下来，他们却笑得合不上嘴。

"有人来了，快跑！"荷塘里，一条被吵醒的鱼儿一边游，一边叫。不知是哪个孩子先听见了，打了一个逃的手势，小船就急急地划开了。

鱼儿笑了，蜻蜓笑了，闻声赶来的荷塘主人也笑了！猜，都是谁家的孩子偷采了美丽的白莲花呀？哈哈，划向远处的小船荡开了水面上的浮萍，清清楚楚留下一条他们回家的水路。

★ ★ ★ ★ ★ ★ ★ ★ ★ ★ ★ ★ ★ ★ ★ ★ ★ ★ ★

创意金点
CHUANGYI JINDIAN

本文是依据唐代著名诗人白居易的《池上》进行的改写。原诗是：小娃撑小艇，偷采白莲回。不解藏踪迹，浮萍一道开。作家通过自己的合理想象，向我们清晰地展示了一幅孩子们在夏天到池塘里游玩戏耍、偷采莲花的有趣画面。本文描写简约而细致，语言清新，故事改写得很有创意。

蚂蚱回草丛了

余文萱

秋天到了，一个喜欢大自然的小女孩，来到了乡村。在乡村的草丛中捉了许多蚂蚱，把他们装进瓶子，带回城市的家。她又在瓶子里放进一些新鲜的草叶和柔软的花瓣，帮他们造了一个温馨的窝。于是，她想蚂蚱们会安心地在这里住下，过着无忧无虑的生活的。

可蚂蚱们不喜欢这狭小的空间，都想跳出去。于是，他们来了场跳高比赛。一只绿色的蚂蚱两腿一蹬，跳到了瓶子的中间，想用脚抓住瓶壁，可是却滑了下去。另一只蚂蚱不甘示弱，两腿用力一蹬，"嗖"地一下，竟然跳到了瓶颈的高度，却没能停留1秒钟，也滑了下去。一只健壮的蚂蚱可看不下去了："哼，瞧你们那样，还是看我的吧！"说完，向上一跃，没想到，他跳得最低，于是引来其他蚂蚱的一阵嘲笑。"哈哈，还说我们呢，你也就是语言上的巨人，行动上的矮子……"

蚂蚱们遭受了无数次的失败，仍然不灰心，嘴里唱着："我跳，我跳，我跳跳跳……"争先恐后地继续跳，可是瓶颈太小，它们有的撞在瓶子上，有的撞在瓶颈上，扑腾扑腾，扑腾扑腾……

有只懒惰的蚂蚱可不想白费力气，他躲在瓶底，享受美味的草叶；还有一只大蚂蚱爬到草叶做成的桥上，又爬到另一只小蚂

蚱的身上，把他当马骑，两只蚂蚱玩得可开心了！

夜深了，小女孩的家人都进入了梦乡。蚂蚱们也跳累了，便休息了。

第二天，小女孩以为他们都死了，便拼命地摇起瓶子，蚂蚱们被摇醒了，又开始扑腾扑腾地跳起来。

小女孩看着这一切，可怜起蚂蚱来，便把他们放回到绿绿的草丛中。蚂蚱们昂起头，挺起胸，舒展开强健的四肢，扑腾扑腾，唱着凯旋的歌，又回到草丛中过自由自在的生活去了。

★ ★

创意金点 CHUANGYI JINDIAN ➡

在大自然生活惯了的蚂蚱们，不想被小女孩"囚"在瓶子里，拼命地跳跃，想逃出这狭小的空间。最后，小女孩把它们放生了，揭示了不要伤害小动物的主旨。文章生动地写出了蚂蚱们跳跃时的各种情态，活泼有趣，文笔自然流畅，是一篇有情趣的想象作文。

小儿垂钓

方埒铭

在一个晴朗的早晨，一个淘气的小孩儿穿着一套苹果状的衣服去钓鱼，因为他想：鱼知道苹果不像人那么坏，去引它们上钩（汗！鱼怎么可能这么聪明呢？）。

瞧，他侧着身子坐在一块长满青苔的大石头上钓鱼。那草长得好高，几乎把小孩都遮住了，远远看去，只看到一个脑袋，那乱蓬蓬的头发像是搭了一半的鸟窝。

他哪里是在钓鱼？只见他一会儿把鱼竿咬在嘴里，一会儿把鱼竿夹在腋下（汗，我无语了……）。怎么半天不见动静？他突然想起钓鱼还得装饵，于是连忙把鱼饵穿在了鱼钩上，用力一抛，把渔线抛向河心。不一会儿，一群鱼唱着歌儿游过来。领头的鱼发现了眼前的美味，张开大嘴就要咬钩。就在这时，一个口渴的路人远远地看到了一个苹果（他以为那小孩是苹果呢），心中一喜，不由得加快了脚步。他走

近一看，原来是一个穿着一套苹果衣服的小孩。"小孩，瞧你穿得像个苹果，我差点把你吃了。顺便问一下，摩尔庄园怎么走呀？"可小孩正全神贯注地盯着水面，他哪里能听到呢？于是路人提高声音问："喂！摩尔庄园怎么走呀？"可小孩还是没听见。路人几乎吼起来："问你呢，小孩！摩尔庄园怎么走呀？"

　　这一回，小孩儿听到了，可是咬钩的鱼也听到了。鱼吓得赶紧吐了鱼饵逃了。小孩很生气，便向路人招了招手。谁知不招还好，这一招，路人还以为摩尔庄园是他手摇的方向（先向左走再向右走）。他哪里知道，这条路是通往海底世界的。诗人胡令能看到了眼前的一切，便阻止了路人，告诉他：小孩摇手是告诉你"我在钓鱼，别来烦我！"然后又告诉他摩尔庄园怎么走。随后，胡大诗人写下了流传千古的《小儿垂钓》：

　　　　蓬头稚子学垂纶，

　　　　侧坐莓苔草映身。

　　　　路人借问遥招手，

　　　　怕得鱼惊不应人。

★ ★

创意金点 ➡️　　在孩子的眼里，世界就是一个童话。这篇改写的《小儿垂钓》充满了童心童趣，天真可爱的蓬头稚子、粗心又有点暴躁的路人、会唱歌的聪明的鱼儿，还有温文有礼的胡大诗人一一登场，形象丰满，情趣盎然。

侠亦有爱

翁莉莉

我挥剑转身，而鲜血如红唇。

父亲倒在地上，鲜血洒落一地，嘴里似乎在说些什么。我把耳朵靠近，努力想听清父亲在说些什么。

"若雪，你要……要记住，身为侠客，更重……要的是以德服人，武力……不是解决问题……的方法，剑不是让我们……随便杀人的，只有为民除害时……才可以用这把剑，但不到万……万不得已时，不要杀人……侠客，以德报怨，以德服人才是最重要的，亦要拥有……"话没说完，父亲的眼睛闭了起来。

侠客，以德报怨，以德服人才是最重要的，亦要拥有……

这是父亲恪守一生的信条，也将成为我恪守一生的信条。但是，还要拥有什么呢？

我冰凉的手轻轻抚摸着父亲僵硬了的脸颊，泪水止不住地往下流。

一滴两滴三滴，父亲，女儿一定会做到的。

四滴五滴六滴，父亲，女儿一定会成为像你那样的侠者。

七滴八滴九滴，父亲，你走吧，一路平安。

……

我头发散乱地跪在地上，我心中的爱，已经消失不见。

身为天下第一侠客的父亲带着十四岁的我去闯荡江湖，我

原本只想跟着父亲去看看外面的世界，没想到却遇见了一大群不服父亲的人，如果是父亲一人迎战他们，那父亲足以让他们一个个成为手下败将，从此走向正道。可我偏偏在父亲的身边，父亲一边对战还要一边保护我，虽然我从小就跟着父亲学习十八般武艺，但毕竟没有经验，临阵慌了手脚，只能拿着一把剑乱舞。当一把剑刺向我时，胆怯的我竟不知所措，是父亲用身体为我挡了剑。

剑戳穿了父亲那宽厚的胸膛，鲜血迸发出来，将那把罪恶的剑染红了。

而父亲身后的我却无碍。愤怒激发了我的斗志，我发疯似的抽出父亲胸膛的剑，完全失去理智，刺向所有人，我想，此刻没有什么能比父亲的死更让我痛心了。

时光似白驹过隙，转瞬间十年就过去了。这十年内，我的武艺渐高，江湖人都知道有个叫若雪的女侠客，武功了得，为民除害，却从不杀人。我发誓再也不要任何人哭泣，因为哭泣也不会让父亲睁开眼睛，拿起他最心爱的剑，手把手教我舞剑。

十年中，每当父亲的祭日时，每到清明时，我的心就会一点一点地僵硬起来，渐渐不再懂得什么是爱。

我整天蒙着一层黑纱，哪里有土匪，哪里有强盗，我都会替受害的人解决，却从不会接受他们道谢。我用冷若雪的外表将自己掩藏起来。

父亲，你看到了吗，女儿做得怎么样？

那天晚上，我梦到了父亲，父亲满脸怒容在指责我什么，我却听不清父亲在说什么。

　　我满心疑惑，怎么，难道这十年来我做得还不够好吗？

　　我从梦中惊醒。至今，我也不知道父亲所说的是拥有什么？

　　我带上剑，出去降治那些走上邪道的人。

　　一个小女孩拉着父亲的手，在集市上玩。不一会儿，女孩东逛逛，西看看，与父亲走散了，她开始放声大哭，"父亲，父亲，你在哪？不要丢下我！"

　　那位父亲努力穿越茫茫的人海，高声应道："花花，花花别哭，我这就来找你，你别走，就站在那儿别动，我就来，我还给你买好吃的，不要哭了！"

那个叫花花的女孩立刻破涕为笑，站在那儿等着她父亲来找她。

很快，那位父亲找到了花花，牵起她的手，带着她去别处玩了。

好温暖的场景。

我的心仿佛被狠狠地戳了一下。

眼睛亮晶晶的，一滴泪珠落在了我的手上。

好久，好久没有哭过了吧。

我小心翼翼地捧起那滴泪珠，上面折射出我泪盈盈的脸。

我终于明白父亲要说的是什么了。

侠客，以德报怨，以德服人才是最重要的，亦要拥有爱。

★★★★★★★★★★★★★★★★★★★★★★★★★★★

创意金点 CHUANGYI JINDIAN

"侠"这个题材很难驾驭，这篇文章中，情节的发展、人物性格的激变，包括最终的"悟得"虽略显生硬，但小作者流畅的文笔，大胆的想象却巧妙地弥补了这一缺陷。

飞兔的悲剧

施琦

在兔子王国里有一只"飞兔"。他之所以有这个称号，是因为他曾荣获过兔国全运会短跑50米和100米的冠军。

一天，飞兔和同伴们去野外拔萝卜。"嘿呦嘿呦拔萝卜，嘿呦嘿呦拔萝卜……"大家正在拔一颗又大又红的萝卜。

"快，快，大家快跑！猎豹来啦！"侦察员小花兔拉开嗓子大叫。

"怕什么，看我的！"飞兔镇定自若地说道。他假装成瘸脚在猎豹面前一瘸一拐地行走。猎豹认准了飞兔这个目标紧追不舍，当猎豹快要扑上去时，飞兔立即加快速度，一溜烟逃得无影无踪了。飞兔为大家赢得了时间，所以，等猎豹回身去追赶别的兔子时，所有的兔子都躲进洞穴里去了。

危险已过，当兔子们重新团聚时，大家便情不自禁地把飞兔抬了起

来："飞兔好厉害！飞兔是我们兔国的英雄啊！"飞兔越来越相信自己的奔跑优势了。

后来有一天，飞兔又和大家出去拔萝卜。

"嘿呦嘿呦拔萝卜，嘿呦嘿呦拔萝卜……"兔子们正在使劲拔一颗特大号的萝卜。

"快，快，大家快跑！狐狸来啦！"侦察员小花兔又一次拉开嗓子大叫。

"怕什么，怕什么！猎豹我都不怕，一只狐狸算什么！"飞兔挺身而出，他想用同样的方法引开狐狸。谁知狐狸比猎豹狡猾多了，正当飞兔骗过公狐狸而洋洋自得时，一只母狐狸正躲在暗处算计他。飞兔还在喘着粗气，母狐狸猛一下扑上来，一把将飞兔抓住了。公狐狸立即赶过来，和母狐狸一起，不多久就把飞兔吃得一干二净了。

唉，人往往会被自己的优势打败。

★ ★

创意金点
CHUANGYI JINDIAN

简单的情节、流畅的叙述、精辟的道理使得这篇文章很有点伊索寓言的风范。打败飞兔的是什么呢？是狐狸夫妻太过狡诈，还是飞兔对形势的错误估计，或是它用一贯的方法来应对不同的敌人？小作者给出了答案：它对自己优势的盲目自信。

流浪狗日记

杨凯

"把那条狗扔了吧，反正也没用！"睡得迷迷糊糊的我被女主人给吵醒了。

我想起了邻居家的狗被主人赶出门外的情景：那天清早，邻居家里传出一声声凄凉的犬吠声。大门一打开，男主人就气势汹汹地手握扫把，追着把伤痕累累的它赶出了门外。它以前可救过主人，抓过小偷。今日它老了干不动了，主人就把它给赶出去了。

我想想就有些害怕，算了，我还是"主动离职"吧。我饿着肚子出了门，回头一望，看见一只年轻的老鼠带着一只死老鼠跑向"喵喵"。哦，今天我知道了"喵喵"为什么每天都能抓到老

鼠了，原来它们是在搞"睦邻友好关系"呀！

我在街上漫无目的地走着，突然，我看到一个没有完全吃完的白面馍馍。饥肠辘辘的我不管三七二十一把它当做我的早餐，飞扑过去，还没吃上一口，只见几只怒气冲冲的野狗瞪着我，我很自觉地向后退了退。他们欢快地咬着本应属于我的美食，我只好"望馍兴叹"了。我肚子里早已唱起"空城计"了，无奈呀！

中午，颗米未进的我懒洋洋地躺在草坪上晒太阳。这时，一个小男孩跑过来，我无力地望着他。这不就是我邻居家的孩子小东吗？他来干吗？原来他把中午藏起来的午饭给我吃。饿得前胸贴后背的我狼吞虎咽地吃着，他抚摸着我的头，出神地望着，好像在追忆他家那只被父母扔出去的老狗。过了许久，大钟敲响了"铛"的一声，他大叫一声"来不及了"，一溜烟跑了。

晚上，我又是过着那种"有一顿，没一顿"的生活，望着满天的星辰，回忆自己的命运，思索明天："明天，明天会怎样……"

★ ★ ★ ★ ★ ★ ★ ★ ★ ★ ★ ★ ★ ★ ★ ★ ★ ★ ★

创意金点 CHUANGYI JINDIAN

文章读来有些许心酸，狗因为老来无用被赶出家门，又目睹老鼠和猫的"黑色交易"，继而为食物受到野狗的欺凌，这一切都好似生活中的灰色地带。幸而，在一片灰蒙蒙中，也有着一抹亮色——小东的爱，让我们庆幸，也让我们萌生出希望。

宣郁琪的背后

许文心

宣郁琪，一只纯种的金毛猎犬，全身雪白，是最受人类欢迎，最受狗界羡慕的一只名犬。大家知道，导盲犬——金毛猎犬的本职是帮助有困难的盲人，而宣郁琪不同，她在一户大富豪家中过着衣来伸手、饭来张口的日子。不仅如此，身边还有专属的佣人和一个大花园。那个花园简直就是天堂！面积300多平方米，一幅生机勃勃的景象，还有无数的大型狗狗娱乐健身器材。

可是，宣郁琪并不快乐，可以说当狗以来她一点也不快乐。其实，她并不是生来就是一只小狗。她原本是一位15岁的少女，成绩优异，能歌善舞，组织、管理能力都很强，老师和家长都以她为荣。她还非常善于观察，对眼前一切事物都充满了好奇心。当然，"宣郁琪"也不是她的原名，"欧阳凝落"才是她引以为傲的姓名。

至于一个美丽的少女怎么会变成一只小狗，这还得从那个下午说起。

那是一个普通的下午，阳光照在身上让人觉得懒洋洋的。同学们像往常一样三五成群地说笑打闹，而欧阳凝落却沉默不语，失去了往日的神采。只有细心的沈潘注意到了，他不禁问她："你怎么啦？"不料欧阳凝落什么也没说，还加快了步伐走开了。于是沈潘便悄悄地跟着她，想一探究竟。欧阳凝落并没有发觉，她还在想着中午的那一幕：爸爸妈妈有事下午才回来，家里只有她一人，奇怪的是餐桌上多了一盒糖果，上面写着：天赐。上午勿碰，下午再遇。

　　到家后，欧阳凝落迫不及待地走到了餐桌旁，连门都忘了关。现在的糖果盒上写着：请打开，善良的天使会让你得到快乐。她毫不犹豫地打开了盒子，一道白光射出，随后喷出大量泡泡，她就成了现在这模样。沈潘见了，吃惊得好半天合不拢嘴，他简直不能相信自己的眼睛，但这一切都是事实。他走到餐桌前，糖果盒已经消失了。"咔嚓"一声门开了，欧阳凝落的父母走了进来，他们看到一个男生在自己的家里，吃了一惊，迫不及待地问他："欧阳凝落在哪？"沈潘便将自己看到的情景告诉了

他们，可欧阳凝落的父母并不相信他的话，偏要他交出他们的女儿，他们还报了警，也动员了人去找，但都一无所获。

沈潘这几天也不好过，警察和老师都找他谈话，谁也不相信他的话，他的心情糟透了。这天晚上，沈潘在他的房间里也看到了一个糖果盒，上面写着：受冤屈的人打开吧，善良的天使会让你得到幸福。他半信半疑地打开盒子，过程一样，结果也一样，沈潘变成了一只帅气的小狗，并幸运地成为了欧阳凝落的伙伴。看着新来的伙伴，欧阳凝落心想：我把我的身世告诉大家，大家都不信，如果这次他也不信，我将绝口不再提起。晚上，当其他的狗狗们都睡着了，只见沈潘坐在地上昂着头看着星星，"多美的星星啊！"他自言自语道。"是啊！"沈潘一看，发现是一只金毛猎犬，欧阳凝落刚将自己的身世说出来，沈潘一下子就跳了起来，他激动地说："你是欧阳凝落吗？我是沈潘啊，你的同学。我也遭遇了和你一样的事情。"从此，他们成了互相慰藉的知心朋友。好不兴奋！他们整天在花园里玩耍、嬉戏，像两只快乐的蝴蝶在花间翩翩起舞。

然而这样的快乐并没持续几天，欧阳凝落总觉得有点不对劲，心里感觉空空的。一天夜里，欧阳凝落梦见了她的父母，因为失去了她，他们变得很憔悴。她看他们为自己伤心地流下了眼泪。欧阳凝落从梦中惊醒，她想起了在家中与父母的幸福时光，想起了在学校与同学们一起学习、一起玩耍的快乐时光。从此，欧阳凝落变得忧郁了起来，茶不思饭不想，她的主人很担心她，请了兽医给她看病。但兽医也看不出所以然，他表示无能为力。

沈潘看着她越来越瘦，心里也很难过，问她："你怎么了？我们现在待在这里不是很好吗？不用学习，整天吃和玩，没有烦恼。"欧阳凝落说："我想回家，也许你会喜欢这样的生活。还记得以前学习的时候我也嫌烦过，只觉得整天就是学习，很枯燥无味，但现在感觉那时的生活多么的充实、多么的丰富多彩啊！也许就是这样的心态，我才会变成一只狗吧。想到这些，我真后悔。"沈潘听了她的话，心里也很有感触，他也变得很想家。

　　突然，草地上出现一个糖果盒，他们激动地跑过去，只见上面写道："请打开，看到你们真心的善良的天使会让你们如愿的。"他们一起打开了糖果盒，奇迹再次发生了，他们如愿地回到了自己的家中。欧阳凝落的父母看着失而复得的女儿，激动得话都说不出来。她跟他们讲了自己的奇遇，并高兴地说："我会记着我作为'宣郁琪'时的生活，它将对'我'今后的生活起到激励作用。"

★ ★ ★ ★ ★ ★ ★ ★ ★ ★ ★ ★ ★ ★ ★ ★ ★ ★

创意金点 CHUANGYI JINDIAN ▶

　　　当欧阳凝落从人变为狗时，生活发生了翻天覆地的变化：不需要努力，也无需奋斗，衣食无忧。但是生活却从此变得苍白，不再充实。所以欧阳凝落选择了做回人，这是这篇童话想要告诉我们的道理。

浓浓动物情

谢晨豫

春姑娘迈着轻盈的脚步来到了人间。她唤醒了冰封的大河，唤醒了沉睡的高山，唤醒了土中的小草，唤醒了美丽的花儿。阳春三月，万物复苏。"叽叽叽……"我抬头望去，只见有三只小燕和它们的妈妈正在奶奶家屋檐上搭窝呢！太棒了，小燕在我奶奶家"安家落户"喽！我很喜欢它们，时常去看它们，看慈祥的燕妈妈，看那羽翼未丰的可爱的小燕子。

这天，我正在奶奶家的院子里玩儿。突然，一只小燕子从燕窝中跌落下来，它在半空拼命地扑打着小翅膀，可还是无动于衷。"叽——"小燕子重重地摔在水泥地上，一面痛苦地呻吟着，一面又拼命地挣扎，希望回到窝中。窝里的同伴也在急切地呼唤着它。我赶紧去抢救。

"喵呜"，咦，这不是邻居家的大花猫吗？它可是小燕子们的好

朋友呀！它来干吗呢？我决定在一旁看个究竟。

只见大花猫看到燕子这样，吃了一惊，随即又平静下来，走到小燕身旁，用尾巴轻松地卷起颤抖的小燕，小心翼翼地将小燕放在自己的背上，再用尾巴盖住小燕，用自己的体温温暖着小燕。小燕不再呻吟了。大花猫又把小燕子放在一处柔软的草地上，自己来到池塘边用尾巴蘸了水，喂给小燕喝。小燕好像满足了，静静地躺在草地上，睡着了。大花猫又用尾巴安抚它，用慈母般的眼神看着小燕，仿佛小燕就是它的孩子，就是它的心肝宝贝。

大花猫，久久地守在小燕身边……

这是多么感人的一幕啊！我到今天才领悟到，原来动物之间也有着像人一样的感情呀！

应该反省一下，我们人与人之间不就应该拥有这种感情吗？

只要人人都献出一点爱，世界将变成美好的人间……

★ ★ ★ ★ ★ ★ ★ ★ ★ ★ ★ ★ ★ ★ ★ ★ ★

创意金点 CHUANGYI JINDIAN

本文是一篇看图想象作文，向我们描述了一幅猫救了小燕子并对小燕子精心照料的友爱图。小作者通过对动物的描写，揭示了"只要人人都献出一点爱，世界将变成美好的人间"的宏大主题。

常常，在你学完一篇课文后，老师会让你根据课文的结尾部分，发挥想象，继续写下去。或者，老师提供一个开头，请你扩展、补充，写成一篇完整的文章。这，就是续写。

续写的内容一般都是原材料中没有的，要根据材料所提供的线索、范围、人物特点等，联想出符合人物身份的语言、动作和其他活动，发挥自己的大胆想象，虚构一个合理的情节，并且情节要超乎人们的想象之外才行。

倘若是学了文章后续写，那需要准确理解原文的中心，弄清主要人物和事件，而且要与原文保持一致的写作风格，让故事在原有的基础上顺利发展。如果是根据开头续写，那这种续写的想象发挥空间极大。只要列举出原文的开头可能会出现的结果，大胆想象，选择一种最适合你写作的来进行创作。

《乌鸦喝水》后传

张鹤鸣

乌鸦喝水的故事编进了小学语文课本，乌鸦的知名度虽然大大提高了，但仍然被人们看作不祥之鸟。爱鸟的人喜欢养鹦鹉、养八哥，却没有人愿意将乌鸦养在家里。

老乌鸦感到很委屈，不过它并不灰心，它想，像乌鸦喝水之类的聪明事儿再多做几件，我们乌鸦就会成为智慧的化身了。

乌鸦展示才智的机会终于来了。有一天，小花猫趴在金鱼缸边呜呜求助，玻璃缸中养着几尾名贵的金鱼新品种，馋嘴的小花猫怎么也够不着，只得向乌鸦求助。乌鸦叼了许多石子，放在窗口，让小花猫把小石子往玻璃缸中丢……小花猫终于如愿以偿。

主人回家时，气急败坏，将小花猫打得死去活来。主人一看这半缸的石子，知道乌鸦是教唆犯，一棒打过去，差点要了它的老命！

乌鸦逃到村口，依然心有余悸。它想，这件事并不光彩，不可张扬。

不过新的机会很快又来了：小猪崽掉到井里去了，老母猪急得直跺脚。乌

鸦赶紧飞过去安慰道："别急，别急，我就是《乌鸦喝水》中那只聪明的乌鸦，你要听我指挥，保证会化险为夷的。"老母猪以为来了救星，连连叩头。

乌鸦叫老母猪赶快向井里扔石子，可扔了半天，还不见小猪崽浮上来。乌鸦一拍脑门："唉，我乌鸦昏了头了，玻璃瓶和玻璃缸这么小，扔石子见效就快，这水井又大又深，扔小石子不解决问题，按比例得扔大石块！越快越多越大越好！"老母猪病急乱投医，赶紧动员全家往井里扔大石块。

扔了好一会儿，小猪崽在井中的挣扎和呼救声越来越弱，直至最后完全消失了。老母猪趴到井口一瞧，完了，小猪崽被石头压住啦！老母猪转身要扭住乌鸦算账，乌鸦吓得灵魂都快出窍了。"猪"命关天，先避过风头再说。

乌鸦虽然逃走了，可老母猪岂肯善罢甘休，一纸诉状告到飞禽王国，乌鸦自然败诉了。

《飞禽日报》头版头条刊登了这场官司的来龙去脉。

乌鸦这回可是弄巧成拙，"落井下石"的蠢行使它臭名远扬。

★★★★★★★★★★★★★★★★★★★★★★★★★★★★★★★

创意金点 ▶

老经验不一定适应新情况。这个"聪明的乌鸦"，套用"乌鸦喝水"的老办法，结果弄巧成拙，闹出了大笑话。作家张鹤鸣的这篇寓言故事生动有趣，有很深刻的教育意义。

《狼和小羊》故事续编

王亮子

　　狼很想吃小羊，故意找了三次碴儿。最后，狼已不想争辩了，就向小羊扑去。

　　小羊往后一闪，灵机一动，说："等一下，亲爱的狼先生，能否让我在临死之前说几句话？"狼想了想说："好吧！反正你也逃不出我的掌心。给你一分钟时间，快说。"

　　小羊见有机可乘，便慢悠悠地道来："亲爱的狼先生，您看我长得皮包骨头的，吃下去会卡喉咙的。不如这样吧，让我到那边的草地上去吃点儿青草，也好让我填饱肚子，做个饱死鬼，这样你吃得也舒服点。"

　　狼听了，觉得很有道理，小羊这么小，还不够自己塞牙缝呢！于是，他点点头说："可以，不过你可别打什么歪主意，你跑不过我的，我是不会让你溜掉的！"

　　狼跟着小羊来

到了草地上，他们看见那儿还有一群羊在吃草呢！狼禁不住露出得意的微笑，啊哈，等我吃完了这只羊再去吃那些羊……想着想着，他不由流下几滴口水。

小羊呢，他一边吃着青草一边在想怎样才能逃脱狼的魔爪，突然，他想到了一个好主意。此时，狼已经等得不耐烦了，他催促道："好了没有？我可没有耐心了！"

"这就好了。"小羊抬起头，拍拍肚子说，"狼先生，我的肚子里都是草。你让我活动一下吧，让吃的草变成肉，那你吃起我来就好吃多了。"

狼一听，心想，这小东西，还蛮替我着想的，"好，就依你，开始活动吧。"

小羊在草地上跳起了优美的舞蹈，边跳边唱起了英文歌，歌声嘹亮动听。狼听得也不由陶醉起来，不过他一句也听不懂。

牧羊人听到了小羊的歌声，知道他处境危险，忙赶来把狼打跑了。

★ ★

创意金点
CHUANGYI JINDIAN

小作者能根据原文展开丰富合理的想象，抓住人物的语言、动作、表情、心理进行细致入微地刻画，逼真地再现了小羊的机智聪明，狼的贪婪愚蠢。故事情节曲折生动，人物形象个性鲜明，富有趣味性。

谁是劳动模范

孟静瑶

　　这天，狮子大王忽然心血来潮，要评选动物界的劳动模范。为这事狮子大王还开了森林大会，小动物们都抢着来报名，狮子大王忙都忙不过来。小兔子自信地说："我一定要当上劳动模范，让大家一起爱上劳动，让我们的家园更美丽、干净！"小猫有些不服气，用尖尖的声音问："就凭你？别做白日梦了，行为习惯一点也不好！自己拉的屎自己居然吃了！真恶心。劳动恐怕更不行！不像我，天天把自己的毛梳理得干干净净。"小兔的脸像猴子屁股一样红，生气地向小猫扑去。还好小狗急忙把它们拉开，要不然它们可要打起来了。小动物们都争着说自己的长处，说别人的短处。

　　在那嘈杂的声音中，只有狮子大王一个人发现了一直没有说话的狐狸，这家伙不是喜欢追时髦吗？今天怎么不说话了？也许这方面不行吧！狮子大王这样想，可它偏偏想错了。

　　大会散了，小兔回到家，还在生小猫的气。哪有心思搞劳动呢？小猫还在生小狗的气，它不停地小声唠叨："坏小狗！为什么不让我和它打一架？让它知道到底是谁厉害！"它当然也没心思搞劳动了。

　　深夜，小动物们都进入了梦乡。只有狐狸独自一人来到会场。他带着一把扫帚和一个簸箕。看着满地的杂物，狐狸摇了摇头，叹了一口气，把地扫得一干二净，然后它又把墙壁擦了又擦，把桌子收拾整齐，直到一切都井井有条才满意地离开。

　　第二天，小猫和小兔早早地起来，都向大家展示自己的劳动方案。狮子大王从床上坐起来，心想："唉！今天又要忙上一会儿了。"它是多么希望有人帮帮自己。当它走进大会堂时，它被眼前的一切惊呆了：地板上干干净净，办公桌上的文件放得整整齐齐，墙上也像刷了层油漆一样洁白如玉。它想："这会是谁干的？它一定是很细心又有耐心，不然才不会有这么干净呢！"小动物们来到会场也很吃惊，就去问小猫和小兔。小猫老老实实地回答道："对不起，我这一晚上只在家里睡觉，哪也没有去。"小兔见小猫说没去，就得意地说："不瞒大家说，我昨天晚上等

到大家睡着了之后就去了会场，把地扫干净，再整理文件、擦墙壁……可真累死我了。"小动物们都向小兔投去赞许的目光。小兔回家后，激动得难以入眠，竟在睡梦中说出"管他谁干的，只要我当上劳动模范就行。"恰巧被路过的狮子大王听见。

离公布谁是劳动模范的时间越来越近，有一天，狮子大王无意中看见了狐狸正在粉刷一面已经非常破旧的墙，它的心里有了底。终于，公布劳动模范的日子到了。狮子大王站在台上，对动物们说："我宣布，劳动模范是狐狸！"大家很惊讶："怎么会是狐狸呢？"狮子大王一挥手，威严地说："安静！人人都渴望成功，谁都想做劳动模范，但只有那些付出了努力，脚踏实地去做的人才会成功，就像狐狸一样。我们应该向它表示祝贺。现在请它到台上来，给我们讲讲近段时间它做的那些好事！"大家如梦初醒，原来做好事的人是狐狸呀！台下响起了雷鸣般的掌声。狐狸走上台，脸不觉红了，还害羞地不知该说什么好呢！

★ ★

创意金点 ➤ 《狐假虎威》、《狐狸和乌鸦》等故事的广为流传，使得狐狸狡猾、欺诈的形象深入人心。读了《谁是劳动模范》一文，那原本狡诈、自私的狐狸形象一下子土崩瓦解，竟变得那么无私、高大，一只有情有义的狐狸跃然纸上。这，正是这篇文章精彩之处。

《狐假虎威》续写

董楠

　　自从老虎上次被狐狸在森林里"忽悠"了之后，酿成了天下最大的笑话，被百兽当做茶余饭后的笑柄。老虎威风煞减，十分气愤，四处扬言："此仇不报，誓不为王。"狐狸十分害怕，几乎不敢出门。

　　一天，狐狸去村子里偷鸡，无意中听说果子狸会传染非典病毒，鸡也可能得禽流感，如今还流行一种更厉害的甲型H1N1流感，目前还没有有效的治疗方案。狐狸吓得转头就跑，一口气跑回洞里。喘息之后，狐狸眼珠骨碌一转，突然心生一计："老虎呀老虎，这回你可死定了，我还得再'忽悠'你一次，让你重温旧梦。"

　　第二天，正逢老虎在森林宫殿召开百兽大会。会议刚开始，只见狐狸皱着眉头，耷拉着脑袋，捂着肚子一瘸一拐地走了进来。老虎先是一愣，然后一个箭步扑了上去，冷笑着对狐狸说："真是'踏破铁鞋无觅处，得来全不费工夫'。这回

我看你往哪儿跑！"狐狸眉头紧蹙，装作一副有气无力的样子，说："老虎大王，你快吃了我吧！""为什么？"老虎一头雾水。"大王，你还看不出来吗？我重病缠身，生不如死：被亲戚果子狸感染了非典病毒，又吃了得禽流感的鸡，最痛苦的是被从墨西哥回来的猪传染了甲型H1N1流感，咳，咳……"

狐狸半眯着眼睛，干脆瘫倒在地上，"你瞧我：发热、咳嗽、头痛、全身肌肉酸痛、乏力……反正我也快死了，还不如你把我给吃了，这样死得更爽快！求您快把我吃了吧，快给我痛快，我……我……"说着，狐狸慢慢地闭上了眼睛。

老虎听了狐狸的一番话，瞠目结舌，浑身的血都凝固了，半天才回过神来，像触电般一下子跳了起来，大声号叫："啊——非典，禽流感，猪流感，我的天，快跑呀……"他赶紧扔下狐狸，怪叫着跑出去了。百兽也好像明白了什么，拼了命地向外面跑。

狐狸站了起来，直了直身子，挑了挑眉毛："小样，敢惹我？哼！"

"哈哈哈……"空荡荡的森林宫殿里回荡着狐狸的大笑声。

★ ★

创意金点 ➤　　小作者发挥了充分的想象力，结合传染病知识，巧妙地设置情节，把狐狸的聪明与狡黠刻画得惟妙惟肖，令人忍俊不禁。

龟兔赛跑之后

周良庆

　　自从乌龟赛跑赢了兔子，兔子一直闷闷不乐。一天，兔子正在散步，突然，它发现了一张海报，上面写着"超人培训"，于是，兔子来到了超人培训部。

　　培训教练是老鹰，它对兔子说："此地是我买，此房是我建，要想在此学，留下十万元。"兔子为了打败乌龟，只好忍痛割爱，一个月后，兔子出师了。它向乌龟发了一封挑战书："一天后决战。"

　　第二天，乌龟信心十足地走进了赛场。比赛场地分四个：第一个，双方都从20米高的悬崖上往下跳，一直到最底下；然后开始第二个，过十米长鳄鱼水池，里面养了二十几条鳄鱼；第三个，射击场，谁先射中十环，谁先走；第四个，直道冲刺。

　　比赛开始了，双方来到悬崖边，只见兔子背上了降落伞，一跃而下，而乌龟，

仗着自己有坚硬的龟壳，也是一跃而下。兔子安全地过了第一关，而乌龟摔了个半死。第二关，兔子吃了根"超人棒棒糖"，使了个"凌波微步"，只用了20秒，就过去了。而乌龟，却一步一个水波地游，那龟壳至少被鳄鱼咬了二十几次，差点破碎。第三关，兔子又吃了根"超人棒棒糖"，使了个"百步穿杨"，"嗖"一箭中十环，走了。但乌龟一直徘徊在箭场，因为它拉不了弓，好不容易在工作人员的帮助下拉开了弓，"嗖"的一箭，5环，重射，第十次，才中了个9环，裁判见它可怜，就让它过关。当它到第四关时，兔子都已跑了三分之二圈了。而乌龟还在慢慢地爬，突然，"砰"龟壳碎了。乌龟受了重伤，被送到了医院，最后，冠军是兔子，它终于扳回了面子，拿到了奖金15万。它想：不错，还赚了5万。

这时，一个电话打来了，原来是老鹰，它对兔子说："大哥，如果你说你是在我这儿培训的，我就立刻给你20万。"兔子听了当即宣布了它是在老鹰那儿学的，老鹰的培训中心从此人满为患。

而兔子也扳回了面子，从此再也不被人耻笑了。

★　★　★　★　★　★　★　★　★　★　★　★　★　★　★　★　★

创意金点 ➤
CHUANGYI JINDIAN

故事新编，贵在一个新字，但这"新"必须合情合理，能反映时代特征。本文就写出了新意，体现了小作者较强的生活感悟能力与创新能力。

小骆驼和小红马

李梦娴

从沙漠回来以后，小骆驼像往常一样来到小溪边照镜子，碰巧又遇到了那自以为是的小红马。

小红马瞟了小骆驼一眼，连喷了几个响鼻对小骆驼说："你这个丑八怪，还来小溪边照镜子，让我看的都要吐了。快走开！快走开！"

小骆驼理直气壮地对小红马说："小红马，你可别这么说。虽然我的驼峰、睫毛、脚掌很丑，但在沙漠里用处可大着呢！"

"哼，你别吹牛了，谁会相信啊！"小红马瞧不起地说道。

小骆驼笑了笑说："那好吧，我们去沙漠里走一趟吧！"

"走就走，今天我一定要和你们这些沙漠之舟比一比！"小红马得意洋洋地说道。

来到了茫茫的大沙漠，小红马跟着小骆驼走着。

走着走着，突然，小红马叫了起来："哎哟，我的脚啊！"原来是小红马的脚陷进了沙子里。

小骆驼赶紧帮小红马把脚拔了出来，说道："我们的脚掌又大又厚，是不容易陷进沙子里的。"

说话间，一阵风沙铺天盖地地刮过来。小骆驼急忙提醒小红马让他俯下身子，闭上鼻子和眼睛。

一会儿，风沙过去了。小骆驼的鼻孔和眼睛没进一点沙子，可小红马的眼睛被沙子迷红了，泪流满面。搞了半天，才把眼睛里的沙子弄掉。

小骆驼说："我们骆驼眼睛虽有难看的两层睫毛，但却能挡住风沙。"

又走了几小时，小红马摸了摸肚子，精疲力竭地说："不走了，不走了，我想回家吃草。哎？你的肚子怎么不饿？"

"我们背上的这两个肉疙瘩叫驼峰。它里面储存的养料，足够我们在路上用的了。"小骆驼指着背上的肉疙瘩，彬彬有礼地

回答道。

听了小骆驼的话，小红马惭愧地低下了头，不好意思地说道：“小骆驼，对不起，我不应该以貌取人，我们做好朋友吧。”小骆驼高兴地答应了。

从此以后，小骆驼和小红马成了形影不离的好朋友，过上了无忧无虑的生活。

★ ★

创意金点
CHUANGYI JINDIAN

本文是《我应该感到自豪才对》的续写之作，小作者根据原文展开想象，小红马、小骆驼的再次相遇及相遇后的比赛合情合理，符合其个性及生理特征。文末借小红马之口指出不应该以貌取人，使立意更上一层楼。人物的对话、动作及情态描写生动形象，文字老练，有较高的语言驾驭能力。

喜羊羊与灰太狼之圣诞魔笛

孟瑶

这天，灰太狼正在家打扫卫生，无意中发现了一个太太太爷爷留下的笛子，根据说明，这笛子只有在羊族的圣诞节这天才能发挥魔力。于是他又有了坏主意。

羊族的圣诞节到了，这一天，阳光明媚。小羊们正在听慢羊羊上课，突然耳边响起了一阵奇异的笛声，喜羊羊还没来得及想是怎么一回事，就眼前一黑昏了过去，其他小羊也接二连三地昏了过去。就在这几秒钟里，充满生机的羊村一下子变得死气沉沉。

"哈哈！"喜羊羊醒来时，耳边传来了熟悉的声音。它发现自己已经和大家分开了，被灰太狼和红太狼关在一个小屋子里。屋外，美羊羊在放声大哭，慢羊羊在唉声叹气，懒羊羊不停地叫着："喜羊羊！你死得好惨啊。"

灰太狼得意地说："哈哈！你们这群笨羊，羊死了还能复生吗？"

红太狼和灰太狼一唱一和，说道："喜羊羊有什么了不起的？你们看，他不是被我们给吃了吗？他死了！哈！哈！哈！"这使小羊们哭得更伤心了，而灰太狼和红太狼却笑得更凶了。

被关在屋子里面的喜羊羊想冲出去，可是怎么也走不动。回头一看，原来灰太狼在自己的羊腿上装上了铁球，怪不得走不动呢。

　　过了一会儿，门外没了声音，灰太狼打开了门，对喜羊羊说：“别想主意了，你的同伴都以为你死了，没羊来救你了。他们可真够笨的，我不把你折磨得生不如死怎么会吃掉你呢？”说完又关上了门。

　　喜羊羊突然想起表哥瘦羊羊教过自己的一招——脱身法。喜羊羊不停地回想应该怎么做，终于溜出了狼堡。

　　喜羊羊回到羊村，看见大会堂里竟然灯火通明，走上前一看，村长慢羊羊和小羊正在给自己举行葬礼。喜羊羊走上台问大

家："你们为什么给我举行葬礼？"慢羊羊把灰太狼的话和他们逃出狼堡的经过都告诉了喜羊羊。喜羊羊一听，眼珠子咕噜一转，计上心来："我有一个妙计……"小羊们听了连连叫好。

慢羊羊依计以最快的速度造出了好多个机器人，这些机器人有的像美羊羊，有的像懒羊羊，有的像沸羊羊……每一个机器人的嘴里都放了一些遇到高温就爆炸的液体。慢羊羊用遥控器把机器人送到了灰太狼家。

灰太狼喜滋滋地把这群"小羊"放进了锅里，点上火，不一会，锅里翻起了泡，只听"轰隆"一声，灰太狼和红太狼都飞上了天，远处传来了一声："我一定会回来的！"

★ ★ ★ ★ ★ ★ ★ ★ ★ ★ ★ ★ ★ ★ ★ ★ ★

创意金点 ➤
CHUANGYI JINDIAN

小作者想象力丰富，具有很好的写作天赋。巧妙的构思使文章富有悬念感，具有喜剧动画效果。本文中心突出，伏笔用得好，前后照应，整体性强。

042　CHAPTER 2　精彩尽在接读

心灵的呼喊

黄普

　　望着哥哥傲然走出的身影，我的泪很快地流了下来。我知道，从今以后，我与风筝再也无缘了，它只成为我梦中一颗可望而不可即的星辰。

　　泪水流到嘴巴里，又苦又涩。我呆呆地望着小屋角落中那只卖力织网的蜘蛛，心里的酸涩难以忍受。我的处境多么像它，甚至还不如它！为了做好这只蝴蝶风筝，我背着哥哥和家里人，偷偷地捡拾着后院中枯死的竹子，又费尽心思弄来了鲜艳的红纸，还幸运地捡到了两只小风轮，期望能给那只大蝴蝶风筝做一双明亮的眼睛。我躲藏在后院的杂物间中，一干就是几个小时，好不容易才做到这种程度，想不到哥哥一下就抓断了蝴蝶的翅膀，又愤怒地掷到地上，用脚踏扁了。那一刻，我的心，碎了……我像那只蜘蛛一样，努力地织造着心中的梦想，可是，同样努力为梦想而付出，我的梦想最终却被别人轻而易举地毁灭了。为什么？这究竟是为什么？难道就因为他是我的哥哥？难道就因为他比我有力气？他凭什么要毁掉我自由翔翔的梦？

　　想着想着，我的泪流得更欢了。我知道，哥哥其实也是为我好，他一直以为，玩风筝是那些没出息的孩子的事，他是希望我能把时间用在读书上，因为他经常给我讲的一句话就是"万般皆下品，唯有读书高"。可是，我只不过才是个十来岁的孩子啊，难道做一只风筝，让它带着我的梦想翱翔蓝天，也是错误的吗？我的泪不是为哥哥对我的态度而流，也不是为那只破碎的风筝竹骨，而是为我的梦想，为我一直向往一直在追求的那个梦想！它在我心中是那么高大，那么美好，可今天却被哥哥一脚无情地踏碎！

走出阴暗的小屋，枯竹缝隙中阳光灿烂的天上，似乎有一只风筝在飘，伴着清脆的鸽哨飘向遥远的未知。我明白，那是我的梦，我曾向往无比的梦。如今，它不再属于我，也许会去一个没有哥哥管教的孩子身上？

身体轻飘飘的，我望着那只轻盈、无忧无虑的风筝，心里充满了莫名其妙的感慨。我多么想变成一只风筝，变成一只自由自

在，没有哥哥管束，只有白云相伴，阳光照耀，轻风吹拂，在欢笑的牵引中永远自由自在飞翔的风筝啊！

我把目光投向远方，灰蒙蒙的远天，深不可测的远天，令我畏惧的远天。如今对我来说，虽然可望而不可即，可是我发誓，它们终归有一天会被我踩在脚下，就像哥哥踩坏我的风筝一样！必得经历才会成长！没有苦难，何来甘甜？

风筝离我远去了，我知道，不管多么无奈，也得马不停蹄地向着未来，向着远方，努力飞翔！

★ ★ ★ ★ ★ ★ ★ ★ ★ ★ ★ ★ ★ ★ ★ ★

创意金点 CHUANGYI JINDIAN

本文是鲁迅先生《风筝》一文的续写。《风筝》一文讲述的是鲁迅先生小时候踏坏弟弟周作人手做风筝的故事，主要情节是作为哥哥的鲁迅发现弟弟背着他做风筝，于是找到弟弟偷偷做风筝的场所，一下抓断了那只蝴蝶风筝的翅骨，掷到地上，踏扁了，然后扔下绝望的弟弟，傲然走出。续写就是从这个地方开始。小作者展开丰富的联想，运用第一人称的写法，将自己内心的苦恼和挣扎、彷徨与矛盾写的淋漓尽致。续写部分从弟弟的角度，无声地谴责了封建社会那种"老幼尊卑"带给孩子的深深的伤害，对于《风筝》一文，无疑是一种别样的补充。

CHAPTER 3

插上想象翅膀

"老鼠、雪花、蛋

糕、桌子"，这些词语之间有什么联

系？这可是几件毫不相干的事物呀！你能用

这些词语，发挥你的联想和想象能力，编写一个

合情合理的故事吗？这并不是异想天开，这是完全可

以做到的。

　　其实，我们每天看的书，大多是由常用的几千个汉

字组织的，词语也是常用的那些。扩充类作文，包括情境

扩充法、词语连缀法、词义描绘法等。无论是哪种方法，

写这类作文的关键是找出这些看似不相关的事物之间的联

系，通过联想，拉近这些联系，通过想象，构想故事情

节，丰满人物形象。情境扩充法，要注重对情境的合理

延伸和再造，词语连缀法，要把这些词语重新组织，结

合得天衣无缝，词义描绘法，要对词义进行演绎和重

点描述，通过对词义的重新解析构思一个有新意的

故事。

　　同学们，快快行动起来，充分发挥

你的联想和创造能力，去写一写

这种有趣的作文吧！

蝉宝宝的梦想

少军

蝉宝宝已经在地下生活了五年了。饿了渴了，他就吸一点树根的液汁。他特别爱吸柳树根的汁，味道甜甜的。

地下黑咕隆咚的，什么也看不见。看不见蓝蓝的天，看不见绿绿的草，看不见红红的花。蝉宝宝的心情很糟糕。

一年夏天，蝉宝宝做了一个梦，梦见自己爬出了地面，爬上了一棵大树。他很兴奋，把梦告诉他的邻居小蚯蚓。小蚯蚓听了说："你说你爬出了地面？你在地下生活了那么多年也没爬出去过，谁相信呀？！除非你碰到个好心的魔法师帮助你。"

蝉宝宝没做声，但他不再吃了睡，睡了吃。他有了自己的想法：一定要爬到地面上去。

蝉宝宝挥动着有力的前爪，不停地挖着泥土，慢慢地向上移动。

到了秋天，蝉宝宝又做了一个梦：自己不仅爬出了地面，还飞上了天空呢！

蝉宝宝又兴冲冲地把这个梦告诉了他的邻居。他这时的邻居是一只小蟋蟀。他已经往上爬了不短的距离了。小蟋蟀听了后说："你没有翅膀怎么能飞呀？！"

"在梦里，我长出翅膀了呀！"蝉宝宝说。

"你能长出翅膀，飞向天空？除非有个好心的女巫帮助

你。"小蟋蟀说。

冬天，蝉宝宝吃得少了，土也挖得少了。他想好好休息一下再挖。这天，他又做了个梦，梦见自己不仅爬出地面，飞上天空，还爬上大树，为大树唱好听的歌呢！

蝉宝宝好高兴，碰了碰他的邻居，绘声绘色地把这个梦告诉了他。他这时的邻居是一只刚想到地下冬眠的小青蛙。

"你能长出翅膀，飞向天空？还为大树唱好听的歌？除非有个好心的小仙女帮助你。"小青蛙也不相信。

蝉宝宝没再理他，他要好好地睡一觉。唉，挖了这么长时间的土，太累了。

春天到了，蝉宝宝醒来了。他继续挥动着有力的前爪，不停地挖呀挖呀。他知道，只有不断努力，才能实现飞翔的梦想。

又一个夏天到了，蝉宝宝仍旧在不停地挖着土。终于，在一个霞光万道的傍晚，他钻出了地面！

天虽然已经渐渐暗了下来，但蝉宝宝还是看到了红红的花，看到了绿绿的草，看到了高大的柳树——只是这时的天不是蓝蓝的，而是灰蒙蒙的。

蝉宝宝高兴极了，趁着夜色悄悄地向大柳树爬去。

一夜过去了。蝉宝宝在晨曦微露的黎明破壳而出，展开了娇嫩的、透明的翅膀！

太阳出来了，蝉宝宝的双翅逐渐硬朗。他奋力扇动着翅膀，飞向了大柳树高处的枝头，高声地鸣唱起来。

蝉宝宝终于实现了自己飞翔的梦想。

★ ★

创意金点 ➤ 这篇童话是根据"蝉、梦想、大树、飞翔"等几个不相干的词语，通过合理想象，完善故事而创作出来的。蝉没有听邻居们的劝告，奋力地挥动着前爪，不停地挖着泥土，慢慢地向地面上移动，终于实现了自己飞翔的梦想。作家的这个故事说明了，要实现自己的梦想，就要克服人生旅途中遇到的各种困难。

画眉鸟历险记

张素萍

我是一只小小鸟，小小的画眉鸟。我可漂亮了，黄嫩嫩的嘴巴，黄嫩嫩的爪子，再加上全身五颜六色的羽毛，那可是无鸟能比的！

有一次，我和爸爸妈妈去郊游，不时听到阵阵劈里啪啦的响声，一问爸爸才知道，原来是人类的大年初一，家家户户放鞭炮，灯笼对联处处有，一片喜庆祥和的景象。

我嘀咕了：既然是过年，人们的家里肯定有好吃的。我禁不住馋虫的诱惑，便趁爸爸妈妈不注意时，飞到了一户人家里。哇，好诱人啊！电视上唱歌、跳舞、舞龙、舞狮的什么都有，桌子上糖果、瓜子、甜糕样样俱全……可我还没来得及回过神，这家的爷爷居然已经发现了我，只听得“哐啷”一声，门已关好了。

“爷爷，好漂亮的画眉鸟，我要，我要。”一个小孩拍手大叫。“好！爷爷这就替你捉，明天再去买个鸟笼回来，让你也遛遛鸟。”爷爷满口答应，孙子一蹦三尺高。

他们找来了一个网罩，向我张开了魔爪。由于空间太小，我像只没头的苍蝇左躲右闪，撞得两眼发花，头昏脑涨，最终没逃过爷爷的手掌心。他拿起网罩三舞两划就把我罩住了，并用丝线扎好口，连我带网一起放在了屋檐下。

此时的我欲哭无泪，真是叫天天不应，叫地地不灵。不！不！我绝不能就这样束手待毙！我张开嘴拼命地扯咬着网绳，渐渐地，渐渐地，我的嘴磨出了泡，磨出了血，然而，不管我怎样努力，那网绳还是像坚固的钢铁城墙一样纹丝不动。怎么办呢？

　　冷静观察后，我见网孔较大，便打算钻出去。于是，我拼命地扭动着身体向外钻。随着羽毛一根根落下，我的力气也一点点使完。

我绞尽脑汁也无回天之力，索性坐在网子里号啕大哭起来："啾啾，爸爸妈妈，你们在哪儿？快来救救我呀，啾啾……"

可能是我的行为感动了上苍，我那凄惨的哭喊声被正在寻找我的爸爸妈妈听到了，他们很快飞到了我的面前，焦急地说："孩子，你怎么在这儿呀？怎么弄成这样了？别哭别哭，爸爸妈妈想办法救你出去。"我来不及擦眼泪，立即和他们一起投入了救援工作。我们选了个较大的网眼，各咬住一个网结，向不同的方向使劲。

"众人划桨开大船"，在我们"啾——啾，啾——啾……"的号子声中，网眼竟然大了许多。我稍稍一用劲，天哪！我自由了！我不由激动得大呼："太好了！太好了！"

当我重新飞上蔚蓝的天空，沐浴在温暖的阳光下，我觉得自由是多么多么美好的事啊，便不由得引吭高歌起来："我是一只小小小小鸟，想要飞就一定飞得高……"

★ ★

创意金点 ➡️   这是一则充满智慧的童话。画眉鸟被捉后并没有束手待毙，而是想尽一切办法摆脱束缚，获得自由。全文构思巧妙，情节生动，想象丰富而合理，让读者仿佛身临其境。

勤劳的小蚂蚁

阴斯宇

　　在美丽的大森林里住着一群勤劳的小蚂蚁。每当秋姑娘到来的时候，它们都会不分昼夜地准备着过冬的粮食。

　　有一天，小蚂蚁们正在搬粮食。这时，一群小鸟们在树上有声有色地聊着天。它们看见小蚂蚁们累得满头大汗的，就笑着说："伙计们，这么好的天气，你们就别忙了，和我们一起聊

聊天吧。"小蚂蚁摇了摇头说："不行呀，我们没有一双像你们那样的翅膀，不能飞到南方去过冬，只好现在就准备过冬的粮食了。"说完小蚂蚁便又忙活去了。

不一会，池塘边有几只青蛙在高高兴兴地做游戏，它们看见小蚂蚁们累得气喘吁吁的，就大声地说："朋友们，别忙了，和我们一起做游戏吧。"小蚂蚁笑了笑说："不行呀，我们没有一个像你们那样的大肚皮，冬天我们还要储藏充足的食物呢。"说完，小蚂蚁又忙活去了。

冬天来了，大森林里静悄悄的。小鸟们飞去了南方，小青蛙们躲进了洞里，小蚂蚁们也在家里一边做着游戏，一边吃着它们的美食。勤劳的小蚂蚁们靠着自己辛勤的劳动过了一个快乐又美好的冬天。

创意金点

文章的内容富有想象，而又显得合情合理。整篇文章流畅、自然，充满了童真童趣，令人不禁要赞叹小作者丰富的想象力，更要佩服小作者对生活的观察、认识。

狐狸与兔子

刘行云

深秋的一天，小狐狸出门为生病的妈妈找兔子汤，可他不知道兔子长什么样？汤又怎么做？

不远处的树下有一只兔子，她沉迷于草药之中，身上散发着淡淡的药香。每天，她会生起一堆火，火上的药罐子里"咕嘟、咕嘟"煮着药汤。

小狐狸轻轻地朝树下走去。兔子一惊，天啊！是只狐狸。她刚想跑，却见小狐狸低着头，红着脸，支支吾吾地说："请……请问，有兔子汤卖吗？"兔子一蹿就闪到了树后。

小狐狸抬起头，"她跑哪去了？"他走到药罐旁闻了闻，好苦啊！然后在药罐之间翻找了起来，"哪个才是兔子汤呢？"

当天回家，小狐狸听妈妈讲了兔子的样子。"原来那就是兔

子啊！"小狐狸不由得一阵愧疚，"我吓走了她，还翻了她的东西，明天应该去道歉。"

第二天，兔子依然在熬药，突然她灵敏的耳朵又听到小狐狸的脚步声，她立刻躲到树后。

小狐狸望着空无一人的树下，眼里流露出失望。好一会，他憋红了脸，大声说："兔子，对不起，我昨天不该乱翻你的东西。"说完，立即掉头跑了。兔子惊呆了，在树后愣愣地站着。

第三天，老狐狸的病更重了。小狐狸急得直哭，他再次出门寻药。当他打开门，却见门口放着一个淡蓝色的盒子，飘出熟悉的药香，盒子上有一张纸条，上面详细写着药的用法。小狐狸知道，这准是兔子送来的。他望着兔子每天熬药的地方，好像明白了什么……

这个秋天，森林里充满了浓浓的温情。

★ ★

创意金点　→　　想象作文不是漫无边际地编故事。一篇好的想象作文不仅要新奇独特，故事情节也要合理连贯。小作者在这方面就做得非常出色，小狐狸三次出门寻药，情节环环相扣，值得大家学习。

夏

扈雨婷

　　一只由远而近飞来的蜻蜓，扑扇着翅膀，在空中划出一个又一个优美的弧线，后面，则跟着一群手里抓着网兜追赶它的孩子们，网兜也在空中飞舞着，追随他们银铃般的笑声与轻柔的风，渐渐谱成了一曲夏的歌。

　　一只刚刚褪了壳儿的蝉，拽着闷热的空气，望着青翠的柳叶，轻轻哼着小调儿，一切都在聆听着它那独特的曲调，只有风，随着曲调儿打着节拍。它的歌喉如同委婉的小提琴，平静的语调轻轻地叙述，令人思绪万千，心也不禁跟着它一起轻歌曼舞，一起感受着那一个柔情万千的夏。

　　雨滴从云朵上起身一跃，流星一般在空中坠落，落在湖水中，荡起一圈圈涟漪；落在石头上，发出"乒乒乓乓"的声响，脆生生地唱起了雨滴的歌；落在树叶上，唱出了"滴

滴答答"的音符。还有闪电和雷不时附和几声。它们共同组成了一曲激情四射的歌，好似架子鼓，快速地敲击，忘我地演奏。所有的景物都扭动着肢体，加入到狂欢的队伍中来，共同描绘了一个热情如火的夏。

　　有风拂过的夏，才是完美的，才是没有缺憾的。风走过千山万水，处处留下了自己的足迹，处处留下了自己的歌，花草树木，谁未听过？钢琴一般的声音，穿越了时空，久久回荡在空中。一个个音符，旋转着，跳跃着，慢慢组成了一个温柔似水的夏。

　　柔情万千的夏，热情如火的夏，温柔似水的夏……多变的夏，似乎永远也猜不透，自始至终陪伴着它的是永不止息的音符，随处可见。午后，手握住一束阳光，躺在草地上，眯着眼睛听着夏的歌，是最惬意的事。流逝而去的是时光，那些夏的歌却在记忆中留下了不可磨灭的烙印……

★ ★

创意金点 ➤ 　　这是一首夏的赞歌。小作者采用拟人、比喻等修辞手法形象地刻画出蝉和雨。尤其难得的是，小作者认为"流逝而去的是时光，那些夏的歌却在记忆中留下了不可磨灭的烙印……"表现了其独特的体验！

一滴水的人生旅程

陈哲

　　我是一滴来自大自然的水。从我有记忆开始，我就一直生活得很快乐。那是一片美丽的池塘，池塘的四周群山环抱，树木葱茏。每天我和兄弟姐妹们在一起尽情地玩耍。

　　可是好景不长。突然有一天，一个人开着一辆吸水车来了，把池塘里的水吸了个干。我和兄弟姐妹们齐声恳求："人啊，请不要把我们带走！"可是那人根本没有听进去。就这样我们被带

到了一个陌生的地方。经过七七四十九道工序，我们摇身变成了自来水，开始了自己新鲜的生活。

我跟着水流来到了城市的一户人家。这家的三口人都很不珍惜我们。主人竟然在洗完手后忘记了关水龙头，我还没有来得及做一件有意义的事，就又随着大伙一起被排到了阴沟里。

一向洁身自好的我这次麻烦可大了。我晕乎乎不知走了多少天来到了一个又黑又狭小的地方。这里的环境实在让人受不了，又脏又臭。

正当我感慨命运的时候，一股强大的力量把我拉进了一家污水净化厂。终于，我又有了一线希望。经过多次的加工过滤，我又变成了一滴自来水。

这次，我被分到了一户农户家庭。本以为农村人一定比城里人珍惜水，可事与愿违，这家人浪费水更是厉害。干活回来洗个手就要几千克水，洗件衣服要用掉几十千克的水。

好在我被小主人放在了盆子里，带进了房间。我想我一定要做一件有意义的事情。这时我听到了电视里正在讲的一句温馨的话语：“如果人类不从现在节约水源，保护环境，人类看到的最后一滴水将是自己的眼泪。”我真的好激动啊，想不到人类已经认识到了这一点。我满心欢喜，以为小主人会善待我。然而这一次，我又错了。小主人看完电视，站起身，看也不看我们一眼，“哗啦……”把我们全倒进了屋后的臭水沟里。

我再一次开始了艰难的旅程。但是这次，我走错了方向，没有被净化，而是流进了小河，继而被抽到了稻田里。我很开心，这里也不错啊，我可以和小稻秧嬉戏、捉迷藏。我决定在这里长期住下来，免得整天提心吊胆。

只是，三天后的中午，我正在休息，突然闻到一股刺鼻的味道，浑身难受。天啊，是农民把农药喷洒在了稻田里。我看到我的同伴们和我一样，都拼命地奔跑躲藏，可是有什么用呢？哪儿也去不了，只能忍受着煎熬着。幸亏两天后下了一场暴雨，我漫过田埂乘机逃了出来，重新回到了池塘，获得了自由。

可是，池塘里的生活已今非昔比。太阳像个大火球似的挂在天上，烤得我们连气都难喘一口，身边的伙伴越来越少，他们变成了水蒸气继而消失得无影无踪。

池塘渐渐干涸了。这天，我绝望地咽下最后一口气，身体轻飘飘地即将随风而去。我又想起了电视上的那句话——人类看到的最后一滴水将是自己的眼泪。然后，永远地闭上了眼睛。

★ ★

创意金点 ➡

小作者从珍惜水资源的美好愿望出发，想象出了这个情节曲折、妙趣横生的童话故事。文章描写细腻，语言朴实真切，感情真实自然，也正是小作者对地球生态环境深深忧虑的体现。

蓝色海豚泪

翁蓓

传说，海豚不会流泪，因为它们很坚强。

传说，每一只海豚都会救人，当它们救了一百个人时，它们便完成了使命。

传说，海豚完成使命后，就会变成一颗流星，划过深邃的夜空……

我是一只海豚。我救了九十九个人，还差一人，我就可以完成使命。

一个美丽的夜晚，我浮上海面，盯着那一轮明月凝思。忽然，一个沉重的黑影落进了海里，出于本能，我朝着落水的方向游去，我迅速将那个黑影人驮上我的脊背，往岸上游去。可能是逆水的缘故吧，我游得很慢，想加速却又无法加速，那是一个女孩，她的心脏的起伏越来越小。我拼尽了力气，向岸边游去。终于到岸了！我放下了背上的女孩，仔细地端详着她。

我静候在女孩身旁，按人类的审美观来看，女孩长得真的很美：高高的鼻梁，大大的眼睛，薄薄的嘴唇，几缕湿漉漉的头发贴在脸颊上，衬托出皮肤的洁白。

东方露出了鱼肚白，我用我的尾巴轻轻拍拍她的胸，她吐出许多水，眼睛微微睁开了。她看着我，摸摸我的头，"海豚，是你救了我吧，谢谢你哦！"说完，她俏皮地一笑，但很快又陷入了忧伤之中，"唉，你知道吗？我的父王总是一副玩世不恭的样子，可他却在策划一次世界大战，世界很快就要战火弥漫，不再和平，我多次劝说过父王，不要这样下去了，父王却扔给我一句，他要统治整个世界。所以，我，我才想到……自杀。"

女孩说着，伤心地哭了。我又用我的尾巴轻轻拍了拍她，"小女孩，别哭，总会有办法的。"女孩擦擦泪水，"海豚，再见，你明天还能来陪我吗？"我同意了。我有一种强烈的欲望，

我一定要帮助小女孩。

　　第二天，女孩果然来了，眼中又多了些忧伤。"海豚，你来了，昨天，我又劝说过父王了，父王说，这一切都是为了我好，他这样做，只是为了让我的明天更加幸福。可他不知道，我只需要一个好爸爸，一个整天与我在一起的好爸爸，我只要这些，就足够了。"

　　我默默地听着，给予她无言的安慰。"明天，明天父王就要发起战争了，我多想留住这一刻的和平呀！海豚，再见了。"女孩说完，怅然若失地走了。

　　"轰——"一炮打响，战争开始了，到处都是遇难的人民，到处都是哭嚎声。

　　我哭了，海豚的泪，蓝色的泪，藏在我的眼角，就在那一刻，我化作一颗流星，划过天际，那滴泪，留在了我的心底……

★ ★ ★ ★ ★ ★ ★ ★ ★ ★ ★ ★ ★ ★ ★ ★ ★ ★ ★ ★

创意金点 ➡　　　小作者运用丰富的想象力，构思出这个神奇而又感人的故事。舍己救人、诚恳待人、爱好和平等思想价值寓于故事之中，这作为小学生是难能可贵的。

月亮变饼干

石玉含

夜幕降临，星星们都赶回到自己的工作岗位上，一颗一颗，挂在浩瀚的天空上。只是，夜空中少了一位主角——月亮。今天的夜，如黑漆般涂抹在百亩森林里。

"没有了月亮，我可怎么工作呢？"猫头鹰担忧地想。其他小动物们也都摇了摇头，表示自己也想不出方法。在一筹莫展的情况下，善于观察的小松鼠惊叫着："看，月亮姐姐出来了！只是……"小松鼠一脸欲言又止的样子。

离月亮最近的长颈鹿接着说："只是，月亮为什么多了许多洞眼？光线也暗了许多。"

"是啊！今天的月亮好像——好像我的饼干呀！"憨憨的小猪一边往嘴里塞饼干，一边发表着自己的感想。

大家被小猪的言论吓了一跳，愣愣地看了看月亮，又看看小猪的饼干。"嗯，它是香草口味的？巧克力的？

或许，是奶油冰激凌的！"小猪冥思苦想着。

　　大家也眼馋地看看月亮。

　　"月亮是什么味道呢？不如，我们去尝尝吧！"小猪兴奋地说。

　　"好！"大家都赞同。

　　他们找了一处最高的山丘，像叠罗汉一样一层一层地往上叠，最后上去的是小猪，看到那么大的"饼干"，小猪的眼睛几乎笑成了一条缝，它轻轻一掰，"咔——"一阵清脆的声音响起。"饼干"断了，掉下了一大截，大家品尝过后才发现，月亮，不，准确地说是饼干，既不是巧克力味的、也不是奶油的，更不是香草的。而是如冰块般冰冷，又有点儿甘甜的。美美地品尝之后，大家都睡去了。

　　第二天，动物们准备再爬一次山丘，再玩一次叠罗汉，还有，再吃一次"饼干"，可是，夜幕降临了，月亮没变成饼干，那天少的一块也补回来了，仿佛昨夜，大家都做了一个悠长的梦……

★★★★★★★★★★★★★★★★★★★★★★★★★★★

创意金点 ➤ 　　小作者想象丰富，运用拟人的手法，生动形象地描述了动物们吃月亮的故事。文章语言优美，如"一筹莫展、冥思苦想、欲言又止"等词，让人读起来轻松愉快，妙趣横生。

古韵江南

史中原

轻挑起一丈纱帘，蓦然望去，那红尘凡世之间，弥留下的一片淡然之韵……

淅淅沥沥的小雨之中，撑着一把墨绿纸伞，迈着小碎步，踏在斑驳的青石板之上，穿梭在粉墙黛瓦的回忆里。小桥流水，荡漾着一种清雅的气息，淡淡的茶烟氤氲，轻轻吟唱，抹上了一层水墨风韵。肃然凝望，只有惆怅，风已悄然走过，留下岁月深深的印痕。

　　"江南好，风景旧曾谙……"人已不在，意境依旧，宛如世外桃源，与世隔绝的纯洁，一种静谧由心而生。纯朴与典雅，又噙着淡淡的忧愁，共存于一体而不矛盾。这一刻，仿佛时间停留，驻足，静静凝望着出神，一切一切，若秋水般环绕在心头之上，久久不散。印迹很浅很轻，却是如此地难以忘怀。

　　银白月光，透过树叶洒落，又想起了江南。水晶似的透明美好，却又那么易碎，只能远远地遥望，明明那么清晰，似乎触手可及，可却好像还有着雾一般的迷蒙，仿佛是只应存在于梦中的牵挂。风拂，柳絮飘扬，纷纷扬扬，无人知晓，孤芳自赏。何处传来琵琶声，声声空灵催天雨，泛起一片怆然。洗尽了铅华，留下了未经雕琢的心声。

　　总有一种似有若无的感觉，感觉江南是午后的一杯清茶。在细细碎碎的阳光里，平平淡淡，慢慢溢出清香，却总在不经意间品出另一番雅致。

★ ★

创意金点 ➡

　　有思考就有成长。小作者勤于思考，善于积累，写出了江南的古韵。最难能可贵的是写了自己的感觉，文笔细腻，景中有情，情中有景，给读者身临其境之感。

月季花和向日葵

孟享臻

一个小公园的草地上种着一株月季花和一棵向日葵。

春暖花开，月季花开出了一朵艳丽的小花，而向日葵却还是一棵不起眼儿的小嫩芽呢！"你敢和我比吗？向日葵！"月季花傲慢地说，"看看我，多么美丽！人们天天观赏我。而你呢，却还是一棵小嫩芽呢！"向日葵一句话也没有说。月季花带着更加轻蔑的神气说："我就知道你不敢！你等着瞧吧，我会越长越美丽，你会越长越丑陋。""我也要努力成长，将来也会结出鲜

嫩的果实。"向日葵小声嘀咕道。"你真是异想天开!"月季花说。向日葵没再理会月季花。

转眼间,秋天悄悄来到花园。月季花经不起冷风的吹拂,凋零了。而那棵不起眼儿的小嫩芽却迎着秋风,向着太阳茁壮成长,终于长成一棵健壮、美丽的向日葵,结出了鲜嫩可口的葵花籽,给人们带来了欢乐。

月季花想:这下向日葵该来嘲笑我了。她等啊等啊,可向日葵却一句话也没有说。月季花终于忍不住了,就问向日葵:"我的花凋零了,也结不出果实,你为什么不笑话我呀?"

"你每年都比我绿的早,比我长得漂亮,人们每天都来观赏你。别泄气,明年春天你仍会焕发朝气!"向日葵谦虚地说。

听了向日葵的话,月季花不由得脸红了。她想:我真不应该从外表来看别人呀!

从此,月季花再也不骄傲了。她和向日葵和睦相处,成了朝夕相伴、形影不离的好朋友!

★ ★

创意金点　→　　作者用寓言的形式,巧妙地表现了"谦虚是美德,更能赢得朋友"这个主题,发人深省。作者想象丰富,而且合情合理,说明小作者对生活的观察仔细,对生活有深刻的认识。

猫的决定

万周桐

　　一个花园里有一个被人丢弃很久的娃娃。她每天看着主人精心照料他的花，却从不关心自己。因为主人长大了，不喜欢洋娃娃了，所以洋娃娃落到这种地步——一半埋在土里，被草掩着。

　　一个阳光明媚的早晨，一只猫从花园旁走过，用它的顺风耳听了听，听见了一点儿声响，连忙跳进草丛中："原来是个又脏又臭的洋娃娃，你被扔掉多久了，味儿臭死啦！"猫捂着鼻子。

　　"我……我在主人10岁时就被扔在这儿了。"洋娃娃说着，眼中的泪水就像断了线的珍珠，似雨一般落下来。猫想把他带走，可他太脏了，猫飞快地跑走了。

　　洋娃娃在脏兮兮的草丛里度过了一个孤独而又悲伤的夜晚。

　　一阵巨响把洋娃娃吵醒了，主人要把这花园夷为平地！洋娃娃被埋在地里不能动。"我该怎么办呀？"此时洋娃娃真想长出一对翅膀。

　　这时猫飞奔而来，叼着洋娃娃回了楼道。猫把自己又温暖又舒适的大墙洞让给洋娃娃，而自己却躺在冰冷的地上。

　　猫，谢谢你给了我一个家，让我深刻体会到舍己为人是什么意思，也谢谢你做出了这个伟大的决定，救了我一命。这就是洋娃娃最想和猫说的话。

★ ★

创意金点 ➡

　　　　作文的结构很好，先写洋娃娃被主人遗弃，和猫相遇，猫嫌洋娃娃脏而没有带走洋娃娃，再写猫"救出"洋娃娃，最后写洋娃娃心中的感动。小作者的文字功底不浅呐。

蜡笔一家的"大会议"

武濛

十二色蜡笔原来是一群好朋友，但不知怎么了，他们来了一次"大会议"。听，这就吵上了。

"如果没有我，图画就不会充满活力与生机。"红蜡笔说："我是那个最重要的首长呢！"

"就凭你，还想当首长？告诉你，我象征着和平与平静，没有主人让我帮你，你那火红的颜色才不会那么突出呢！现在，谁

是首长你比我还清楚，对吧？啊啊啊！"蓝蜡笔骄傲得似乎都快飞到嫦娥姐姐身边了！

大家你争我吵，也分不出个胜负，只有粉蜡笔在一旁默默地看着这一切。紫蜡笔看见粉蜡笔在一旁，转了转眼珠，灵机一动，想出个好主意。

"安静，安静！"紫蜡笔做出了一副公正的样子，"大家让粉蜡笔说谁能当首长吧！"粉蜡笔哽咽了一下，结结巴巴地说："我……我也不知道。"大家听了，决定再也不和粉蜡笔玩了，粉蜡笔委屈极了！

有一天，小主人贝贝打开蜡笔盒，粉蜡笔哭着把一肚子的苦水"倒"给了小主人。贝贝听了以后，把它另外的十一个兄弟叫了过来，温和地说："你们每一个的确都非常有用，但是只靠你们其中一个，图画是肯定不够漂亮的。"

从此，十二只蜡笔又成了好朋友，不过，这一次，它们知道了什么叫团结。

★★★★★★★★★★★★★★★★★★★★★★★★★

创意金点 ➜　这篇作文让人立刻想到相声《五官争功》。小作者充分展开了想象，把各色蜡笔人性化，通过事件说明每种颜色都有作用，只有大家团结才能画出美好的图画。作文的立意是比较高的。

青蛙的诉说

赵雨辰

　　我是一只小青蛙，是一只活泼、快乐的小青蛙，但最近，我遇上了一些烦心事，是什么呢？请听我来说说吧！

　　从前，我生活在那个小小的池塘里，别看地方小，但是池塘里的水清清的，水面上映出那碧蓝的天空和看起来软绵绵的白云。夏天，水面上漂浮着一片片碧绿的荷叶，盛开着一朵朵美丽的荷花。我趴在荷叶上，跟我的好朋友蜻蜓、小鱼、小虾们尽情

地玩耍，欢乐地歌唱。湖边的草丛翠绿翠绿的，里面隐隐约约可以看到一朵朵鲜艳的花，小蜜蜂忙碌地采着花蜜，花蝴蝶在花丛中翩翩起舞，那情景，别提多美了。

可是现在，池塘里的水不再是清澈见底的了，反而变得黑乎乎的。当我昂着头再次望着天空的时候，才发现天空中已变成灰蒙蒙的了。蜻蜓少了，小鱼、小虾也变少了，池塘边的草丛也失去了往日的生机。伴随着时间的推移，我的朋友们也——不见了踪影。荷花、草丛、花朵……已经几乎全部枯死了。最终，我只能逃到别的地方继续生存。

现在我才明白，原来是城市里的人们把废物垃圾都倒进了小池塘里。我想提醒人们，要保护地球的环境，乱倒垃圾只会让我们所有人的生活和我们的生态环境越来越糟糕。爱护环境就是爱护你自己，继续破坏下去，人们也会像我们一样失去自己美丽的家园。

我梦想着我的家乡能变得像从前一样迷人，人们能够和谐地生活在一起。

★ ★ ★ ★ ★ ★ ★ ★ ★ ★ ★ ★ ★ ★ ★ ★ ★ ★ ★ ★

创意金点　→

小青蛙往日生活是美好的，可现在却变得如此糟糕。这篇作文的主题是环保，但小作者并没有把笔墨全部都用在环保上，而是通过一个小青蛙的诉说表现环保的重要性，表现出更深的内涵。

CHAPTER 4

神游天地之间

坐在教室里的你是不是突然有过无数千奇百怪的想法：假如孙悟空遇到哈利·波特；假如你成为了老师；假如你像孙悟空那样也有七十二变；假如你穿越时空到了2050年。当你走在拥挤的大街上，看到来来往往的行人和车辆，你是否想过未来的人类吃什么食物？穿什么衣服？住什么房子？坐什么车？未来的国家是个什么样子？每当看到国旗在赛场上冉冉升起，你有没有想过将来也要做奥运冠军为国争光？……如果有了这些想法，那么你就具备了写好这类文章的最重要的一点——想象力。

生活中，每天都会有许许多多的故事，展开你想象的翅膀吧！你可以根据现实生活的见闻或体验去构想未来可能出现的情景；可以天马行空的去假想，不受任何限制；也可以为自己设计一个理想的未来。记住了，所有的这一切，都是未知的，没有标准的答案哦。

魔盒

钱欣葆

星期天，城中公园里的游人格外多。园中的电子游乐场更是热闹非凡，爸爸妈妈都带着自己的孩子，坐在游艺机里尽情玩耍，不时发出阵阵笑声。芳芳却坐在假山顶的亭子里，独自落泪。

一会儿，亭子里来了一位戴眼镜的叔叔，他看了一下愁眉苦脸的芳芳，关心地问："小姑娘，你为什么不高兴，身体不舒服？"

芳芳微微摇摇头，不想回答，叔叔走过来说："你有什么难处可以讲出来，或许我能帮助你。"

芳芳见陌生叔叔是个热心人，就把她的心事讲了出来。芳芳的爸爸妈妈都是工人，家里有小汽车、家务机器人、电冰箱、彩电……生活条件没有话讲。但是，最近爸爸妈妈常为一点鸡毛蒜皮的小事大吵大闹，还要离婚。单位领导和亲戚朋友都作了调解，可是家里气氛还是像拉紧的弦，一触即发，这叫芳芳怎么不着急。

陌生叔叔从口袋里拿出一只像香烟盒大小的金属盒子，说："这个盒子借给你，当你爸爸妈妈吵架时，你按一下蓝色按钮，他们就能平静下来。"

芳芳看了一下小巧玲珑的金属盒子，不相信地摇摇头，说："难道这是魔盒？"

叔叔认真地说：“你说魔盒就叫魔盒吧，你拿回去试试。下星期天仍然到这里还我好了。”

芳芳拿着魔盒走到家门口，就听见屋里传出爸爸妈妈的吵架声和拍桌子的声音。芳芳打开魔盒，只见小屏幕上有两条上下不停跳动的红色曲线，好似两条火龙在决斗。芳芳急忙按了一下蓝色按钮，屏幕上出现一条蓝色的曲线，在两条红色曲线中飘动，红色线渐渐平缓下来了。说来真奇怪，爸爸妈妈的吵架声也渐渐平息了。芳芳松了一口气，好像结束了一场噩梦。

芳芳走进家门，爸爸妈妈满脸笑容地迎了上来，芳芳好久没有看到他们的笑脸了。一家人欢欢喜喜地坐在餐桌旁津津有味地吃着家务机器人送上来的丰盛晚餐。

芳芳为防止爸爸妈妈晚上再吵起来，她把蓝色按钮整整开了

一夜。天亮了，家务机器人早已将早点准备好，可是爸爸妈妈的房门还关着。芳芳轻轻推门一看，只见爸爸妈妈正在"蓬嚓嚓"跳舞呢。这魔盒真神，她为爸爸妈妈的和好而高兴。但她见自己被冷落在一边，心中有些不快，赌气把魔盒的蓝色按钮关了。

芳芳有了魔盒的事被同学安安知道了。放学的时候，安安缠着芳芳要借用魔盒。安安期中考试数学成绩不及格，学校已通知家长了。今天回去非挨爸爸打不可，安安想用魔盒使爸爸平静些。

安安带着芳芳，来到他的家门口。安安的爸爸正在和他妈妈说话："安安数学只考了52分，要好好教训教训他！"

芳芳打开魔盒，只见屏幕上一条红色的曲线在不停地上下跳动，好似燃烧着的火焰。安安吓得吐了一下舌头，用手指在魔盒的一个按钮上猛按了一下。屏幕的红色曲线上又飘过一条黄色曲线，两条线合在一起，越跳越厉害，好似火上浇了油。

屋里，安安爸爸大发雷霆，拍着桌子说："哼，没出息的家伙，我要打烂他屁股！"安安吓了一跳，书包"啪"地一下掉了下来。他爸爸开门追了出来。安安急忙乘上门口的汽车，带着芳芳就逃。安安爸爸驾着摩托车在后面紧紧追来。芳芳一看魔盒，啊，原来刚才安安慌忙之中错按的是黄色按钮，怪不得他爸爸越来越火了。芳芳急忙按了一下蓝色按钮，屏幕上出现一条微微抖动的蓝色曲线，红色曲线和黄色曲线渐渐平静了。

安安爸爸的摩托车追到了前面，"吱"的一声停下，挡住了汽车的去路。安安停下车，准备挨打。没想到，他爸爸抚摸着安安的头，和颜悦色地说："都怪我不好，把你吓怕了，以后我不

再打骂你，你要用心读书啊！"

安安见爸爸和刚才判若两人，他明白了。啊，魔法起作用了。这次安安对爸爸心服口服了，他表示一定要努力学习，争取好成绩。

星期天，芳芳在亭子里又遇见了叔叔。叔叔脸色很不好，芳芳问他有什么不高兴的事，他说，妻子和他离婚了。芳芳内疚地说："都怪我借了魔盒，如果魔盒在你身边，她肯定不会离婚的。"

叔叔说："不，这种事魔盒是无能为力的，她并不是不冷静，而是志向不同。"芳芳问叔叔魔盒是怎样造出来的，叔叔扶了一下眼镜，说："我的爸爸妈妈都是科学城微电脑研究所的专家，事业上都有成就，但却常为一些家庭琐事争吵不休，矛盾越来越深，终于导致离婚。这在我的心灵上是一个很大的打击。人类社会早已进入了以宇宙航行为标志的宇宙文明时代，但家庭纠纷、离婚却有增无减，我从国外留学回国后，就开始全力研究这种特殊功能的魔盒。"

"叔叔，魔盒为什么有这么大魔力呢？"

"魔盒是由超级微电脑和其他部件组成的，有接收系统、归纳处理系统和输出系统。每个人都有不同频率的脑微波，大脑受到外界不良刺激，就会发出异常的脑微波，出现情感失调，丧失理智。魔盒接收这种异常脑微波后，就会由电脑做出分析处理，发出相应的脑微波，对大脑皮层产生良性刺激并形成良性循环，使大脑恢复理智。"

"叔叔，我的一个同学在他爸爸发怒时按了黄色按钮，为什

么他爸爸更火了？"

"那个黄色按钮可以发出兴奋性脑微波，使那些遭到突然不幸、心情过度忧郁的人适当的兴奋，使他们渐渐恢复正常。当人发怒时再按这个钮，难怪要火上添油了。"

"叔叔，同学们都说，‘千不怕，万不怕，就怕爸爸妈妈常吵架；千不幸，万不幸，爸爸妈妈离婚最不幸。'如果魔盒大量生产就好了。"

"有的人认为，我的发明是荒谬的，说魔盒压制了人的发怒和忧郁，是侵犯人权的行为。我认为虽然它不能解决人与人之间的矛盾和纠纷，但它能使人心平气和地交谈，以理服人，这总比那种简单粗暴的谩骂要好。我相信魔盒将会给人们、家庭、社会带来好处的。"

芳芳听了叔叔的话，十分感动，在魔盒上深情地吻了一下。

★ ★

创意金点 CHUANGYI JINDIAN ➤

丰富的想象能给文章插上动人的翅膀，你瞧，作家笔下的"魔盒"多有意思呀！既有创意，又符合一定的科学道理，尤其是那一段关于魔盒的原理介绍真是令人信服。整篇文章读起来充满了生活情趣，故事情节构思精妙，让我们不知不觉进入了科幻的境界，感受着幻想带给我们的快乐。

当孙悟空遇到哈利·波特

柏之千

当孙悟空正和猴子们在花果山上一起玩耍时，突然，狂风大作，飞沙走石，万里无云的天空立刻变得阴暗起来，骑着扫帚、穿着黑色长袍、手拿魔杖的哈利·波特从天而降。小猴子们欢呼着，跳跃着，热烈欢迎天外来客。

哈利·波特脚刚站稳，便念起了咒语："去去，武器走！"

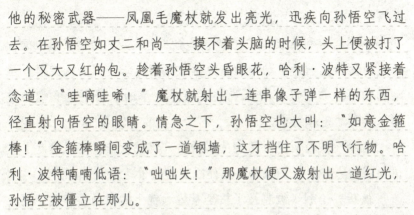

他的秘密武器——凤凰毛魔杖就发出亮光，迅疾向孙悟空飞过去。在孙悟空如丈二和尚——摸不着头脑的时候，头上便被打了一个又大又红的包。趁着孙悟空头昏眼花，哈利·波特又紧接着念道："哇嘀哇唏！"魔杖就射出一连串像子弹一样的东西，径直射向悟空的眼睛。情急之下，孙悟空也大叫："如意金箍棒！"金箍棒瞬间变成了一道钢墙，这才挡住了不明飞行物。哈利·波特喃喃低语："咄咄失！"那魔杖便又激射出一道红光，孙悟空被僵立在那儿。

就这样，哈利·波特轻而易举地把孙悟空打入了霍格沃茨学校的魔法监狱。

在魔法监狱里，孙悟空大声质问哈利·波特："你是何方妖怪？敢来冒犯你孙爷爷？"

哈利·波特哼了一声，指着胸前的学校徽章说："我是哈利·波特，霍格沃茨魔法学校的学生。与史上最厉害的猴头作对有什么好处？我就是为了拯救那些无辜的生命！你只顾享乐，忘记了自己的职责？"

孙悟空一脸无辜："我贪图享乐与你有何相关？我有什么职责？"

哈利·波特怒目圆睁："你身为齐天大圣，不是一直主宰着动物世界吗？人类最近几次的流行病，都有动物在背后若隐若现，比如疯牛病和牛，"非典"和果子狸，禽流感和鸡……最近又发现了甲型H1N1流感，它的元凶来自于猪。这些动物已经被人类高高地钉在了耻辱柱上了，你对人类犯下了不可饶恕的罪行。

孙悟空，你还有话可讲吗？"

"唉，哈利·波特，误会，误会呀！人类和动物共患疾病，一是因为人类破坏了动物的自然生存环境，二是因为人类对养殖动物的不人道对待。说来说去，还是人干的。这不是我们的过错，人类才是罪魁祸首！"

哈利·波特听了孙悟空的讲解后，恍然大悟，连忙念起了咒语："幻影移形！"随即又把孙悟空送回了花果山。

然后，哈利·波特按了按全景望远镜上的问题筛查键，骑上那把飞天扫帚，告别了孙悟空："我要去人间视察了，我要去惩罚那些作恶多端的人。"

孙悟空赶紧飞上云端，对着人间大呼："人类，觉醒吧！放下手中的'屠刀'，不要坐等天下无敌者——哈利·波特找你们算总账，到时候后悔就晚啦！"

★ ★

创意金点
CHUANGYI JINDIAN

这篇作文构思奇妙，思接千载，打破时空的界限，让孙悟空和哈利·波特走到一起，反映了人类和动物共患疾病的原因是人为的。这是一篇有警世作用的文章，小作者对人类未来有独特的思考，值得赞扬。

一场特殊的拍卖会

陆思恒

哈罗！大家好。今天，就让我和你们一起乘上时空机去未来世界。未来的人类正在Q星球上的大百货公司的大厅里举行着盛况空前的拍卖会。这场拍卖会可特殊啦！大家要不要一起去看一看呢？

转眼间，我们来到了Q星球。你听，那边的拍卖会已经开始了。

"大家请看，这是地球上的最后一滴水。"只见，一滴纯洁又明亮的水珠躺在一个用量杯特制的透明玻璃罐里，上面用一条厚厚的毛巾盖着。我想，这滴价值连城的水珠也怕被这炎热的太阳给蒸发掉吧。主人给它取了一个非常酷的名字——天外来水。

"这滴水起拍价150万美元。"拍卖师大声吆喝起来。前来参加竞拍的人压根儿就没见过如此清澈、如此明亮的水珠，150万美元的起拍价也太少了一点吧！"我出500万美元。"一名戴着金丝眼镜文质彬彬的男士不假思索地举起了手中的挂牌。不待这位男士坐下，会场的角落传来了一个沙哑的声音："1000万美元！我要了！"那是一位老者，目光中充满着深情，话音中带着一丝颤抖。这次他是坐在轮椅上由佣人推来的。此生他最大的愿望就是拥有一滴纯净的水。

……

"接下来拍卖最后一件拍品。"拍卖师嗓音提高八度,那洪亮的声音萦绕会场,引得会场万般寂静。所有的目光聚焦在拍卖师身后的两扇正在打开的紫红大门。洁白的大理石台面在各种彩灯的照射下也五彩斑斓起来。忽然,台面中间的圆形大理石小展台悠悠地升腾起来,透明的盒子里安静地躺着一片一千年前的普通绿叶。叶柄无损,翡翠般的叶面上叶脉清晰可见。在座的约万名观众却谁也没见过,因为早在500年前左右,地球已经长不出第二片绿颜色的叶子了。

"太美了!"

"这世界上居然还保存着这样的一片绿色的叶子。"

"真是奇迹!"

"原来世界上真的有树叶存在过,我还以为那是一个美丽的传说呢!"

……

地球的负担太重了,科技的发展固然是好的,它为人们带来了无穷的财富,可是,你们有没有换一个角度来想呢?你又怎么知道它不会对环境造成不可弥补的破坏呢?以至于现在只剩下最后一滴纯净的水,最后一片叶子,最后……

泪水湿润了我的眼帘,真想大声地告诉他们,我就生活在绿意盎然的世界,我就生活在蓝天碧水环绕的地球,我就生活在空气清新的山村。但我也清楚地知道,现在我们人类正肆无忌惮地毁灭着这美好的生活环境。

★ ★

创意金点
CHUANGYI JINDIAN

小作者通过丰富的想象,将读者带到了未来世界的O星球,见证了一场特殊的拍卖会。文章不仅构思巧妙,还为我们提出了一个严肃的问题:当地球上最后一滴水和最后一片绿叶变成了博物馆中的文物,成了拍价最高的拍卖品的时候,人类还会存在吗?

月宫游玩记

吴佳韵

　　小时候，奶奶经常给我讲《嫦娥奔月》的故事。当我一闭上眼睛，就会想起美丽的嫦娥姐姐和洁白无瑕的玉兔。我时刻梦想着自己能去遥远的月球看一看！

　　一天晚上，我正准备上床睡觉。忽然，一个插着翅膀的小女孩飞到我面前，我还没镇定下来，她就说：“恭喜你成为第一位游玩月球的幸运儿，快跟我走吧！”说完，一艘苹果飞船出现在我的房间里，一听说去月球，还是NO.1，我便美滋滋地穿上最好的衣服上了飞船。

　　在路上，我知道了小女孩叫灵灵，是月宫主人——嫦娥的女儿。很快，飞船在月球上着陆了，灵灵拉着我走出舱门。看着比想象中还美的月球，我不禁呆住了，月球犹如一个晶莹剔透的大水晶球，散发出幽幽的白，闪烁着点点的蓝……嫦娥姐姐对我说：“可爱的小妹妹，你从中国来的吗？那里可有我的故事，你一定知道吧！”“嗯。”我点点头。“那，今天我带你尽情

畅游月宫乐园怎么样？""太好了！"我一蹦三尺高。

月宫乐园里有数不胜数的好玩的设施，空中还飘荡着好听的音乐。我先与小白兔一起坐空中摇篮船，再与灵灵一起做泥巴乐游戏。其中，最有趣的就是我和灵灵一起玩的山崩地裂了，这个游戏是考验每个到月球来的人的勇气和智慧的呢，每两个人一组坐在一辆全透明的车子里，自己驾驶到虚拟山洞里去。进去以后，我操纵着车子和灵灵在里面左右穿梭。"哗"……开始山崩了，我强作镇定，使车子飞在中央继续前进，地也突然一声裂开了，灵灵尖叫一声，紧紧抱住我的腰，我想安慰她，于是就唱起了："不怕不怕……"

游戏结束，我通过了勇气考验关，拿到了月亮钻石，我把它递给嫦娥姐姐，她说："这次游玩给你增添了勇气和乐趣，这枚月亮钻石给你留作纪念吧！"

飞船呼叫我了，我该回家了。眼里含着泪水和朋友们告别，和月球告别，我不禁想起了"但愿人长久，千里共婵娟"的诗句。

★ ★ ★ ★ ★ ★ ★ ★ ★ ★ ★ ★ ★ ★ ★ ★ ★ ★

创意金点
CHUANGYI JINDIAN

让遥远的月球成为孩子的乐园，小作者的想象真是有趣。作品富有科幻色彩，抒发了小作者心中美好的愿望。清新、明快的语言给读者绘制出一幅幽美与神秘，欢乐与刺激交织的场景，引人入胜。

孙悟空找工作

黄青青

话说唐僧的大徒弟孙悟空，人称"齐天大圣"，上得天下得地，练就了一身好本领。他的火眼金睛能看清任何阻碍，七十二变更是出神入化，三界之内没人敢动他孙大圣，就连天上的玉皇大帝也要敬他三分，所以，称王称霸的妖魔鬼怪只要是听到孙悟空来了，就都夹着尾巴落荒而逃。

自从师徒四人取完真经回来后，悟空虽然在天上过着无忧无虑的生活，但这使他感到很无聊，想到人间找一份工作。悟空认为以他在三界之内的名声再加上一身的好本领，在凡间找一份好工作那不是轻而易举的事吗？

悟空来到一家维修公司应聘，那里正需要一位技术高的修车工。悟空认为这工作对他来说蛮适合的，无须检查，他的火眼金睛就能发现机器的故障。悟空来到公司，老板问：

"你是来这应聘的吧，请出示技术等级证书。"

"什么证书啊？我都没听过，没有这些不行吗？"

"不行，本公司有明文规定，要是没有技术等级证书，你就休想来这上班！"老板说。

悟空又去应聘了教师、保安、警察、服务生，可都以没有文凭、身高体重不达标等，被拒之门外。这时的悟空已对自己失去信心，他甚至怀疑自己还是以前那个能在三界之内呼风唤雨的孙悟空吗？他这时好想回到天上去，过那种无忧无虑的生活，可是又怕被玉帝笑话，回去不得啊！

他哀叹道：我在这个只重文凭、看外表的社会，简直是废人了。还是回花果山种桃种香蕉，和我的猴子猴孙们在一起过太平日子吧！

★ ★

创意金点 CHUANGYI JINDIAN ➤ 悟空从西天取经回来居然想到人间找一份工作，新奇的构思吸引了读者。紧接着悟空又接二连三地因无文凭应聘遭拒，乃至对自己的能力也产生了怀疑。文章巧妙地将神话与现实结合起来，揭示了只重文凭的社会现实，活泼的情节中含有深意。

"人"先生奇遇记

陈伟

　　"人"先生老大不小了，但是还没有一份可以养家糊口的工作，整天在家待着。"人"先生也知道这不是长久之计，于是他决定去找工作。

　　"人"先生走了一个上午，感觉有点累了的时候，正好看到前方有一棵大树。他想，不如去大树底下乘乘凉、休息一下。"人"先生一靠到树上，就变成了"休"。"人"先生在树下睡了好久，醒来时发现自己的钱包、粮食都不见了。"人"先生沮丧地想：得快点找份工作挣点钱啊！

　　"人"先生在路上又遇到了"俞"先生，两人很谈得来，恰巧他们俩都一贫如洗。这会儿他们正算计着去"偷"一些东西呢。但他们进行肮脏的勾当，如偷鸡摸狗，去仓库偷粮食，去油库窃油，都被群众发现了，两人名声败坏，偷鸡不成蚀把米啊！民警把他们抓去坐牢。

　　"人"先生刑

满释放后，继续到处找工作，却四处碰壁。终于有一天，一个有着强烈责任心的老板"责"先生看上了"人"先生的才能，让他担任公司的部门经理。"人"与"责"的关系很好，二人吃喝玩乐，玩得不亦乐乎。"责"先生从此玩物丧志，无心打理公司，更欠了天价债务。"责"先生一看自己用汗水浇灌的公司沦落成这样，又恨又急，就把"人"先生扫地出门了。

正当"人"先生失魂落魄时，碰到了"韦"先生。"韦"先生安慰他，并与"人"先生一起做生意。"韦"先生做人厚道，脚踏实地，从不卖假货、劣货给顾客，得到了顾客的一致好评，也赢得了信誉。几年后，两个商业巨头在此崛起，他们正是"人"先生与"韦"先生。"人"先生与"韦"先生太伟大、太有名气了，连父母都这样教育他们的孩子——要像"人"先生与"韦"先生一样脚踏实地才能成为伟大的人。

"人"先生终于知道了要付诸行动、脚踏实地才能成功。

★ ★ ★ ★ ★ ★ ★ ★ ★ ★ ★ ★ ★ ★ ★ ★ ★ ★ ★

创意金点
CHUANGYI JINDIAN

小作者运用丰富的字理知识，展开了大胆、合理的想象。描写具体、生动，展现了小作者极强的语言驾驭能力。而"人"先生与"责"先生和"韦"先生的相遇经历，前后形成了鲜明的对比，寓意深刻，正是本文的精彩之处。

未来的我

沈林昕

我穿越时空，竟然到了未来的世界，看到了未来的我……

那天，我独自一人在散步，不知不觉就走进了一片森林，四周除了树，还是树，找不到任何出路，我在林中焦急地乱窜。突然，有人在我后背拍了拍，我顿时毛骨悚然，惊出一身冷汗。

我扭头一看，身后站着一位高大魁梧，相貌长得和我一模一样的人。我大吃一惊，忙问："朋友，你是谁？怎么和我长得如此相似？"

他哈哈大笑说："哥们，我可是未来的你呀！""未来的我？你在说笑吧？"我疑惑不解地问。

"那你的理想是什么？"他眯着眼，笑着问我。

"当然是新一代的武侠小说家。"我脱口而出。

"没错，我现在就是全球知名度最高的武侠小说家，名声甚至盖过了金庸、古龙。"他神气地说着。

当我还要继续追问时，他却消失得无影无踪。

正在我茫然不知所措时，我的眼前又出现了一个蓬头垢面的乞丐，我还没向他打招呼，他就颤抖地对我说："哥们，我是未来的你，我写的小说一次接一次地被退稿，家产都败光了，现在只能乞讨为生。"听了这话，我差点没昏倒。"不可能，不可能，你给我快点消失……"我的话还没说完，他就摇着头，唉声叹气地消失了。

我痛苦地放眼望着这片无边无际的森林，突然，眼前一下子又出现了一大堆和我长得一模一样的人，他们有的是教师，有的是工人，有的是教授，还有的是农民……一个个的向我靠拢而来，嘴里还不停地说着啥。

我吓得大叫一声，赶紧逃离了那片森林，回到了现实。还好这只是一场穿越时空的梦。

这次穿越时空，让我深深地懂得了，未来的路，要靠自己一步一个脚印，脚踏实地地走出来。不付出，不奋斗，不坚持，怎么能实现自己的理想呢？

★ ★ ★ ★ ★ ★ ★ ★ ★ ★ ★ ★ ★ ★ ★ ★

创意金点
CHUANGYI JINDIAN

不付出，不奋斗，不坚持，怎么能实现自己的理想呢？这个老生常谈的话题，小作者通过梦境的方式表达出来，新颖独特，非常有说服力。文中对话描写贴切、生动，成语运用也很娴熟。

假如我是一片叶子

杨诗煊

假如我是一片叶子……

在风和日丽的春天，万物复苏，到处莺歌燕舞。忽然，一滴水珠伴随着一声"滴答"，落在手中，唤醒了沉睡中的我，我睁开惺忪的睡眼，打量着这个世界，渐渐熟悉了它。每一天，和风吹拂着我，吹拂出我所有的生机；细雨滋润着我，滋润着我幼小的心灵。阳光下，我和其他新叶一起衬托着红花的美丽，共同打扮着五彩缤纷的春天。

在骄阳似火的夏天，鸟语蝉鸣，到处枝繁叶茂。我摇身变成了一片青翠欲滴的叶子，沐浴着阳光，努力地吸收营养，努力地生长成一片完美的叶子。烈日下，我还要和其他绿叶一起把大树装扮成一把大伞，为人们遮阳避暑，带来酷暑中的阵阵凉意。

在硕果累累的秋天，天高云淡，到处

五谷丰登。秋姑娘为我撒上了一层火红的颜色，我欣喜若狂，马上拉着风儿的手，飘了下去，宛如蝴蝶一般，在空中翩翩起舞，尽展秋的成熟，四处传播丰收的喜悦。看着人们辛勤忙碌时滴落的汗水，心里就会有一股说不出的甜蜜。慢慢地，我飘落到了地上，和其他残叶一起回忆着昔日的快乐往事，讨论着秋天的美好。

在漫天飞雪的冬天，寒气袭人，到处白雪皑皑。我已经落地归根，默默地给大树输送营养，回报着曾经的养育之恩。这时，我最喜欢干的事情，莫过于回想昼夜交替，夕阳西下，明月初升，这些大自然中的奇妙景象。但是，我永远不会为自己的凋零而悲伤、难过，不仅因为我会再一次重新获得生命，更因为我的这一生过得充实而富有乐趣。

又一个春天，鸟语花香，桃红柳绿，我轻轻睁开双眼，看着新的一切，笑了，又一次美好的生命，我又应该如何度过呢？

假如我是一片叶子，哦，不，我就是这样的一片叶子……

★ ★ ★ ★ ★ ★ ★ ★ ★ ★ ★ ★ ★ ★ ★ ★ ★ ★ ★ ★

创意金点　CHUANGYI JINDIAN　➡　　阅读孩子们的文章真是一个赏心悦目的过程，清新的语句和温暖的视角折射出生活的真善美，孩子笔下的世界总充满着温情。一片生机勃勃、乐于奉献的叶子形象跃然于纸上，读着就让人动心，小作者的文笔居然这么细腻。

假如我是圣诞老人……

胡馨蕾

　　神圣又美好的圣诞节悄悄地来临了，大街上张灯结彩，喜气洋洋，到处欢声笑语，到处生机勃勃。人们期待着慈爱的使者——圣诞老人的降临。大家心存一份美好的祝愿，在无限的企盼中安然入睡……

　　假如我是圣诞老人……

　　假如我是圣诞老人，我驾着驯鹿，拖着雪橇，带着礼物降临在四川汶川地震灾区。夜幕已经笼罩了大地，受灾的同胞们正睡在简陋的房屋里，时光的流逝驱散不了他们心灵的阴影，他们无

时无刻不在思念九泉之下已故的亲人，那噩梦般的情景时常浮现在他们的脑海里。我要为他们送去一种奇特的"美梦仪"，让他们在梦里能够和亲人们相会，不再饱受思念之苦。睡吧，睡吧，睡吧。

假如我是圣诞老人，大雪纷飞，我驾着驯鹿，拖着雪橇，带着礼物飞向祖国的边疆。守夜的战士还没有睡，他们忘我地保卫着祖国的土地，他们和亲人相隔在天涯海角。圣诞节到了，我要把亲人的祝福和思念折成一只只翩翩起舞的千纸鹤，时时刻刻萦绕在战士们身边，即使远在天涯，也能感受到彼此的温暖，彼此的祝福。

假如我是圣诞老人，我驾着驯鹿，拖着雪橇，带着礼物飞往各地医院。白衣天使正奋不顾身地抢救那些染上甲型H1N1流感的病危患者们，努力地把他们从生死的边缘拉回来。我深知，他们需要的不是锦上添花，而是雪中送炭。我要给患者送去神奇、包治百病的万能药水，让他们获得第二次生命，学会珍惜生命。

假如我是圣诞老人……

★ ★ ★ ★ ★ ★ ★ ★ ★ ★ ★ ★ ★ ★ ★ ★ ★

创意金点 ➤ 原来圣诞老人不仅仅会送礼物，还会帮助人，小作者的想象力可真丰富。从文中也可以看出小作者有一颗金子一般的心。文章构思巧妙，结构严谨，中心明确，立意高，不失为一篇佳作。

当一切格格不入……

刘琳

他睁开双眼，一片白色，一个貌似是人类的"人"站起来，向他伸出了右手，说："您好，我是2100年的世界领袖，请叫我Mike。"

他缓缓伸出右手，奇怪地打量着一切，怎么会如此陌生。他使劲地回忆昏迷前发生的一切，用力摇了摇脑袋，终于想起来——

2010年的某一天，身为作家的他终于又一次完成了一部震撼人类灵魂的书籍，他激动地尖叫着，却不知道，为了完成这部书，他废寝忘食地工作着，体力不支，慢慢地，他倒了下去……醒来时，不知为何竟出现在了这里——2100年。

Mike发话了。

"您好，我们在皇家研究院门口发现了昏倒的您，请问您怎么了，穿着怎么如此奇怪？"

"我是来自2010年的人类。具

体情况我也不是很清楚。"

Mike又和他寒暄了几句，就带着他四处转转。

几天下来，他渐渐发现，自己对这里的事物实在不适应——

"我实在不明白，为什么你们那时的人类都热衷于登山？"这天，Mike与他聊天时问道。

"登山？是呀，有许多人都喜欢去登山，我也是一位业余登山爱好者，在登山的过程中我们可以享受大自然带给我们的一切。那种感觉真好！"说着，他不禁向往起来。

Mike满脸疑问，"你说什么？"

Mike把他拉到一张椅子上，按了几个按钮，他只感觉周围的一切都在急速改变，他害怕地闭上眼睛。当他睁开眼睛时，他已经现身在珠穆朗玛峰山顶了。一旁的Mike向他耸耸肩，"这么简单，为什么要辛辛苦苦地爬上去呢？"

他只能无奈地叹叹气。

又是一天。

他实在太疑惑了，在一个科技发展如此迅猛的时代，怎么就连个书店都没有呢？连本书也看不见。

"Mike，为什么你们这里没有书呢？"身为一名作家，他最感兴趣的就是书了。

"书，什么是书？书是什么样子？"Mike一脸问号。

他十分惊讶，"那你们怎样学习知识？"

"知识还用学吗？"Mike带他走进一间屋子，屋子里站满了小孩。只见他们排着队走到一台机器旁。机器发出了许多光波。

没过一会儿，一个小孩就走出了屋子。

"在我们这儿，只要来到这台'学习机'旁，接受它所发出的光波，就会自动掌握所有知识。"Mike补充道。

……

三天后。

他自杀了。

他留下了一段话：

因为有了高科技，你们无法体会到爬上山顶的那种成功感；

因为有了高科技，你们不会知道学习是多么有趣的一件事。

……

当一个人处于一个格格不入的环境——

他只会选择离开。

★ ★

创意金点 ➤
CHUANGYI JINDIAN

随着社会的不断发展，各种高科技物品也不断推出，很多人都感到高科技给大家带来了方便。但是，任何事都是各有利弊的。小作者在文章中便说出了自己的心声：当一个人因高科技而使自己处于一个格格不入的环境时——他只会选择离开。如果以后的世界真成了这样，那人类岂不是要生活在令人惶恐不安的世界里了？

月亮的爱情

褚楚

月亮，一个总被人们赋予神韵、寄托感情的物体。在古人的诗句里，她犹如一位女神，美丽、神秘、皎洁。她美丽得如此直接，神秘得那样醉人，皎洁得多么干脆。可又有谁知道，月亮背后那辛酸、悲惨的爱情故事。

月亮并不是默默地在深邃的太空中圆了又缺，缺了又圆的。很久很久以前，她和地球是一对青梅竹马的恋人，从小便一起玩耍、嬉戏，两小无猜。这美好的光景直至贪婪的人类出现在地球上时便消失了。聪慧的月亮一眼就看出这邪恶的生灵会一刻不停地折磨着地球，恋人在他们的魔爪下，定会体无完肤，遍体鳞伤的。月亮将自己的担忧告诉了地球。可地球却不断地数落月亮的杞人忧天。怎么办，怎么办？月亮深深地为地球担忧着。

贪婪却聪明的

人类已经学会用劳动换取果实，他们在地球上安居乐业地生活着，一派和和睦睦的景象。地球更加不屑于月亮的嘱咐和叮咛。单纯的地球怎么会知道，人类邪恶的铁枷已牢牢地拴在自己的身上。月亮不忍看到地球日后目不忍睹的模样，她拭去最后一滴晶莹的泪，痛心地选择了永远背对着地球，围着他无休止地转绕，并把宝贵的空气和水都留给了地球。毕竟，月亮还深爱着地球。

　　心狠手辣的人类不再满足于短暂的和平，在地球上互相残杀，爆发了一次又一次的世界大战。地球——无疑是最直接的受害者。他痛苦地呻吟着，使出浑身解数——山洪、地震、熔岩爆发、泥石流、旱灾……所有招数都用遍了，可这些对于人类却根本无济于事。他一遍又一遍地呼唤着恋人——月亮，可美丽善良的月亮却再也回不了头了，地球只能默默地看着月亮圆了又缺，缺了又圆……

* * * * * * * * * * * * * * * * * * *

创意金点
CHUANGYI JINDIAN

本文运用童话的形式，以一段凄美的爱情故事叙述了一个严重的现实问题——地球面临生存危机：山洪、地震、熔岩爆发、泥石流、旱灾等自然灾害的频繁爆发，人类对环境的破坏和战争对地球造成创伤……引出"保护环境，热爱和平"的主题，值得读者深深反思。

神舟五号

张羽迪

这一天是神仙们百年一遇的"无法无天"日。在这一天，神仙们可以随意出入平时连想也不敢想的地方，可以与玉皇大帝嬉戏一番，甚至可以在灵霄宝殿的宝座上躺一会儿。

这天，嫦娥也离开了月宫，捉了几只老鼠，想放在平时总对她横眉竖目的王母娘娘寝宫里，可刚离开月球，就被一个迎面而来的"大怪物"撞着了，送到了孙悟空连翻一百个筋斗也到不了的地方。

嫦娥十分恼火，飞了好几天，才气喘吁吁进了灵霄殿，对玉帝说："玉帝呀，我要告状！"

"告谁？"玉帝问道。

嫦娥怔住了："这……我……也不知道。"

"那你生什么是非呀！"玉帝很不耐烦。

"玉帝呀，不信您可以看我的伤呀！"玉帝请来仙医一看，嫦娥果然伤得不轻，脸如馒头似的肿着，身上青一块、紫一块。

"广目天王，你给我尽快查清楚！"玉帝命令广目天王。

三天后，广目天王对玉帝说："微臣已查明，此怪物出自于中国，名曰'神五'。"

"哦？讲！"这倒勾起了玉帝的好奇心。

"听说里面还有一个凡人，名叫杨利伟。"

"哇！21世纪人间变化可真快，人都可以上天啦！"玉帝非常震惊。

"里面还有高科技的武器，威力可强大了！"

"这点我深有体会。"嫦娥苦笑道。

"人类还在继续研究……"话还没说完，一个更大的"怪物"冲了进来，0.01秒后又消失了。孙悟空眼尖，看出船身有"神七"二字。"哎呀"一声，众臣一看，灵霄宝座上已空空如也，原来玉帝躲在宝座下，半晌才敢探出头来。

看来，神仙们在人类的智慧面前也会自叹不如。

★ ★ ★ ★ ★ ★ ★ ★ ★ ★ ★ ★ ★ ★ ★

创意金点
CHUANGYI JINDIAN

嫦娥要告状，却不知道告谁的状。悬念的设置让故事变得扑朔迷离，但最后我们恍然大悟："罪魁祸首"居然是"神五"，真是绝妙的想象。更有趣的是"神七"上天会让无所不能的众神仙魂飞魄散。在让人回味无穷的情节中感受人类智慧的无穷力量，真是一次奇特的阅读享受！

"笨鸟"国奇遇记

翁柔

　　早晨，天还那么冷，我就又在老妈的压制下去上学了。今天的风可真大啊，我刚张开嘴就有一股寒风跑进我的嘴里，渐渐地我的肚子鼓了起来，向空中飘了去，老妈赶紧手一伸，抓住了我的书包。随着我的升高，书包被拉成了一根长长的细线，终于"啪"的一声断了。正当我绝望时，感到屁股下面软绵绵的一片，低头一看，呀！多美的白云啊！洁白的，像团团棉花絮，坐在上面比沙发还要舒服。嗯？怎么还有甜甜的味道？不会是这片云是甜的吧？我扯了一把放进了嘴里，甜丝丝的，跟棉花糖一个味，哈哈，我的最爱！我又扯下了一大块，刚准备送进嘴里，一个声音吹进我耳膜里。

　　"等等，尊敬的人类朋友。"

　　冷不丁的在这空旷的天空里传来声音，差点吓得我尿裤子。

　　"别害怕，我在你手上呢。我是'笨鸟'王国的使者，来带你到我们'笨鸟'国去玩的。"

　　我定睛一看，我的手上还真的是一只鸟呢，圆乎乎的身子，翅膀小得像老鼠的耳朵，没有脑袋，只是两颗米粒大的眼睛嵌在上面，难怪我看不出来。我想：反正我又不想回去上学，再说总待在这空中也不怎么好玩，不如去看看。

　　"可是，我不会飞啊？"

"你看一下你自己。"

我低头一看，身上长满了羽毛，手臂成了一双大翅膀。天哪，我也成了一只鸟，我惊恐地望着它。

它说："吃了我们秘制棉花糖的人都会变成这样，不过落到地面上，还会变回来的。"

我这才放心地跟它飞过了八十八座山，越过八十八条河，到了中午终于来到了"笨鸟"王国。

这里竟是鸟语花香，绿树成荫，好多跟它长得差不多的鸟儿在飞来飞去，却都是一副无精打采、慵懒的模样。这里没什么漂亮的建筑物，没有游乐场，也没有大超市。最高兴的是，这里竟然没有学校！

我一落地，那只怪鸟就不见了，还好，我又变成了人的模样。嗯？前面怎么那么多的鸟？我挤了进去，还不知道怎么回事，就被它们用羽毛托了起来，耳朵里听到一股震耳欲聋的声音："不用选了，我们让最聪明的人类来当国王！"它们簇拥着我走向国王的宝座，还给我戴上了王冠。这不是在做梦吧？我咬了咬自己的嘴唇，嗯，有点疼，这是千真万确的，我做了国王！哼哼，这下老妈不会再逼我上学了，老妈啊老妈，这回我可是给你挣足了面子了。正当我想得出神时，一个胡子都垂到地上的鸟走出来说："慢，想当国王，得有聪明过人的脑袋才行，我来考你几道题。"

哼，你们不是叫"笨鸟"国吗？怕什么？考就考吧，我斯文地说："请出题。"

它也不客气，直接就问："一个小孩在地上捡了10元钱，并交给了老师。老师问明了情况后又把钱还给了他，请问，这是为什么？"

哈哈，小儿科，本人最擅长的就是脑筋急转弯了，我立马答道："因为小孩是在他自己家里捡到的。"

"请听第二题，羊、狗、猫，有一人打碎了窗台上的花盆。羊说`是狗打碎的。'狗说`我没打碎。'猫说`我没打碎。'它们三人中只有一人说了真话，请问，这是谁打碎的？"

"这个、这个……。"我结巴着，脑筋急转着，是谁呢？猫狗都说没有那就是羊了："羊。"

"错！是猫。看来你是不适合做我们`笨鸟'国国王的，我们这里只需要聪明的人来治理我们这个懒散的国家，你也不知道是哪里来的骗子，竟然第二个问题就答不上来，哼，给我拉下去。"

它们怕我出去泄露它们这个"笨鸟"国的存在而把我给关进了一个大树洞里。树洞里黑乎乎的，什么都没有。那只怪鸟也不知道去哪儿了。唉，我怎么就答不上来呢？连做个"笨鸟"国的国王都需要知识啊。现在多想回到课堂，认真聆听老师的讲课啊，可是这里没有人，没有妈妈，没有同学，连吃的都没有，"呜呜，妈妈，我错了，我要去上学……"我的眼泪"吧嗒吧嗒"地掉在了胸前的衣扣上，硬币大的衣扣被我的眼泪越泡越大，大得像个篮球往地上一掉，地上立刻出现了一个大洞，里面还有亮光。我不管了，赶紧跳进洞里，洞里的光是从我家里散发出来的，我奔进去，看到了妈妈掉着眼泪坐在我房间的床上。我扑过去，一把搂住妈妈："妈妈，我要上学。"

★ ★ ★ ★ ★ ★ ★ ★ ★ ★ ★ ★ ★ ★ ★ ★

创意金点 CHUANGYI JINDIAN ➤ 小作者的想象真是丰富而奇特，生动有趣，很有新意。本文开篇即点出了自己怕上学的真实想法。在寒风中，小作者奇迹般地来到了"笨鸟王国"，因拥有聪明脑袋被推上了国王宝座，却因缺乏知识沦为阶下囚。文章最后点明了掌握知识的重要性，升华了文章的主题。

一份神奇的礼物

钱程伟

明明生日那天，他收到一份礼物。在一只非常精美的盒子里放着一支看似一般的钢笔，但明明看了说明就知道它不一般了。

1．这只钢笔不要吸墨水，只需要空气。

2．钢笔能帮孩子写作业，只要在心里说："请开始"。然后把钢笔在题目上扫一遍，钢笔就会准确无误地把答案写出来。

3．第一次触摸钢笔的指纹将会被保存下来，以后如果是相同的指纹，做题就会准确无误，如果指纹不同，做出的题就是错误的。

4．本笔只能用一学期。

明明看了以后喜欢得要命，把这支钢笔当宝贝一样放在保险柜里，生怕被人偷走。

明明班里有五十个同学，明明在班里的成绩是倒数第一，每次考完试，试卷上总是"大红灯笼高高挂"。他整天就知道打游戏，天天被爸爸妈妈和老师教训，可就是改不了。他对学习怎么也不感兴趣。

明明躺在床上想：这下好了，有了这支钢笔我再也不用听责备声了，再也不怕在班上抬不起头了，在同学面前我可以昂头挺胸神气一下了。爸爸妈妈还会给我买很多玩具，老师也会夸奖我，那样的日子一定很美好……

　　从那以后，明明每次作业都得优，每次考试都得"一根筷子加两个鸡蛋"。老师对明明的态度来了一个一百八十度的大转弯，每次上课都表扬明明。同学们也对明明刮目相看，每天都围着他转；说明明是天才，明明心里这个美啊！被人瞩目被崇拜就是爽就是酷。

　　明明有时也在想：神奇的钢笔失灵了怎么办呢，我一定要借这个机会好好学习。想归想，每次得了夸奖的明明就飘飘然了，忘记了自己好好学习的决心，回到家爸爸妈妈也不再黑着脸对他了，什么事都依着他，就这样，明明每天过着吃啊玩啊的快乐日

子。

快乐的日子总是过得很快，转眼一学期过去了，到了期末考试的前一个晚上，明明想：我有宝贝钢笔我怕什么啊！不用那么辛苦地温书。别的同学在看书时，明明又在玩游戏。

第二天，明明什么也没带，只带了一支钢笔，但他忘记了，从这天起，这支钢笔就失灵了，所以明明这次考试交了白卷。

唉！明明又回到以前天天被责骂的日子。

同学们，好成绩是靠自己刻苦努力赢来的，是不能借助任何东西的，我们要珍惜每天学习的机会。

★ ★ ★ ★ ★ ★ ★ ★ ★ ★ ★ ★ ★ ★ ★ ★ ★ ★ ★

创意金点 →　没有实际本领，只靠着拥有"神奇的钢笔"，明明一下子进入了优等生的行列。明明没有认识到自己的不足，反而得了夸奖就飘飘然了。本文向我们证实了一个朴实的道理：好成绩是靠自己刻苦努力赢来的。文章构思新奇，生动有趣。

食品王国之旅

于欣语

　　一天，我正兴致勃勃地玩着电脑，忽然，电脑屏幕上弹出了一个对话框，上面显示出短短一段文字：想不想去食品王国看看？想去的话点击确认。我既好奇又害怕，犹豫再三，最终还是颤抖地握着鼠标选择了"确定"。

　　刹那间，周围的所有事物都旋转了起来，把我卷进了一个大漩涡……

　　不一会儿，我便掉到了一张软绵绵的垫子上。我伸手一摸，惊奇地发现，这垫子竟是面包做的！我抬起头环顾四周，惊奇地发现原来这个地方的花草树木、街道车水马龙，所有东西都是用食品制造的！

　　一个饼干小矮人向我走来。他笑眯眯地说："欢迎来到食品王国！我带你去小河边看看吧！"我们乘着棉花糖白云，飘到了小河边。

　　嘿，说它是小河，还真降低了它的身价。这

小河里流淌着的不是清澈的河水，而是冰草莓汁！我弯下腰尝了一口，啊！又香又甜，爽口无比。"这小河可是我们食品王国的天然饮料制作基地。"饼干小矮人得意地说，"咱们去草地上晒太阳吧！"

小矮人拿出了一个口香糖放进嘴里嚼了几下，便毫不费劲地吹出了一个超级大泡泡，我们钻进去，大泡泡带着我们飘到了一片草地上。

"别看这些小草不起眼，它们可是高级薄荷糖哟。"饼干小矮人介绍道。听了这话，我立刻趴在地上大啃特啃草皮。顿时，一丝丝清凉弥漫在唇齿间，真是畅快。"我们现在到沙滩走走吧！"饼干小矮人提议。我们顺着彩虹糖铺成的彩虹桥，滑到了一片沙滩上。这沙子也可以吃吧！我抓了一小撮沙子放进嘴里，天哪！这沙子竟是杏仁粉，于是，我一把接一把地往嘴里塞……

就在我吃得正欢时，天空中响起一个声音："时间到，你该回家了！"随即又是一阵天旋地转，转眼间我又回到了电脑前。

这次食品王国之旅，真让我大开了眼界。

* *

小作者选取了一个梦境，表述流畅，最真最美的童真世界，扑面而来。让人看了有一种垂涎欲滴的感觉，心中不由发出这样的叹息：要是真的有这么个食品王国该多好啊！

荷叶与荷花

安星璇

　　风景迷人的公园里有个荷花塘，每到夏天，荷花竞相开放，一朵朵婀娜多姿，美丽极了。

　　一片荷叶跟一朵荷花成了无话不谈的好朋友。在恶劣的暴雨天，荷叶为荷花撑起了绿色的巨伞，荷花在伞下嬉笑自若，乐哉优哉；炎热的天气，荷叶怕荷花晒坏了皮肤，像个大哥哥一样把荷花拢在阴凉里。

　　为了报答荷叶的恩情，荷花也尽其所能为荷叶做着事情，当荷叶被虫子袭击时，荷花奋不顾身地摇动荷叶，帮他将虫子摇落到水中。他们成了荷塘中不可缺少的一道风景。

　　有一只古灵精怪、脾气暴躁的青蛙见到荷叶与荷花如此要好，心里非常嫉妒，就想拆散他们。

　　有一天，青蛙趁荷叶睡着的时候对荷花说："荷花小妹，你那婀娜的身材，简直可以称之为窈窕淑女了！你看，你为荷叶赶跑了虫子，这可真是伟大之举啊！可是，荷叶为你做了什么呢？他为你撑伞，只不过是在尽自己的本能之力罢了，你呀，应该向他索取点什么！"

　　然后，青蛙又跑到荷叶那儿，酸溜溜地说："荷叶大哥，你可真伟大啊，你为荷花撑起绿伞，让她风吹不着，雨淋不着，你时时刻刻保护着她，为她操心费力，可是她呢？她为你做了什么？"

"哦，青蛙弟弟，你不知道，当我被虫子围攻时，荷花小妹一直在尽力帮我驱赶呢。"荷叶无声地一笑道。

"那算什么呀？她为你赶跑虫子，只不过是微不足道的事情，跟你为她做的事情相比，简直是小巫见大巫！嘿嘿，你还不知道吧？虽然你对她那么好，可昨天我还听见她对鱼儿们说你的坏话呢！她说：你这傻大黑粗的荷叶，居然要跟她那样一个窈窕淑女做朋友，真是痴心妄想……哈哈，荷叶大哥，人家都不愿意跟你做朋友了，你却还一厢情愿地在帮助她，你可真傻透了！"

荷叶终于听信了青蛙的谗言，找到荷花，愤怒地谴责她，并

向她索要"谢礼"。

荷花也很生气，用力晃动着身子，从荷叶的巨伞下逃开，并指着他大喊："古人都称赞我是窈窕淑女，你这破荷叶，离我远点！"

荷叶大怒，指着荷花狂吼："人们都说我们荷叶功德满塘，没有我们的保护，你们荷花早就被风吹烂，被雨打烂，被太阳晒烂了！"

两个人你不让我，我不让你，谁也不理谁了。

一段时间后，荷叶被虫子咬得残破不全，荷花经不住风吹雨打烈日当空，那美丽的容颜渐渐憔悴了。

这天，他们又碰在一起了，两个人都唉声叹气地说："我们不该听信青蛙的谗言，让我们重归于好吧！"

后来，荷叶和荷花互相帮助，他们的病都好了，又变成了荷塘里一道美丽的风景。

★ ★

创意金点 CHUANGYI JINDIAN ➡️ 小作者想象丰富，选材巧妙，描写对象是人们熟悉的荷叶与荷花，运用拟人的手法，告诫人们不能听信谗言，要与朋友和谐相处。文章情节环环相扣，叙述起伏有变，值得一读。

CHAPTER 5

走进梦幻王国

同学们，你们看过

《安徒生童话》吗？读过《格林童

话》吗？那个卖火柴的可怜的小女孩，那漂

亮的白雪公主和七个可爱的小矮人，是不是深

深地打动了你？你知道《狼和小羊》、《狐狸和葡

萄》的故事吧？你读过《伊索寓言》吗？

　　童话和寓言是同学们经常接触的两种文学体裁。它们

都采用虚构的故事、幻想的情节，并通过拟人、夸张、

象征等艺术手法去表现。一般来说，童话的篇幅较长，结

构也较为复杂曲折，而寓言的篇幅一般比较短小，结构比

较简单，不一定要塑造细腻生动的人物形象。童话重幻

想，寓言重哲理。童话是从美的角度来描写的，文笔

优美，人物、场景描写也较详细，而寓言是从善的角

度构思的，注重哲理的实现，不要求有完整的故事

情节。这些都是在创作童话和寓言的时候，应该

注意的。同学们，快拿起你手中的笔，让

你的想象插上翅膀，在童话寓言

的世界里遨游吧！

九只小老鼠的奇遇

萧袤

漂亮的鼠妈妈，走到哪里都会吸引众多的目光，就像一个大明星，鼠妈妈的后面，总跟着一大群崇拜者：

"您的蝴蝶结是哪里买的呀！""您的口红是什么牌子的？""裙子上的花边是您亲手做的吗？"

走在旁边的鼠爸爸没人理睬，有点不高兴了："你已是九个孩子的妈妈了，为什么还这样爱打扮？"

从那以后，鼠妈妈把全部的心思都用来打扮自己的孩子。很快，九只小老鼠，成了世界上最漂亮的小老鼠。

瞧，他们多美呀！

大象成了他们的旅行车，带着九只小老鼠，免费周游神秘的森林王国。

鳄鱼成了他们的旅游船，九只小老鼠坐在鳄鱼的背上，看到了美丽的热带风光。

草原上的斑马，驮着九只小老鼠，就像一列奔驰的火车。"嘻嘻……""哈哈……"九只小老鼠开心极了。

大海里的鲸鱼，变成了一座岛。九只小老鼠在巨大的鲸鱼岛上，欣赏着美丽的彩色喷泉、壮观的海上日出……

九只小老鼠给南极的企鹅们带来了节日般的热闹与快乐。这黑白分明的冰雪世界，第一次有了缤纷的色彩！

有一天，九只小老鼠从战场上走过，交战两国的将军和士兵们惊呆了："多漂亮的小老鼠呵！"

两边的大炮同时响起来。不过，从炮口里射出来的不再是炮弹，而是大把大把的糖果，一束一束的鲜花。

两个国家从此和好了。

在鼹鼠的地下王国里，九只小老鼠给他们带来了光明。鼹鼠们在地底下生活，时间一长，眼睛都看不见东西了。

"多好看的小老鼠！""多么美丽的新世界！"重新见到光明的鼹鼠们，一个个激动得哭了。

有一天，他们遇到了一只大猫，九只小老鼠吓坏了。大猫闭上眼睛，睁开来；再次闭上眼睛，又睁开来："你们是天上的仙女吗？"

"不，我们是爱美的小老鼠。"九只小老鼠哆哆嗦嗦地说。

"不，你们一定是天上的仙女。"大猫肯定地说，"我见过无数的小老鼠，从来没有这么漂亮的。"

"嘻嘻……，谢谢您的夸奖。"九只小老鼠不再那么害怕了。

大猫邀来了同伴，九只大猫拉着一辆豪华的双轮车，车上坐着世界上最

漂亮的小老鼠。他们从老鼠大街走过，沿途的鼠国公民，使劲地拍巴掌。

"谢谢你们的照顾，大猫先生。"鼠妈妈和鼠爸爸说。

"不，我们很乐意当车夫，"大猫们一齐说："谁让他们这么好看呢。"

从此以后，猫和老鼠，开始了正式的交往。

九只爱美的小老鼠，一直生活得很快乐。他们经常去看望朋友们：大象、鳄鱼、斑马、鲸鱼、企鹅、大猫和国王，还有地底下的鼹鼠们……

"真没想到，我们可爱的小老鼠，会有这么好的运气！"鼠妈妈高兴地说。"真没想到，美，也能改变世界。"鼠爸爸像个哲学家似地说。

★ ★ ★ ★ ★ ★ ★ ★ ★ ★ ★ ★ ★ ★ ★

创意金点
CHUANGYI JINDIAN

这是一篇构思精巧，妙趣横生的童话。爱漂亮的老鼠妈妈因为爱自己的孩子，就把全部的心思用来打扮自己的孩子，把她的九只小老鼠打扮成了世界上最漂亮的小老鼠。

九只小老鼠给大家带去了欢乐，也同样受到了大家的喜欢。作家通过生动形象的故事，向我们揭示了这样一个哲学命题：美，也能改变世界。

说谎的猴子

花颖

大森林里有一片桃树。夏天到了，蜜桃成熟了，一个个努着红扑扑的嘴巴，粒粒都沾着白白的粉霜，仿佛碰一下，就要流出蜜汁似的，再配上一身小茸毛，像含羞的少女一样，低垂着头，微红着脸。

大象主管派猴子去看管蜜桃树。

狐狸有点不放心，说道："依我看，还得有人经常到桃园去看看，因为猴子本身就喜欢吃桃子。"

猴子刚到桃园不久，就开始偷吃了。狗熊到那儿去查看的时候，猴子装出一本正经的样子。它故意在树下放了一个桃子，狗熊看见了桃子，拿起来就想吃。猴子冲出来板着脸说："不行，大家派我来看桃园，派你来检查，我们怎能自己偷吃呢！"狗熊觉得言之有礼，把猴子大大夸奖了一番。他还不知道中了猴子的计呢！

这下，大家更加相信猴子了，但狐狸却一直放心不下。

过了几天，狗熊又去桃园检查，发现桃子少了一些，它

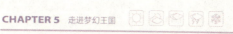

觉得很奇怪，就问猴子："我怎么觉得桃子比以前少了呢"？

猴子假装生气地说："我辛辛苦苦地看桃子，你怎么还怀疑我？你说桃子少了，那我问你，以前有多少桃子，现在有多少桃子？"狗熊答不上来，只好不做声了。

大家听说桃子少了，都半信半疑，它们商量了一番，最后，狐狸出了一个主意。

当天夜里，猴子悄悄地爬上树，舒舒服服地大吃了一顿，然后夹着两个桃子，从树上跳下来。就在这时，狗熊和狐狸突然冒出来站在猴子面前。猴子急忙把桃子藏在腮里，故意说："怪不得每天见桃子少，原来是你们俩来偷的？"

狐狸没有说什么，只是按住猴子的右腮帮，咕噜滚出一个桃子，又按住猴子的左腮帮，也掉出了一个桃子。大家气愤地问道："这是怎么回事？"这下猴子不吭声了。

谎言即使穿上华丽的外衣也还是谎言，它永远无法改变真相。

★ ★ ★ ★ ★ ★ ★ ★ ★ ★ ★ ★ ★ ★ ★ ★ ★

创意金点 CHUANGYI JINDIAN

猴子看桃，越看越少。派猴子去看管桃园，本身就是一个错误。寓言中的猴子为了不被别的动物发现它偷吃桃子的真相，先是装出一副一本正经的样子，等被狗熊和狐狸发现后还强词夺理，诬陷它俩。但谎言终究是谎言，猴子嘴里的桃子说明了一切。

孔雀蝶和枯叶蝶

华云昕

一天清晨，一只枯叶蝶飞到花丛中采花粉，正巧，一只孔雀蝶也在这儿跳舞，枯叶蝶连忙向它问好："早啊，孔雀蝶姐姐！"孔雀蝶瞥了她一眼，轻蔑地哼了一声。

孔雀蝶想在枯叶蝶面前好好显摆显摆，便轻蔑地对她说："喂，灰不溜秋的家伙，你会梳理翅膀吗？"枯叶蝶笑嘻嘻地答道："我哪会梳理翅膀呀？我只会刷掉脚上的花粉！"

　　"连翅膀都不会梳理，那你生命的意义就失去了百分之十！"孔雀蝶得意洋洋，动作姿势更标致了。过了一会儿，孔雀蝶又问："你会跳舞吗？"枯叶蝶乐呵呵地回答："我不会跳舞，姐姐你教教我呀。"

　　孔雀蝶以一种戏谑的口吻说："连舞都不会跳，那你生命的意义就失去了百分之二十！"孔雀蝶还不罢休，"你会摆pose吗？你会跳8字恰恰吗……"

　　"我都不会。"枯叶蝶平静地说。"那你生命的意义就失去了百分之四十！"孔雀蝶以一种嘲讽的语气说。枯叶蝶听了她的话，默不作声。

　　秋天来了，她们又一次相遇，孔雀蝶想和枯叶蝶一比高下。这时，一群小孩来了，不停地追赶她们，她们飞了好一会儿，体力不支，只好落了下来，枯叶蝶把自己"变"成了一片枯叶，逃过了孩子们的眼睛，而孔雀蝶却遇难了。

　　"连伪装自己都不会，那你生命的意义就失去百分之百了！"枯叶蝶万般无奈地说道。

★ ★

创意金点　CHUANGYI JINDIAN　会再多的花哨的技艺，不如一样实用的真本事。这篇寓言通过生动有趣的故事充分说明了这一点。

椅子班会

刘云舒

　　夜幕渐渐降临。热闹了一天的教室里空无一人，只剩下讲台和45张桌椅。这时，沉寂了一天的椅子们忍不住高声谈论起来。

　　只见一个身体瘦削的椅子站起来对大家说："第二十七届椅子班会现在开幕。"

　　话音刚落，一个满是伤痕的椅子颤抖着站出来，首先发言："哎，现在的主人真是大不如前，学习毫不用功，上课一刻也不安宁，扭来扭去，害得我身上到处是伤。"

　　"也不一定哦。"一只身体健全的椅子不同意他的看法。"我的小主人对我可好了！每天对我轻坐轻放，还天天用抹布给我做美容呢。"

　　突然，一个满脸贴纸的大花脸飞快地跳出来说："你们看我。生活得多滋润呀！我的小主人家里可有钱了，每天都买好多贴画，把我打扮得漂漂亮亮的。我的心里别提有多高兴……"

说着说着，脸不禁红了，又改口道："说实在的，我这身打扮也不是很好看，太花哨了，呵呵。""大花脸"感慨地说。

就在大家谈得开心的时候，一个骨瘦如柴的椅子有气无力地说："我的小主人70多公斤，坐在我身上，却很不安分，每天压得我喘不过气来。我是每时每刻都在盼望着早点放学啊。"其他的椅子看着他疲惫的样子，都同情地点点头，又不禁哈哈大笑起来。

这时，站在最前面的讲台皱着眉头发话了，他向大家诉苦道："我的命运比你们还差，都是你们的小主人让我倒霉。老师和学生发火，偏偏拿我出气，使劲地拍打我的眼睛，我的眼睛经常被打得发青。与我相比，你们的命可要好多啦！"

……

他们就这样聊着，直到夜深了才结束。教室里又重新安静下来。椅子们都睡了，并且做了一个香甜的梦——梦里，小主人像母亲爱护自己的孩子一样呵护着他们！

★ ★ ★ ★ ★ ★ ★ ★ ★ ★ ★ ★ ★ ★ ★ ★ ★ ★

创意金点
CHUANGYI JINDIAN →

这篇文章的构思很奇妙，奇在椅子们竟然为了遭受的不同命运而搞了一次班会，妙在每一个不同的命运都能给人以启迪和思考。小作者意在通过这样一个故事提醒人们：爱护我们身边的所有事物。

一只渴望温情的狼

翁蕾

冰冷的围墙上只有一个小小的透风口，我贴着墙，隐约听到，隔壁，父王正与大臣商讨怎样处置我，我绝望地长嗷了一声，泪水顺着脸颊流了下来……

一

我是一只狼，与众多狼不一样的是，我的父亲是狼界的王，可我，并没有从父王那里得到幸福。狼界处处戒备森严，阴森森的，每一只狼脸上都面无表情。是的，他们没有温情，狼界的所有狼都没有温情，父王，更是如此。狼界唯一有温情的，是我的母后。从小到大，母后教给了我人间一切美好的情感。我开始向往人间。我几次想逃离狼界，逃离这个没有温情的世界，去做一只生活在人间的狼，一只充满温情的狼，一只快乐的狼。

二

我向母后诉说了我的想法，母后犹豫地点了点头，她的眼睛里隐藏了一丝不安。我挑了一个月黑风高的夜晚，一个人悄悄地离开了狼界。我牢记着母后的嘱咐，要早点回来，不然，父王会发现的。要知道，没有父王的允许，擅自离开狼界，那可是必死无疑。我伪装成人的模样，在大街上四处游荡。"哇——"一声响亮的哭声把我吸引了过去，我看到一个蹒跚学步的小女孩，不小心被一块石头绊倒了，一个年轻的妈妈立刻走上前去，轻轻地

把她扶了起来，替她擦干了泪水，小女孩立刻破涕为笑说："谢谢妈妈。"母后给我讲过，这叫亲情。我心头一紧，一种异样的感觉浮上我的心头。每一次，当我跌倒时，我多么希望能有一只温暖的手来扶起我，可是，没有，也不可能有！即使父王从我身边走过，他也不会，因为他没有感情；母后也不会，她只有在和我独处时才敢显现出温柔的一面，其他时候，她总是和父王一样冷酷。

三

天色已晚，我赶紧回到了狼界。还好，狼界和往常一样，没有什么变化，我一个人走在草坪上，想了许多。以后，每隔几天，我便会去一趟人间，在那里，我感受到了亲情、友情、爱情……每一种情感都像种子一样，在我心里生根发芽。我发誓，我一定要做一只有温情的狼。

四

纸是包不住火的。最终，父王还是知道了。我本以为他一定仅会责备我偷溜出界，而后警告我下不为例。可，我太天真了！我忘记了他是一只没有任何情感的狼。只听他声色俱厉地对我说："你实在不配做一只狼！你拥有了人类的情感！人类是愚蠢的，人类在处理事情的时候永远也无法摆脱感情的困惑。结果，许多事情都搞得一团糟。而你，你，你竟然拥有人类的情感！真是不可救药！给我拉下去！"接着，父王把我扔进了监狱。父王临走时，我企图从他眼里看到一点，哪怕是一丁点亲情，我也就满足了。可我再一次失望了。他的目光里没有丝毫亲情！在监狱的这段日子，我听说母后由于为我求情，被父王处死了。我对狼界充满了厌恶，我厌恶这个没有温情的世界。在人间的每时每刻，我都被温情所包围着，被爱所包围着，被温暖所包围着，只有在那里，我才感到快乐，真正的快乐。

五

父王决定明日子时将我处死。对于死，我并不害怕，因为我曾拥有过这世界上最美好的东西——温情。风吹着我的毛发，我闭上了眼睛：母后，我来了，天堂里有温情吗？

★ ★

创意金点
CHUANGYI JINDIAN

一个美丽的故事，支撑它的是丰富的想象；而让人感动的故事，来自于小作者对生活的理解，来自于小作者善良的心灵。文中的这只狼颠覆了我们心中狼的形象，它真诚、善良，充满温情，带给我们深深的感动和启示。

残叶与风铃的对话

吴天时

初冬，寒风吹落了最后一片残叶，它晃晃悠悠地落在了千年古刹的一个塔顶上，塔檐下是只已挂了千年的风铃。

风铃望着它，不禁叹了口气："短短一年，又一条生命即将消逝了，可悲啊！"

残叶抬起头，缓缓开口："一年又怎样？我为何可悲？"

"千年的生命我尚且觉得不够，"风铃不无悲悯地说，"更何况你？就这样离去不遗憾？"

残叶淡淡一笑："我为什么要遗憾？我永远不会为自己的凋零而悲伤、难过，因为生命的意义不在长度而在于宽度。朝阳东升、夕阳西下、明月初升……大自然中的奇妙景象，我陶醉过；冬的蕴藏、春的繁盛、夏的热情、秋的含蓄，我也迷恋过。我拥有如此多的回忆难道还不满足？对于我来说，已经足够了。我没有任何遗憾，只有一丝的留恋。"

风铃听了，大为惊奇："难道你不喜欢这个七彩的世界？"

"不！我当然喜欢。但是，纵活千年又怎样？不朽的生命又能怎样？一旦千年如一日，你就永远体会不到生命的精彩。所以，我才珍惜它的短暂，珍惜我活着的一分一秒，从不虚度。"

风铃若有所思地点点头："也许，我真的麻木了。但你对死真的不恐惧吗？"

"不，不会的。"残叶顿了顿，说道："我能诞生在这个世界，是大树母亲赐予的，我现在落地归根，默默地给大树输送营养，只不过是回报它曾经的养育之恩。死，不过是另一种意义上的生。所有的生命都会有这一天，只是时间的长短而已。至少，我在这个世界上存活过，我在临死前付出我的全部，我的灵魂就会得到升华的。而且，从春天苏醒的那一刻，我就已经为这一天做好了准备。"

风铃半信半疑，又一次不甘心地问："真的吗？毕竟你的生命如白驹过隙一样转瞬即逝啊！"

　　残叶望着蔚蓝的天空，忽然笑了："对呀，难道这还不够吗？你看，我身上留有春夏秋冬的烙印，说明我经历过了，我已经很满足了，为何还要去奢求更多？"

　　又一阵风吹来，风铃发出一段急促的声响，残叶已被吹回了母亲的怀抱，独留风铃在风中沉思："短暂的生命既然足够了，真的无须……去奢求更多吗？"

★ ★

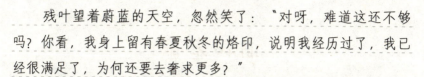

创意金点
CHUANGYI JINDIAN

　　小作者选择风铃和残叶这两种事物，以对话的形式剖析了生与死和人生的意义，从中能看出作者较好的结构故事的能力，惊异于小作者驾驭文字的娴熟，语言美、意境美。特别是结尾风铃的那一问，发人深省。

猫和老鼠

唐成

　　一个大户人家的仓库里堆满了粮食，经常发生鼠灾，令主人头疼不已。这位主人从亚洲花高价买了一只猫，养在家中，以便跟老鼠群做斗争。据说这只猫非同一般，捕鼠能力神奇无比。

　　第一天晚上，这只猫就立下了赫赫战功——吃掉三只老鼠，咬死五只，咬伤八只。搞得老鼠们人心惶惶。这样下去，老鼠们岂不是会遭受灭顶之灾？于是鼠王召集众鼠们召开紧急会议商量对策。

　　第二天晚上，这只捉鼠能手又行动了，它来到仓库巡逻起来。这时一只狡猾的小老鼠也出洞觅食了。这可真是"不是冤家不聚头"，老鼠的行踪怎能逃出猫锐利的眼睛和它那双"顺风耳"？猫发现了这只小老鼠后猛地扑上去，不费吹灰之力就把小老鼠逮住了。猫很是得意。

小老鼠眉头一皱，计上心来，嗲声嗲气地对猫说："猫大哥，您天天吃老鼠肉，多乏味呀！您要是不吃我，我每天帮您找些您从来没吃过的山珍海味，您只需躺在沙发上尽情享受便是，那多快活啊！"猫想：是呀，天天吃老鼠肉，我都吃腻了，常听人类说山珍海味是上等佳肴，我何不尝尝？也不枉来这世上一趟。如今，有这等美事我岂能错过？于是，猫不假思索地答应了。

　　原来这只老鼠的言行就是老鼠们共议的结果。以后的日子里，老鼠们偷来山珍海味由这只老鼠定时送给猫吃。猫因长时间不动，已经长得胖乎乎，走不动路了。老鼠们见时机已成熟，便一拥而上把猫给宰了，并用猫肉做了一顿十分丰盛的晚餐，共庆猫的死亡。

　　从此，仓库又成了老鼠的天下。

★ ★ ★ ★ ★ ★ ★ ★ ★ ★ ★ ★ ★ ★ ★

创意金点 CHUANGYI JINDIAN ▶

　　花言巧语的背后往往都隐藏着阴谋，安逸舒适的生活也会带来危机。小作者通过对猫和老鼠语言、行动的精彩描绘，用动物世界的故事折射出人类现实生活中的黑暗面，寓意深刻。

野花和梅花

景优

秋天过去了，寒冷的冬天就要来临，梅花已三三两两地盛开了，经过它旁边的人都要停下来赞美一番。

一天，旁边依然还有点姿色的黄色野花对梅花说："哼！你以为你很美吗？"它昂着头高傲地说："我可是春、夏、秋三季都开花，你能吗？"

梅花说："小妹妹，你不是也有一季不开花吗？"

野花乜了一眼梅花："是啊，我只有一季不开，而你却有三季。凭什么人们都赞美你，我盛开了那么久，却没有人注意到我？"

梅花笑了笑："只要美化了环境，装点了大地，都很美的。"

"不行，我得找人来评一评，那就找看着我长大的太阳公公吧。"

野花抬起头大声地对着太阳公公喊："太阳公公，我和梅花谁美啊？"

太阳公公摸着胡须说："每种花在它盛开的季节里都是最美的。"

野花不服气地赶忙问刚飞过来的小鸟："小鸟，小鸟，你说我和梅花谁美？"

　　小鸟认真地看了看："嗯，我看呀，还是刚盛开的梅花美。你看你，身子也不直了，脸儿蜡黄蜡黄的……"

　　没等小鸟说完，野花就生气地说："哼，你哪儿懂得美啊？我还是来问问住在我们隔壁的狗大婶吧。"野花看着狗大婶："狗大婶，你说句公道话，你看我盛开的时间最长了，你来评评，我们谁美？"

　　狗大婶认真地说："其实啊，各有各的美，又不在一个季节，怎么好比呢，你的美已经呈现过了，过些日子你就该过冬，准备好来年春天的再次绽放。而在大雪飘飞的冬天里，我们更需要一些艳丽的颜色来点缀寒冷的季节，让它变得有生机，而梅花就是这样的。"

　　野花认为狗大婶偏向着梅花，气得不理它了。

　　天越来越冷了，寒流越来越频繁了，终于，野花再也抬不起它的脖颈了。洁白的雪花完全盖住了它，而梅花却在寒风中越发地美艳动人。

★ ★

创意金点　CHUANGYI JINDIAN

　　这篇寓言通过野花与梅花的精彩故事，说明了经历过风雪严寒的梅花才显出它的美艳动人。寓言深蕴哲理，其中的对话尤其精彩。

笼中之鸟

于海燕

一只名叫米米的鸟，生活在大森林里。一天，它无意中飞过人类的家园，看见它的同伴正蜷缩在鸟笼那狭小的空间里，心里涌起了一股怜悯。

米米趁着主人熟睡之际，偷来了钥匙。它对鸟笼里的鸟说："你想不想重获自由，飞回那充满乐趣的森林？""森林？"鸟笼里那只叫可可的鸟一脸困惑地看着米米。但是它仍然很好奇，"你能带我去看看吗？""当然！"米米说完就用钥匙打开鸟笼，带着可可飞回本来就应该属于它们的森林。

"飞吧，尽情地享受自由吧！"米米欢呼着。而可可呢，却对这广阔的天地有几分害怕。"砰——"突然，一阵枪声传来，一颗子弹擦着可可的身子过去了。米米赶紧带着可可飞回安全地带。心

有余悸的可可吓得浑身发抖。米米安慰它："没关系，下次要小心。"

　　夜晚，暴风雨来临。可怜的可可把身子蜷成一团，可仍然抵挡不住暴风雨的折磨。风如同狼啸一般，刮得它瑟瑟发抖。雨好似怪兽一样，几乎要把它小小的身子吞噬。突然间，一道闪电划破夜空，接着又是一声轰隆的雷鸣。它颤抖着对米米说："我还……还是想回到我安稳的鸟笼里，我害……害怕……"米米没办法，只好答应了它。

　　第二天清晨，米米又把可可送回了家。可可一看见鸟笼，就迫不及待地冲了进去，请求米米重新把鸟笼锁上。可可长长地舒了一口气："唉，还是鸟笼里舒服。每天主人都会喂给我美味的食物，也不用害怕暴风雨的折磨和猎人的子弹，我情愿待在鸟笼里，也不要去充满危险的森林。"米米看了一眼可可，无可奈何地摇了摇头飞走了。

★ ★ ★ ★ ★ ★ ★ ★ ★ ★ ★ ★ ★ ★ ★ ★ ★ ★ ★

创意金点 CHUANGYI JINDIAN

　　由于小作者在叙述的语言中揉进了写实的人物对话，使通篇作文的语言鲜活，生动，富有灵性和张力。在寓言故事中揉进了深刻的思考，显示了作者敏锐的社会洞察力和向生活纵深挖掘的实力。

狗与狮子

田润田

　　狮子杰克是山林之王，整天吃喝玩乐，欺负小动物，大家都对他恨之入骨，可是，每一次反击都以失败告终。尽管这样，还是有一只叫老青的小狗不服气。

　　一天，老青终于忍不住了，要和杰克PK。他找到了杰克，摆出一副搏斗的姿势。杰克大怒，咆哮着向老青扑去，老青漫不经

心地舔着爪子，当杰克快要扑到他时，他猛地站起来，对着杰克的前爪咬了一口，不拖也不甩，敏捷地从杰克的肚子底下穿过，绕到了杰克的身后，一股青烟似地窜上了杰克的背，并在他的背上又抓又咬。杰克气得上蹿下跳，却始终没能把老青颠下背去。不一会儿，杰克的背上就多了几个血窟窿，他的怒火烧得更旺了。他气急败坏地转身去咬老青。谁知，老青早就以闪电般的速度闪到了一边，杰克这一咬自然就咬空了，气得不停地大吼。就在杰克大吼之际，老青用尽平身力气向着他的后爪咬去……在一片哀嚎过后，杰克拖着伤腿一瘸一拐地离开了战场——他输了。

　　杰克绝望了，他觉得自己再也无脸活在这世上了。他一步步地走向了悬崖，在他跳下悬崖前，他唯一不服气的就是："我打败了许多强大的挑战者，最后竟败在了一条小狗的手下。"

　　是啊，有些人没有被大石绊倒，却栽在了草根下。

★　★　★　★　★　★　★　★　★　★　★　★　★　★　★　★

创意金点 CHUANGYI JINDIAN ➜　　强大的狮子，最后竟败在了一条小狗的手下。这看起来有点不可思议，可故事中的小狗老青却凭着它的机智勇敢做到了这一点。强与弱是相对而言，"有些人没有被大石绊倒，却栽在了草根下。"故事对这一哲理进行了充分的诠释。

蝴蝶、蜜蜂和罂粟花

陈鸯鸯

　　山野上，有一只蝴蝶在翩翩起舞，它正在寻找花蜜。它飞到了荒无人烟的山顶，忽然发现一丛从来没见过的美丽的鲜花，在太阳的照射下，挥发出一种醉人的芳香。蝴蝶兴奋极了，立即飞向花丛。小蜜蜂看见了，连忙告诉蝴蝶："蝴蝶姐姐，别靠近它，这就是臭名远扬的罂粟花，毒品就是用它结的果实提炼出来的。人们正要铲除它，你要离它远一点，免得受到牵连！"

　　蝴蝶看了看罂粟花，想："这么美丽的鲜花怎么可能是害人

花呢？不会吧，一定是小蜜蜂想把我骗走，自己来独自享受。不管它，我装作没听见，只顾采蜜吧！"

蝴蝶被罂粟花的美丽深深陶醉了，它津津有味地吸食花蜜。

正在这时，禁毒队伍上山来了，他们发现了罂粟花，一个个咬牙切齿，深恶痛绝。因为毒品危害了人类、危害了社会。他们现在竟在这偏僻的山顶上发现有不法分子偷偷种植了罂粟花，大家不容分说，一齐上前，挥动锄头，把罂粟花砸得稀巴烂，并连根挖起。蝴蝶差一点也受到连累，幸亏小蜜蜂在大家的锄头砸下去之前，及时把蝴蝶从花丛中拉了出来。

蝴蝶惊魂未定，连连向小蜜蜂道谢。它万万没有想到，这么美丽的鲜花竟然是害人花。

小蜜蜂说："蝴蝶姐姐，请记住这个教训：我们千万不要被那些美丽的外表所蒙蔽啊！"

✦ ✦ ✦ ✦ ✦ ✦ ✦ ✦ ✦ ✦ ✦ ✦ ✦ ✦ ✦ ✦ ✦ ✦

创意金点
CHUANGYI JINDIAN ➡

罂粟花的外表是美丽的，气味是芬芳的，但它却是制造毒品的原料，是臭名远扬的害人花。寓言提醒人们，要看清事物的本质，不要被那些美丽的外表所蒙蔽。

野鹿的下场

柳长轩

　　从前，在一座山的山脚下生活着一群老虎和一群野鹿，在山顶上生活着一群雪豹。老虎以捕捉野鹿为食，野鹿为了逃脱老虎的追捕，练就了一身奔跑如飞的本领。它们随时都保持着高度警惕性，以防自己成为老虎的猎物。

　　一天，野鹿们厌倦了这种提心吊胆的生活，于是向人类发出求助："人类啊，请你们帮我们赶走那群老虎吧！"人类出于同

情，就答应了它们请求。人类赶走了那群老虎后，野鹿们开心极了。同时它们也放松了警惕，每天悠闲地生活，再也不去练习奔跑的本领了。每天吃吃青草，睡睡觉，变得越来越懒惰。可是，它们却不知道危险正在向它们一步步逼近。

日子一天天过去，因为气候变暖，山顶的积雪融化了，山顶上的雪豹也找不到食物了，所以它们纷纷下山去觅食……

一天，一只野鹿看见雪豹正在向自己跑来，大声喊道："不好了！不好了！雪豹下山了，快跑啊！"可是已经晚了，好久没有奔跑的野鹿四肢都退化了，怎么跑也跑不动。结果一只只被雪豹捉住，成了它们的猎物。

野鹿们做梦也想不到会有这么悲惨的一天！"生于忧患，死于安乐"大概就是这个道理吧。

★ ★

创意金点 CHUANGYI JINDIAN ➡

这是一篇富有哲理的故事，小作者以野鹿、老虎、人的关系向我们提出警示：善待动物，维护生活中的和谐是多么重要！

柏树和杏树

夏好茜

小兔的家门口有一片柏树，柏树的对面种着几棵杏树。

春风暖暖的，小兔从家里出来，看到杏花盛开，一簇簇，一团团，就像一朵朵美丽的白云。

杏树看见小兔得意地说："小兔，你说我和那些古板的柏树比，谁更漂亮，谁更可爱呢？"小兔看看柏树，又看看杏树，不知道怎么回答。就回头问柏树："柏树伯伯，你怎么看？"柏树轻轻一笑，谦虚地说："日子还长呢，你往后看吧！"

夏日炎炎，杏树结果了，一个个又大又红的杏子挂在枝头，看得小兔直流口水。杏树得意地对小兔说："小兔，你瞧，这满树的杏子，多水灵，多漂亮！你再看看那些柏树，老气横秋，一点激情也没有。你说，你应该佩服谁呢？"

小兔看了看杏树，又看了看柏树，打心里佩服杏树。于是就大声问柏树："柏树伯伯，你认为呢？"柏树爽朗地笑道："小兔，日子还长着呢，你往后看吧！"

秋风习习，天气转凉，秋姑娘用彩笔把杏树的叶子涂成了红黄色。杏树优雅地摇动着红中带黄的树叶，得意地对小兔说："小兔，你看，我这身时装多漂亮啊！什么季节穿什么衣服，这叫时髦，懂吗？像柏树那样一年四季不变色彩，多没意思呀！你比比看，我和柏树谁更新潮？"

小兔反复比较后又回头问柏树，柏树伯伯还是回答说："日子还长着呢，你往后看吧！"

寒风呼啸，大雪纷飞，小兔穿上了厚厚的衣服，围上厚厚的围巾，戴上厚厚的手套，它走出房子一看，眼前的情景让她大吃一惊，那棵杏树上再也没有一朵花，一枚果，甚至连一片叶子也没有了，浑身光秃秃的，可怜兮兮地在风雪中发着抖。而那片柏树虽然被大雪覆盖，但在白雪下面，依然那样苍劲挺拔、郁郁葱葱。

小兔走到柏树边，柏树说："小兔，还记得我说过的话吗？"

小兔十分感慨地说："柏树伯伯，我懂了，到了严寒的时候，你才真正显现出英雄的本色呢！"

★ ★ ★ ★ ★ ★ ★ ★ ★ ★ ★ ★ ★ ★ ★ ★ ★ ★ ★ ★

创意金点 CHUANGYI JINDIAN

文章以柏树、杏树四季的变化为线索，向我们展现了一棵骄傲的杏树和一棵独立于风雪中的坚强的柏树。读完文章，我想人人都会和小兔一样对柏树肃然起敬。

图书在版编目 (CIP) 数据

就是要不学无束. 当孙悟空遇到哈利·波特 / 田姝主编.

—— 北京: 团结出版社, 2011.1（2020.6重印）

ISBN 978-7-5126-0286-1

Ⅰ. ①就… Ⅱ. ①田… Ⅲ. ①科学知识—少年读物

Ⅳ. ①Z228.1

中国版本图书馆CIP数据核字 (2010) 第247935号

出　　版：团结出版社 (北京市东城区东皇城根南街84号　邮编: 100006)

电　　话：(010) 65228880　65244790

网　　址：www.tjpress.com

E－mail：65244790@163.com

经　　销：全国新华书店

印　　刷：北京朝阳新艺印刷有限公司

绘　　图：黑牛工作室

开　　本：880×1230mm　1/32

印　　张：40

字　　数：400千字

版　　次：2011年1月第1版

印　　次：2020年6月第3次印刷

书　　号：ISBN 978-7-5126-0286-1/Z.78

定　　价：238.00元（全8册）

就 是 要 不 学 无 "束"

穿越时空的碰撞

田姝 ◎ 主编

团结出版社

小朋友，人的一生很漫长，但最关键的只有那么几步，小学阶段正是你成长的重要阶段。作为一个小学生的你，是什么样子的？你是不是喜欢嬉戏玩耍，而害怕受拘束和禁锢？你是不是喜欢自己动手实验，而不喜欢埋首于枯燥的课本当中？你是不是喜欢天马行空的想象，而不喜欢大人给的条条框框？

是的，你一定是这样的孩子。你一定像爱迪生一样爱思考；你一定像达尔文那样充满想象力；或是像司马光那样聪明机智；拥有毕加索那样的艺术天赋……其实，每一个孩子都是天才，只是，在成长的过程中，这些才能没有被激发出来而已。

现在，你一定想知道怎样才能让自己的潜能充分地发挥出来，让我们告诉你，秘诀就是《就是要不学无"束"》。它会帮助你找到分数与未来的平衡点；它会和你一起动手去探索那些生活中的科学小实验；它会用古老的益智游戏和有趣的数学谜题升级你的大脑；它还会带你穿越时空，去和古人交流思想；还有那些别人不知道的百科知识，那一棵棵引人发笑的稻草，那些无拘无束的想象，哦，还有你梦想着的未来……

目录

CHAPTER 4 趣味哲理——道亦道，非常道

进取学习

每天进步一点点

　　你是否听到韩愈老先生在从容地讲"业精于勤，荒于嬉；行成于思，毁于随"？你是否听到孟老夫子在提醒你"尽信书，不如无书"？今天，这些先贤哲人穿越时空一起来到我们面前，把他们一生最最精华的部分传授给我们。遵循他们的至理名言，一份耕耘，一分收获，日久天长，你会发现原来那个幼稚天真的小小玩童已变成了一个博学的人。

Avatar

淘乐斯变身公仔

天行健，君子以自强不息。

> 天行健，君子以自强不息。地势坤，君子以厚德载物。
>
> ——《周易》

今知

　　君子应该像天宇一样运行不息，即使遇到重重阻挠，也不屈不挠。弱者遇到不如意时，会自暴自弃。而成功的人却相信，无论人生遭际如何，无论事情顺逆，只要希望不死，只要斗志不减，就可以通过自己的行动进行改善，并过上自己想过的生活。

智慧 ＜ **麦子的灵魂** ＞

　　有一天，上帝决定到人间去看看，他已经50年没有下凡了，猜想不会有人认出他。他来到了一片麦田，看到这里的收成很是不好。突然一个农夫发现了他，"万能的上帝啊，我们有50年没见到你了，求你赐给我一年的风调雨顺，好让我来年有个好收成吧！"农夫拜倒在上帝脚下恳求说。上帝看着眼前的麦地和诚恳的农夫答应了他的要求。

上帝履行了他的诺言，在第二年赐给了这片麦田最好的生长条件，既没有暴风骤雨，也没有蝗虫侵袭，麦子都茁壮地成长着，农夫脸上乐开了花。收割的季节到了，农夫拿着工具准备大干一场，可他发现在茁壮的麦子里却没有一颗颗粒，顿时茫然了。他再一次千方百计找到了上帝："万能的上帝啊，你赐给了我风调雨顺，但我的麦子里为什么没有颗粒呢？"上帝笑了笑，说："我能给予你的只有这些，麦子的颗粒就如他的灵魂，没有经过与暴风骤雨和蝗虫的斗争他就不可能真正的成长和成熟啊！"

业精于勤，荒于嬉，行成于思，毁于随。

——韩愈《进学解》

今知

　　学业由于勤奋而精通，因为贪玩而荒废；事情由于反复思考而成功，因为随意改变而失败。所以我们学习不能三天打鱼两天晒网，要始终如一的勤奋才能学有所成。

智慧　《爱好文学的巴尔扎克》

　　巴尔扎克小时候很爱好文学，父亲却硬要他学习法律。他就是不服从父亲的旨意，父子之间常为此事发生冲突。

　　一天，父亲再也按捺不住气愤，质问巴尔扎克："我让你学习法律，你为什么要学习文学？"

　　"爸爸，您知道，我对法律是毫无兴趣的。"巴尔扎克非常亲切地对父亲说。

"毫无兴趣！"父亲暴怒地快要跳起来，"你有兴趣的是什么？是文学！搞文学谈何容易，我看你根本不是搞文学的料！"

"那不一定！"巴尔扎克摇摇头，非常自信地说，"一个人的成功，往往取决于他的信心和努力。"

"信心和努力？那好，从今天起，给你两年的期限，搞不成，就得学习法律，你敢答应吗？"

"敢！"巴尔扎克斩钉截铁地回答。

一段时间的写作实践，使巴尔扎克感到自己的知识和经验都很浅薄。于是，他拼命阅读世界文学名著，广泛地接触社会和了解人生。他天天出入于图书馆和书店，总是来得最早，离开最晚。有一次，他在图书馆里翻阅资料，边看边记，忘记了时间的早晚。图书馆的人员下班了，也忘记告诉巴尔扎克一声。第二天早晨，图书馆的人员来上班了，发现巴尔扎克还在边看边记。为了读书和写作，巴尔扎克真到了废寝忘食的地步。

不积跬步，
无以至千里，
不积小流，
无以成江海。

——荀子《劝学篇》

今知

　　做事要脚踏实地，一步一个脚印，坚忍不拔地干下去，才能最终达到目的。那些整日里将宏图大志挂在嘴边，在对待平凡琐碎的事时却漫不经心，敷衍了事的人，最终只能是一事无成。就和那些考试前临时抱佛脚的人不可能取得最佳成绩一样。

智慧　　成功的奥秘

　　上个世纪最初的几十年里，在太平洋两岸的美国和日本，有两个年轻人都在为自己的人生努力着。

　　日本人每月坚持把工资和奖金的三分之一存入银行，尽管许多时候他这样做会让自己手头拮据，但他仍照存不误。有时甚至借钱维持生计也从来不去动银行的存款。

那个美国人的情况更糟糕，他整天躲在狭小的地下室里，将数百万根的K线一根根地画到纸上、贴到墙上，对着这些K线静静地思索。

这样的情况在两个年轻人的世界里各自延续了六年。

六年后，那位日本人用自己节衣缩食积累财富的经历打动了一名银行家。获得了创业所需的一百万美元的贷款，创立了麦当劳在日本的第一家分公司，从而成为麦当劳日本连锁公司的掌门人——他叫藤田。

同样是在六年后，那位美国人成立了自己的经纪公司，并发现了最重要的有关证券市场发展趋势的预测方法："控制时间因素"。他在金融投资生涯中赚取了五亿美元的财富，成为华尔街上靠研究理论而白手起家的神话人物。他叫威廉江恩，世界证券行业尽人皆知的最重要的"波浪理论"的创始人。如今，他的理论被译成十几种文字，成为世界各地金融领域从业人员必备的知识。

藤田靠节衣缩食攒钱起家、江恩靠研究K线理论致富，这两个看似风马牛不相及的故事中蕴含着一个相同的道理，那就是许多成就大事业的人，他们也同样是从一点一滴的努力中创造和积累着成功所需的条件。

知之为知之，不知为不知。

——《论语·为政》

> 知之为知之，不知为不知，是知也。
>
> ——《论语·为政》

今知

做人要实事求是，知道就是知道，不知道就是不知道。这样才是真正的智慧！如果你学习的时候，不懂装懂，不会装会，而不询问老师或同学真正的答案，那不但是欺骗老师，更重要的是欺骗自己，最终使自己失去了获取知识的最佳机会！所以不懂就要问，这没什么值得害羞的，没有人天生就懂，学习就是把一个个"不懂"变成"懂了"的过程。

智慧 博士过河

一个博士分到一家研究所，成为学历最高的一个人。

一天他到单位后面的小池塘去钓鱼，正好正副所长在他的一左一右，也在钓鱼。

他只是微微点了点头，这两个本科生，有什么好聊的呢？

一会儿，正所长放下钓竿，伸伸懒腰，"噌噌噌"从水面上如飞地走到对面上厕所。

博士眼睛睁得都快掉下来了。水上漂？不会吧？这可是一个池塘啊。

正所长上完厕所回来的时候，同样也是蹭蹭蹭地从水上漂回来了。

怎么回事？博士生又不好去问，自己是博士生哪！

过了一阵，副所长也站起来，走几步，蹭蹭蹭地飘过水面上厕所。

这下子博士更是差点昏倒：不会吧，到了一个江湖高手集中的地方？

博士生也内急了。这个池塘两边有围墙，要到对面厕所非得绕十分钟的路，而回单位上又太远，怎么办？博士生也不愿意去问两位所长，憋了半天后，也起身往水里跨：我就不信本科生能过的水面，我博士生不能过。

只听"咚"的一声，博士生栽到了水里。

两所长将他拉了上来，问他为什么要下水，他问："为什么你们可以走过去呢？"

两所长相视一笑："这池塘里有两排木桩子，由于这两天下雨涨水正好在水面下。我们都知道这木桩的位置，所以可以踩着桩子过去。你怎么不问一声呢？"

玉不琢，不成器；人不学，不知道。

——《礼记·学记》

今知

　　玉不打磨雕刻，不会成为精美的器物。一个人的成才之路如同雕刻玉器一样，玉在没有打磨雕琢以前和石头没有区别，人也是一样，只有经过刻苦磨炼才能成为一个有用的人。

智慧 ❯ **雕琢的痛苦** ❯

　　某座城市里建起了一座寺庙。于是如来佛就派来了一个擅长雕刻的罗汉幻化成一个雕刻师来到人间。雕刻师在两块已经备好的石料中选了一块质地上乘的石头，开始了工作，可是，没想到他刚拿起凿子凿了几下，这块石头就喊起痛来。雕刻的罗汉就劝它说："不经过细细的雕琢，你将永远都是一块不起眼的石头，还是忍一忍吧。"可是，等到他的凿子一落到石头身上，那块石

头依然哀嚎不已："痛死我了，痛死我了。求求你，饶了我吧。"

雕刻师实在忍受不了这块石头的叫嚷，只好停止了工作。于是，就重新选了一块质地远不如它的粗糙石头雕琢。虽然这块石头的质地较差，但它感到自己能被雕刻师选中而从内心感激不已，同时也对自己将被雕成一尊精美的雕像深信不疑。所以，任凭雕刻师的刀琢斧敲，它都以坚忍的毅力默默地承受过来。

这座庙宇的香火非常的旺盛，日夜香烟缭绕，天天人流不息。为了方便日益增加的香客，那块怕痛的石头被人们弄去填坑筑路了。有一次，它愤愤不平地对正路过此处的佛祖说："佛祖啊，你太不公平了！你看那块石头的资质比我差得多，如今却享受着人间的礼赞尊崇，而我却每天遭受凌辱践踏，日晒雨淋，你为什么要这样的偏心啊？"佛祖微微一笑说："资质也许并不如你，但是那块石头的荣耀却是来自一刀一锉的雕琢之痛啊！你既然受不了雕琢之苦，只能最后得到这样的命运啊！"

少壮不努力，老大徒伤悲。

百川东到海，何时复西归。少壮不努力，老大徒伤悲。

——《乐府诗集·长歌行》

今知

　　时间像江河东流入海，一去不复返；人在年轻时不努力学习，年龄大了，那就只好悲伤、后悔。所以大家要趁小小年纪，好好学习，不要将来长大了，走上社会，才发现一无所长。真要有那么一天，伤心恸哭也无济于事，毕竟时光不能倒转！

智慧 《生命中最重要的一天》

　　一个青年去寻找深山里的智者，向他请教一些人生问题。

　　"请问大师，你生命中的哪一天最重要？是生日还是死日？是上山学艺的那一天，还是得道开悟的那一天？……"青年连珠炮似的问。

　　"都不是，生命中最重要的是今天。"智者不假思索地答道。

　　"为什么？"

　　青年甚为好奇："今天发生了什么惊天动地的大事？"

　　"今天什么事也没有发生。"

　　"那今天重要是不是因为我的来访？"

　　"即使今天没有任何来访者，今天也仍然重要，因为今天是我们拥有的唯一财富。昨天不论多么值得回忆和怀念，它都像沉船一样沉入海底了；明天不论多么灿烂辉煌，它都还没有到来；而今天不论多么平常、多么暗淡，它都在我们手里，由我们自己支配。"

　　青年还想问，智者收住了话头："在谈论今天的重要性时，我们已经浪费了我们的'今天'，我们拥有的'今天'已经减少了许多。"

　　青年若有所思地点点头，然后就疾步下山了。

知之者不如好之者，好之者不如乐之者。

——《论语·雍也》

今知

　　兴趣是最好的老师，是学习的最大动力源泉。学习知识或本领，知道它的人不如爱好它的接受得快，爱好它的不如对它有兴趣的接受得快。所以，大家要学哪门课，不要把它当任务来完成，而要从中发现兴趣，爱上它，它会给你无限快乐！

智慧 ‹ 兴趣是最好的老师 ›

　　澳大利亚有位初三毕业生，他感觉自己读书很吃力，不打算上高中，回家后把想法告诉父母，父母对他说："我们想听听你对今后的打算。"孩子回答说："我对美术感兴趣，我想毕业后搞花卉种植，将来向园林方面发展。我征求过生涯规划老师的意见了，老师肯定了我的想法。希望你们能支持。"

他的父母听了孩子这番话，综合孩子的学业情况后，同意孩子的选择，并提供两万澳元作为孩子的事业启动资金。孩子做了自己想做的事，表现得特别积极而愉快，很好地发挥了人际交往方面的特长，拉赞助，找帮手，查资料，勤请教，两年之后他成立了澳大利亚首家花卉公司。

有一回，他看到市政府门前又脏又乱，向政府有关部门建议在门前建一个小花园，可是，市政府缺乏资金，他就找厂家拉赞助，免费为赞助商立广告牌；缺人手，他就跑到一所大学园林系找学生帮忙，他知道学生的劳动力最低廉，又能为学生提供实习场所，达到双赢的效果。

花园很快建好了，美化了这座城市，引起当地新闻媒体的关注，电视台、报社相继作了报道，很快他的花卉的销售量猛增。

第三年他做起了跨国生意，一些国产名贵花卉远销世界十几个国家和地区。五年后，他的花卉公司成为一个拥有2亿资产的跨国花卉公司。

学如逆水行舟，
不进则退。

——《增广贤文》

今知

　　学习要不断进取，不断努力，就像逆水行驶的小船，不努力向前，就只能向后退。你有这样的体会吗？这次考试成绩特别好，如果你因此骄傲自满，不再像以前那样努力了，那么下次考试一定会落后的。所以，学习上没有原地踏步，只有向前或者后退。

智慧 〈 聪明的李浩 〉

　　初中的时候，各科老师都很喜欢李浩，常常在他父母面前夸李浩聪明，学什么都很快。因此，李浩相信自己是一个很有天赋的孩子，甚至觉得自己不需要通过太多努力就可以取得好成绩。

　　李浩甚至有些骄傲起来。虽然学习成绩没有明显的滑坡，但是这种骄傲的苗头越来越明显，老师、父母为此很是担心。

一个周末，爸爸带李浩去公园划船。那天天气晴朗，略有点风，别人都是顺风而行，而爸爸却逆着风划船。爸爸挑的是那种有桨没篷的船，李浩不会游泳，有些害怕，更觉得非常奇怪，问爸爸为什么别人都是顺风划，而他却要逆风划？

爸爸先不说话，迎着风费力地划了一阵，才前进一点。然后一松手，船就往后退，很快就回到起初的地点。

李浩正在百思不得其解，爸爸突然转过头说："你看到了吗，逆水行舟，不进则退。不使劲，很快就回到起点，甚至还往后退。学习是不是也这样？"

李浩这才恍然大悟，原来爸爸是借着划船教训他。

吾生也有涯而知也无涯。

——《庄子·养生主》

今知

　　我们的生命是有限度的，而知识是没有边界的。所以学习不能自满，要活到老，学到到老，一生保持求知向上的心态。

智慧　　学无止境

　　人生是一只水桶，我们永远装不满。

　　一位年轻人，跟老玉匠学艺。几年过去了，他已经能雕出许多精美的玉器，认为自己已经学得差不多了，便向师傅提出要"出师"。师傅听了不置可否，只是对他说："你去把那个最大的木桶提来，然后，把它装满石头。"

　　他很快就把石头装了进去。师傅问他："都装满了？"

　　他点了点头说："都装满了。"

师傅又指了指不远处的一堆沙说："那你再把那些沙子装进去，看还能不能装得下？"

他拿着沙子往桶里倒，沙子果然顺着石头的隙缝漏了进去。

这时师傅又问他："这回真的倒满了？"

他自信地回答："真的装满了。"

师傅不再言语，转身走进房子，舀出一瓢水说：那你试着把水倒进去吧。"

他接过水瓢，慢慢地把水倒进了木桶，水很快就渗了进去。

良久，他满脸惭愧地对师傅说："师傅，我不走了！"

茫茫宇宙，我们知道得太少太少，永远不自满的人，才能保持开始时的干劲，努力探索，辛勤耕耘"虚心使人进步，骄傲使人落后。"让我们做个永不自满的人吧。

见贤思齐焉，见不贤而内自省也。

——《论语·里仁》

智慧 留一只眼睛给自己

　　爱因斯坦是20世纪最伟大的物理学家，他有一个天资聪颖而又非常勤奋的助手。

　　一天，爱因斯坦早晨走进实验室，看见他的助手正在那里工作。午餐以后，爱因斯坦看见他的助手还是专心致志的在做实验。晚饭后，他的助手仍然没有离开。爱因斯坦很不明白这位助手为什么如此勤奋，就坐下来和他聊天。

在聊天过程中，助手问道："以我的资质，需要努力多久才能成为一个著名的科学家呢？"

爱因斯坦回答说："以你对物理方面现有的了解，至少要10年。"

助手觉得10年时间太长久了，就说："如果我加倍努力，多久可以成为一个物理学者呢？"

爱因斯坦马上回答说："20年。"

助手以为是自己努力不够，就说："如果我夜以继日，片刻不歇地做实验，不停地演算，多久能成为一流的物理学家呢？"

爱因斯坦毫不客气地回答："如果这样的话，你只有死路一条，哪里还有成为一个物理学家的机会呢？"

助手更加迷惑不解了，他不明白爱因斯坦的话里包含的意思是什么。

这时候，爱因斯坦说："要想成为一个一流的学者，就必须留一只眼睛给自己。一个学者只知道整天做事，不知道反视自我，不知道审视自己，那他就永远成不了一流的学者。"

纸上得来
终觉浅，
绝知此事
要躬行。

——陆游

今知

　　从书本上得到的知识终归是浅薄的，我们学习不能仅满足于对书本的理解认识，要躬行实践，只有真正做的时候才会真的把书本上的知识变成自己的实际本领。

智慧 ＞ **猎神的儿子** ＞

　　有位猎人一直以高超的射箭技术闻名于世，他可以一箭射中在空中飞行的老鹰，而且不偏不倚正中鹰眼；他也曾经出外至深山打猎30天，带回来极其珍贵的貂皮和豹皮。由于村子里的食物来源几乎都靠他供应，因此，村民们纷纷尊称他为"猎神"。

　　猎神有一个儿子，长得高大英俊，颇有猎神之风，因此他对儿子的期望很高，希望他可以得到自己的真传。

　　猎神把所有的知识与经验全部倾囊相授，他的儿子也十分用

心学习，对各种野生动物的习性了如指掌，所以猎神很放心地把弓箭交给儿子，让他一个人独自上山去打猎。

去了快半个月，猎神的儿子满载而归，捕获了许多珍奇的动物。然而一回到家，儿子便倒地不起，连续几天高烧不退，在床上躺了没多久，就撒手人寰了。

原来，猎神的儿子不小心被蜜蜂蜇到，伤口感染没有及时处理，才导致一命呜呼。

猎神痛彻心扉，难过不已，多年来，他一直苦心栽培这个儿子，让他知道打猎的每个步骤，如何扎营、又如何与各种动物周旋，他连猛虎都不怕，却死于一只小蜜蜂的手里，一只微不足道的小蜜蜂。

一个老朋友得知了猎神的心情，诚恳地对他说："你只教给他技术，却无法传授他经验和教训，人生本来就有太多的意外，你又有什么好不甘心的呢？"

人一能之，己百
之；人十能之，
己千之。

> 人一能之，己百
> 之；人十能之，己千
> 之。果能此道矣，虽愚
> 必明，虽柔必强。
>
> ——《中庸》

今知

　　人家一次就学通的，我如果花上百次的功夫，一定能学通。人家十次能掌握的，我要是学一千次，也肯定会掌握的。如果真能照这个样子做，即使天资不如人也会慢慢聪明起来，即使本来很脆弱也会成就一番大事业。

智慧 ❮ **坚持不懈的柏拉图** ❯

　　开学第一天，古希腊大哲学家苏格拉底对学生们说："今天咱们只学一件最简单也最容易做的事。每人把胳膊尽量往前甩，然后再尽量往后甩。"说着，苏格拉底示范了一遍："从今天开始，每天做300下，大家能做到吗？"

"能！"学生们都笑着说，这么简单的事有什么做不到的？

过了一个月，苏格拉底问学生们："每天甩手300下，哪些同学坚持了？"有90％的同学骄傲地举起了手。

又过了一个月，苏格拉底又问这个问题。这回，举手的学生只剩下八成。一年过后，苏格拉底再一次问大家："请告诉我，最简单的甩手运动，还有哪几位同学坚持了？"

这时，整个教室里只有一个人举起了手，这个学生就是后来成为古希腊另一位大哲学家的柏拉图。

尽信《书》，不如无《书》。

尽信《书》，
则不如无《书》。
吾于武成，取二三
策而已矣。

——《孟子·尽心下》

今知

　　要是完全相信书本上的知识，还不如没有书呢！就是说，对待书本上的知识，我们不能不假思索就全盘接受。只有把知识融会贯通，形成自己独特的理解判断，才能拥有智慧。

智慧 《 **死板的动物学家** 》

　　大草原，日上中天，一位动物学家和一头犀牛不期而遇。动物学家一下慌了神儿，须知犀牛一嗅到可疑的气味，便会往散发气味的地方狂奔过来，横冲直顶……

　　但见眼前这头犀牛在不断摇头，动物学家紧皱的眉头一下又舒展开了。

犀牛背上的犀牛鸟焦急地提醒他："科学家，我主人的脾气喜怒无常！你最好在主人未动之前先动，赶快逃吧！"但见动物学家扬了扬手中的一本书，气定神闲："放心吧，这不会有什么危险的。根据《犀牛习性科学研究指南大全》的分析，犀牛摇头无非有两大重要信号：其一，摇头说明它对另一方没有敌意，它不会主动进攻另一方；其二，摇头说明它可能见到了漂亮的异性。"犀牛鸟刚要说什么，但动物学家立刻把食指竖到嘴前："安静！这正好让我和犀牛来一次近距离'亲密接触'！"接着，动物学家便神情自若地和犀牛"对峙"起来，双方相持了一分钟，刚好是一分钟。61秒后，犀牛却突然猛冲过去，动物学家当场被顶倒在地，身上多处骨折。

动物学家倒在地上，吐着断牙，奄奄一息："怎么会这样，这书上明明说……"

知难而上。

陈寅曰："子立后而行，吾室亦不亡，唯君亦以我为知难而行也。"

——《左传·定公六年》

今知

　　知难而上指的是明知山有虎偏向虎山行，不怕困难，勇往直前。大家在生活和学习中遇到困难也要如此，没有办法也要想办法。世上无难事，只怕有心人。

智慧 超高难度的乐谱

　　一位音乐系的学生走进练习室。在钢琴上，摆着一份全新的乐谱。

　　"超高难度……"他翻着乐谱，喃喃自语，感觉自己对弹奏钢琴的信心似乎跌到谷底。

　　指导教授是个极其有名的音乐大师。授课的第一天，他给自己的新学生一份乐谱。"试试看吧！"他说。乐谱的难度颇高，学生弹得错误百出。"还不成熟，回去好好练习！"教授在下课时，如此叮嘱学生。

学生练习了一个星期，第二周上课时正准备让教授验收，没想到教授又给他一份难度更高的乐谱，"试试看吧！"上星期的课教授也没提。学生再次挣扎于更高难度的技巧挑战。

第三周。更难的乐谱又出现了。这样的情形持续着，学生每次在课堂上都被一份新的乐谱所困扰，学生感到越来越不安、沮丧和气馁。教授走进练习室。学生再也忍不住了。教授没开口，他抽出最早的那份乐谱，交给了学生。"弹奏吧！"他以坚定的目光望着学生。

不可思议的事情发生了，连学生自己都惊讶万分，他居然可以将这首曲子弹奏得如此美妙、如此精湛！

"如果，我任由你表现最擅长的部分，可能你还在练习最早的那分乐谱，就不会有现在这样的程度……"钢琴大师缓缓地说。

吾日三省吾身。

曾子曰："吾日三省吾身，为人谋而不忠乎？与朋友交而不信乎？传不习乎？"

——《论语·学而》

今知

曾子说："我每天从三方面反省自己，替人家谋虑是否不够尽心？和朋友交往是否不够诚信？老师传授的学业是不是反复练习实践了呢？"就是要我们每天都反省一下自己：做了什么？学到了什么？等等。

智慧 每天反省自己

王小同的父亲出生在贫苦农家，当年小学没毕业就辍学做工去了。

从此，世界便成了他的学校。可他这个人，好奇心强，对什么都有兴趣，他阅读一切能够得到的书籍、杂志和报纸。他爱跟不同的人聊天，以了解千变万化的世界。生儿育女后，他决心要让每一个孩子受到良好教育。他认为，最不可宽恕的是我们晚上上床时还像早上醒来时一样无知。

父亲为了防止孩子们堕入自满的陷阱，要他们每天必须学一样新的东西，而晚餐时间似乎是他们交换新知识的最佳场合。

他们每人有一项"新知"之后，便可以去吃饭了。

这时，父亲的目光会停在他们当中一人身上。"王小同，告诉我你今天学到些什么。"

"我今天学到的是关于南极的故事……"

王小同一向都觉得奇怪，不论他所说的是什么东西，父亲都不会认为琐碎，而且总说"好，有进步！"接下来爸爸会问全家人是否都了解讲述者的新知识，如果不知，就是一轮全家总动员的集体学习。母亲和奶奶也不能例外。

王小同当时只是个孩子，一点也觉察不出这种教育的妙处。有时候他还迫不及待地想走出屋外，去跟小朋友一起玩游戏去。

如今回想起来，他才明白父亲给他的是一种多么生动有力的教育。

王小同进大学后曾追随几位全国最著名的教育家学习，受益匪浅。但令他感到非常有趣的，是发现那些教授教导他的，正是父亲早就知道的东西——每天反省自己，问问自己有没有学到新的东西。

做事之道

有所为，有所不为

　　人活着就离不开做事，做事是我们立身成人之本。人的潜能，只能在做事中才会开发；人的素质，只能在做事中才会形成；人的品质，只能在做事中才会体现；人的智慧，只能在做事中才会运用；人的成就，只能在做事中才会取得；人的梦想，只能在做事中才会实现。没有做事，做人没有根基。古代先贤们的做事之道，在这里以最鲜活的姿态展现在我们面前，我们可以从中汲取为人做事的真知灼见。

Spider Man

淘乐斯变身公仔

勿以恶小而为之，勿以善小而不为。

——《三国志·蜀书·先主传》

今知

　　不要因为好事小而不做，更不能因为不好的事小而去做。小善积多了就成为利天下的大善，而小恶积多了就有可能走上犯罪的道路。

智慧 莫以恶小而为之

　　小黄牛栽下了一棵柠檬树，小树苗在春风中欢快地成长着。为了保护好小树，小黄牛在幼树旁立了一块木牌，上面写道："请爱护小树"。

　　"哟，一棵多漂亮的小树，当然应该爱护。"一只小兔子蹦蹦跳跳地走过，欣赏了一阵之后，赞叹地说，"这小树太可爱了，我只要一片嫩叶夹在我的画册里当书签，那多美哟！"小兔子小心地摘下了一片叶子，走了。

过了一阵，来了一只小猴。小猴子一发现小树苗，便欢呼起来："多秀丽的柠檬树呀，以后它会长得高耸入云，我就要在那白玉般的树干上做攀登技巧的表演。嘻，让我取片叶子作个纪念吧。对，就只要一片。"小猴子仔细地掐下了一片树叶。乐得翻了个斤斗，溜了。

接着，小山羊走过，小肥猪走过……

每一位路过的小家伙，都取下一片树叶。可是，只过了一天，当小黄牛走来浇水时，一看树苗，惊得目瞪口呆：小树一片叶子也不剩了！

千里之行，
始于足下。

合抱之木，生于毫末；九层之台，起于垒土；千里之行，始于足下。

——《老子》

今知

　　这句话揭示一个再简单不过的道理，再远的路只有一步步去走，才可以到达；再大的困难，只要一点点地，细心的，认真地去做就一定可以解决。其实人间的大道理就体现在一些日常的小事之中，要在小事中见到大道理，才能获得真正的成功。

智慧 〈**"一元钱"富翁**〉

　　孩子问亿万富翁："你是怎么成为亿万富翁的？"

　　"一元钱一元钱地挣呗，当你重复一亿次时就自然而然成为亿万富翁了。"

　　"挣一元钱并不难，可是怎么样坚持一亿次呢？"

　　"可以不去想一亿次，想得太多反而给你背上心理包袱，让你觉得挣一元钱也是那样遥不可及。你挣钱的时候只想着这是唯一的一次，既然是唯一的一次，你就一定要把它挣来。挣来这一元钱之后，再去挣下一元钱。如此反复，时间一长，你会发现，自己拥有的财富是许多个'一元'，你会从自己过去的成绩中得到信心，那时候你的财富就不是一元一元地增加，而是一万一万地增加，甚至是百万百万地增加。"

镄而不舍，金石可镂。

镄而舍之，朽木不折；镄而不舍，金石可镂。

——荀子《劝学篇》

今知

　　不停地用刀子刻下去，即使是坚硬的金石也能被刻穿。引申出来就是：做什么事情都要不怕困难，不怕失败，持之以恒，最后才能成功。

智慧 〉 **纯白金盏花** 〈

　　多年前美国一家报纸曾刊登了一则园艺所重金悬赏纯白金盏花的启事，这在当地一时引起轰动。高额的奖金让许多人趋之若鹜，但在自然界中，金盏花除了金色的，就是棕色的，若想培植出白色的，并不是一件易事。所以许多人一阵热血沸腾之后，就把那则启事抛到了九霄云外。

　　20年后很平常的一天，当年那家曾刊登启事的园艺所意外地收到了一封热情的应征信和100粒"纯白金盏花"的种子。

　　当天，这件事就不胫而走，引起轩然大波。更令人匪夷所思的是，寄种子的原来是一位年已古稀的老人。

　　原来，老人是一个地地道道的爱花人。当她偶然看到那则启事后，便怦然心动。

　　她撒下了一些最普通的种子，精心侍弄。一年之后，金盏花开了，她从那些金色的、棕色的花中挑选了一朵颜色最淡的，任其自然枯萎，以取得最好的种子。次年，她又把它们种下去。然后，再从这些花中挑选出颜色更淡的花的种子栽种……年复一年，周而复始。老人的丈夫去世了，儿女远走了，唯有种出白色金盏花的愿望在她的心中根深蒂固。

　　终于，在20年后的一天，她在那片花园中看到一朵金盏花，它不是近乎白色，也并非类似白色，而是如银如雪的白。

工欲善其事，必先利其器。

> 工欲善其事，必先利其器。居是邦也，事其大夫之贤者，友其士之仁者。
>
> ——《论语·卫灵公》

今知

　　要做好一件事，准备工作非常重要。准备工作做得好，才可以事半功倍！比如，我们学习功课之前，最好预习，那样听老师讲的时候才会对症下药学得更快！

智慧 《 **先磨刀，再砍树** 》

　　有一个工人在一个伐木厂找到了一份不错的工作。他决定认真做好这份工作，好好表现。上班第一天，老板给了他一把斧子，让他到人工种植林里去砍树，这个工人卖力地干了起来。一天时间，他不停地挥舞着斧子，一共砍倒了19棵大树。老板满意极了，夸他干得不错。工人听了很兴奋，决定工作要更加卖力，以感谢老板对他的赏识。

　　第二天，工人拼命工作，他的腿站得又酸又疼，胳膊更是累得抬不起来了，可是这样拼命，却并没有带来更好的结果。他觉得自己比第一天还要累，用的力还要大，却只砍倒了16棵树。

　　工人想也许我还不够卖力，如果我的成绩一直下降，老板一定会以为我在偷懒，所以我要更加卖力才行。第三天，工人投入了双倍的热情去工作，直到把自己累得再也动不了为止。可是，让他失望的是，他只砍倒了12棵树。

　　工人是个很诚实的人，他觉得太惭愧了，拿着老板给的高薪，工作却越来越差劲。他主动去向老板道歉，说明了自己的工作情况，并检讨说，我真是太没用了，越卖力干得越少。老板问他："你多久磨一次斧子？"工人一听愣住了，他说："我把所有的时间都花在砍树上了，哪里有时间去磨斧子啊？"

为者常成，
行者常至。

——《晏子春秋》

今知

　　意思是努力去做的人常常可以成功，不倦前行的人常常可以到达目的地。信心与行动，永远是成功者的双脚。成功者之所以成功，是因为他们一直相信任何困难都是可以战胜的，也是必须战胜的。

智慧 〈等你准备好了再来〉

　　有个年轻人去微软公司应聘，而该公司并没有刊登过招聘广告，见总经理疑惑不解，年轻人用不太娴熟的英语解释说自己是碰巧路过这里，就贸然进来了。总经理感觉很新鲜，破例让他一试。结果年轻人表现糟糕，他对总经理的解释是事先没有准备，总经理以为他不过是找个托词下台阶，就随口应道：等你准备好了再来试吧。

　　一周后，年轻人再次走进微软公司的大门，这次他依然没有成功，但比起第一次，他的表现要好得多。而总经理给他的回答仍然同上次一样：等你准备好了再来试。就这样，这个青年先后5次踏进微软公司的大门，最终被公司录用，成为公司的重点培养对象。

　　也许，我们的人生旅途上沼泽遍布，荆棘丛生；也许我们追求的风景总是山重水复，不见柳暗花明；也许，我们前行的步履总是沉重、蹒跚；也许，我们需要在黑暗中摸索很长时间，才能找寻到光明；也许，我们虔诚的信念会被世俗的尘雾缠绕，而不能自由翱翔……那么，我们为什么不可以以勇敢者的气魄，坚定而自信地对自己说一声再试一次！

　　再试一次，你就有可能达到成功的彼岸！

君子欲讷于言而敏于行。

——《论语·里仁》

今知

  告诉大家，想问题，办事情，要善于把思想化为行动，不要空想，说空话，说大话……在与同学交往中，不要夸夸其谈，要办实事，才能赢得同学的尊重。

智慧 〈 **老牛和鹦鹉** 〉

  一个农夫养了一只会说话的鹦鹉和一只会干活的牛，除这两件东西外，家里再没有值钱的东西了。

  一次，牛从田地干活归来，汗流浃背，气喘吁吁，刚一进院，便躺在地上，站不起来了，它已疲惫不堪。鹦鹉见状，十分感慨地说：“老牛呀，你那样吃苦受累，可主人说你什么呢，说你干活慢，有牛脾气，你呀，可真是受累不得好呀，真可悲。你瞧我，不用干活，还让主人伺候着，主人还经常表扬我，说我真会说话，会学舌，太可爱了，你说我是不是比你聪明多了？你是否知道自己是个大傻瓜呢？"

老牛说："我知道自己傻，但我相信主人不傻，所有靠漂亮话只能得宠一时，不能得宠永远。"

鹦鹉听了老牛的话十分不悦。于是双方便都沉默了。

夜里农夫家里来了一伙强盗，抓住了农夫，他们逼迫农夫交出一件值钱的东西，否则就要杀死农夫。鹦鹉看在眼里，心想，农夫最不喜欢老牛了，他肯定会把老牛交给强盗的。

可结果恰恰相反，农夫将鹦鹉交给了强盗。

若要人不知，

除非己莫为。

欲人勿闻，莫若勿言；欲人勿知，莫若勿为。

——枚乘《上书谏吴王》

今知

　　要想人家不知道，除非自己不去做。指干了坏事终究要暴露。所以有顽皮的同学做了错事，不要有侥幸心理，敢于承认就是勇敢的好孩子。如果是不小心撞了祸，也没关系，说出来大人还是会喜欢你的。

智慧 ❮ **心里的眼睛** ❯

　　有一个出身贫困的孩子十分喜爱钓鱼，可是却从来没有钓到过一尾大鱼。在鲈鱼钓猎开禁前的那天晚上，他和父亲双双来到湖边钓鱼。放好鱼线，安好鱼饵，一次次地将鱼线抛向湖水中。

　　湖面十分平静，他和父亲守在那，等着鱼上钩。可是，很长时间过去了，没有一条鱼上钩。就在他们准备回家的时候，鱼线突然动了。他拎一拎，发觉异常沉重，这肯定是一条大鱼上钩了。

他兴奋极了，急忙快速地收鱼线，线越收越短，湖面响起大鱼拍击水面的声音，父亲取出网罩在湖边准备捞住它。果然是条大家伙，父亲打开手电，照着鱼身，发现它却是条鲈鱼，银白色的鱼鳞闪耀着光芒。

父亲看着夜光表，对孩子说："现在是10点，离开禁还有两个小时，孩子，我们放了它吧。"

孩子说："不，爸爸，我们好不容易钓到它。"

孩子哭了，父亲安慰他："我们还会钓到更大的鱼。"

孩子环视四周，湖边了无人影，夜色深沉。他对父亲说："别人不知道我们钓到了鲈鱼。"

父亲说："孩子，湖边没有眼睛，但我们心里有眼睛。"

天下之难事，
必作于易；
天下之大事，
必作于细。

——《老子·六十三章》

　　天下的难事，一定是从容易的事发展起来的；天下的大事，一定是从细小的事发展起来的。做任何事情都是由小到大，由少到多，由易到难的。多寓于少，大寓于小，难藏于易，不要瞧不上小事、看不起容易的事。

智慧 〈 **工作无小事** 〉

　　一位年轻的修女进入修道院以后一直从事织挂毯的工作，做了几个星期之后她再也不愿意干这种无聊的工作了。她感叹道："给我的指示简直不知所云，我一直在用鲜黄色的丝线编织，却突然又要我打结，把线剪断，这种事完全没有意义，真是在浪费生命。"

身边正在织毯的老修女说："孩子，你的工作并没有浪费，其实你织出的很小的一部分是非常重要的一部分。"老修女带着她走到工作室里摊开的挂毯面前，年轻的修女呆住了。原来，她编织的是一幅美丽的《三王来朝》图，黄线织出的那一部分是圣婴头上的光环。她没想到，在她看来没有意义的工作竟是这么伟大。

知耻近乎勇。

——《礼记·中庸》

今知

> 字面意思：知道羞耻就接近勇敢了。儒家所说的"知耻近乎勇"的勇是勇于改过。这里把羞耻和勇敢等同起来，意思是要人知道羞耻并勇于改过是一种值得推崇的品质。是对知羞改过的人的勇敢表现行为的赞赏。

智慧 《获诺贝尔奖的坏孩子》

神经组织学家拉蒙·伊·卡哈尔，是西班牙人。父亲是乡村医生，不重视对孩子的教育。因此，小卡哈尔不好好学习，总与一些坏孩子在一起胡混。后来闯了祸，还被警察拘留了三天，把他父亲气坏了。

他很早就爱慕邻家的一个女孩，总想找机会接近她，可是那姑娘根本不理他。一天，他看姑娘与人谈话，想靠近听听，那姑娘好像在议论他："顽童都是没志气，也不会有好前途的人……"他立刻脸红心跳……姑娘的话大大刺激了他。回家以后，他躺在床上不吃饭、不睡觉，脑子里全想着这事……他终于明白过来：人不能像自己这样胡混，并下定决心改变自己。

他重新上学，一改过去的坏毛病，勤奋学习……校长和老师都感到奇怪。终于，他以高中第一名的好成绩考上了萨拉戈萨医科大学，成为一个享受全额奖学金的大学生。1906年他与意大利生物学家C.高尔基同获诺贝尔生理学医学奖。

既来之，
则安之。

> 夫如是，故远人不服，则修文德以来之。既来之，则安之。"
>
> ——《论语·季氏》

今知

原意是指既然把他们招抚来，就要把他们安顿下来。后来指既然有些事情我们无法回避，那就不如调整心态，顺其自然，坦然面对。心态变了，有时麻烦也会变成机遇。

智慧 〉狮子的烦恼

有一天，素有森林之王之称的狮子，来到了天神面前："我很感谢你赐给我如此雄壮威武的体格、如此强大无比的力气，让我有足够的能力统治这整片森林。"

天神听了，微笑地问："但是这不是你今天来找我的目的吧！看起来你似乎为了某事而困扰呢！"

　　狮子轻轻吼了一声，说："天神真是了解我啊！我今天来的确是有事相求。因为尽管我的能力再好，但是每天鸡鸣的时候，我总是会被鸡鸣声给吓醒。神啊！祈求您，再赐给我一个力量，让我不再被鸡鸣声给吓醒吧！"

　　天神笑道："你去找大象吧，它会给你一个满意的答复的。"

　　狮子兴冲冲跑到湖边找大象，还没见到大象，就听到大象跺脚所发出的"砰砰"响声。

狮子加速地跑向大象，却看到大象正气呼呼地直跺脚。

狮子问大象："你干吗发这么大的脾气？"

大象拼命摇晃着大耳朵，吼着："有只讨厌的小蚊子，总想钻进我的耳朵里，害我都快痒死了。"

狮子离开了大象，心里暗自想着："原来体型这么巨大的大象，还会怕那么瘦小的蚊子，那我还有什么好抱怨呢？毕竟鸡鸣也不过一天一次，而蚊子却是无时无刻地骚扰着大象。这样想来，我可比他幸运多了。"

狮子一边走，一边回头看着仍在跺脚的大象，心想："天神要我来看看大象的情况，应该就是想告诉我，谁都会遇上麻烦事，而它并无法帮助所有人。

既然如此，那我只好靠自己了！反正以后只要鸡鸣时，我就当做鸡是在提醒我该起床了，如此一想，鸡鸣声对我还算是有益处呢！"

小不忍，则乱大谋。

> 巧言乱德。
> 小不忍，则乱大谋。
>
> ——《论语·卫灵公》

今知

一个是人要忍耐，凡事要包容。如果一点小事不能容忍，脾气一来，就坏了大事。许多大事失败，常常都由于小事没做好。

智慧 〈 和善的总统 〉

忍是人生智慧中必不可少的。

在马琴利做美国总统时，他特派某人为税务总管，但为许多政客所反对，便派代表前往谒见总统，提出咨询，要求说明派该人做税务总管的理由。为首的是一个国会议员，身材矮小，脾气暴躁，说话粗声粗气，开口就给总统一顿难堪的讥骂。如果当时总统换成别人，也许早已气得暴跳如雷，但是马琴利却视若无睹，不吭一声，任凭他骂得声嘶力竭，然后才用极和婉的口气说："你现在怒气应该可以平和了吧？照理你是没权利这样责问我的，但是，现在我仍愿详细解释给你听。"

这几句话把那位议员说得羞惭万分，但是总统不等他道歉，便和颜悦色地说："其实我也不能怪你，因为我想任何不明究竟的人，都会大怒。"接着便把理由解释清楚。

其实不等马琴利总统解释，那位议员早已被他折服了。他私下懊悔不该用这样恶劣的态度责备一位和善的总统。他满脑子都在想自己的错，因此，当他回去报告咨询的经过时，他只摇摇头说："我记不清总统的全盘解释，但只有一点可以报告，那便是——总统没有错。"

事在人为。

> 事在人为耳，彼朽骨者何知。
>
> ——冯梦龙《东周列国志》

今知

　　指事情要靠人去做的。在一定的条件下，事情能否做成要看人的主观努力如何。俗语说事在人为，只要你勤奋努力，一定能有所作为。

智慧 成为成龙

　　成龙小时候家里很穷，年纪小小就被送进了武行。刚开始拍电影的时候，一到片场他就偷懒，哪里有地方可以睡觉就去睡觉。有一天他问自己：就准备长期这么下去吗？我的目标是什么？后来他下决心要做一个武术指导，因为除了导演之外武术指导是最威严的。

　　有了这个目标之后，当人家偷懒的时候，他就去看武术指导

怎么策划每一场动作。那时候他本事比很多人好，但没有人相信。有一次需要有个人从二楼摔下来，导演刚刚说了一个"二"字，"楼"还没说完，他就"嗒嗒嗒"爬上楼准备往下跳。武术指导吼了一声："下来！"他只能扶纸板箱，就是保护演员用的榻榻米。

成龙知道，就算自己再有本事，如果武术指导不知道或者不接受，就永远表现不出来。所以他就想尽办法，帮武术指导洗车、倒茶、抬凳子。有一天武术指导忽然间叫他："这边有一个动作，你来。"就这样，成龙18岁成为全东南亚最年轻的武术指导。

当成龙自己做男主角的时候，虽然不识字，没学问，但他要学着写自己的剧本。后来想想，把自己写进去就行了，于是就拍《A计划》、《警察故事》。当他把在片场里面这么多年积累的经验发挥出来的时候，发现原来自己是可以的，所以就自己做导演。

成龙说："这么多年来，我相信自己，只要我做每一样事情都曾经努力过，将来就一定会成功的。"

不宜妄自菲薄。

诚宜开张圣听，以光先帝遗德，恢弘志士之气，不宜妄自菲薄，引喻失义，以塞忠谏之路也。

——诸葛亮《前出师表》

今知

就是说不要过分看轻自己。自卑很可怕，自卑的人往往认为自己什么都做不成，结果就真的不成。所以，做人要自信，自信是成功的第一秘诀。

智慧 〈 你不会一无是处 〉

法国文豪大仲马在成名前，穷困潦倒。

有一次，他跑到巴黎去拜访他父亲的一位朋友，请他帮忙找个工作。

他父亲的朋友问他："你能做什么？"

"没有什么了不得的本事，老伯。"

"数学精通吗？""不行。"

"你懂得物理吗？或者历史？"

"什么都不知道，老伯。"

"会计呢？法律如何？"

大仲马满脸通红，第一次知道自己太不行了，便说："我真惭愧，现在我一定努力补救我的这些不足，我相信不久之后，我一定给老伯一个满意的答复。"

他父亲的朋友说："可是你要生活呀，将你的住处留在这张纸上吧。"

大仲马无可奈何地写下了住址，"你究竟有一样长处，你的名字写得很好啊！"

你看大仲马在成名前，也曾有过自己认为自己一无是处的时候。然而，他父亲的朋友却发现了他的一个看似不是什么优点的优点——把名字写得很好。

每个人，特别是不自信的人，切不可把优点的标准定得太高，而对自身的优点视而不见。你不要死盯着自己学习不好，没钱，相貌不佳等等不足的一面，你还应看到自己身体好，会唱歌，字写得好等等不被外人和自己发现或承认的优点。

你不会"一无是处"，在这个世界上，每个人都潜藏着独特的天赋，这种天赋就像金矿一样埋藏在我们平淡无奇的生命中。那些总在羡慕别人而认为自己一无是处的人，是永远挖掘不到自身金矿的。

待人接物

成为最受欢迎的人

现会社会不需要书呆子。如果不懂待人接物的学问，纵是读到博士也无济于事。任何时候，只要活着，就不能与世隔绝，就得与人打交道。这里面的学问很深，不是老师课堂上手把手就能教给我们的，也不是我们读了几篇文章就可以成为小社交高手的，而是要靠我们理解明白了这些道理后，在以后的人生中不断揣摩的。

Leonardo

淘乐斯变身公仔

满招损，谦受益。

满招损，谦受益，时乃天道。

——《尚书》

今知

骄傲自满会使自己遭受损害，谦虚谨慎有利于自己进步。因此，当我们取得成绩时，千万不能骄傲自满，对自己要有正确的评价和认识，不要满足于现状，要虚心向别人学习。

智慧　〈有人不喜欢你〉

一位歌星回东北老家，读中学时的好朋友邀请她晚上8点到某酒店一起聚会。这次歌星回来带了近百张经过自己认真签名的新专辑。因为她知道，这些昔日同学如果向她要新专辑，那是不该拒绝的。

　　歌星出了家门，打车去酒店。司机是一个30多岁的中年男人，问清了目的地后，那人就一言不发了，这让歌星不免有些失落，因为即使是在北京，出租车司机也会认识她这张脸。

　　到了酒店，车费是22元。歌星没有零钱，就拿出一张100元的，可恰巧司机手里也没有足够的零钱了。歌星今天心情很好，就表示不用找了，因为她知道司机不容易，何况这里还是她的家乡。可是司机坚决不同意，非要找个超市把钱换开。

　　歌星一看时间不早了，就准备拿出两张她签名的新专辑抵车费。接着，歌星问师傅认不认识自己，但是司机的回答大大出乎她的意料："认识，你是干唱歌的吧。"说完，他一指歌碟，

"不好意思，我不喜欢听歌，平时我净听二人转了。要不，车费就算了吧。"这个时候，正好另一位同学也刚好到酒店，替歌星付了车费。

你是干唱歌的吧，我不喜欢听歌。这些话让歌星震颤。见到昔日同学，歌星首先做了两件事：一是为自己迟到了三分钟向大家表示郑重道歉；二是找到聚会的组织者，把自己的210元份子钱交了。

后来这位歌星的口碑一直不错：没有绯闻，照章纳税，积极参加各种公益演出。歌星说，她时常想起那位出租车司机。那句话让她明白不管成就多大，都要谦虚做人。

诚者，天之道也；思诚者，人之道也。

——《孟子·离娄上》

今知

　　诚，真实无妄的意思。天指自然，天之道就是自然的规律。人之道，是指做人的道理或法则。自然界的一切，宇宙万物都是实实在在的，真实的，没有虚假；真实是宇宙万物存在的基础，所以说"诚"是天之道。天人合一，人道本于天道。追求真实应该是做人的根本要求。

智慧 老实人的好处

　　一天晚上，城里的一个老实人开着车在乡间公路上奔驰。突然，汽车撞上了一头黑暗中跑出的野猪，野猪当场死了。

　　这个老实人不认识野猪，以为这是乡下人养的猪。他向四周看了看，发现不远处有一座透着灯光的农舍，他走上去，敲开了农舍的门，非常抱歉地向农夫解释了刚才发生的一切。

　　"我感到非常抱歉，我撞死了您的猪，不过我会赔偿您损失的。"

　　农夫感到很意外，因为他没有养猪，他疑惑地看着这个老实人："你撞死了我的猪？"

　　然而老实人却以为他在生气。

　　这个农夫立刻就明白这个老实人误会了，不过他也想发一笔意外之财。

农夫："当然是我养的猪！我养的这头猪本来还可以再长大一些的，结果却被你撞死了，你得赔我300美元！"

老实人："我开车把您的猪撞死了，我有责任；您养了猪没把它关好，您也有责任；猪不往别的地方跑却往公路上跑，猪也有责任；我们三方应各承担三分之一的责任，我应该赔偿您100美元比较合理。您说呢？况且，车子的右前部也有损伤。"

两天以后，保险公司的两个事务员来农舍查证此事。"两天前的晚上，是否有人在公路上开车行驶时把你家的猪撞死了？"

"千真万确！他还赔偿了我们100美元呢！"农夫说。

"那这场交通事故是真的？"

"当然是真的！"

"你可以在证明书上签上你的名字吗？"

"当然可以！"

农夫在证明书上签上了他的名字。

保险公司的事务员要走了，农夫好奇地问："你们打算赔偿他多少钱？"

"1万美元。"

人而无仪，不死何为。

相鼠有皮，人而无仪。人而无仪，不死何为！相鼠有齿，人而无止。人而无止，不死何俟！相鼠有体，人而无礼。人而无礼，胡不遄死！

——《诗经·相鼠》

今知

由此可见，礼仪在古代人的心中占据着十分重要的位置甚至比生命更为重要。所以，你不必长很漂亮或者很帅气，只要你是个有礼仪的孩子，你就是世界最美的！

智慧 〈 不修边幅的小乔 〉

小乔和小李是同一天来到这家著名广告公司应聘美编的。单从两个人的作品上看，技术水准不相上下。小乔在思路方面略胜一筹，因为她在广州有过3年的工作经验，两个人一起参加试用，最后只能留下一个。

小乔上班时间从来都是一身T恤短裤，光脚踩一双凉拖。不管是在工作台前画图，还是在电脑前操作，只要活干得顺手，一高兴起来准把鞋踢飞。刚开始，同事们还把她的鞋藏起来，和她开玩笑，后来发现她根本不在乎，光着脚也到处乱跑。相反小李是第一次工作，多少有点拘谨，穿着也像她的为人一样雅致，带着少许灵气，她从来不通过怪发型、亮眼妆来标榜自己是搞艺术的，只是在小饰物上展示出不同于一般女孩的审美观点来，说话温文尔雅，很可爱。

结果，试用期才进行了两个月，小乔背包走人了。临走的时候，老板对小乔说："你的才气和个性都不能成为你搅扰别人心情的原因，也许你更适合一个人在家里成立工作室，但要在大公司里与人相处，该修边幅还得修。"

同声相应，
同气相求。

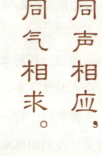

同声相应，同气相求。水流湿，火就燥。

——《易·乾》

今知

同样的声音能产生共鸣，同样的气味会相互融合，即同类的事物相互感应。引申为志趣、意见相投的人自然容易走到一起成为好朋友。

智慧 〈 **周恩来与邓颖超** 〉

周恩来与邓颖超相识于"五四"运动。当时，从日本留学归国的周恩来，在天津学生界已很有名气；而在北洋直隶第一女子师范学校读书的邓颖超，是"女界爱国同志会"的讲演队长。有趣的是，周恩来喜欢演话剧，而男生的学校没有女生，所以他就扮演女生；而邓颖超所在的学校没有男生，她穿长袍马褂、戴一顶礼帽，扮演男新闻记者，周恩来还指导她们演话剧。不过邓颖超一直相信那时的周恩来把她看成小妹妹——那一年，她只有15岁。

一年后，周恩来赴法留学，邓颖超则到北京师大附小当了教员，两人鸿雁往来。邓颖超知道周恩来当时有一个女朋友，所以从来不曾想过，有一天他们会成为毕生的革命伴侣。1923年，邓颖超突然收到周恩来从法国寄来的一张明信片，在这张印有李卜克内西和卢森堡画像的明信片上，周恩来写道："希望我们两个人将来，也像他们两个人一样，一同上断头台。"

邓颖超在怀念周恩来的文章中说，即便两人在通信中明确了恋爱关系后，"我们的通信，还是以革命的活动、彼此的学习、革命的道理、今后的事业为主要内容，找不出我爱你、你爱我的字眼"。

不敬他人，
是自不敬也。

——《旧唐书》

今知

　　人与人相处，贵在相互尊重。你想别人怎么对待你，首先要自己先做到怎么对待他人。所以不敬重别人，是对自己心灵的一种贬低，实际上是不敬重自己。

智慧 〈要懂得尊重每一个人〉

　　一天下午，一位穿得很时髦的中年女人带着一个小男孩走进美国著名企业"亚联集团"总部大厦楼下的花园，他们坐在一张长椅上，女人不停地在跟男孩说着什么，一脸生气的样子。

　　不远处有一位白发苍苍的老人正在打扫垃圾。小男孩终于不能忍受女人的大声责骂，他伤心地哭起来。

　　女人从随身挎包里揪出一团白花花的卫生纸，为男孩擦干眼泪，随手把纸丢在地上。老人什么话也没有说，走过来捡起那团纸扔进一旁的垃圾桶内。

过了一会儿，女人又把擦眼泪的纸扔在地上。老人再次走过来把那团纸捡走，然后回到原处继续工作……就这样，女人最后扔了六七团纸，老人也不厌其烦地捡了六七次。

女人十分生气，正要理论时，发现有一名男子匆匆走过来，恭恭敬敬地站在老人面前。

老人对男子说："我现在提议免去这位女士在'亚联集团'的职务！"

"是，我立刻按您的指示去办！"那人连声应道。

老人说完后径直朝小男孩走去，温和地对他说："人不光要懂得好好学习，更重要的是要懂得尊重每一个人。"说完后，就朝大厦走去。

中年女人由生气变成了惊呆，他认识这个男子，他是亚联集团所有分公司的总监。

"你……你怎么会对一个清洁工毕恭毕敬呢？"她惊奇地问道。

男子用同情的眼光对女人说道："他不是什么清洁工，而是亚联集团的总裁。"

中年女人一下子瘫坐在长椅上。

投我以桃，
报之以李。
——《诗经·大雅》

今知

　　每个人都要互相帮助，在互相帮助中生活、学习。一枝独秀，看不出春天的美。只有百花齐放才会变成一个万紫千红的世界。

智慧 〈 隔壁的邻居 〉

　　"怎么了，鲍勃？"他妈妈问，"你为什么那么不高兴？"

　　"没人跟我玩。"鲍勃说，"我真希望我们还是住在盐湖城没有搬来我在那儿有朋友。"

　　"在这儿，你很快会交上朋友的。"他妈妈说，"等着瞧吧！"就在这时，响起了轻轻的敲门声。米勒太太打开门。门口站着一位红发妇女。"你好，"她说，"我是凯里太太，住在隔

壁。"

"进来吧，"米勒太太说，"我和鲍勃都很高兴你来。"

"我来借两个鸡蛋，"凯里太太说，"我想烤个蛋糕。"

"我可以借给你，"米勒太太说，"别着急，请坐一坐，我们喝点咖啡，说会儿话吧。"

那天下午，又有人敲门。米勒太太打开门。门外站着一个满头红发的男孩。

"我叫汤姆·凯里。"他说，"我妈妈送你这个蛋糕，还有这两个鸡蛋。"

"哎呀，谢谢，汤姆。"米勒太太说，"进来吧，和鲍勃认识认识。"

汤姆和鲍勃差不多一样的年龄，不一会儿，他们成为了好朋友。鲍勃说："我很高兴你妈妈需要两个鸡蛋。"汤姆笑了。"她并不是真的需要鸡蛋，"汤姆说，"她只是想跟你妈妈交朋友！"

三军可夺帅也，

匹夫不可

夺志也。

——《论语·子罕》

今知

大军可能丧失主帅，但一个人不能丢失志向。

智慧 〈 真诚的总统 〉

第十六届美国总统亚伯拉罕·林肯出生在一个鞋匠家庭，而当时的美国社会非常看重门第。林肯竞选总统前夕，在参议院演说时，遭到了一个参议员的羞辱。那位参议员说："林肯先生，在你开始演讲之前，我希望你记住你是一个鞋匠的儿子。"

"我非常感谢你使我想起我的父亲，他已经过世了，我一定会永远记住你的忠告，我知道我做总统无法像我父亲做鞋匠做得那么好。"

参议院陷入一阵沉默里，林肯转头对那个傲慢的参议员说："就我所知，我的父亲以前也为你的家人做鞋子，如果你的鞋子不合脚，我可以帮你改正它，虽然我不是伟大的鞋匠，但我从小就跟随父亲学到了做鞋子的技术。"

然后，他又对所有的参议员说："对参议院的任何人都一样，如果你们穿的那双鞋是我父亲做的，而它们需要修理或改善，我一定尽可能帮忙。但是有一件事是可以肯定的，我无法像他那么伟大，他的手艺是无人能比的。"说到这里，林肯流下了眼泪，所有的嘲笑都化成了真诚的掌声。后来，林肯如愿以偿地当上了美国总统。

水至清则无鱼，

人至察则无徒。

——班固《汉书》

今知

水太清了，鱼就无法生存，要求别人太严格了，就没有伙伴。所以我们不要对人或物要求太高。不要用至纯至洁来要求朋友。交友时有些误会，友谊反而更显可贵。人生原本就丰富多彩：好与坏，真与假、美与丑……要学会包容，学会理解，人生才会博大精深。

智慧 〈 完美本是毒 〉

在日本的一家动物园，有位饲养员特别爱干净，对动物也特别有爱心，每天都把小动物住的小屋打扫得干干净净。

结果呢，那些小动物一点也不领他的情，在干净舒适的环境里，动物们开动慢慢萎靡不振了，有的厌食消瘦，有的生病拒食，有的甚至死了。

原因是什么？

后来，通过观察才发现，那些动物都有自己的生活习性，有的喜欢闻混浊的骚气，有的看到自己的粪便反而感到安全等等。

谢尔·西尔弗斯坦在《丢失的那块儿》里讲过这样一个故事：一个圆环被切掉了一块，圆环想使自己重新完整起来，于是就到处去寻找丢失的那块儿。

可是由于它不完整，因此滚得很慢，它欣赏路边的花儿，它与虫儿聊天，它享受阳光。它发现了许多不同的小块儿，可没有

一块适合它。于是它继续寻找着。

终于有一天，圆环找到了非常适合的小块，它高兴极了，将那小块装上，然后就滚了起来，它终于成为完美的圆环了。

它能够滚得很快，以致无暇欣赏花儿或和虫儿聊天。当它发现飞快地滚动使得它的世界再也不像以前那样时，它停住了，把那一小块又放回到路边，缓慢地向前滚去。

人生确有许多不完美之处，每个人都会有各式各样的缺陷。

其实，没有缺憾我们便无法去衡量完美。仔细想想，缺憾其实不也是一种完美吗？

哲人说："完美本是毒。"因为这个世界本来就不是完美的，过去不是、现在不是、将来也不是，它本来就是以缺陷的形式呈现给我们的。

人如果事事追求完美，那无疑是自讨苦吃。

言必信，
行必果。

> 言必信，行必果，硁硁然小人哉！
>
> ——《论语·子路》

今知

信：守信用；果：果断，坚决。这句话告诫我们：一个人要言行一致。说了就要去做，做就要做出结果。只说不做是不讲信用，做一半就放弃是缺乏诚信，这两项都是没有素质的表现。

智慧 ＜ **信誉的保证** ＞

1835年，摩根先生成为一名叫"伊特纳火灾"的小保险公司的股东。因为这家公司不用马上拿现金出来，只需要在股东名册上签上名字就可以成为股东。这符合摩根先生没有现金但能获益的设想。

很快，有一家在伊特纳火灾保险公司投保的客户发生了火灾。如果按照规定完全付清赔偿金，保险公司就会破产。股东们一个个惊惶失措，纷纷要求退股。

摩根先生斟酌再三，认为自己的信用比金钱更重要，他四处筹款并卖掉了自己的住房，低价收购了所有要求退股股东的股票，然后将赔偿金如数地付给了投保的客户。

这件事后，伊特纳保险公司成了信誉的保证。

已经身无分文的摩根先生成为保险公司的所有者，但保险公司已经濒临破产。无奈之中，他打出广告，凡是再到伊特纳火灾保险公司投保的客户，保险金一律加倍收取。不料，客户很快蜂拥而来。原来在许多人的心目中，伊特纳公司是最讲信誉的保险公司，这一点使它比有名的大保险公司更受欢迎。伊特纳火灾保险公司从此崛起。

过而能改，善莫大焉。

人非圣贤孰能无过，过而能改，善莫大焉。

——《左传》

今知

世上没有十全十美的人，谁能不犯点错误呢？每个人都会有犯错误的时候，即使再优秀的人，亦是如此。而一个人最弥足珍贵的品质就是知错能改。这样，方能日益进步，更上一层楼。

智慧　〈 **迟来的道歉** 〉

多年前当约翰逊还是纽约城一家教堂的牧师时，有一次有幸遇到了杰出的音乐家、亚特兰大交响乐团的指挥家罗伯特·肖。他建议以教堂的唱诗班为主组织一个合唱团，他愿意来给当指挥，定让它成名。他的建议触发了约翰逊的灵感，想年轻的教徒们肯定会满怀喜悦地欢迎这个建议。约翰逊想象小合唱团在著名

音乐家指导下定能轰动纽约城，不禁心花怒放。于是当即与肖签订合同并请他放心，约翰逊有能力使合唱团尽早成立。

不幸的是，当他把这个消息在唱诗班公布时，一些人包括几名唱诗班的老成员都不赞成，这些典型的因循守旧者认为合唱团与"神圣的"教堂唱诗班相距甚远。这会让我们丢面子。

他们毫不掩饰地让约翰逊知道，他们反对他的意见。约翰逊拗不过他们，只好编造一些原因对罗伯特·肖说："现在教堂里太忙，过些日子一定把合唱团组织好，那时再请你来。"肖很失望，但他还说能理解约翰逊。当然，约翰逊后来再也不会去请肖。

几乎半个世纪过去了，这件事一直在约翰逊心头厮磨着，使其没有勇气再与罗伯特·肖联系。但是，良知却一直提醒约翰逊：曾经犯过一个错误，至今没有纠正。

一个星期后，在忐忑不安中约翰逊写了一封信给罗伯特·肖，告诉曾撒过的谎，并且向他道歉。这位伟大的音乐家几乎是一收到信就给约翰逊回了一封信，他感谢约翰逊"诚恳、坦率"，并且声称他一样有错，因为他的建议使约翰逊为难，等等等。

从此，约翰逊心头的一块重石落地，原来即使是这么多年后，一句道歉也不嫌太晚。

得道多助，失道寡助。

> 得道者多助，失道者寡助。寡助之至，亲戚畔之；多助之至，天下顺之。
>
> ——《孟子·公孙丑下》

今知

　　这句话的意思是合乎正义者就能得到多方面的支持与帮助，违背正义的就会陷入孤立无援的境地。帮助的人少到极点时，就连亲戚都会反对他；帮助的人多到极点时，全天下的人都会顺从他。也就是说，你善于帮助别人，爱护朋友，那么大家也都会以同样的态度来帮助呵护你。

智慧 〈 **一杯牛奶** 〉

　　凯利小的时候家里很穷，为了攒够自己上学的学费，就去挨家挨户地借。

　　当凯利来到下一户人家的时候，开门的是一位年轻美丽的女子。

这位女子看到凯利很饥饿的样子，十分同情，就送他一大杯牛奶喝。他慢慢地喝完牛奶，问道："我应该付多少钱？"

年轻女子回答："一分钱也不用付。因为妈妈从小就教导我，要对所有的人都充满关爱，做力所能及的事，并不图回报。"

凯利说："那么，就请接受我由衷的感谢吧。"说完凯利离开了这户人家。

走出门来，他感到自己浑身充满了力量。他是想退学的，但他现在改变了主意。

数年之后，那位年轻美丽的女子得了一种十分罕见的疾病。

如今，那个小凯利已是一位大名鼎鼎的医生了。当看到病历上所写的病人的经历时，他很佩服这位患者，面对难以忍受的痛苦，常人早就放弃了，而她从未放弃过希望。一个奇怪的念头霎时闪过他的脑际，他马上向病房奔去，来到病房，他一眼就认出在床上躺着的病人就是恩人。

回到办公室，凯利暗暗下了决心："我一定要竭尽所能治好恩人的病！"

从那天起，他就特别关照这个病人。经过努力，手术成功了。但却花去了巨额的医疗费用，他毅然在高额的医药费通知单上面签下了自己的名字。

当医药费通知单送到这位特殊的病人手中时，她不敢看，因为她确信治病的费用将会花去她的全部家当。最后，她还是鼓起勇气，翻开了医药费通知单，旁边写着一行小字："医药费是一杯牛奶。"

君子坦荡荡，
小人长戚戚。

子曰："君子坦荡荡，小人长戚戚。"

——《论语·述而》

今知

　　孔子认为：作为君子，应当有宽广的胸怀，可以容忍别人，容纳各种事情，不计个人利害得失。心胸狭窄，与人为难、与己为难，时常忧愁，局促不安，就不可能成为君子。

　　同学们，你长大了要做光明磊落，不忧不惧，心胸宽广坦荡的君子呢？还是患得患失，忙于算计，又经常陷于忧惧之中的人呢？我想答案不言自明吧！

智慧 《从文第一次上课》

　　1928年沈从文时年26岁，学历只是小学文化，闯入十里洋场时间不长，即以一手灵气飘逸的散文而震惊文坛。被当时中国公学的校长胡适聘为该校讲师。

第一次登台授课的日子终于来临了。沈从文既兴奋，又紧张。当时，沈从文在文坛上已初露头角，在社会上也已小有名气。因此，来听课的学生极多。今天又是第一堂课，还有一些并不听课，只是慕名而来，以求一睹尊容的学生，所以教室里早已挤得满满的了。

他站在讲台上，抬眼望去，只见黑压压一片人头，心里陡然一惊，那期待的目光，正以自己为焦点汇聚，形成一股强大而灼热的力量，将他要说的第一句话堵在嗓子眼里。同时，脑子里

"嗡"的一声炸裂，原先想好的话语一下子都飞进开去，留下的只是一片空白。上课前，他自以为成竹在胸，既未带教案，也没带任何教材。这样一来，他感到仿佛浮游在虚空中，失去了任何可供攀援的依凭。

一分钟过去了，他未能发出声来；五分钟过去了，他仍然不知从何说起。众目睽睽之下，他竟呆呆地站了近十分钟！后来终于开始讲课了，而原先准备好的要讲授一个课时的内容，10分钟就讲完了，离下课时间还早呢！他没有天南海北地瞎侃，而是老老实实拿起粉笔在黑板上写道：

"今天是我第一次上课，人很多，我害怕了。"

这一举动引得全堂爆发出一阵善意的欢笑。胡适评价这次讲课时，对沈从文的坦率，表示欣赏。能够坦然地面对失败，体现出一种大家风范。

富贵不能淫，
贫贱不能移，
威武不能屈。
——《孟子·滕文公下》

今知

　　富贵不能使我放纵享乐，贫贱不能使我改变志向，威武不能使我卑躬屈膝。我们每个人都有自己的骨气，决不向任何困难低头，要做到折不弯、顶得住、吓不倒，这才是大英雄气概。

智慧　〈 **汽车属于谁** 〉

　　在第二次世界大战前，有这样一个家庭，父亲是个普通的职员，整天在一个犹如"囚笼"般的办公室里工作，并且还要把一半的工资用来接济比他们更穷的亲戚。

　　母亲常常安慰家里人说，"一个人有骨气，就等于有了一大笔财富；在生活中怀着一线希望，就等于有了一大笔的精神财富。"

有一天，他们买彩票中了奖，奖品是一辆崭新的汽车。父亲开着车缓缓驶过拥挤的人群，但却并不高兴。

儿子不解，于是跑去问母亲，母亲却似乎非常理解父亲，安慰他说："你父亲正在思考一个道德问题，我们等着他找到适当的答案。"

"难道我们因为中彩而得到汽车是不道德的吗？"儿子迷惑不解的问。

"汽车根本不属于我们，这就是问题的关键。"母亲回答说。

儿子歇斯底里地大叫："汽车怎么可能会不属于我们呢？都已经宣布我们中彩了。"

"过来，孩子。你看到两张彩票有什么不同吗？"母亲问。

原来这辆汽车归爸爸公司的老板吉米，当初是他让爸爸代替自己买了一张彩票。

"汽车应该归爸爸，"儿子激动地说。儿子的理由很简单：吉米是个百万富翁，拥有十几辆汽车，他不会计较这辆车。

第二天，爸爸给吉米打电话，把这辆汽车还给了吉米。

儿子直到成年之后，才有了一辆汽车，随着时间的流逝，母亲的那句话"一个人有骨气，就等于有了一大笔财富"一直烙印在他心头。

回顾以往的岁月，儿子终于明白，父亲打电话的时候，是他们家最富的时刻。

大道之行也，
天下为公。
——《礼记》

今知

在大道施行的时候，所有一切是人们所共有的。大家万物同享，没有自私自利。因为分享，人与人之间的隔阂渐渐消失；因为分享，他们收获了双倍的幸福。让我们懂得分享，让我们试着分享！

智慧 《谁是真正的钓鱼高手》

两个钓鱼高手相约到鱼塘垂钓，他们均是垂钓的高手，隔不了多久的工夫，皆大有收获。

这时，鱼塘边上来了十多名游客，他们看到这两位高手轻轻松松就把鱼钓上来了，不免感到几分羡慕，于是都到附近去买了一些钓竿来试试自己的运气如何。没想到，不擅此道的游客，钓了半天仍是一无所获。

那两位钓鱼高手，其中一人孤僻、不爱搭理别人，单享独钓之乐；而另一位高手，却是个热心、豪放、爱交朋友的人。

爱交朋友的这位高手，看到游客钓不到鱼，就说："这样吧！我来教你们钓鱼，如果你们学会了我传授的诀窍而钓到鱼时，每十尾就分给我一尾，不满十尾就不必给我。"双方一拍即合，欣然同意。教完这一群人，他又到另一群人中，同样也传授钓鱼术，依然要求每钓十尾回馈给他一尾。

一天来，这位热心助人的钓鱼高手，把所有时间都用于指导垂钓者，获得的竟是满满一大箩鱼，还认识了一大群新朋友。而同来的另一位钓鱼高手，却没享受到这种服务于人的乐趣。闷钓一整天，检视竹篓里的鱼，收获也远没有同伴的多。

绳锯木断，水滴石穿。

泰山之溜穿石，单极之绠断干。水非石之钻，索非木之锯，渐靡使之然也。

——《汉书·枚乘传》

今知

用绳当锯子，也能把木头锯断；水不住往下滴，时间长了能把石头滴穿。比喻力量虽小，只要坚持不懈，细微之力也能做出大事。

智慧 〈 **2500封求职信** 〉

四十多岁的米·乔伊遭遇公司裁员，失去了工作，从此一家六口人的生活全靠他一人外出打零工挣钱维持。经常是吃了上顿没下顿，有时一天连一顿饱饭也吃不上。

为了找到工作，米·乔伊一边外出打工，一边到处求职，但所到之处都以年龄大或者单位没有空缺为借口将他拒之门外。然而，米·乔伊并不因此而灰心，他看中了离家不远的一家建筑公司，于是便给公司老板寄去第一封求职信。信中他并没有提出自己的要求，也没有吹嘘自己多么有能力，只简单地写了这样的一句话："请给我一份工作。"

这位底特律建筑公司的老板约翰收到求职信后，让手下人回信告诉米·乔伊，公司没有空缺。但米·乔伊仍不死心，又给公司老板写了第二封求职信。这次他还是没有吹嘘自己，只是在第一封信的基础上多加了一个"请"字。此后，米·乔伊一天给公司写两封求职信，每封信都不谈自己的具体情况，只是在信的开头比前一封信多加一个"请"字。

三年间，米·乔伊一共写了2500封信，即在2500个"请"字后是"给我一份工作"。

见到第2500封求职信时，公司老板约翰再也沉不住气了，他亲自给米·乔伊回信："请即刻来公司面试。"面试时，约翰告诉米·乔伊，公司里最适合他的工作是处理邮件，因为他"最有写信的耐心"。

当地电视台的一位记者获知此事后，专程登门对米·乔伊进行采访，问他为什么每封信都只比上一封信多增加一个"请"字时，米·乔伊平静地回答："这很正常，因为我没有打字机，只想他们知道这些信没有一封是复制的。"而老板约翰不无幽默地说："当你看到一封信上有2500个'请'字时，你能不受感动吗？"

以其人之道，
还治其人之身。

故君子之治人也，即以其人之道，还治其人之身。

——朱熹《中庸集注》

今知

面对别有用心的人故意发难，我们如果一味忍让，只能让他们更猖狂。这时候我们不妨站出来，以他的方法来对付他，给他点颜色看看，让他无话可说。

智慧 〉 狐狸和鹤 〈

狐狸跟鹤交上了好朋友。

有一次，狐狸突然想要请鹤吃饭。

"鹤，亲爱的，来吧，一定得来！真的，我要请你吃顿饭！"

鹤去赴宴。

狐狸已经煮好碎麦米饭，把饭平抹在盘子上。她端上盘子，请鹤吃："吃吧，亲爱的鹤！"

鹤用嘴笃笃地敲着盘子，敲啊敲，什么也没有吃着。而狐狸舔舔自己身子，又舔舔饭粒，就这样她把饭全都吃掉了。

她把饭吃光以后，说："鹤，请别见怪！没有别的东西可以招待啦。"

鹤回答说："狐狸。为此我该谢谢你啦！请到我家里做客吧。"

第二天，狐狸来到鹤的家里，鹤已经把冷杂拌汤做好，他

把汤倒入颈部细长的罐里，然后把罐放到桌上说："狐狸，请吃吧！说实话，没有别的东西可以请你。"

狐狸开始围着罐打转转。她一会儿绕着罐走，一会儿舔舔罐，一会儿又闻闻罐，总之，任凭她怎样做，她也没法使她的脑袋钻到罐里去。而鹤啄啄自己身子，又啄汤喝，直到把汤全部喝光为止。

"狐狸，请别见怪！没有别的东西可以招待啦。"

狐狸懊丧极了。她原来想，吃上它整整一个星期，然后跑回家里，可现在只得灰溜溜地走了。这真是以其人之道，还治其人之身。

从那以后，狐狸和鹤的友谊就告吹了。

听其言而观其行。

今吾于人也，听其言而观其行。

——《论语·公冶长》

今知

听了他的话，还要看他的行动。指不要只听言论，还要看实际行动。我们评价一个人的时候不仅要听其言论，还要看其行动，看其言行是否一致。

智慧 〈 **多看一眼** 〉

一位作家打算写本书，为了在书中加进点"地方色彩"，就利用假期出去采风。他打算去那些穷困潦倒、懒懒散散混日子的人们当中找一个主人公。

有一天他找到了这么个地方，那儿到处都是破落荒凉的庄园，男人一个个衣衫褴褛，而女人则多半面容憔悴，他想象中的那种懒惰混日子的味道找到了——一个满脸乱胡须的老人，穿着一件灰褐色的工作服，坐在一把椅子上为一小块马铃薯地锄草，在他的身后是一间没有油漆的小木棚。作家找到了灵感转身回家，恨不得立刻就坐在打字机前。而当他绕过木棚在泥泞的路上拐弯时，朝老人望了一眼，他突然停住了脚步。

原来，从这一边看过去，老人的椅边靠着一副残疾人用的拐杖，有一条裤腿空荡荡地直垂到地面上。顿时，那位刚才作家还认为是好吃懒做混日子的人物，一下变成为一个身残志坚的英雄形象了。

"从那以后，我再也不敢对一个只见过一面或聊上几句的人，轻易下判断和做结论了。感谢上帝让我回头又看了一眼。"这位作家说。

趣味哲理

道亦道，非常道

你喜欢枯燥单调的长篇大论吗？不喜欢！你喜欢言简意赅，却有耐人寻味，给人启迪的哲理名言吗？喜欢！是的，相信大部分同学面对这两者都会这样选择。在本篇，我们就把最有意思、闪烁着哲理之光的至理名言展现给大家，也许你一时还不太明白它们的意思，也许你明白了但不够深刻，那就再揣摩一下后面的故事。你会发现，这里的每个字、每一句话都不同凡响，都足以作为我们人生旅途的风向标。

Ultraman

淘乐斯变身公仔

生于忧患，死于安乐。

人恒过，然后能改；困于心，衡于虑，而后作；征于色，发于声，而后喻。入则无法家拂士，出则无敌国外患者，国恒亡。然后知生于忧患而死于安乐也。

——《孟子·告子下》

今知

忧患使人生存，安逸享乐却足以使人败亡。因此有句俗语叫"穷人的孩子早当家。"现在社会条件好了，父母能提供给孩子的物质条件越来越优越，但孩子们在享受这些的同时，不要忘了明天，要有忧患意识，将来有一天父母老了，一切都还是要靠你自己。

智慧 《 **童年高尔基** 》

高尔基小时候吃过很多苦，他说过："假如有人向我提议说：'你去读书吧！不过每到星期天，为了你去读书，我们要用棍棒打你一顿！'我想我接受的。"

高尔基曾到一个绘图师家里当仆人，从早到晚又忙又累。他向裁缝太太和穷苦人借来一些书籍，但只能在一天的沉重劳动之后深夜苦读。

有一次，高尔基因看书入了迷，不慎把茶炊烧熔了。那老主妇知道了，恶狠狠地用一根刺棒将高尔基毒打了一顿。

在医院里，医生从他背上钳出了四十多枚刺。这种残忍的行为把医生也激怒了，医生说这是私刑，叫高尔基去法院控告。高尔基却说，控告不控告倒无所谓，我唯一的要求就是允许我读书就行了。

后来，高尔基又转到一家面包厂工作。他一边揉面团，一边

114

读书。

有一次，厂主突然闯进来，一眼就看见高尔基正在看书。厂主一把将书抢过来要抛进火炉中去，高尔基急得一下跳了起来，他猛然抓住厂主的胳膊，愤怒地喊着："你敢烧掉那本书？！"厂主被盛怒的高尔基震慑了，只好把书还给了他。

高尔基几经辗转，又到了一个卖廉价货物的小铺子里做生意。他住在阁楼上面，深夜可以读书。

一天夜里，小铺子着了火，高尔基跑去抢救装书的小箱子，差一点被烧死在火里。

正是在这样艰难困苦的条件下，高尔基阅读了大量的书籍，获得了文学、哲学和自然科学等方面的广博知识，激发了他的聪明才智，为他后来的文学创作打下了坚实的基础。

管中窥豹，时见一斑。

"此郎亦管中窥豹，时见一斑。"

——刘义庆《世说新语》

今知

　　从个管的小孔里看豹，只看到豹身上的一块斑纹。这句话用来比喻我们只看到事物的一小部分，认识就不可能全面。生活中的许多事情我们都不能仅仅看到表面，要通过联系、比较、分析、判断来把握好它们的实质。因为只有这样，你的理解才会理性而深刻。

智慧　养鸡人与传教士

　　有位养鸡场的主人，向来讨厌传教士，因为他觉得大多数传教士口上讲一套，实际做的又是另一套。为了"替天行道"养鸡场的主人有事没事，专喜欢信口散布传教士的坏话。

　　一天，有两个传教士上门，说要买两只鸡。

　　生意上门，主人强忍着心头的不快，让其去挑选。这两个传教士在偌大的养鸡场中挑了半天，却挑中了一只毛掉得差不多、丑陋至极的跛脚公鸡。

主人有点奇怪，问他们为什么不挑最好的。

传教士回答说："我们想把这只鸡买回去养在修道院里，告诉大家这是你的养鸡场里养出来的鸡，为你做些宣传。"

主人一听急了，连忙说："不行，不行，你们看这养鸡场里，哪一只不是漂漂亮亮、肥肥胖胖的，你们拿这只鸡去当代表，让大家以为我养的鸡全是这样，对我实在太不公平了。"

另一位传教士笑嘻嘻地说："对呀！少数几个传教士行为不检点，你却以他们为代表，这对我们来说，也同样太不公平了吧！"

养鸡场主人这才明白过来。

塞翁失马，焉知非福。

其父曰："此何遽不为福乎？"居数月，其马将胡骏马而归。人皆贺之。……故福之为祸，祸之为福，化不可极，深不可测也。

——《淮南子·人间训》

今知

靠近边塞的老人无意中丢失了马，这难道不是好事儿吗？比喻一时虽然受到损失，也许反而因此能得到好处。也指坏事在一定条件下可变为好事。告诉我们：只要一直保持乐观向上的好心态，不好的一面，是有可能向好的一面进行转化。比如这次你成绩考得不好，只要你吸取教训，加倍努力，就能学到更多的知识。

智慧　放弃是一种获得

从前，一个想发财的人得到了一张藏宝图，上面标明了在密林深处的一连串宝藏。他经过千辛万苦终于找到了第一个宝藏，满屋的金币熠熠夺目。他急忙掏出袋子，把所有的金币装进了口袋。离开这一宝藏时，他看到了门上的一行字：

"知足常乐，适可而止。"

他笑了笑，心想，有谁会丢下这闪光的金币呢？于是，他没留下一枚金币，扛着大袋子来到了第二个宝藏，出现在眼前的是成堆的金条。他见状，兴奋得不得了，依旧把所有的金条放进了袋子，当他拿起最后一条时，上面刻着："放弃了下一个屋子中的宝物，你会得到更宝贵的东西。"

他看了这一行字后，更迫不及待地走进了第三个宝藏，里面有一块磐石般大小的钻石。

他发红的眼睛中泛着亮光，贪婪的双手抬起了这块钻石，放入了袋子中。

他发现，这块钻石下面有一扇小门，心想，下面一定有更多的东西。

于是，他毫不迟疑地打开门，跳了下去，谁知，等着他的不是金银财宝，而是一片流沙。

他在流沙中不停地挣扎着，可是越挣扎他陷得越深，最终与金币、金条和钻石一起长埋在了流沙下。

如果这个人能在看了警示后能主动放弃，那么他就会平安地返回，成为一个真正的富翁了。

失去，也是另一种形式的获得。失去了鲜花，获得了果实；失去了果实，获得了种子；失去了种子，获得了幼苗，也获得了一个生机勃勃的春天。

夫尺有所短，寸有所长，物有所不足。智有所不明，数有所不逮，神有所不通。

——屈原《卜居》

尺有所短，寸有所长。

今知

尺虽比寸长，但和更长的东西相比，就显得短，寸虽比尺短，但和更短的东西相比，就显得长；事物总有它的不足之处，智者也有不明智的时候。人或事物各有长处和短处，不应求全责备，而应扬长避短。

智慧 《 "矮子"罗慕洛 》

曾长期担任菲律宾外长的罗慕洛身高只有163厘米，他也曾为自己个子低矮而难过。他甚至穿过高跟鞋，但这种方式只能令他心里不舒服。他感到那是在掩耳盗铃，于是便把高跟鞋彻底扔掉。

1935年，罗慕洛应邀到圣母大学接受荣誉学位，并且发表演讲。同一天，高大的罗斯福也是演讲人之一。事后，罗斯福含笑对罗慕洛说："你抢了美国总统的风头"。

1945年，联合国创立会议在旧金山举行。罗慕洛以无足轻重的菲律宾代表团团长身份，应邀发表演说。讲台几乎和他同样高。等大家都安静下来，罗慕洛庄严地说："我们就把这个会场当做最后的战场吧。"这时，全场陷入了静默，接着爆发出一阵热烈的掌声。

最后，他以"维护尊严、言辞和思想比枪炮更有力量……唯一牢不可破的防线是互助互谅的防线"结束了这次演讲。全场掌

声久久不息。

　　事后，他分析："如果是高个子讲这些话，听众可能礼貌地鼓一下掌，但菲律宾那时离独立还有一年，自己又是矮子，由我来说，就会收到意想不到的效果。"

　　就从那时起，小小的菲律宾国家就开始在联合国中被各国当做很有资格的国家了。也正是从那时起，罗慕洛认识到了矮个子比高个子更有着某方面的天赋。

　　无论你存在哪种缺陷，无论你是否完美，请不要看不上自己。记住：尺有所短，寸有所长。

仁者见之
谓之仁，
知者见之
谓之知。

——《周易·系辞上》

今知

　　比喻对同一个问题，不同的人从不同的立场或角度有不同的看法。世上没有两片完全相同的树叶，所以也不需要刻求朋友看待事物的观点与你保持一致。有些事本没有是非对错，最聪明的人会尊重大家的意见，同时坚持独有的观点。

智慧 〈 **谁是谁非** 〉

　　在一面光滑的墙壁上，一只蚂蚁在艰难地往上爬。爬到一大半，忽然滚落下来，这是它第七次失败。然而过了一会儿，它又沿着墙角，一步步往上爬了……

　　第一个人注视着这只蚂蚁，禁不住说："一只小小的蚂蚁，这样执著顽强，真是百折不挠啊！

我现在遭到一点挫折，能气馁退缩吗？"他觉得自己应该振奋起来，来勇敢地面对他在生活中的那些困难。

第二个人注视着这只蚂蚁，也禁不住说："可怜的蚂蚁，只要稍微改变一下方位，它就能很容易爬上去；可是，它就是不肯看一看，想一想……唉，可悲的蚂蚁！

我正在做的那件事，一再地失利，我该学得聪明一点，不能再蛮干一气了——我是个人，是个有头脑的人。"

果然，他变得理智了，他果断地放弃了原先错误的决定，走上了新的道路。

第三个人也一直观察着这只蚂蚁，他听到这两个人的话，就去问智者："观察同一只蚂蚁，为什么他们两人的见解和判断会截然相反；他们得到的启示迥然而异。

可敬的智者，请您说说在他们中间，哪一个对，哪一个错呢？"智者回答："两个都对。"

问者感到更困惑了："怎么可以都对呢？对蚂蚁的行为，一个是褒扬，一个是贬抑，对立是如此的鲜明，您是不愿还是不敢分辨是非呢？"

智者笑了笑，回答："太阳在白天放射光明，月亮在夜晚投洒光辉，它们是'相反'的，你能不能告诉我，太阳和月亮究竟谁是谁非？"

从不同的角度看问题，当然就会产生不同的想法。

差之毫厘，谬以千里。

《易》曰：君子慎始，差若毫厘，谬以千里。

——《礼记·经解》

今知

开始稍微差一点，结果会造成很大的错误。在我们的学习生活中很容易出现这种情况，如考试时因为一点点过错，导致失分。世上没有后悔药，我们只能在平时养成细心的好习惯，才不会造成后悔莫及的情况。

智慧 《一枚铁钉与一个国家》

国王查理三世准备拼死一战了。战斗进行的当天早上，理查派了一个马夫去备好自己最喜欢的战马。

"快点给它钉掌，"马夫对铁匠说，"国王希望骑着它打头阵。"

"你得等等，"铁匠回答，"我前几天给国王全军的马都钉了掌，现在我得找点儿铁片来。"

"我等不及了。"马夫不耐烦地叫道，"国王的敌人正在推进，我们必须在战场上迎击敌兵，有什么你就用什么吧。"

铁匠埋头干活。钉了三个掌后，他发现没有钉子来钉第四个掌了。

"我需要一两个钉子，"他说，"得需要点儿时间砸出两个。"

"我告诉过你我等不及了，"马夫急切地说，"我听见军号了，你能不能凑合？"

"我能把马掌钉上，但是不能像其他几个那么牢实。"

"好吧，就这样，"马夫叫道，"快点，要不然国王会怪罪到咱们俩头上的。"

两军交上了锋，理查国王冲锋陷阵。他还没走到一半，一只马掌掉了，战马跌翻在地，理查也被掀在地上。

查理国王还没有再抓住缰绳，惊恐的畜牧就跳起来逃走了。理查环顾四周，他的士兵们纷纷转身撤退，敌人的军队包围了上来。

他在空中挥舞宝剑，"马！"他喊道，"一匹马，我的国家倾覆就因为这一匹马。"

他没有马骑了，他的军队已经分崩离析，士兵们自顾不暇。不一会儿，敌军俘获了理查，战斗结束了。

居安思危，有备无患。

——《左传》

生活安宁时要考虑危险的到来，考虑到了这一点就要为危险而做准备，事先有了准备，等到事发时就不会造成悲剧了。无论在什么时候，无论是什么人，都应该保持一定的危机意识，对周围环境的变化保持清醒察觉。只有做到未雨绸缪、居安思危，才能在真正危机到来时，临危不乱、迎刃而解。

智慧 磨牙的野狼

森林里一片祥和的气氛。鸟儿在飞，鱼儿自由自在地游泳，连勤奋的猎人和猎狗因为过节的缘故而窝在家里庆祝。动物们大都洋洋自得，享受这难得的安宁和静谧。

动物们决定娱乐一下，庆祝这难得的清闲，狐狸自告奋勇，担任组织工作，召集人手准备庆祝的晚会。

一只野狼卧在草上勤奋地磨牙，狐狸看到了，就对它说：天气这么好，大家在休息娱乐，你也加入我们队伍中吧！野狼没有说话，继续磨牙，把它的牙齿磨得又尖又利。狐狸奇怪地问道：森林这么静，猎人和猎狗已经回家了，老虎也不在近处徘徊，又没有任何危险，你何必那么用劲磨牙呢？野狼停下来回答说：我磨牙并不是为了娱乐，你想想，如果有一天我被猎人或老虎追逐，到那时，我想磨牙也来不及了，而平时我就把牙磨好，到那时就可以保护自己了。

　　做事应该未雨绸缪，居安思危。这样在危险突然降临时，才不至于手忙脚乱。

天将降大任于是人也，

必先苦其心志，

劳其筋骨，

饿其体肤，

空乏其身，

行拂乱其所为。

——《孟子》

今知

上天将要把重大的任务交给这个人，必然会让他经历一系列的苦难。但大家一定要懂得：苦难是财富，是上苍给予我们的最好的礼物。这"财富"，并非人人都乐意接受，也并非人人都能珍惜。没有经过苦难的人，感悟不出生命的厚重，当人生将要谢幕时，也许他们才会明白没有经历过苦难的人生原来是如此的苍白。

智慧 《坚持不懈的史泰龙》

有一位穷困潦倒的年轻人，身上全部的钱加起来也不够买一件像样的西服。但他仍全心全意地坚持着自己心中的梦想，他想做演员，当电影明星。好莱坞当时共有500家电影公司，他根据自己仔细划定的路线与排列好的名单顺序，带着为自己量身定做的剧本前去拜访。但第一遍拜访下来，所有的500家电影公司没有一家愿意聘用他。

面对无情的拒绝，他没有灰心，从最后一家被拒绝的电影公司出来之后不久，他就又从第一家开始了他的第二轮拜访与自我推荐。第二轮拜访也以失败而告终。第三轮的拜访结果仍与第二轮相同。但这位年轻人没有放弃，不久后又咬牙开始了他的第四轮拜访。

当拜访第350家电影公司时，这里的老板竟答应让他留下剧本先看一看。他欣喜若狂。几天后，他获得通知，请他前去详细商谈。就在这次商谈中，这家公司决定投资开拍这部电影，并请他担任自己所写剧本中的男主角。

不久这部电影问世了，名叫《洛奇》。这是好莱坞动作巨星史泰龙的传奇经历。

天时不如地利，地利不如人和。

——《孟子·公孙丑下》

今知

有利于作战的天气和时令不如有利于作战的地理条件，有利于作战的地理条件不如作战中的人心所向、内部团结。团结就是力量。我们应该依靠众人的强大力量，发挥大家的聪明才智，一定能渡过难关，获得成功。

智慧 ⟨ **记住五万个名字** ⟩

美国邮电部部长、国家民主委员会主席吉姆·法利没有上过中学，可是他却取得了如此高的成就。他曾经坦言：他之所以能获得成功，就在于他能记住五万人的姓名。数字很夸张，却是真实的。

在吉姆·法利担任石膏康采恩董事长和公司的秘书时，他给自己规定必须记住与之打交道的每一个人的名字。非常简单，无论跟谁认识，他都要弄清这人的全名，询问有关他家庭、职业和他的政治观点。法利把所有这些情况都装在脑子里；当下次再遇到这个人时，哪怕过了一年，他也能拍着这个人的肩膀，问他家庭和孩子的情况。因此，他能取得辉煌的成绩，就一点也不奇怪了。

他帮助罗斯福参加竞选，竞选前几个月，吉姆·法利一天内写几百封信发往西部和西北各州。他又在20天时间里，到过20个州，乘马车、搭火车和汽车，一共走了两千英里。他不断地会见选民，同他们促膝谈心。

吉姆·法利早就确信，每一个人都特别对自己的名字感兴趣，其感兴趣的程度胜过对世上所有人名字的总和。如果你能记住选民的名字，这就意味着你能成为国务活动家；忘记选民的名字，这就意味着你将成为被遗忘的人。

千里之堤，溃于蚁穴。

——《韩非子·喻老》

今知

比喻小事不注意会酿成大祸或造成严重的损失。小事儿，容易被人们所忽视，但它的作用是不可估量。什么是不简单？把每一件简单的小事做好就是不简单；什么是遗憾终生？就是在细小的人生转弯处错失良机。

智慧 〈〈 **小事不小** 〉〉

小王去一家公司应聘营销经理的职位，年薪8万。它一路闯关，从99位应聘者中杀出，终获总裁召见。

那一天，小王飘飘然地走进总裁办公室。总裁不在，只有一位年轻漂亮的女秘书洋溢着一脸职业性的微笑，对它说："先生，您好，总裁不在，总裁让您给他打个电话。"

小王掏出手机，拨了一串号码。但就在这时，它看见办公桌上有两部电话，就问那小姐："我可以用用吗？"

"可以。"女秘书依然微笑着。

小王拿起电话，终于跟总裁联系上了。总裁在那端兴奋地说："小王啊，我看了你的简历，打听了你的答辩情况，的确很优秀，欢迎你加盟本公司。"

小王高兴得心花怒放，第一个反应就是要将这个好消息与他的女友分享。半个月前，女友出差去了国外。小王刚拨了手机，却又迟疑了：这可是国际长途啊！这时，它又看了看那两部电话，忽然想到：我都快是公司的人了，他们是大公司，不会在乎

一点儿电话费吧？于是它便拿起电话："喂，米妮吗？告诉你一个好消息，总裁已经……"

恰在这时，另一部电话响起。

"先生，您的电话。"女秘书送了它一个诡秘的笑。

"对不起，先生，刚才我的话宣布作废。通过DVP监控，你没能闯过最后一关，实在抱歉……"总裁在电话里温和地对它说。

"为什么？"小王呆呆地问。

女秘书惋惜地摇摇头，叹道："唉，许多人和您一样，都忽略了一个微小的细节。在没有成为公司正式员工之前，明明身上有手机，干吗不用手机呢？

临渊羡鱼，不如退而结网。

故汉得天下以来，常欲治而至今不可善治者，失之于当更化而不更化也。古人有言曰："临渊羡鱼，不如退而结网。"

——《史记·汉书·董仲舒传》

今知

与其空空羡慕，不如动手去干。想法并不是成就人生的决定因素，行动才是。

智慧 改变环境，唯有行动

有一个人极不满意自己的工作。一次，他忿忿地对朋友说："我的上司一点也不把我放在眼里，改日我要对他拍桌子，然后辞职不干！""你对那家贸易公司完全弄清楚了吗？对于他们做国际贸易的窍门完全搞通了吗？"朋友反问道。"没有！"朋友接着说道："古人说'君子报仇十年不晚'。我建议你还是好好地把他们的一切贸易技巧、商业文书和公司组织完全搞通，甚至连怎样修理影印机的小故障都学会，然后辞职不干。"

那人觉得朋友的"建议"有道理，就决定把公司当做免费学习的场所，等所有的东西都学懂弄通了之后，再一走了之，为此不是既出了气，又有许多收获吗？自此，他默记偷学，甚至下班之后，还留在办公室里研习写商业文书的方法。一晃一年过去，一天，那人和朋友又见面了。朋友问："你现在大概把公司的一切都学会了，可以准备拍桌子不干了吧？"然而，那人却红着脸说："可是我发现近半年来，老板对我刮目相看，最近更总是委以重任，又升官，又加薪，我已经成为公司的红人了！"

行百里者半九十。

诗云："行百里者半九十。"此言末路之难也。

——刘向《战国策》

今知

　　走一百里路，走了九十里才算是一半。比喻做事愈接近成功愈困难，愈要认真对待。常用于以勉励人做事要善始善终。许多人做事事往往在一开始时，凭一股冲力做了一阵，然后就渐渐觉得厌倦，再遭遇一点困难和外力的干扰，就会兴趣减弱，信心消失，最后结果可能是不了了之。所以做事要有始有终，说来容易，做起来真的需要坚定意志。

● ● ● ● ● ● ● ● ● ● ● ● ● ● ● ● ● ●

智慧 〈 **自己冲的甜咖啡** 〉

　　一位年轻人毕业后被分配到一个海上油田钻井队。

　　在海上工作的第一天，带班的班长要求他在限定的时间内登上几十米高的钻井架，把一个包装好的漂亮盒子送到最顶层的主管手里。

他拿着盒子快步登上了高高的狭窄的舷梯，气喘吁吁、满头是汗地登上顶层，把盒子交给主管。主管却只在上面签下自己的名字，就让他送回去。

他又快跑下舷梯，把盒子交给班长，班长也同样在上面签下自己的名字，让他再送给主管。

他看了看班长，犹豫一下，又转身登上舷梯。当他第二次登上顶层把盒子交给主管时，浑身是汗、两腿发颤。

主管却和上次一样，在盒子上签下自己的名字，让他把盒子再送回去。他擦擦脸上的汗水，转身走向舷梯，把盒子送下来，班长签完字，让他再送上去。

当他上到最顶层时，浑身上下都湿透了，他第三次把盒子递给主管，主管看着他，傲慢地说："把盒子打开。"

他撕开外面的包装纸，打开盒子，里面是两个玻璃杯，一罐咖啡，一罐咖啡伴侣。他愤怒地抬起头，双眼喷着怒火，射向主管。

主管又对他说："把咖啡冲上。"年轻人再也忍不住了，"叭"地一下把盒子扔在地上："我不干了！"

这时，这位傲慢的主管站起身来，直视他说："年轻人，刚才让你做的这些，叫做承受极限训练，因为我们在海上作业，随时会遇到危险，这就要求队员身上一定要有极强的承受能力，承受各种危险的考验，才能完成海上作业任务。可惜，前面三次你都通过了，只差最后一点点，你没有喝到自己冲的甜咖啡。现在，你可以走了。"

人无远虑，必有近忧。

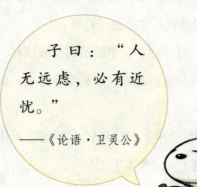

子曰："人无远虑，必有近忧。"

——《论语·卫灵公》

今知

人如果没有长远的谋划，就会有即将到来的忧患。所谓人无远虑必有近忧，这就是因果循环，今日因成他日果，今天不为他日打算，他日成今日时必然有许多忧虑，不容我们不作努力。

智慧 〈 **忙碌的蚂蚁** 〉

秋天一到，勤劳的蚂蚁就忙起来了。它爬到这儿，爬到那儿，到处去找过冬的粮食。蟋蟀看见蚂蚁忙来忙去，便说："蚂蚁弟弟，你怎么那么傻？天气这么好，为啥不玩一玩？成天忙忙碌碌，有什么意思呢？"

蚂蚁说："冬天快到了，我在准备过冬的粮食，你也该早点准备呀！"

蟋蟀想：对蚂蚁这种只懂干活，不会享乐的傻瓜，用不着再多说废话了。于是，它又蹦蹦跳跳地玩去了。

凉爽的时光过去了，严寒的冬天来到了。蚂蚁住在暖和的屋子里，过着有吃有喝的生活。蟋蟀呢，家里没存下一点吃的。

这天，蟋蟀饿得实在太难受了。它勉强走到蚂蚁家里，有气无力地对蚂蚁说："蚂蚁弟弟，借给我一点儿粮食吧！我的日子实在没法过了。"蚂蚁看着蟋蟀的可怜相，心里很同情，但它觉得应当让蟋蟀吸取一点教训，于是说："你现在才知道日子难过了，当初为什么不听我的劝告呢？"蟋蟀羞得说不出一句话来。

海纳百川，
有容乃大。

> 海纳百川，有容乃大。壁立千仞，无欲则刚。
>
> ——林则徐

今知

大海的宽广可以容纳众多河流。比喻人的心胸宽广可以包容一切。包容是一种人生境界。要容人之短，容人之长，容人之过。比天空更宽广的胸怀。

智慧 〈 **把仇恨化作美好** 〉

1994年9月的一天，在意大利境内一条高速公路上，一对美国夫妇带着7岁的儿子尼古拉斯·格林驾车向一个旅游胜地进发。突然，一辆菲亚特轿车超过他们，车窗内伸出几支枪管，一阵射击之后，他们的儿子中弹身亡。

这对夫妇本该痛恨这个国家，因为在这块土地上他们失去了爱子。可是，悲伤过后，他们做出一个令人震惊的决定：把儿子健康的器官捐献给意大利人！在意大利，即使是正常死亡的本国公民自愿捐献器官的也很罕见。于是，一个15岁的少年接受了尼古拉斯的心脏，一个19岁的少女得到了他的肝，一个20岁的妇女换上了他的胃，另两个孩子分别得到了他的两个肾。5个意大利人在这份生命的馈赠中得救了。这件轰动一时的事足以令所有的意大利人汗颜！

1994年10月4日，意大利总统斯卡尔法罗将一枚金奖章授予这对美国夫妇。

其未得之也，
患得之。
既得之，
患失之。
苟患失之，
无所不至矣。

——《论语·阳货》

今知

　　担心得不到，得到了又担心失去。形容对个人得失看得很重。患得患失是人生的精神枷锁，是附在人身上的阴影。我们要铸就辉煌的人生，就必须走出患得患失的阴影。

智慧 〉 **打　赌** 〈

　　有一对清贫的老夫妇，有一天他们想把家中唯一值点钱的一匹马拉到市场上去换点更有用的东西。老头牵着马去赶集了，他先与人换得一头母牛，又用母牛去换了一只羊，再用羊换来一只肥鹅，又把鹅换了母鸡，最后用母鸡换了别人的一大袋烂苹果。

　　在每次交换中，他都想给老伴一个惊喜。

　　当他扛着大袋子来到一家小酒店歇息时，遇上两个英国人。

闲聊中他谈了自己赶集的经过，两个英国人听得哈哈大笑，说他回去准得挨老婆子一顿揍。老头子坚称绝对不会，英国人就用一袋金币打赌，三人于是一起回到老头子家中。

老太婆见老头子回来了，非常高兴，她兴奋地听着老头子讲赶集的经过。每听老头子讲到用一种东西换了另一种东西时，她都给予老头的肯定。

最后听到老头子背回一袋已经开始腐烂的苹果时，她说："我们今晚就可以吃到苹果馅饼了！"

结果，英国人输掉了一袋金币。

山重水复
疑无路，
柳暗花明
又一村。

——陆游

今知

　　山重水叠，曲折往复，远远望去好像已经无路可走；但是走到近前，突然又出现一个美丽的村庄。这句古诗表现了绝境中的希望和转机，给人以安慰和鼓励。只要人们正视现实，面对重重艰难险阻，不退缩，不畏惧，勇于开拓，发奋前进，那么，前方将是一个充满光明与希望的崭新境界。

智慧 〈 **井里面的驴子** 〉

　　有一天，农夫的一头驴子，不小心掉进一口枯井里，农夫绞尽脑汁想办法救出驴子，但几个小时过去了，驴子还在井里痛苦地哀嚎着。最后，这位农夫决定放弃，他想这头驴子年纪大了，不值得大费周章去把它救出来，不过无论如何，这口井还是得填起来。于是农夫便请来左邻右舍帮忙一起将井中的驴子埋了，以免除它的痛苦。农夫的邻居们人手一把铲子，开始将泥土铲进枯井中。

当这头驴子了解到自己的处境时，刚开始哭得很凄惨。但出人意料的是，一会儿之后这头驴子就安静下来了。农夫好奇地探头往井底一看，出现在眼前的景象令他大吃一惊：当铲进井里的泥土落在驴子的背部时，驴子的反应令人称奇——它将泥土抖落在一旁，然后站到铲进的泥土堆上面！就这样，驴子将大家铲倒在它身上的泥土全数抖落在井底，然后再站上去。很快地，这只驴子便得意地上升到井口，然后在众人惊讶的表情中快步地跑开了！

图书在版编目 (CIP) 数据

就是要不学无束. 穿越时空的碰撞 / 田姝主编.
－－ 北京: 团结出版社, 2011.1（2020.6重印）
ISBN 978-7-5126-0286-1

Ⅰ. ①就… Ⅱ. ①田… Ⅲ. ①科学知识—少年读物
Ⅳ. ①Z228.1

中国版本图书馆CIP数据核字 (2010) 第247971号

出　　版：团结出版社（北京市东城区东皇城根南街84号　邮编: 100006）
电　　话：(010) 65228880　65244790
网　　址：www.tjpress.com
E-mail：65244790@163.com
经　　销：全国新华书店
印　　刷：北京朝阳新艺印刷有限公司
绘　　图：黑牛工作室
开　　本：880×1230mm　1/32
印　　张：40
字　　数：400千字
版　　次：2011年1月第1版
印　　次：2020年6月第3次印刷
书　　号：ISBN 978-7-5126-0286-1/Z.78
定　　价：238.00元（全8册）

就 是 要 不 学 无 "束"

被虐待的思维

田姝 ◎ 主编

团结出版社
UNITY PRESS

小朋友，人的一生很漫长，但最关键的只有那么几步，小学阶段正是你成长的重要阶段。作为一个小学生的你，是什么样子的？你是不是喜欢嬉戏玩耍，而害怕受拘束和禁锢？你是不是喜欢自己动手实验，而不喜欢埋首于枯燥的课本当中？你是不是喜欢天马行空的想象，而不喜欢大人给的条条框框？

是的，你一定是这样的孩子。你一定像爱迪生一样爱思考；你一定像达尔文那样充满想象力；或是像司马光那样聪明机智；拥有毕加索那样的艺术天赋……其实，每一个孩子都是天才，只是，在成长的过程中，这些才能没有被激发出来而已。

现在，你一定想知道怎样才能让自己的潜能充分地发挥出来，让我们告诉你，秘诀就是《就是要不学无"束"》。它会帮助你找到分数与未来的平衡点；它会和你一起动手去探索那些生活中的科学小实验；它会用古老的益智游戏和有趣的数学谜题升级你的大脑；它还会带你穿越时空，去和古人交流思想；还有那些别人不知道的百科知识，那一棵棵引人发笑的稻草，那些无拘无束的想象，哦，还有你梦想着的未来……

目录

CHAPTER 3 大师的谜题

CHAPTER 4 聪明人的游戏

CHAPTER 1

时间的魔术

　　心算最突出的特点就是"快"。学罢这一章节的内容，你将认识到你无限的头脑能量，并体会大脑运转如飞的畅快感觉。本章共介绍5招实用性最强的快速心算技巧，用最具代表性的例子让你迅速掌握速算精髓。

Avatar

淘乐斯变身公仔

快速心算第一招
多位数与11相乘

把十以内的数字与11相乘相信大家都能很快地得出答案，比如 $8 \times 11 = 88$，$7 \times 11 = 77$ 等等。那么你能迅速算出 34578×11 吗？你能很快地算出多位数与11相乘的结果吗？

先做以下测试，检验一下你学习绝招前的速度。

学前自测

第一组	用时	正确率	/ 9

① $16 \times 11 =$ ② $27 \times 11 =$ ③ $38 \times 11 =$

④ $45 \times 11 =$ ⑤ $61 \times 11 =$ ⑥ $77 \times 11 =$

⑦ $82 \times 11 =$ ⑧ $87 \times 11 =$ ⑨ $91 \times 11 =$

第二组	用时	正确率	/ 9

① $123 \times 11 =$ ② $227 \times 11 =$ ③ $267 \times 11 =$

④ $1234 \times 11 =$ ⑤ $3564 \times 11 =$ ⑥ $6244 \times 11 =$

⑦ $12345 \times 11 =$ ⑧ $42578 \times 11 =$ ⑨ $83245 \times 11 =$

第一组答案：

①176 ②297 ③418 ④495 ⑤671

⑥847 ⑦902 ⑧957 ⑨1001

第二组答案：

①1353 ②2497 ③2937 ④13574 ⑤39204

⑥68684 ⑦135795 ⑧468358 ⑨915695

现在我们就揭晓多位数与11相乘的招法

快速心算第一招

步骤1 把和11相乘的数的首位和末位数字拆开，中间留出若干空位（乘数为两位数则空一位，乘数为三位数则空两位，乘数为N位数则空N-1位，依此类推）。

步骤2 把这个数各个数位上的数字依次相加。

步骤3 把步骤②求出的和依次填写在上一步留出的空位上。

① 两位数和11相乘

 例题精讲

43 × 11=？

步骤1 把43拆开，4和3之间空出一个空位。

4   3

步骤2 4+3=7

步骤3 把7填写在4和3之间的空位上。

4 7 3

最终答案：4730

原理阐释

　　我们可以用小学所学知识，写一写43×11的竖式，对比后你将发现其中的计算原理。

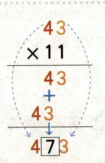

知识巩固

$26 \times 11 = ?$

步骤1 把26拆开，2和6之间空出一个空位。

2   6

步骤2 2+6=8

步骤3 把8填写在2和6之间的空位上。

2 8 6

最终答案：286

95 × 11=?

步骤1 把95拆开，9和5之间空出一个空位。

步骤2 9+5=14

步骤3 把14填写在9和5间的空位上。因为14>10，因此向百位进1。

9 14 5→10 4 5

最终答案：1045

完成下面的计算 ▼

★ 小贴士：填空时可先盖住右侧的答案，待完成题目后再进行核对。

① 17×11=1 ☐ 7

② 36×11= ☐ 9 ☐

③ ☐ ☐ ×11=385

④ 49×11=4 ☐ 9→ ☐ ☐ 9

---

① 1 8 7

② 3 9 6

③ 3 5

小贴士
因为3+5=8，可以断定没有发生进位的情况。

④ 4 13 9→ 5 3 9

⑤ 75×11= ▢ 12 ▢ → 2 ▢

⑥ ▢ ▢ ×11=968

⑤ 7 12 5 → 8 2 5

⑥ 8 8

小贴士

因为9+8=17而不是6，所以乘积百位数字上的9一定是加上了从空位进上来的1后得到的，9-1=8，十位数字的空格里填上8；个位数字不会发生变动，可以推算出被乘数为88

② 多位数和11相乘

此前我们一起学习的"招法一"不光适用于两位数与11相乘，同时也适用于两位以上的多位数与11相乘，且看以下例题。

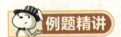 **例题精讲**

123 × 11=?

步骤1 把123拆开，1和3之间空出两个空位。

1 ▢ ▢ 3

步骤2 把123各个数位上的数字依次相加。

1+2=3

2+3=5

步骤3 把3和5依次填写在步骤①留出的两个空位上。

1 3 5 3

最终答案：1353

知识巩固

5296 × 11=?

步骤1 把5296拆开，5和6之间空出三个空位。

5 ▢ ▢ ▢ 6

步骤2 把5296各个数位上的数字依次相加。

5+2=7

2+9=11

9+6=15

步骤3 把7、11、15分别填写在三个空位，哪个数位满10就向左边一位进1。

5 7 11 15 6 → 5 8 2 5 6

最终答案：58256

24971 × 11=?

步骤1 把24971拆开，2和1之间空出四个空位。

2 ▢ ▢ ▢ 1

步骤2 把24971各个数位上的数字依次相加。

2+4=6

4+9=13

9+7=16

7+1=8

步骤3 把6、13、16、8分别填写在四个空位，哪个数位满10就向左边一位进1。

2 6 13 16 8 1 → 2 7 4 6 8 1

最终答案：274981

完成下面的计算 ▼

★ 小贴士：答题时可先盖住右侧的答案，待完成题目后再进行核对。

1 276×11=

　1 2 ▢ ▢ 6

　2 2+7=9　7+6=13

　3 2 9 13 6 → 3 0 3 6

　最终答案：3036

2 792×11=

　1 7 ▢ ▢ 2

　2 7+9=16　9+2=11

3 7 16 11 2 → 8 7 1 2

最终答案：8712

3 6006×11=

1 6 □ □ 6

2 6+0=6　0+0=0　0+6=6

3 6 6 0 6 6

最终答案：66066

4 9748×11=

1 9 □ □ 8

2 9+7=16　7+4=11　4+8=12

3 9 16 11 12 8 → 10 7 2 2 8

最终答案：107228

5 35245×11=

1 3 □ □ □ 5

2 3+5=8　5+2=7　2+4=6　4+5=9

3 3 8 7 6 9 5

最终答案：387695

6 97468×11=

1 9 □ □ □ 8

2 9+7=16　7+4=11　4+6=10

　　6+8=14

3 9 16 11 10 14 8 →

　　10 7 2 1 4 8

最终答案：1072148

快速心算第二招

快速解答95×95

95×95=？你会如何计算这样一个复杂的算式？观察可知乘数与被乘数均为个位数为5的两位数，先做以下题目来测试一下你学习前的速度。

学前自测

自测题　　　用时 _____　　正确率 _____ / 9

① 15×15=　　　② 25×25=　　　③ 35×35=

④ 45×45=　　　⑤ 55×55=　　　⑥ 65×65=

⑦ 75×75=　　　⑧ 85×85=　　　⑨ 95×95=

自测题答案：

① 225　　② 625　　③ 1225　　④ 2025　　⑤ 3025

⑥ 4225　　⑦ 5625　　⑧ 7225　　⑨ 9025

下面让我们来学习第二招

快速心算第二招

步骤1 十位上的数字乘以比它大1的数。

步骤2 在上一步得数后面紧接着写上25。

例题精讲

95 × 95=?

95 × 95= ［9×（9+1）］25=9025

步骤1 十位上的数字9乘以比它大1的数10，得到90。

9×（9+1）=90

步骤2 在90后面写上25。

最终答案：9025

 知识巩固

35 × 35=?

35×35= ［3×（3+1）］25=1225

步骤1　十位上的数字3乘以比它大1的数4，得到12。

步骤2　在12后面写上25。

最终答案：1225

$85 \times 85 = ?$

$85 \times 85 = [8 \times (8+1)] 25 = 7225$

步骤1　十位上的数字8乘以比它大1的数9，得到72。

步骤2　在72后面写上25。

最终答案：7225

完成下面的计算 ▼

1 $15 \times 15 =$ ___ 25

2 $25 \times 25 =$ ___ 25

3 $45 \times 45 = 20$ ___

4 $55 \times 55 =$ ___ 25

5 $65 \times 65 =$ ___

6 $75 \times 75 =$ ___

1 2 25

2 6 25

3 20 25

4 30 25

5 42 25

6 56 25

快速心算第三招

快速解答63×67

63×67=? 似乎没有什么规律可循，但仔细观察可以发现在算式中，两个数字的十位数均相同，两个个位数的和为10。第三招就是针对这样的数字情况进行快速运算的。首先还是请你先做下以下算式。

学前自测

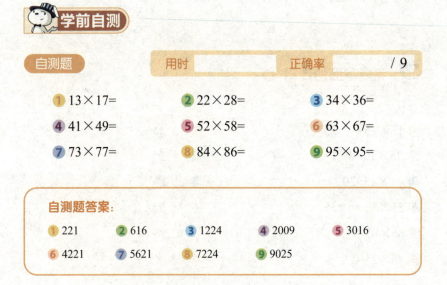

自测题　　用时 ▢　　正确率 ▢ / 9

1 13×17= 　　2 22×28= 　　3 34×36=

4 41×49= 　　5 52×58= 　　6 63×67=

7 73×77= 　　8 84×86= 　　9 95×95=

自测题答案：

1 221　　2 616　　3 1224　　4 2009　　5 3016

6 4221　　7 5621　　8 7224　　9 9025

通过计算你发现什么规律了吗？现在我们就来学习第三招

快速心算第三招

十位数相同，个位数字相加得10的两位数乘法：

步骤1　十位上的数字乘以比它大1的数。

步骤2　个位数相乘。

步骤3　将步骤2得数写在步骤1得数后即可得到答案。

想一想：其实这个法则也适用于三位数相乘，看看下面的运算结果，你是否能发现其中的规律？

$124×126=15624$　　　　$127×123=15621$

$158×152=24016$　　　　$159×151=24009$

$177×173=30621$　　　　$175×175=30625$

$189×181=$［$18×19$］［$9×1$］$=$［342］［09］$=34209$

$192×198=$［$19×20$］［$2×8$］$=$［380］［16］$=38016$

看出规律了吧？用自己的语言把它总结出来吧。

......

例题精讲

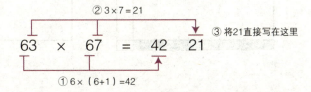

$63 × 67=?$

② $3×7=21$

$63　×　67　=　42　21$

③ 将21直接写在这里

① $6×（6+1）=42$

步骤1 十位上的数字6乘以比它大1的数7。

6×7=42

步骤2 个位数字3、7相乘。

3×7=21

步骤3 将21直接写在42之后。

最终答案：4221

原理阐释

　　你可能对这种算法心存疑惑，其实仔细比对一下第二招你会发现，第二招只是第三招中个位数字为5的一个特例。其实乘法就相当于是求长方形的面积（长方形面积=两边相乘），我们据此用图形法来学习这种算法的原理。

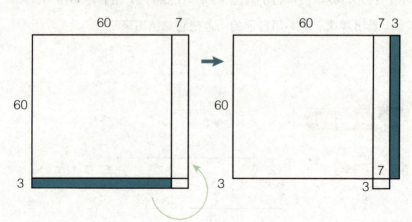

首先画一个长67、宽63的长方形，沿长方形的两边截取一个边长为60的正方形。当我们把从短边截取下来的长方形按箭头指示接到大正方形后时，整个图形变成两部分——长70、宽60的大长方形和长7、宽3的小长方形。计算新图形的面积只需将这一大一小两个长方形的面积相加：

大长方形面积：$60×70=4200$………相当于步骤1

小长方形面积：$3×7=21$…………相当于步骤2

↓

总面积：$4200+21=4221$…………相当于步骤3

这其实就和我们的第三招的计算方法是完全一样的。

知识巩固

$18 × 12=?$

步骤1 十位上的数字1乘以比它大1的数2。

$1×2=2$

步骤2 个位数字8和2相乘。

$2×8=16$

步骤3 将16写在2后得到答案。

最终答案：216

$49 \times 41 = ?$

步骤1 十位上的数字4乘以比它大1的数5。

$4 \times 5 = 20$

步骤2 个位数字9和1相乘。

> **小贴士**
> 如果个位数字成绩小于10，须在乘积前加"0"。

$9 \times 1 = 9$

步骤3 将"09"写在2后得到答案。

最终答案：2009

完成下面的计算 ▽

① $22 \times 28 =$ ▢16

② $31 \times 39 = 12$ ▢

③ $42 \times 48 = 20$ ▢

> **①** 2×3
> ↓
> 6 16
>
> **②** 1×9
> ↓
> 12 09
>
> **③** 2×8
> ↓
> 20 16

④ 57×53= ▨ ▨

⑤ 74×76= ▨ ▨

⑥ 92×98= ▨ ▨

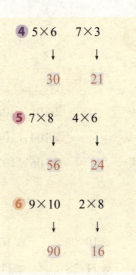

④ 5×6　　7×3
　　↓　　　　↓
　　30　　　21

⑤ 7×8　　4×6
　　↓　　　　↓
　　56　　　24

⑥ 9×10　　2×8
　　↓　　　　↓
　　90　　　16

快速心算第四招

快速解答107×108

　　两个三位数相乘的运算量是很大的，但是有一类特殊的三位数，当它们相乘时我们可以一眼就看出答案，对，就是100到109之间的任意两个数相乘。下面还是先测试一下自己学习算法前的速度与准确率。

学前自测

1 101×109=　　　　**2** 101×108=　　　　**3** 102×107=

4 103×108=　　　　**5** 104×104=　　　　**6** 104×107=

7 105×109=　　　　**8** 106×107=　　　　**9** 109×108=

自测题答案:

1 11009　　　**2** 10908　　　**3** 10914　　　**4** 11124

5 10816　　　**6** 11128　　　**7** 11445　　　**8** 11342

9 11772

做完之后仔细观察答案与题目，看看你能发现什么规律吗？是的，快速心算第四招就隐藏在这些数字之中。

快速心算第四招

对于100～109之间的任意两个三位数相乘，我们可以采用以下步骤：

步骤1 被乘数加上乘数个位上的数字；

步骤2 个位上的数字相乘（如果乘积小于10，需在乘积的十位数上补"0"）；

> 步骤3 将步骤2的结果写在步骤1的结果后，得出答案。

例题精讲

107 × 108=?

步骤1 被乘数107加上乘数个位上的数字8。

107+8=115

步骤2 两个数个位上的数字7和8相乘。

7×8=56

步骤3 将56写在115之后，得出答案。

最终答案：11556

原理阐释

　　相信你对这种简便的方法一定感到很好奇吧，其实这个速算招式是很容易理解的，我们不妨把107×108这个算式的竖式写出来。如右图所示：

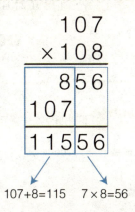

107+8=115　　7×8=56

知识巩固

103 × 109=?

步骤1 被乘数103加上乘数个位上的9。

103+9=112

步骤2 把个位上的3和9两个数相乘。

3×9=27

步骤3 把步骤2的结果写在步骤1后。

最终答案：11227

102 × 104=?

步骤1 被乘数102加上乘数个位上的4。

102+4=106

步骤2 把个位上的2和4两个数相乘。

2×4=8

> **小贴士**
> 如果乘积小于10需在乘积的十位数上补 "0"

步骤3 把步骤2的结果写在步骤1后。

最终答案：10608

 **完成下面的计算** ▽

1 101×105= ▢ 05

2 103×104= ▢▢

3 105×108= ▢▢

4 106×109= ▢▢

5 10 ▢ ×10 ▢ =11342

6 109×10 ▢ = ▢ 18

---

1 101+5
　　↓
　　106 05

2 103+4　　3×4
　　↓　　　　↓
　　107　　　12

3 105+8　　5×8
　　↓　　　　↓
　　113　　　40

4 106+9　　6×9
　　↓　　　　↓
　　115　　　54

5 106 ＋ 107=113　　6×7=42
　　　　　　↓
　　10 6 ×10 7 =11342

6 18÷9=2　　　　109+2=111
　　　　　　　　　↓　　　↓
　　109×10 2 = 111 18

快速心算第五招

巧用平均数

两个数字的平均数是指这两个数字的和除以2后得到的数，例如150和250的平均数是200，49和51的平均数是50等等。两数相乘时，如果它们的平均数为整十、整百、整千时，可以采用中位数快速得出答案。

学前自测

| 自测题 | 用时 | 正确率 | / 9 |

1 17×23=　　　　2 25×35=　　　　3 34×46=

4 55×65=　　　　5 72×88=　　　　6 96×104=

7 107×113=　　　8 997×1003=　　9 1999×2001=

自测题答案：

1 391　　2 875　　3 1564　　4 3575　　5 6336

6 9984　　7 12091　　8 999991　　9 3999999

你做对了几个题目？是不是把草稿纸都写满了？现在让我们一起来学习第五招吧。

快速心算第五招

当两个平均数为整十、整百、整千的数相乘时，可以采用以下简便算法。

步骤1 找出这两个数的平均数，并将其平方（二次方）。

> **小贴士**
>
> 某个数a的平方等于a×a，写作a^2；a的三次方等于a×a×a，写作a^3，依此类推。

步骤2 求被乘数（或乘数）与中间数的差，并将其平方。

步骤3 用步骤1的得数减去步骤2的得数，得到最终答案。

例题精讲

$18 \times 22 = ?$

步骤1 将18和22的平均数20进行平方运算。

$20 \times 20 = 400$

步骤2 被乘数18（或乘数22）与20的差是2，将2平方。

$2 \times 2 = 4$

步骤3 用400减去4得到最终答案。

最终答案：396

　　想一想：平均数运算为什么要求相乘的两个数的平均数为整十、整百或者整千的数呢？算式72×76=？这个算式是否适合用我们刚学习的第五招呢？开动你的脑筋找找这个算式和我们之前学习的例题之间的区别吧。要知道数学的速算有许多好方法，找到最适合一道题的做法比学习方法更加重要！提高反应速度，锻炼逻辑思维能力，解决身边的问题，这些才是我们学习数学的目的。

原理阐释

　　如果你学过平方差公式，那么这一招就很好理解了。

$$(a+b) \times (a-b) = a \times (a-b) + b \times (a-b)$$

$$= a \times a - a \times b + b \times a - b \times b \qquad \text{将括号中的项拆开}$$

$$= a^2 - b^2 \qquad \text{化简}$$

根据这个公式18×22即可作如下转变：

$$18 \times 22 = (20-2) \times (20+2)$$

20相当于公式中的a，2相当于公式中的b

$$= 20 \times 20 - 2 \times 2$$

$$= 400 - 4$$

$$= 396$$

　　当然，没有学过公式也没关系，我们还是采用面积的方法来证明：

长22宽18的长方形面积是22×18=396。

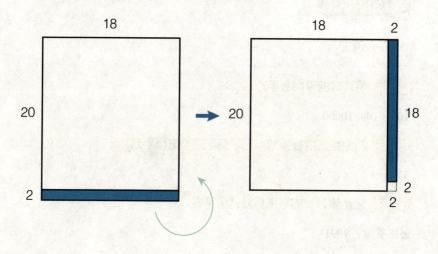

将阴影部分移接到箭头所示的位置后，新图形是一个边长为20的大正方形，它的右下角残缺了一个边长为2的小正方形。因此，新得图形的面积就是大正方形的面积减去小正方形的面积：

大正方形的面积：20×20=400　　　相当于步骤1

小正方形的面积：2×2=4　　　　　相当于步骤2

↓

新图形的面积：400-4=396　　　　相当于步骤3

现在大家明白了吧，以后遇到平均数的平方容易算出的算式时，就可以采用这种方法求解了。

知识巩固

97 × 103=?

步骤1 将两数的平均数平方。

100×100=10000

步骤2 将乘数（或被乘数）与平均数的差进行平方。

3×3=9

步骤3 将步骤1、2的结果相减得出答案。

最终答案：9991

180 × 220=?

步骤1 将两数的平均数平方。

200×200=40000

步骤2 将乘数（或被乘数）与平均数的差进行平方。

20×20=400

步骤3 将步骤1、2的结果相减得出答案。

最终答案：39600

 完成下面的计算 ▽

1 27×33=

    1 30×30=900

    2 3×3=9

    3 900-9=891

    最终答案：891

2 58×62=

    1 60×60=3600

    2 2×2=4

    3 3600-4=3596

    最终答案：3596

3 93×107=

    1 100×100=10000

    2 7×7=49

    3 10000-49=9951

    最终答案：9951

4 141×159=

    1 150×150=22500

    2 9×9=81

    3 22500-81=22419

    最终答案：22419

5 288×312=

    1 300×300=90000

    2 12×12=144

3 90000-144=89856

最终答案：89856

6 1988×2012=

1 2000×2000=4000000

2 12×12=144

3 4000000-144=3999856

最终答案：3999856

CHAPTER 2

中国古代趣题

展示"寓理于算，不证自明"的技艺
锤炼"小中见大，鸡刀宰牛"的功夫

Mario

淘乐斯变身公仔

苏武牧羊

当年苏武去北边 不知去了多少年

分明记得天边月 二百三十五番圆

选自《算法统宗》

解答

苏武是西汉的使者,在公元前100年奉命出使匈奴,被匈奴扣留并多方威胁诱降,始终坚贞不屈,大义凛然。后被流放北海(今贝加尔湖)牧羊,生活非常艰苦,不知过了多少年月,只记得天上月亮整整圆了235次,问苏武流放了多少年?

这是一个简单的小学数学题,月亮每月圆一次,用算式表示就是:

$235 \div 12 = 19$ 余 7

本题不能解答为十九年零七个月。因为根据中国农历历法,十九年中应有七个闰月,所以苏武在北海流放了十九年,直到匈奴与汉朝和好才遣送回国。

粒米求程

庐山山高八十里　山峰顶上一粒米

黍米一转只三分　几转转到山脚地

选自《算法统宗》

 解答

本题是说庐山从山顶到山脚有一条80里长的道路，山顶上有一粒黍米，滚动一周，行程3分，问沿着这条路滚到山脚底，共转了多少周？

需要说明的是，这是一个明代的题，取明朝的度量制度，1步=5尺，1里=360步。

因为，1里=360步，1步=5尺=500分，所以米一共转了：

80×360×500÷3=4800000（转）

所以黍米转了480万转。

排鱼求数

三寸鱼儿九里沟 口尾相衔直到头
试问鱼儿多少数 请君对面说因由

选自《算法统宗》

 解答

这是给儿童们计算的一道游戏题，目的在于巩固乘除运算方法。

已知三寸长的小鱼一个一个头尾相接排在一条9里长的水沟中，请问一共有多少条鱼？

按照明朝的度量制度，1里=360步，1步=5尺=50寸。

所以鱼的个数是：

9×360×50÷3=3240×50÷3=54000（条）

三藏取经

三藏西天去取经　一去十万八千程
每日常行七十五　问公几日得回程

选自《算法统宗》

 解答

　　这是根据《西游记》中的故事编写的一道趣题，练习简单的四则运算。三藏是指唐代高僧玄奘，俗称唐僧，受唐朝派遣，到印度钻研佛教典籍，翻译出经、论七十五部，一千三百五十卷，促进了

中印文化的交流。

三藏按愿义来说是佛教经典的总称。它分为经、律和论三类，通常对通晓三藏的僧人尊称其为"三藏法师"。

本题是说，唐僧去西天取经，一共走了十万八千里。已知他每天走七十五里，问一共走了多少天？

来回一共走了：108000×2=216000里

天数：216000÷75=2880天

所以唐僧来回共走了2880天。

小拓展

《算法统宗》是程大位的一部主要著作，他在年轻时外出经商、求教、调研所搜集的资料的基础上，用20年的时间编著而成。全书17卷，1592年发行。列举算题595个，不仅满足了当时民间日用之需，农商经营之用，而且集珠算之大成，一举改革了筹算占用面积大、运算慢的缺点，完成了筹算到珠算的转变。

本书中的许多趣题正是选自此书。

撞十补除

撞十补除法最奇 以加代除很容易
有桃三百五十四 八十六只装一箱
请问能装多少箱 最后还余桃几只

徽州民间古题

 解答

设有蜜桃354只，每箱限装86只，问能装多少箱？还余下几个桃子？

解法一：用除法做是很容易的

354÷86=4余10

就是说可以装4箱，还余10只桃子。

但是古人提出这个问题其实是为了用算盘来解决的，但是算盘的除法口诀较为繁琐，对于没有熟练掌握算盘的人来说还是很难理解的，于是古人就发明了撞十补除的方法来解决难题。

解法二：

先求86的撞数（即补数）

100-86=14

因为每箱限装86只，如果把每箱的容量增加14只，就成了100只一箱了。用4个"14"只，能补成4个"100"只，还多出10只，故其商为4，余数为10。

凫雁相逢

今有凫起南海，七日至北海；雁起北海，九日至南海。
今凫雁俱起，问何日相逢？

选自《九章算术》

解答

　　"凫"一般指野鸭。本题是说，野鸭从南海飞往北海，需要7天，雁从北海飞往南海需要9天。今二鸟分别从南、北海同时起飞，问多少天后二鸟相逢？

　　本题虽然难度不大，但却是一个非常典型的题目。它反映了我国数学家处理分数问题时的基本思想方法，这种思想方法叫齐同术。用现代的话说，就是化为同分母的分数。

　　依据题意可知，凫一天飞全程的1/7化为9/63，雁飞1/9化为7/63，那么他们一天即可飞全程的16/63。所以相逢的日期即为：

$$63 \div 16 = 3\frac{15}{16}（日）$$

书生分卷

　　毛诗春秋周易书　九十四册共无余　毛诗一册三人读　春秋一本四人呼

　　周易五人读一本　要分每样几多书　就见学生多少数　请君布算莫蹰躇

选自《算法统宗》

　　《毛诗》、《春秋》和《周易》共94本，一群学生共读这些书籍，平均3个人合读《毛诗》一册，4个人合读《春秋》一本，5个人合读《周易》一本。问学生有多少人？三书分别有多少册？

　　根据题意，平均每个学生可派读《毛诗》1/3本，《春秋》1/4本，《周易》1/5本。就一个学生来说，他派读的册数是：

$$\frac{1}{3} + \frac{1}{4} + \frac{1}{5} = \frac{4 \times 5 + 3 \times 5 + 3 \times 4}{3 \times 4 \times 5} = \frac{47}{60}$$

　　已知三种书的总册数为94册，故学生数为：$94 \div \frac{47}{60} = 120$（人）

　　毛诗：120÷3=40册；《春秋》：120÷4=30册；《周易》：120÷5=24册。

　　当然，熟悉方程的朋友也可以把人数设为x，然后列方程求解即：

　　x÷3＋x÷4＋x÷5＝94

　　解得：x＝120

　　同样可以得出有120个学生。

以碗知僧

巍巍古寺在山中　不知寺内几多僧

三百六十四只碗　恰合用尽不差争

三人共食一碗饭　四人共尝一碗羹

请问先生能算者　都来寺内几多僧

选自《算法统宗》

 解答

某古寺不知有多少个和尚，但直到他们3人合分一碗饭，4人合吃一碗汤，共用了364只碗，试求和尚人数。

　　本题命题和书生分卷类似，可采用上题的解题思路。

　　依题意，每人用1/3个饭碗，1/4个汤碗，每人共用的碗数是：

$$\frac{1}{3}+\frac{1}{4}=\frac{7}{12}$$

　　已知碗数是364，故僧数为：

$$364\div\frac{7}{12}=364\times\frac{12}{7}=624（人）$$

　　饭碗数为624÷3=208个，汤碗数为624÷4=156个。

　　当然这道题也可以用方程的思想来解决。

五渠灌水

今有池，五渠注之。其一渠开之，少半日一满；次，一日一满；次，二日半一满；次，三日一满；次，五日一满。今皆决之，问几何日满池？

选自《九章算术》均输章

 解答

有一池塘，甲、乙、丙、丁、戊五条渠道都与池塘相通。单开

甲渠，1/3天注满；单开乙渠，1天注满；单开丙渠，2.5天注满；单开丁渠，3天注满；单开戊渠，5天注满。如果五渠同开，多少天把池塘注满？

依据题意，若五渠齐开，一天能注一池水的：

$$3 + 1 + \frac{2}{5} + \frac{1}{3} + \frac{1}{5} = \frac{74}{15}$$

所以，五渠齐开，要注满一池水需要的时间为：

$$1 \div \frac{74}{15} = \frac{15}{74} \text{（日）}$$

小拓展

方蜡自燃

今有白方一块蜡　　　　白方高厚一尺八

一日对天燃一寸　　　　问燃几年何用法

答曰：16.2年。

提示：蜡块体积1.8尺^3。

选自《算法统宗》

三女归宁

张家三女孝顺　归家探望勤劳

东村大女隔三朝　五日西村二女到

小女南乡路远　依然七日一遭

何日齐至饮香醪　请问英贤回报

选自《算法统宗》

解答

　　本题是最小公倍数的应用题。题意是张家有3个女儿，长女3日回家一次，二女5日回家一次，三女7日回家一次，她们同一天离家，问几日后她们又同时到家相会？

　　她们第二次聚会的日期是3、5、7的最小公倍数，用记号：［3，5，7］表示

　　［3，5，7］=3×5×7=105（天）

环山相会

今有封山周栈三百二十五里，甲、乙、丙三人同绕周栈而行，甲日行一百五十里，乙日行一百二十里，丙日行九十里。问周向几何日会？

选自《张丘建算经》

 **解答**

周栈即栈道，指沿山挑出的环山道路。本题的意思是说：今有环山道路周长325里，甲、乙、丙三人环山而行，甲每日走150里，

乙每日走120里，丙每日走90里。如果行走连续不断，问从同一点出发，多少天后再相遇于原出发点？

先求出甲、乙、丙所行里数的最大公约数。

（150，120，90）=30

以30作为除数去除栈道周长325即得再相遇的天数。

$$325 \div 30 = 10\frac{25}{30} = 10\frac{5}{6} \text{（日）}$$

以30去除甲、乙、丙日行里数，即得相遇时所行周数。

甲行：150÷30=5（周）

乙行：120÷30=4（周）

丙行：90÷30=3（周）

小拓展

今有内营七百二十步，中营九百六十步，外营一千两百步。甲、乙、丙三人值夜，甲行内营，乙行中营，丙行外营，俱发南门。甲行九，乙行七，丙行五。问各行几何周，俱到南门？

答曰：甲行十二周，乙行七周，丙行四周。

选自《张丘建算经》

船缸均载

三百六十一只缸，任君分作几船装。不许一船多一只，

不许一船少一缸。

选自《算法统宗》

解答

今有水缸361只，分装在若干个船上，要求每船所装的缸数相同，问共需要多少只船？每船装几只缸？

这道题的实质就是让你把361用两个数相乘来表示出来，但是361看起来又很像一个质数，不过，如果你对数字的平方很敏感的话就不难发现：

19×19=361

所以需要19只船，每船装19只缸。

系羊问索

旷野之地有个桩，桩上系着一只羊。团团踏破三亩二，试问羊绳几丈长。

出自《算法统宗》

 解答

一条绳索系着一只羊，羊踏坏一块面积为3.2亩的圆形庄稼，试求绳索的长度（1步=5尺，1亩=240方步，为了计算简便我们把圆周率π定为3）。

先将圆的面积化为平方步

3.2×240=768（方步）

设圆的半径为r，根据面积公式s=πr² 可知

$r = \sqrt{256} = 16$ （步）

将步化为尺可知，绳长80尺，也就是8丈。

推车问里

二人推车忙且苦，半径轮该尺九五。一日推转二万遭，问君里数如何数。

出自《算法统宗》

解答

本题是指由二人一推一拉的独轮车，已知车轮半径为一尺九寸五分，一日推转两万周，问日行多少里？

还是采用上道题的尺寸换算和圆周率取值，则车轮周长为117寸。依题意可知，这轮每日转两万周，共行路程为：

117×20000=2340000（寸）

进行单位换算可知日行里数为：

2340000÷18000=130（里）

客去忘衣

今有客马日行三百里，客去忘持衣，日已三分之一，主人乃觉。持衣追及与之而还，至家，视日三分之三。问主人马不休，日行几何？

选自《算法统宗》

已知客人骑的马日行300里，客人走后1/3日，主人发觉客人有

衣服忘记带走，于是立刻骑马追上，把衣服还给客人以后立即骑原来的马回家，到家时正好是3/4日。问主人的马速日行多少里？

主人追到客人又回到原地，往返所走的时间是：

$$\frac{3}{4} - \frac{1}{3} = \frac{5}{12}（日）$$

主人追到客人单程所用的时间便是总时间的一半就是5/24日。

因此客人被主人追到时行走的路程就是：

$$300 \times (\frac{5}{24} + \frac{1}{3}) = 162\frac{1}{2}（里）$$

因此速度就等于路程除以时间：

$$162\frac{1}{2} \div \frac{5}{24} = 780（里/日）$$

浮屠增级

远望巍巍塔七层，红光点点倍加增。共灯三百八十一，请问尖头几盏灯。

选自《算法统宗》

解答

"浮屠"就是佛塔。本题是说，远处有一座佛塔，塔上挂满了红灯，下一层灯数是上一层灯数的 2 倍，全塔共有 381 盏，试问顶层有几盏灯？

每一层塔的灯数实际上构成了一个公比为 2 的等比数列，依

据题意可知，从顶层到底层的灯数之比为：

1：2：4：8：16：32：64

其总和为：

1+2+4+8+16+32+64=127

即把灯数分成127份，顶层有1份，因为总共有361盏灯，所以每份有：361÷127=3盏灯。

因此顶层灯数为3盏。

小拓展

今有三鸡共啄粟一千一（1001）粒，雏啄一，母啄二，翁啄四，主责本粟三鸡主各偿几何？

答曰：鸡雏主143，鸡母主286，鸡翁主572。

选自《孙子算经》

李白沽酒

今携一壶酒，游春郊外走，逢朋加一倍。入店饮斗九，

相逢三处店，饮尽壶中酒。试问能算士，如何知原有？

选自《算法统宗》

解答

李白，唐代大诗人，曾漫游全国，吟诗作赋，博学多才。民间

有："斗酒诗百篇"之说。晚年生活清苦，卒于安徽当涂。本题借

李白之名，编了一则饮酒故事，说他在郊外春游时，做出这样一条规定：遇见朋友，先到酒店里将壶里的酒增加一倍，再饮去其中的19升酒（1斗=10升，斗九即为19升）。根据这样的规定，在三个店里遇到了朋友，正好饮尽壶中的酒。问壶中原有多少酒？

这里我们可以采用方程的思想来求解。

不妨设壶中原有酒x升，依题意有：

$2[2(2x-19)-19]-19=0$

解得：$x=16.625$

所以壶中原有酒量为16.625升。

小拓展

（牛顿问题）一人经商，每年财产增加1/3，但要从中花去家用的100英镑，经过三年后，他的财产翻了一番，问他原有财产是多少？

答案：1480英镑。

群羊逐草

甲赶群羊逐草茂，乙携肥羊一只随其后。戏问甲及一百

否？甲云所说无差谬。若得这般一群凑，再添半群小半群，

得你一只来方凑，玄机奥妙谁参透？

选自《算法统宗》

 解答

这是一个在民间流传很广的智力训练题。题目的意思是说，牧
童甲在草原上放羊，乙牵着一只羊来，并问甲："你的羊群有100只

吗？"甲答："你说的不错。如果在这群羊里加上同样的一群，再加上半群，四分之一群，再加上你的一只，就是100只。"问牧童甲赶着多少只羊？

本题可以很方便的用一元一次方程来解答，但是古代的人们还不会用方程的思想，常常假定一个数字作为甲的羊群数，例如假设甲的羊数是12，那么，"加上同样的一群，再加上半群，四分之一群"就是：

12+12+6+3=33

这样本题就可以用等比例的思想来解决了，12只羊可以变成33只，因为99：33=3，那么要变成99只羊就需要3×12=36只羊，这样再加上乙牵来的一只，就正好是100只了。

雉兔同笼

今有雉兔同笼，上有三十五头，下有九十四足，问鸡兔各几何？

选自《孙子算经》

 解答

这是一道在民间流传极广的算术题。古人希望学生们能用心算直接报出答案来，我们可以看看古人是怎么解答的。

给笼中的野鸡和兔子下一道命令："野鸡独立，兔子举手"，

这时，地面上还有多少只脚？

94÷2=47（只）

这时每只鸡有1只脚，兔有2只脚，所以兔子的个数是：

47-35=12（只）

鸡的个数是：

35-12=23（只）

怎么样，这个方法很巧妙吧，当然你也可以用二元一次方程来求解，也是很简便的。

小拓展

麻雀蝉，逗着玩，头二六（26），脚百三（130），多少麻雀多少蝉？

答曰：雀十三，蝉十三。

提示：蝉有8条腿。

选自《数学教学优因工程》

韩信点兵

有兵一队，若列成五行纵队，末行一人；成六行纵队，则末行五人；成七行纵队，则末行四人；成十一行纵队，则末行十人。求兵数。

选自陈景润《初等数论》

 解答

韩信是汉朝的名将，江苏淮阴人。楚汉战争时，辅佐刘邦战败

项羽，立下了汗马功劳。人们常说"韩信用兵，多多益善"。有记载说韩信统率大军，在册兵员26641人，部队集合后，他只要求按1～3，1～5，1～7报数，从每次报数的余数就可知道实到的人数，这就是韩信点兵问题。本题是通过列队变形，从五行、六行、七行、十一行的余数，来计算兵数。

本题的数学表述是：某数被5除余1，被6除余5，被7除余4，被11除余19，求此数。

先求最小公倍数

M= [5，6，7，11] =5×6×7×11=2310

求衍数和乘率

M1=6×7×11=462，乘率为3

M2=5×7×11=385，乘率为1

M3=5×6×11=330，乘率为1

M4=5×6×7=210，乘率为1

乘余汇总：

乘余：1×462×3+5×385×1+4×330×1+10×210×1

= 6731=2111+2×2310

因此总人数至少为2111人。

太平莲灯

天下太平莲灯盏，元宵庆贺满街行。街前街后看不厌，或高或低数不清。初以三数恰算尽，次将五数四盏剩。盏如七数只剩六，满目红光闹盈盈。

选自：《数学历史名题赏析》

据说这是小说《镜花缘》里的一道古题，意思是说：元宵佳节街面上到处都是彩灯，三个一数可以数尽，五个一数还多出4个，七

个一数还剩6个，问街面上最少有多少彩灯。原题利用"孙子定理"在后八句中给出了解答：

三数算尽不必下　　五数一剩二十一

剩四当下八十四　　七数一剩一十五

剩六当下九十零　　三并共下百七四

减满法去一百五　　余得莲灯六十九

读者可以用前面的方法，很容易算得诗中所说的结果。

小拓展

百人搬百砖，男搬四，女搬三，两个小孩抬块砖，男女小孩多少员？

答曰：男5，女13，小孩82；或者男10，女6，小孩84。大家可以把结果代入算式验证一下。

选自《数学教学优因工程》

戏放风筝

三月清明节气，蒙童戏放风筝。托量九十五尺绳，被风刮起空中。量得上下相应，七十六尺无零。纵横甚法问先生，算了多少为平？

选自《算法统宗》

 解答

这是个简单的勾股定理应用题。风筝绳长是直角三角形的斜边c=95尺，风筝的高度（上下相应）b=76尺。求风筝在地面上的投影到蒙童之间的距离a是多少尺？

由勾股定理可知：

$$a^2 = c^2 - b^2$$
$$a = \sqrt{c^2 - b^2}$$
$$a = \sqrt{95^2 - 76^2} = \sqrt{3249} = 57$$

所以风筝在地面上的投影到蒙童之间的距离为57尺。

葭生中央

今有池一方，葭生其中央，出水一尺。引葭赴岸，适与岸齐。问水深、葭长各几何？

选自《九章算术》

解答

"葭"是指初生的芦苇。现有方池一个，边长1丈（10尺），芦苇生在其中央，露出水面1尺，把芦苇引到池边，芦苇的顶端刚刚碰到岸边。问水深、芦苇长各是多少？

刘徽把方池边长的一半作为勾a，水深为股b，葭长为弦c，由题意可知a=5（尺），c-b=1（尺）。本题变归纳为"已知勾，股与弦差，求股和弦"的类型。

因为：

$$a^2 = c^2 - b^2 = (c-b)(c+b)$$

$$c+b = \frac{a^2}{(c-b)}, \quad \overline{\text{而}} \quad (c+b)(c-b) = 2b$$

$$b = \frac{(c+b)(c-b)}{2} = \frac{a^2(c-b)^2}{2(c-b)}$$

已知a=5，c-b=1，；带入可得：b=12（尺），c=13（尺）

所以水深为12尺，葭长为13尺。

古今度量衡比较

怎么样，通过上面的讲解和练习，你是否已经对古代的度量衡知识有所了解了呢？不过，不管怎么说，这些古代的单位名称毕竟已经退出了今人的应用视野，因此，如果它们让你感到实在难以亲近，也是很正常的。为了帮助大家切实体会古代度量衡制度，我们在这里把古今度量衡联系起来，让大家看一看《孙子算经》中的度量衡与我们经常使用的单位名称之间存在着怎样的联系。

度：1尺≈23.1厘米

量：1升≈200立方厘米

衡：1斤≈250克

以上古今度量单位间的换算公式是专家们在对秦汉时期的文物进行衡量后得出的。其实，在我国历史发展的不同阶段、不同地域，同一个单位名称所表示的大小、不同单位间的换算比率也是不同的、时常变化的，只不过，从目前掌握的历史资料看，从秦汉到《孙子算经》成书的魏晋时期，度量衡制一直保持着相对稳定的状态。因此，上面3个关系式基本反映出了《孙子算经》时代的度量衡单位与今制单位间的换算关系。《孙子算经》中各类单位的换算关系已经在前面呈现给大家了，因此，根据它们之中的一个与今制度量衡单位的换算比率，我们就可以推及其他。比如，由1尺≈23.1厘米，我们就可以大致推算出1寸≈2.31厘米。所以，如果你想具体感知某个古代单位名称所表示的大小，就通过以上三个换算公式，和前面的度量衡换算关系，自己推算一下吧。

当你真正感知了古代度量单位所表示的大小后，你会发现再读古书或者接触古代文化时，很多原本枯燥的内容顿时有趣起来。不信，请看下面的内容。

完美的女子

战国末期楚国大才子宋玉曾在他著名的《登徒子好色赋》中，描述了这样一位倾国倾城的女子："增之一分则太长，减之一分则太短；著粉则太白，施朱则太赤。眉如翠羽，肌如白雪，腰如束素，齿如含贝。嫣然一笑，惑阳城，迷下蔡。"

宋玉并没有直接告诉我们这位女子的身高，他只是从侧面夸赞她的身高恰到好处：再高一分就太高了，而如果矮一分则又显得太矮。那么，这里的"一分"到底有多高呢？根据古今单位换算公式，1尺≈23.1厘米，而《孙子算经》指出1尺=100分，因此，1分=23.1÷100≈0.23厘米，这也就是说1分大概也就只有2毫米长。对于人的身高来说，2个毫米的差异几乎难以察觉，不过通过宋玉这番明显具有夸张色彩的描述，足以使我们想象到这个貌美女子留给宋玉的印象是何等完美。

豪杰男儿

《三国演义》中说刘备身高7.5尺，关羽身高9.3尺，他的青龙偃月刀重达82斤，张飞身高8尺。想一想，按照今人的度量标准，这三兄弟的身高以及刀的重量到底是多少？因为古代的1尺大约相当于今天的23.1厘米，所以，刘备身高约为7.5×23.1≈173厘米，关羽的身高约为9.3×23.1≈215厘米，张飞的身高约是8×23.1≈185厘米；古制的1斤大致相当于今天的250克（也就是半斤），因此，关羽的青龙偃月刀的重量约为82÷2=41斤。因此，刘备身高1.73米，关羽身高2.15米，张飞身高1.85米，关羽的刀重41斤。怎么样，这一次这三兄弟留给你的印象更加深刻了吧？相信你一定会禁不住赞叹：关羽真是男儿中的豪杰啊！

和姚明一样高的孔子

看到关羽的身高，你可能只是羡慕赞叹一番，但是，如果我告诉你孔子比关羽还高，你恐怕要大吃一惊，并质疑你的听力吧。司马迁在《史记·孔子世家》中记载孔子的身高为"九尺有六寸"，根据秦汉制度长度单位与今制长度单位间的换算关系，孔子的身高大约相当于今天的221.76厘米，这个高度真是快与小巨人姚明齐平了！实在令人大吃一惊！司马迁可能是把数据弄错了，他的错误或许出于无意，或许出于他故意抬高这位华夏圣人历史地位的目的。

CHAPTER 3

大师的谜题

　　从芝诺到牛顿，从阿基米德到高斯，数学大师们并不是一群躲在象牙塔内冥思苦想、不食人间烟火的怪人，本书所引用的大师的谜题，都美妙、有趣、善于变化，让你在思辨过程中品味思维的乐趣。

McDonald's

淘乐斯变身公仔

皮埃尔·贝洛坎的经典谜题

皮埃尔·贝洛坎是一位聪明的法国人。他所接受的作为一名运筹师的教育背景使得他具有良好的数学和逻辑思维能力。他的这些难题经过仔细筛选和精心设计，每一道题都需要进行缜密的逻辑分析和有趣的思维过程。

★ 1 家畜市场 ★

A、B、C三位农夫在家畜市场上相遇了，他们想用自己的家畜换别人的家畜。拥有的家畜数目就是我的两倍了。"

C对A说："我把我的14只绵羊给你，换你的一匹马，这样你拥有的家畜数目就是我的三倍了。"

B对C说："我把我的4头奶牛给你，换你的一匹马，这样你拥有的家畜数目就是我的六倍了。"

那么请问，A、B、C三人各自带了多少头家畜来市场呢？

 答案

依据题意，不妨设A、B、C三人带的家畜数目分别为：a、b、c，我们可以得到以下方程组：

b+5=2（a−5）

a+13=3（c−13）

c+3=6（b−3）

解得：a=11　b=7　c=21

所以他们三人各带了11头、7头、21头家畜到集市。

② 零用钱 ★

阿尔要求他爸爸每星期给他1美元的零用钱，可是爸爸对这种超过50美分的要求予以拒绝。

争论了一会儿后，精通算术的阿尔说："这样吧，今天是4月份的第1天，你给我1美分；明天，你给我2美分；后天，你给我4美分。总之，每天给我的钱是前一天给我的两倍。""给多长时间？"

爸爸问道。"一个月就好了。""好吧"爸爸立即答应，"就这么说定了。"请你算一算，一个月后，阿尔的爸爸要付给他多少钱呢？

 答案

本题显示出了几何级增长的无穷威力。如果从1美分开始不断地加倍，最初，数量增长得还算缓慢，但随后将越来越快，我们可以看看前7天的情况：

日期	当天得到的美分数	总共得到的美分数
4月1日	1	1
4月2日	2	3
4月3日	4	7
4月4日	8	15
4月5日	16	31
4月6日	32	63
4月7日	64	127

　　如果这张表继续下去，那么在4月30那天爸爸需要支付给孩子5368709.12美元，并且这一个月他需要支付给阿尔的钱超过了1000万美元，其实际数值为：10737418.23美元。

❸ 上当的螃蟹商人

　　有一个商人，以卖螃蟹为生。这天，他带了一篓子又肥又大的螃蟹到市场上去卖，开价是每500克100元。新鲜的螃蟹和便宜的价格很快就引来了很多顾客前来围观。

　　其中有一个顾客说道："这螃蟹真不错，不过蟹脚和蟹钳吃起来挺麻烦的，要是能只买蟹肚就好了。"

　　商人白了他一眼，心里想"真是的，哪里有蟹脚蟹肚分开来卖的？好吃的蟹肚卖给你，剩下的蟹脚蟹钳怎么办呀？"

　　这时，另外一个顾客说："正好，我倒是只想要蟹脚蟹钳，不

想要蟹肚。"他转脸对商人说：你的这些螃蟹我们两个全包了，我要蟹钳蟹脚，他要蟹肚。你现在的价格是每500克100元，那么蟹肚算70元，蟹钳蟹脚算30元，70元加30元还是100元。麻烦你把每只螃蟹的蟹钳蟹脚和蟹肚都分开，然后给我们称一下。"

商人觉得可以一下子卖掉所有的螃蟹，心里很是高兴，就马上同意了。

蟹肚共1500克，蟹脚蟹钳共500克。于是一个顾客付了210元，另一个顾客付了30元，然后两个人就分别拎着蟹肚和蟹钳蟹脚消失在人群中。

商人数着手里的钱，心中忽然觉得不对：螃蟹一共是2000克，应该卖得400元，怎么现在只有240元呢？那160元钱哪里去了呢？

问题就出在顾客说的"你现在的价格是每500克100元，那么蟹肚算70元，蟹钳蟹脚算30元，70元加30元还是100元"这句话上。这句话本身没有错，但是很容易给人造成误解。认真考虑一下："500克螃蟹中含有的蟹肚子算70元"和"500克蟹肚算70元"的意思一样吗？把这个想通了之后，你自然会找到那160元的去处。

④ 硬币游戏 ★

有两个人，轮流掷一枚硬币。谁先扔出反面谁就是赢家。当然，先掷硬币者的取胜机会显然比他的对手大。然而，他们的取胜机会准确地说各是多少呢？

 答案

处理本题最简单的途径在于：注意到游戏一开始就有着50%的概率出现反面，从而使得先掷硬币者取胜；而对于后掷硬币者来说，他获胜的概率为：50%×50%=25%（先掷硬币者第一次丢出正面的概率乘以后掷硬币者丢出背面的概率）。因为每掷两次，先掷硬币者的取胜机会总是后掷硬币者的两倍，又因为要么第一人取胜要么第二人取胜，他俩获胜的概率之和为100%，其比例为2：1，那么他们两人的获胜概率就分别为2/3和1/3。

马丁·加德纳的经典谜题

马丁·加德纳在美国是家喻户晓的人物。他没有数学博士的学位，但是他的作品却让数学家也为之着迷。在他的笔下，一个个枯燥乏味的数学难题变得趣味十足。让我们一起来领略有着"美国的国家财富"之称的大师的风采。

① 120个奇数之和

从1，3，5，7，9中随意挑出四个不同的奇数可以组成一个四位数，如5713。这样的数总共有120个。你能算出这120个数字的和吗？（提示：你没有必要把它们一个一个地加起来。）

5713+3957+…=？

设想把这120个数字叠成高高的一列，进行加法运算，那么一共会有5列数相加，而120个个位上的数字之和必然等于十位、百位、千位上的数字之和。通过分析可知，这5列数中，每一列都必然包含120个数字，其中：1、3、5、7、9各24个。因此每一纵列

的数字之和应当为：

（1+3+5+7+9）×24=600

因此这120个数字的总和为：

600×1+600×10+600×100+600×1000=666600

★ ❷ 汽车比赛 ★

A和B决定在一场公路汽车赛中一比高下，他们要在一条环形公路跑道上跑好几圈。A跑一圈要25分钟，B则要30分钟。

如果两人同时出发，那么A要花多长时间才能领先B一圈？

比赛开始后25分钟A就跑完了一圈，而B仅仅跑了25/30即5/6圈。可见，每经过25分钟，A就领先B 1/6圈。依此类推，他将在6×25=150分钟时领先B整整一圈。

★ ❸ 梯子问题 ★

一把梯子靠在墙壁上，一位工人正在爬上爬下地粉刷墙壁，忙得不亦乐乎。一开始，他站在梯子的中间一级，然后向上爬了5级，再向下爬了7级，又向上爬了4级，最后向上又爬了9级，到达

梯子的顶部。

这把梯子一共有多少级？

工人目前是在梯子的中间一级上，我们只要算出他移动了多少步到达了顶部就可以知道梯子的总级数。由题意可知，工人向上一共爬了：5-7+4+9=11级。

因此梯子一共就有：11+11+1=23级

❹ 巧连棋子

图中三点共线的棋子共有3组，请移动1枚棋子，使三点共线的棋子达到4组。

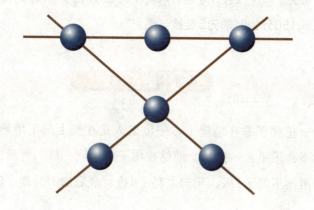

如图把横线中间的棋子向下拉即可得到所需图形。

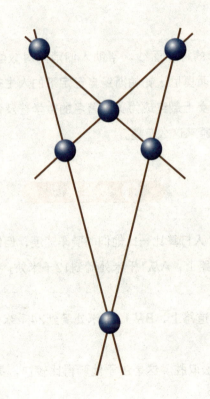

西奥尼·帕帕斯的经典谜题

揭开数学的神秘面纱，帮助人们消除对数学的神秘感和畏惧感——这就是西奥尼·帕帕斯给自己定下的人生奋斗目标。这位文学硕士出身的女士最终成为美国著名的数学普及作家，她的作品让我们发现数学原来这么有趣。

★ ① 必胜秘诀

A和B两个人打算比一比他们的骑车速度，但他们只有一辆自行车。在一条平路上，A从1千米处骑到12千米处，B坐在自行车后座上为他计时。

在同一条道路上，B从12千米处骑到24千米处，A则坐在后座上计时。

结果A轻松取胜。这是由于他骑得比较快，身体较重，还是别的什么原因呢？

 答案

从1千米处骑到12千米处，距离只有11千米，但从12千米处骑

到24千米处却有12千米。A骑得距离比B骑得短，这才是问题的关键。

② 平均分摊 ★

哈里森与一位朋友会餐。他带来了5种菜肴，他的朋友带来了3种菜肴。

会餐马上就要开始了，又有一位朋友不请而至，加入会餐。这第二位朋友拿出4美元，作为他的应付份额。如果每种菜肴的价钱都一样，按照平均分摊的原则，哈里森与他的第一位朋友应该怎样分配这4美元呢？

既然第二位朋友付出了4美元，那么菜肴的总价就等于 $3 \times 4 = 12$ 美元。

吃了8种菜肴，依题意，每份菜肴为 $12 \div 8 = 1.5$ 美元。

哈里森带来了5种菜肴，值7.5美元，减去他自己消费的4美元菜肴，哈里森多付出了3.5美元，应从中得到3.5美元。

同理第一位朋友多付出了0.5美元，他则得到4美元中剩下的0.5美元。

③ 搬运工

一位探险家打算在几名搬运工的帮助下横穿一片沙漠。全部行程要走6天，但是探险家与搬运工每人只能带4天的口粮。

探险家需要几名搬运工？他们究竟能否穿越这片沙漠？

这名探险家只要有2名搬运工就能穿越沙漠了。

他们某天早上同时出发，每人都带4天的口粮。到这天晚上，每人身上还有3天的口粮。这时，第一名搬运工带着1天的口粮回去，于是探险家和第二名搬运工各有4天的口粮。

到第二天晚上，这两人身上都各剩3天的口粮。第二名搬运工带上2天的口粮回去了。于是探险家还有4天的口粮，这足够他走出沙漠。

④ 狭路相逢

一条铁路连接两座城镇。每一小时都有一列火车从一座城镇出发开往另一座城镇。所有火车都以同样的速度匀速前进，从一座城镇到另一座城镇的一次行程需要用5小时。

问在一次行程中，一列火车在路上会遇到多少列火车？

所遇上的第一列火车是当火车开出站台时正迎面进站的火车。所遇上的最后一列火车是当火车到达终点时正离开站台的火车。

而在途中，每隔半小时遇上一列火车，也就是说途中共遇到9列火车。所以总共遇到11列火车。

⑤ 平均速度 ★

在一次往返旅途中，去时的速度是每小时10千米，回城的速度是每小时15千米。整个旅程的平均速度是多少？

在回答这道问题前，不要过于着急，否则你肯定会忙中出错。

平均速度等于总路程除以总共花去的时间。如果单纯的用（10+15）÷2=12.5千米/时，来得到答案那就出错了。因为，去时和回来时所花费的时间是不一样的。

解决这类题目我们可以假设路程为60千米，则去时用了6小时，回来时用了4小时，总路程便是120千米，总时间为10小时，平均速度就是12千米/小时。

萨姆·劳埃德的经典谜题

作为世界上少数几个伟大的数学趣题家之一，10岁就会下国际象棋的萨姆·劳埃德用他的聪明才智为我们创造了很多妙趣横生的数学题，其作品曾经风靡欧美。《趣题大全》是他留给后人的一份珍贵的遗产。

★ **1** 连接锁链 ★

如图所示5条锁链。想把它连接成一条锁链，应该打开几个环与其他环相接？假设打开一个环1分钟，关闭一个环也是1分钟，请问最短需要几分钟？

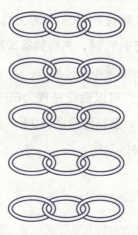

这是一个久负盛名的谜题。几乎所有人都认为10分钟（因为要接5个头），或者8分钟（打开再关闭4个环即可）。

实际上把其中的一条锁链全部打开，更节省时间。如下图所示，总共使用6分钟就可以把锁链全部连接起来。

然后把其余四条连在一起

关闭
1分钟

关闭
1分钟

关闭
1分钟

★ ② 摩托车大赛 ★

　　莫里斯正在环形赛道上参加摩托车比赛。他发现在他面前的参赛者的五分之一，加上在他后面的参赛者的六分之五，刚好等于参加这次比赛的总人数。

　　那么，请问这次比赛一共有多少人参加?

 答案

　　由于赛道是一个闭合的环形，所以在莫里斯前面的参赛者也是在他后面的参赛者，所以这两个分数各乘以莫里斯之外的所有参赛者人数后都得到正整数，设共有 x 人参加比赛，于是可以得到方程:

$$\frac{1}{5}(x-1) + \frac{5}{6}(x-1) = x$$

　　解得 $x=31$（人），也就是说莫里斯向前向后看时都看到了30人，参赛者总人数为31人。

★ ③ 彩色手套 ★

　　在衣柜抽屉中杂乱无章地放着10只红色的手套和10只蓝色的手套。这20只手套除颜色不同外，其他都一样。现在房间中一片漆黑，你想从抽屉中取出两只颜色相同的手套。最少要从抽屉中取出几只手套才能保证其中有两只配成颜色相同的一双？

 答案

千万不要把简单的问题想复杂了，这道题完全没有必要从概率的角度去想。先取出两个手套，如果它们颜色不一样，那么第三次取出的手套必然会和其中的一只颜色配套，因此只需要取出三只手套就可以保证其中有两只能配成颜色相同的一双。

★ ❹ 两根铁条 ★

一张桌上放着两根铁条。看上去它们一模一样，但是其中一根是有磁性的（两端各有一个磁极），而另一根没有磁性。

如果只允许你在桌面上移动它们，不能把它们提起，也不能借助于任何其他物品或器具，你能不能判定哪一根铁条是有磁性的？

 答案

当你开始物理学中磁力的学习时，老师一定会向你提出这个问题的，现在你可以提前知道答案了。条形磁铁的中部是没有磁性的，根据这一点，我们可以把两根铁条摆成一个"T"字形。这时，如果两个铁条相互吸引，那就说明横放着的是没有磁性的铁

条；反之，如果没有相互吸引，那么横放着的就是有磁性的铁条。

⑤ 巧得算式 ★

以下算式中，等号左边均为四个"4"，你能否通过添加四则运算符号或者"（）"来完成算式，最终得到等号右边的结果呢？

4 4 4 4 = 1　　　4 4 4 4 = 2

4 4 4 4 = 3　　　4 4 4 4 = 4

4 4 4 4 = 5　　　4 4 4 4 = 6

$4 \times 4 \div 4 \div 4 = 1$　　　$4 \div 4 + 4 \div 4 = 2$

$(4 \times 4 - 4) \div 4 = 3$　　　$(4 - 4) \times 4 + 4 = 4$

$(4 \times 4 + 4) \div 4 = 5$　　　$(4 + 4) \div 4 + 4 = 6$

这是非常有名的"四个4"谜题。除以上答案外还有其他算法，看看你能再找出多少种算法。

CHAPTER 4

聪明人的游戏

　　数学原来还可以这样玩？建建模型，看看聪明人如何把现实中的困难问题用数学思想巧妙解决；倒推算式，测测自己的逆向思维能力；摆摆火柴，锻炼一下自己的应变能力。

　　是不是觉得有些困难？没关系，思维就是得在虐待中成长！

Ultraman

淘乐斯变身公仔

数字谜题

1 把1～9这九个数字填到下面的九个□里，组成三个等式（每个数字只能填一次）：

$$
\begin{cases}
\square \times \square = \square , \\
\square \times \square = \square , \\
\square \times \square = \square .
\end{cases}
$$

如果从加法与减法两个算式入手，那么会出现许多种情形。如果从乘法算式入手，那么只有下面两种可能：

2×3＝6或2×4＝8，

所以应当从乘法算式入手。

因为在加法算式□＋□＝□中，等号两边的数相等，所以加法算式中的三个□内的三个数的和是偶数；而减法算式□-□＝□可以变形为加法算式□＝□＋□，所以减法算式中的三个□内的三个数的和也是偶数。于是可知，原题加减法算式中的六个数的和应该是偶数。

若乘法算式是2×4＝8，则剩下的六个数1，3，5，6，7，9的和是奇数，不合题意；

若乘法算式是2×3＝6，则剩下的六个数1，4，5，7，8，9可分为两组：

4＋5＝9，8-7＝1（或8-1＝7）；

1＋7＝8，9－5＝4（或9－4＝5）。

所以答案为：

$$
\begin{cases} 7+1=8, \\ 9-4=5, \\ 2\times3=6, \end{cases}
\text{（其中1和7，4和5，2和3可以对调）}
$$

$$
\text{与}
\begin{cases} 4+5=9, \\ 8-7=1, \\ 2\times3=6。 \end{cases}
\text{（其中4和5，7和1，2和3可以对调）}
$$

2 在下列各加法算式中，相同的汉字代表相同的数字，不同的汉字代表不同的数字，求出这两个算式：

$$
\begin{array}{r}
我\ 学\ 数\ 学 \\
学\ 数\ 学 \\
数\ 学 \\
+\qquad 学 \\
\hline
4\ 4\ 8\ 8
\end{array}
$$

这是一道四个数连加的算式，其特点是相同数位上的数字相同，且个位与百位上的数字相同，即都是汉字"学"。

　　从个位相同数相加的情况来看，和的个位数字是8，有两种可能情况：2＋2＋2＋2＝8与7＋7＋7＋7＝28，即"学"＝2或7。

　　如果"学"＝2，那么要使三个"数"所代表的数字相加的和的个位数字为8，"数"只能代表数字6。此时，百位上的和为"学"＋"学"＋1＝2＋2＋1＝5≠4。因此"学"≠2。

　　如果"学"＝7，那么要使三个"数"所代表的数字相加再加上个位进位的2，和的个位数字为8，"数"只能代表数字2。

　　百位上两个7相加要向千位进位1，由此可得"我"代表数字3。

　　满足条件的解如下式：

$$
\begin{array}{r}
3\,7\,2\,7 \\
7\,2\,7 \\
2\,7 \\
+\qquad 7 \\
\hline
4\,4\,8\,8
\end{array}
$$

　　验证可知符合题意，因此"学"为7，"数"为2，"我"为3。

3 　在下列加法算式中，相同的汉字代表相同的数字，不同的汉字代表不同的数字，求出这些汉字所代表的数字：

$$
\begin{array}{r}
努 \\
努\ 力 \\
努\ 力\ 学 \\
+\ 努\ 力\ 学\ 习 \\
\hline
5\ 4\ 3\ 2
\end{array}
$$

　　由千位看出，"努"=4。由千、百、十、个位上都有"努"，5432-4444=988，可将竖式简化为：

$$
\begin{array}{r}
力 \\
力\ 学 \\
+\ 力\ 学\ 习 \\
\hline
9\ 8\ 8
\end{array}
$$

　　同理，可以看出"力"=8，988-888=100，因此原式又可简化为：

$$
\begin{array}{r}
学 \\
+\ 学\ 习 \\
\hline
1\ 0\ 0
\end{array}
$$

从而求出"学"=9，"习"=1。

满足条件的算式即为：

$$
\begin{array}{r}
4 \\
4\,8 \\
4\,8\,9 \\
+\ 4\,8\,9\,1 \\
\hline
5\,4\,3\,2
\end{array}
$$

④ 下面算式中的不同汉字都代表着1～9之间的不同数字，请算出每个汉字所代表的数字。

$$
\begin{array}{r}
奥\ 林\ 匹\ 克\ 竞\ 赛 \\
赛 \\
\hline
数\ 数\ 数\ 数\ 数\ 数
\end{array}
$$

由于个位上的"赛"×"赛"所得的积不再是"赛"，而是另一个数，所以"赛"的取值只能是2，3，4，7，8，9。

下面采用逐一试验的方法求解。

（1）若"赛"＝2，则"数"＝4，积=444444。被乘数为444444÷2＝222222，而被乘数各个数位上的数字各不相同，所以

"赛"≠2。

（2）若"赛"＝3，则"数"＝9，按照（1）的方法验证，也不行。

（3）若"赛"＝4，则"数"＝6，积＝666666。666666÷4得不到整数商，不合题意。

（4）若"赛"＝7，则"数"＝9，积＝999999。被乘数为999999÷7＝142857，符合题意。

（5）若"赛"＝8或9，带入验证后均不合题意。

所以，被乘数是142857。

原算式即为：142857×7＝999999。

5 填入适当的数字完成下列算式。

$$
\begin{array}{r}
6\ \square\ \square \\
\times\ \square\ \square\ \square \\
\hline
\square\ \square\ \square \\
\square\ \square\ \square\ \ \ \\
\square\ 5\ \square\ 5\ \ \ \ \\
\hline
\square\ \square\ 5\ \square\ 4\ \square
\end{array}
$$

为清楚起见，我们用A，B，C，D，…表示□内应填入的数字，则原式变为：

$$
\begin{array}{r}
6\,A\,B \\
\times \quad C\,D\,E \\
\hline
\square\ F\ \square \\
\square\square\ \square\ G \\
\square\ 5\ \square\ 5 \\
\hline
\square\square\ 5\ 4\ \square
\end{array}
$$

　　由被乘数大于500可知，E=1。由于乘数的百位数与被乘数的乘积的末位数是5，故B，C中必有一个是5。若C=5，则有：

　　6□□×5＝（600+□□）×5=3000+□□×5，也就是说□□×5=505，又因为□□为两位数，不可能等于505，与题意不符，所以B=5。

　　再由B=5推知G=0或5。若G=5，则F=A=9，此时被乘数为695，无论C为何值，它与695的积不可能等于□5□5，与题意不符，所以G=0，F=A=4。此时已求出被乘数是645，经试验只有645×7满足□5□5，所以C=7；最后由B=5，G=0知D为偶数，经试验知D=2。

所以原竖式为：

$$
\begin{array}{r}
6\ 4\ 5 \\
\times\quad 7\ 2\ 1 \\
\hline
6\ 4\ 5 \\
1\ 2\ 9\ 0\quad \\
4\ 5\ 1\ 5\quad\quad \\
\hline
4\ 6\ 5\ 0\ 4\ 5
\end{array}
$$

此类乘法竖式题应根据已给出的数字、乘法及加法的进位情况，先填比较容易的未知数，再依次填其余未知数。有时某未知数有几种可能取值，需逐一试验决定取舍。

巧填数阵

1 将1～8这八个数分别填入右图的○中，使两个大圆上的五个数之和都等于21。

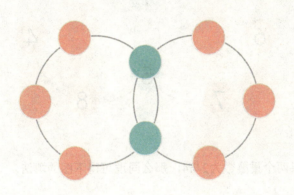

中间两个数是重叠数，重叠次数都是1次，所以两个重叠数之和为

$21×2-（1+2+\cdots+8）=42-36=6$。

在已知的八个数中，两个数之和为6的只有1与5，2与4。每个大圆上另外三个数之和为21-6=15。

如果两个重叠数为1与5，那么剩下的六个数2，3，4，6，7，8平分为两组，每组三数之和为15的只有

2+6+7=15和3+4+8=15，

故有下图的填法：

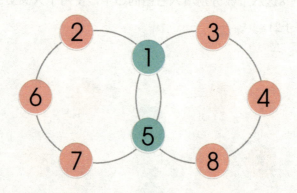

如果两个重叠数为2与4，那么同理可得下图的填法。

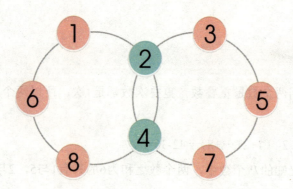

2　将1～6这六个自然数分别填入右图的六个○内，使得三角形每条边上的三个数之和都等于11。

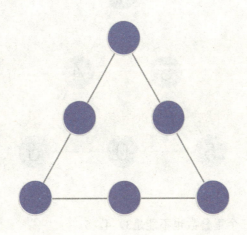

本题有三个重叠数，即三角形三个顶点○内的数都是重叠数，并且各重叠一次。所以三个重叠数之和等于

11×3-（1+2+…+6）=12。

1～6中三个数之和等于12的有1，5，6；2，4，6；3，4，5。

如果三个重叠数是1，5，6，那么根据每条边上的三个数之和等于11，可得下图的填法。容易发现，所填数不是1～6，不合题意。

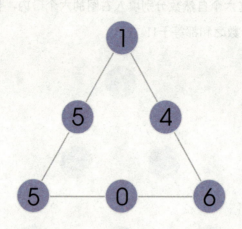

同理，三个重叠数也不能是3，4，5。

经试验，当重叠数是2，4，6时，可以得到符合题意的填法，见下图：

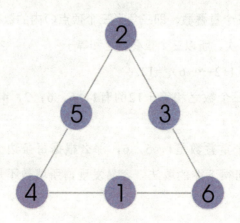

3 将1~6这六个自然数分别填入下图的六个○中，使得三角形每条边上的三个数之和都相等。

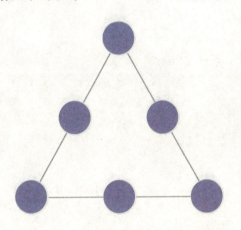

本题与第二题的不同之处在于：不知道每边的三数之和等于几。因为三个重叠数都重叠了一次，由（1+2+⋯+6）+重叠数之和=每边三数之和×3，得到每边的三数之和等于

[（1+2+⋯+6）+重叠数之和]÷3

=（21+重叠数之和）÷3

=7+重叠数之和÷3。

因为每边的三数之和是整数，所以重叠数之和应是3的倍数。考虑到重叠数是1~6中的数，所以三个重叠数之和只能是6，9，12或15，对应的每条边上的三数之和就是9，10，11或12。

由此可以得到下列四种排列方法：

每边三数之和等于12

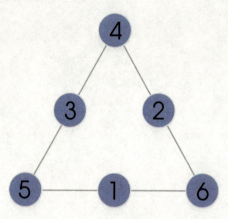

每边三数之和等于11

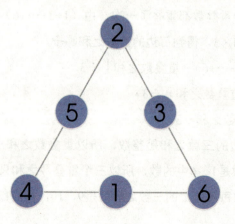

每边三数之和等于10

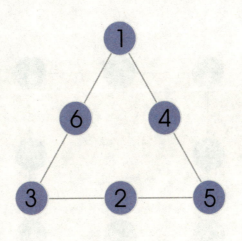

每边三数之和等于9

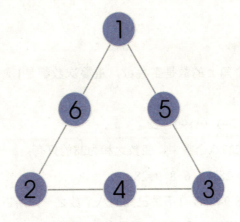

4   将2～9这八个数分别填入右图的〇里，使每条边上的三个数之和都等于18。

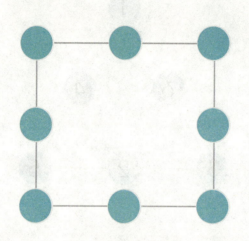

 答案

因为四个角上的数是重叠数，重叠次数都是1次。所以四个重叠数之和等于：

18×4-（2+3+…+9）=28。

而在已知的八个数中，四数之和为28的只有：

4+7+8+9=28或5+6+8+9=28。

又由于18-9-8=1，1不是已知的八个数之一，所以，8和9只能填对角处。由此得到下图所示的重叠数的两种填法：

填法a：

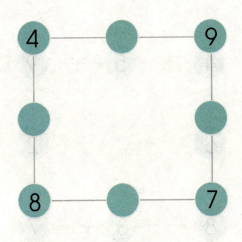

填法b：

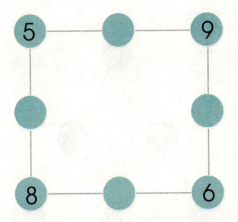

对这两种填法进行试填可知，只有填法a符合题意，最终得到结果为：

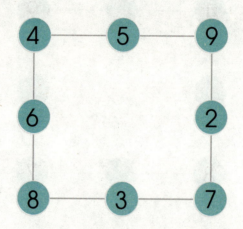

对于此种封闭型数阵，我们可以用以下思路来解答。

封闭型3-3图：

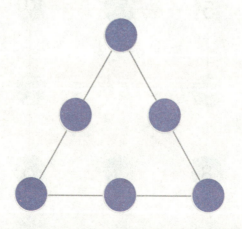

封闭型4-3图：

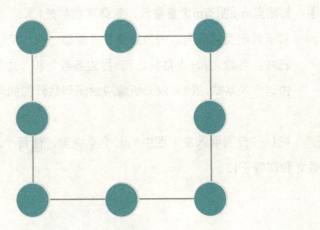

封闭型5-3图：

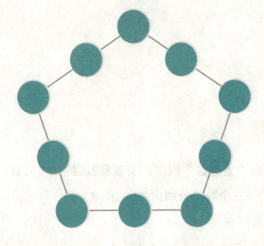

一般地，在m边形中，每条边上有n个数的图形称为封闭型m-n图。封闭型m-n图有m个重叠数，重叠次数都是1次。

对于封闭型数阵图，因为重叠数只重叠一次，所以

已知：各数之和+重叠数之和=每边各数之和×边数。

由这个关系式，就可以分析解决封闭型数阵图的问题。

⑤ 把1～7分别填入左下图中的七个空块里，使每个圆圈里的四个数之和都等于13。

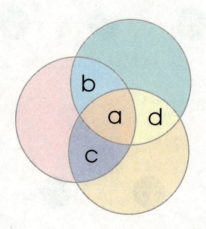

这道题的"重叠数"很多。有重叠2次的（中心数，记为a）；有重叠1次的（三个数，分别记为b，c，d）。

根据题意应有：

（1+2+…+7）+a+a+b+c+d=13×3，

即 a+a+b+c+d=11。

因为1+2+3+4=10，11-10=1，所以只有a=1，b，c，d分别为2，3，4才符合题意，填法见下图：

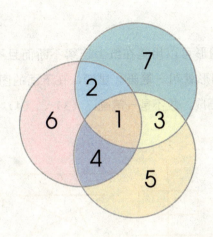

神奇的一笔画

　　如果一个图形可以用笔在纸上连续不断而且不重复地一笔画成，那么这个图形就叫一笔画。显然，在下面的图形中，（1）、（2）不能一笔画成，故不是一笔画，（3）、（4）可以一笔画成，是一笔画。

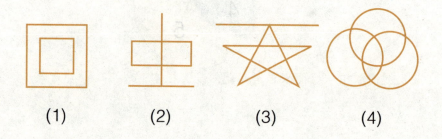

　　　　（1）　　　　　　（2）　　　　　　（3）　　　　　　（4）

　　同学们可能会问：为什么有的图形能一笔画成，有的图形却不能一笔画成呢？一笔画图形有哪些特点？

　　关于这个问题有一个著名的数学故事——哥尼斯堡七桥问题。

　　哥尼斯堡是立陶宛共和国的一座城市，布勒格尔河从城中穿过，河中有两个岛，18世纪时河上共有七座桥连接A，B两个岛以及河的两岸C，D（如下图）：

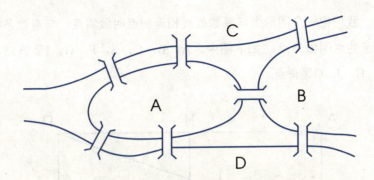

所谓七桥问题就是：一个散步者要一次走遍这七座桥，每座桥只走一次，怎样走才能成功？

当时的许多人都热衷于解决七桥问题，但是都没成功。后来，这个问题引起了大数学家欧拉（1707～1783）的兴趣，许多人的不成功促使欧拉从反面来思考问题：是否根本就不存在这样一条路线呢？经过认真研究，欧拉终于在1736年圆满地解决了七桥问题，并发现了一笔画原理。欧拉是怎样解决七桥问题的呢？因为岛的大小，桥的长短都与问题无关，所以欧拉把A，B两岛以及陆地C，D用点表示，桥用线表示，那么七桥问题就变为下图是否可以一笔画的问题了。

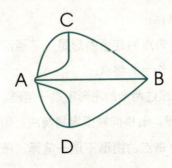

我们把一个图形上与偶数条线相连的点叫做偶点，与奇数条线相连的点叫做奇点。如下图中，A，B，C，E，F，G，I是偶点，D，H，J，O是奇点。

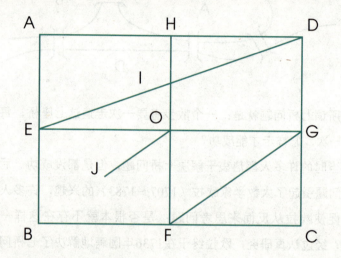

欧拉的一笔画原理是：

（1）一笔画必须是连通的（图形的各部分之间连接在一起）；

（2）没有奇点的连通图形是一笔画，画时可以以任一偶点为起点，最后仍回到这点；

（3）只有两个奇点的连通图形是一笔画，画时必须以一个奇点为起点，以另一个奇点为终点；

（4）奇点个数超过两个的图形不是一笔画。

利用一笔画原理，七桥问题很容易解决。因为图中A，B，C，D都是奇点，有四个奇点的图形不是一笔画，所以一个散步者不可能不重复地一次走遍这七座桥。

顺便补充两点：

（1）一个图形的奇点数目一定是偶数。

因为图形中的每条线都有两个端点，所以图形中所有端点的总数必然是偶数。如果一个图形中奇点的数目是奇数，那么这个图形中与奇点相连接的端点数之和是奇数（奇数个奇数之和是奇数），与偶点相连的线的端点数之和是偶数（任意个偶数之和是偶数），于是得到所有端点的总数是奇数，这与前面的结论矛盾。所以一个图形的奇点数目一定是偶数。

（2）有K个奇点的图形要K÷2笔才能画成。

例如：下面左图中的房子共有B，E，F，G，I，J六个奇点，所以不是一笔画。如果我们将其中的两个奇点间的连线去掉一条，那么这两个奇点都变成了偶点，如果能去掉两条这样的连线，使图中的六个奇点变成两个，那么新图形就是一笔画了。将线段GF和BJ去掉，剩下I和E两个奇点（见右下图），这个图形是一笔画，再添上线段GF和BJ，共需三笔，即6÷2笔画成。

一个K（K＞1）笔画最少要添加几条连线才能变成一笔画呢？

　　我们知道K笔画有2K个奇点，如果在任意两个奇点之间添加一条连线，那么这两个奇点同时变成了偶点。

　　如左下图中的B，C两个奇点在右下图中，经过连接都变成了偶点。

　　所以只要在K笔画的2K个奇点间添加（K-1）笔就可以使奇点数目减少为2个，从而变成一笔画。

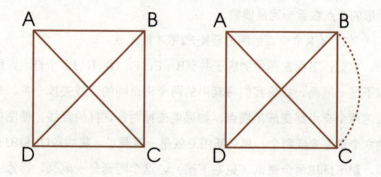

　　例如左图中，有A、B、C、D四个奇点，不是一笔画。将B、C相连后，奇点数变为2个，就可以一笔画成了。

　　到现在为止，我们已经学会了如何判断一笔画和多笔画，以及怎样添加连线将多笔画变成一笔画。

　　学习了这些基础知识后，我们就可以着手解决一笔画问题了。一定要牢记住一笔画的相关原则哦。

1 右图是某展览馆的平面图，一个参观者能否不重复地穿过每一扇门？

如果不能，请说明理由。

如果能，应从哪开始走？

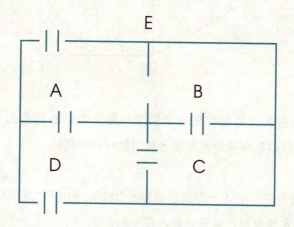

我们将每个展室看成一个点，室外看成点E，将每扇门看成一条线段，两个展室间有门相通表示两个点间有线段相连，于是得到下图。

能否不重复地穿过每扇门的问题，变为下图是否为一笔画问题。

通过观察可知：

下图中只有A，D两个奇点，是一笔画，所以答案是肯定的，应该从A或D展室开始走。

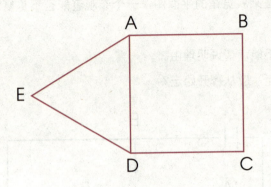

　　此题的关键是如何把一个实际问题变为判断是否为一笔画问题，就像欧拉在解决哥尼斯堡七桥问题时做的那样。

2 　　下图中每个小正方形的边长都是100米。小明沿线段从A点到B点，不许走重复路，他最多能走多少米？

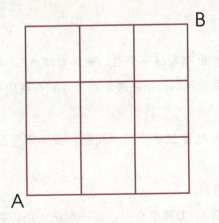

大部分朋友在解决这个问题时都会采用试画的方法，实际上可以用一笔画原理求解。首先，图中有8个奇点，在8个奇点之间至少要去掉4条线段，才能使这8个奇点变成偶点；其次，从A点出发到B点，A，B两点必须是奇点，现在A，B都是偶点，必须在与A，B连接的线段中各去掉1条线段，使A，B成为奇点。所以24条线段中至少要去掉6条线段，也就是最多能走1800米，可以有以下两种走法：

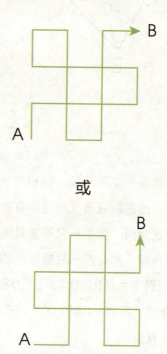

或

3 在六面体的顶点B和E处各有一只蚂蚁，它们比赛看谁能爬过所有的棱线，最终到达终点D。已知它们的爬速相同，哪只蚂蚁能获胜？

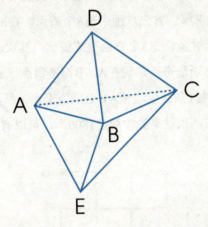

 答案

　　许多同学看不出这是一笔画问题，但利用一笔画的知识，能非常巧妙地解答这道题。这道题只要求爬过所有的棱，没要求不能重复。可是两只蚂蚁爬速相同，如果一只不重复地爬遍所有的棱，而另一只必须重复爬某些棱，那么前一只蚂蚁爬的路程短，自然先到达D点，因而获胜。问题变为从B到D与从E到D哪个是一笔画问题。图中只有E，D两个奇点，所以从E到D可以一笔画出，而从B到D却不能，因此E点的蚂蚁获胜。

火柴棒谜题

用火柴棒可以摆出以下数字和运算符号：

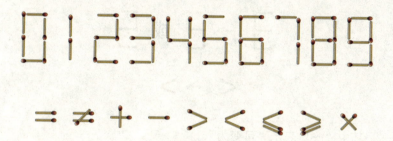

这些数字和符号，在去掉或添加或移动火柴棍后有些可以相互变化。例如：

添加1根火柴，可以得到：

1 → 7   5 → 6 或 9

－ → ＋ 或 ＝

去掉1根火柴，可以得到：

$$8 \rightarrow 6 \text{ 或 } 9 \text{ 或 } 0$$

$$\neq \rightarrow =$$

移动1根火柴，可以得到：

$$3 \rightarrow 2 \text{ 或 } 5$$

$$< \rightarrow >$$

其中"→"表示"可变为"。

1 下面火柴棍摆的算式都是错的。请在各式中去掉或添加或移动1根火柴棍，使各式成立。

$$17 + 3 = 14$$

$$15 + 13 = 6$$

$$13 \times 4 = 53$$

（1）去掉1根，可变为：

$$17 - 3 = 14$$

（2）移动1根，可变为：

$$19 - 13 = 6$$

（3）移动1根，可变为：

$$13 \times 4 = 52$$

2 请改变2根火柴棒把下列等式变正确。

去掉一根，移动一根可以得到：

$$22-11-4=7$$

③ 移动2根火柴棒，让下列两个算式成立。

$$1+9=8+8$$

$$1+6+8=8$$

（1）将右边的两个"8"分别移走一根到左边，变成"6"和"9"；左边的两个数字分别加上一根火柴棒后变成"7"和"8"，如图：

$$7+8=6+9$$

（2）将第二个加号移走一根火柴棒后变为减号，移走的火柴棒把"1"变为"7"；随后把"6"中的火柴移走一根，让"6"变成"9"，由此得到下图：

$$7+9-8=8$$

❹ 移动三根火柴让下列算式成立。

$$205×8=1615$$

移动等式左边的"2"中的一根火柴和"8"中的两根火柴，把"2"变为"6"，"8"变为"3"，多出的火柴移到等式右边的"6"中，将其变为"8"，由此得到下列算式：

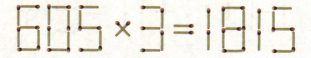

$$605×3=1815$$

5 移动一根火柴让下列算式成立。

$$3-5=2$$

这道题是不是把你难住了？其实我们不光可以变换数字，也可以变换"="的位置，我们只需将"="与"-"用一根火柴调换即可。所得结果如下图：

$$3=5-2$$

6 移动一根火柴让下列算式成立。

$$14+7+11=24$$

移动左边"+"号中的一根火柴棒，把原式中的"11"变为"17"，原算式便变为：

$$14-7+17=24$$

7 添加一根火柴让下列算式成立。

$$15 \times 6 = 96$$

这道题很简单吧，对数字敏感的同学一眼就能发现16×6＝96，那么只需添加一根火柴棒把"15"变成"16"即可。

$$16 \times 6 = 96$$

8 下面方格里的数字，都是用火柴棒组成的。请你移动其中的1根火柴，使每一横行和竖行里的数字相加的和都相等。

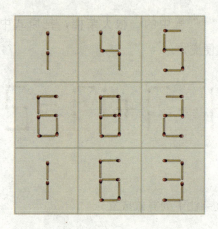

3个横行的数字和分别是10，16，10，3个竖行的数字和分别是8，18，10，那么肯定要将第2行的前两个数字进行调整。

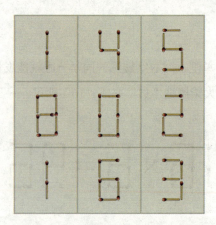

小结：用火柴棒拼成算式，要根据火柴棒组成的数的特点和算式的特点来做。我们可以根据算式中给出的数的特点，从火柴棒排成的数字拿走或添上火柴棒，变成另一个数，或改变一个运算符号，就可以使算式成立。

数学思维极限

★ 看错的门牌号 ★

一个运动员的门牌号是一个四位数。一天，他在门外做倒立时发现他们的门牌号倒着看成了另外一个四位数，而且大了4782。

问该人的门牌号码是多少？

答案

我们把能够倒过来的几个数字列出来，1，6，8，9，0。

个数相差接近4的只有1和6，因此这个四位数首位一定是6、末尾一定是1，即这个数为1xx9,倒过来看就是6xx1。

接下来就是一个简单的算式谜了，由于数字只能在1、6、9、0中选取，很快就得到了答案。这个门牌号是1899，倒过来看是6681。

★ 聪明的老鼠 ★

有一次，一只猫抓了20只老鼠，排成一列。猫宣布了它的决定：首先将站在奇数位上的老鼠吃掉，接着将剩下的老鼠重新按1、2、3、4…编号，再吃掉所有站在奇数位上的老鼠。如此重复，最后剩下的一只老鼠将被放生。一只聪明的老鼠听了，马上选了一个位置，最后剩下的果然是它，猫将它放走了！

排在第16个。第1次能被2整除的剩下了，第2次能被4（2的平方）整除的剩下了，第3次能被8（2的3次方）整除的剩下了，第4次能被16（2的4次方）整除的剩下了,所以只有第16个不会被吃掉。

★ 女生人数 ★

某校初一有甲、乙、丙三个班，甲班比乙班多4个女生，乙班比丙班多1个女生，如果将甲班的第一组同学调入乙班，同时将乙班的第一组同学调入丙班，同时将丙班的第一组同学调入甲班，则三个班的女生人数恰好相等。已知丙班第一组有2名女生，问甲、乙两班第一组各有多少女生？

你是不是被题目给绕晕了？理顺自己的思路，把繁琐的文字变成简洁的算式吧。

设甲、乙两班第一组的女生分别有m和n个，丙班女生有x个，依据题意则：乙班就有x+1个女生，甲班就有x+5个女生，三个班平均每班有女生x+2个（利用改变量来计算）

丙班：-2+n=（x+2）-x

甲班：+2-m=（x+2）-（x+5）

可以得出 m=5，n=4

因此甲乙两班第一组各有女生5人、4人。

★ 书的页码 ★

对一本书的所有页码从1开始顺序编号。为编此页码所用的1、2、3…9、0数码总共有999个，请问此书多少页？

答案

从1页到9页，有9页，$1×9=9$，用了9个数字；

从10页到99页，有90页，$2×（99-9）=180$，用了180个数字；

此时还剩下：$999-9-180=810$个数字，而这些数字都分布在100～999之间的页码中，因此三页的页码有：

$810÷3=270$（页）

所以总页码数为：$9+90+270=369$（页）。

★ 如何盈利 ★

我们大家一起来试营一家有80间套房的旅馆，看看知识如何转化为财富。

经调查得知，若我们把每日租金定价为160元，则可客满；而租金每涨20元，就会失去3位客人。每间住了人的客房每日所需服务、维修等项支出共计40元。

问题：我们该如何定价才能赚最多的钱？

日租金为360元时，可以获得最大利润。

虽然比客满价高出200元，因此失去30位客人，但余下的50位客人还是能给我们带来360×50=18000元的收入；扣除50间房的支出40×50=2000元，每日净赚16000元。而客满时净利润只有160×80-40×80=9600元。

如果你学过一元二次方程的函数图像，你可以设函数将其画出，这样你会更加清晰的看到利润与房价的对应关系。

★ 装水果 ★

联欢会上，要把10个水果装在6个袋子里，要求每个袋子中装的水果都是双数，而且水果和袋子都不剩。应该怎样装？

每个袋子放2个，再把5个袋子装在最后一个袋子里。当常规方法无法解答问题时，不妨换个思路来想想。

★ 不知数目的梨 ★

　　一个筐里装着52个苹果，另一个筐里装着一些梨。如果从梨筐里取走18个梨，那么梨就比苹果少12个。原来梨筐里有多少个梨？

　　下面给出三种求解方法，请自己想想其中的区别。

　　（1）根据取走18个梨后，梨比苹果少12个，先求出梨筐里现有梨52-12=40（个），再求出原有梨：（52-12）+18=58（个）。

　　（2）根据取走18个梨后梨比苹果少12个，我们设想"少取12个"梨，则现有的梨和苹果一样多，都是52个。这样就可先求出原有梨比苹果多18-12＝6（个），再求出原有梨：52+（18-12）=58（个）。

　　（3）根据取走18个梨后梨比苹果少12个，我们设想不取走梨，只在苹果筐里加入18个苹果，这时有苹果：52+18=70（个）。这样一来，现有苹果就比原来的梨多了12个。由此可求出原有梨（52+18）-12=58（个）。

因此原来框中有58个梨。

★ 日进夜退 ★

一口枯井深230厘米，一只蜗牛要从井底爬到井口处。它每天白天向上爬110厘米，而夜晚却要向下滑70厘米。这只蜗牛哪一天才能爬出井口？

因蜗牛最后一个白天要向上爬110厘米，井深230厘米减去这110厘米后（等于120厘米），就是蜗牛前几天一共要向上爬的路程。

因为蜗牛白天向上爬110厘米，而夜晚又向下滑70厘米，所以它每天向上爬110-70=40（厘米）。

由于120÷40=3，所以，120厘米是蜗牛前3天一共爬的。故第4个白天蜗牛才能爬到井口。

★ 检阅彩车 ★

一次检阅，接受检阅的彩车车队共有30辆，每辆车长4米，前后每辆车相隔5米。这列车队共排列了多长？如果车队每秒行驶2米，那么这列车队要通过535米长的检阅场地，需要多久？

答案

车队间隔共有，30-1＝29（个），

每个间隔5米，所以，间隔的总长为：

（30-1）×5＝145（米），

而车身的总长为30×4＝120（米），故这列车队的总长为：

（30-1）×5+30×4＝265（米）。

由于车队要行265＋535＝800（米），且每秒行2米，所以，车队通过检阅场地需要：

（265＋535）÷2＝400（秒）＝6分40秒。

答：这列车队共长265米，通过检阅场地需要6分40秒。

★ 踏台阶 ★

父子俩一起攀登一个有300个台阶的山坡，父亲每步上3个台阶，儿子每步上2个台阶。从起点处开始，父子俩走完这段路共踏了多少个台阶？（重复踏的台阶只算一个）

 答案

因为两端的台阶只有顶的台阶被踏过，根据已知条件，儿子踏过的台阶数为：

300÷2＝150（个），

父亲踏过的台阶数为300÷3＝100（个）。

由于2×3=6，所以父子俩每6个台阶要共同踏一个台阶，共重复踏了300÷6＝50（个）。所以父子俩共踏的台阶级数为：

150＋100-50＝200（个）。

答：父子俩一共踏了200个台阶。

★ 坐船过河 ★

37个同学要坐船过河，渡口处只有一只能载5人的小船（无船工）。他们要全部渡过河去，至少要使用这只小船渡河多少次？

如果由37÷5=7余2，得出7+1=8次，那就错了。因为忽视了至少要有1个人将小船划回来这个特定的要求。实际情况是：小船前面的每一个来回至多只能渡4个人过河去，只有最后一次小船不用返回才能渡5个人过河。

因为除最后一次可以渡5个人外，前面若干个来回每个来回只能渡过4个人，每个来回是2次渡河，所以至少渡河

　　［（37-5）÷4］×2+1=17（次）。

因此至少要渡河17次。

★ 提前响的闹钟 ★

小丽家里的闹钟每天早晨6点半准时响铃，提醒小丽起床，准备上学。有一次，小丽第二天要6点钟起床到学校去大扫除，她在头天晚上9点时把闹钟钟面时间调到8点半还是调到9点半，才能使闹钟第二天早晨6点钟响铃？

 答案

要使闹铃6点钟响，即比平常提前半小时响，此时的钟面时间是6点半，它比正确时间多半小时。所以，在头天晚上9点调时针时，必须使钟面时间比正确时间多半小时，即应调到9点半。

★ 约定的时间 ★

小明和小强约定10点钟在学校门口碰面，小明的表慢5分钟，而他却以为慢10分钟；小强的表慢10分钟，而他却以为快5分钟。他俩会面时，谁迟到了？先到者等了多少时间才见到迟到者？

 答案

以正确时间为准。小明以为他的表慢10分，所以，他比钟面时间提早10分到达，实际上他的钟面时间只比正确时间慢5分，所以小明提前了10-5=5（分）；小强以为他的表快5分，所以，他比钟面时间晚到5分，实际上他的钟面时间比正确时间慢10分，小强迟到了10+5=15（分）。会面时，小强迟到了，又由于：

5+15=20（分）。

因此：小明等了小强20分钟。

★ 奇数与偶数 ★

在黑板上先写出三个自然数"3"，然后任意擦去其中的一个，换成所剩两个数的和。照这样进行100次后，黑板上留下的三个自然数的奇偶性如何？它们的乘积是奇数还是偶数？为什么？

根据奇偶数的运算性质知：

第一次擦后，改写得到的三个数是6，3，3，是"二奇一偶"；

第二次擦后，改写得到的三个数是6，3，3或6，9，3或6，3，9，都是"二奇一偶"。

以后若擦去的是偶数，则改写得到的数为二奇数之和，是偶数；若擦去的是奇数，则改写得到的数为一奇一偶之和，是奇数。总之，黑板上仍保持"二奇一偶"。

所以，无论进行多少次擦去与改写，黑板上的三个数始终为

"二奇一偶"。

它们的乘积：奇数×奇数×偶数=偶数。

故进行100次后，所得的三个自然数的奇偶性为二奇数、一偶数，它们的乘积一定是偶数。

★ 多出的乒乓球 ★

盒子里放有3只乒乓球，一位魔术师第一次从盒子里拿出1只球，将它变成3只球后放回盒子里；第二次又从盒子里拿出2只球，将每只球各变成3只球后放回盒子里……第十次从盒子里拿出10只球，将每只球各变成3只球后放回到盒子里。这时盒子里共有多少只乒乓球？

答案

一只球变成3只球，实际上多了2只球。第一次多了2只球，第二次多了2×2只球……第十次多了2×10只球。因此拿了十次后，多了：

$$2×1+2×2+\cdots+2×10=2×（1+2+\cdots+10）$$
$$=2×55=110（只）。$$

加上原有的3只球，盒子里共有球110+3=113（只）。

节日彩灯

节日的夜景真漂亮，街上的彩灯按照5盏红灯、再接4盏蓝灯、再接3盏黄灯，然后又是5盏红灯、4盏蓝灯、3盏黄灯……这样排下去。问：

（1）第100盏灯是什么颜色？

（2）前150盏彩灯中有多少盏蓝灯？

这是一个周期变化问题。彩灯按照5红、4蓝、3黄，每12盏灯一个周期循环出现。

（1）$100 \div 12 = 8 \cdots\cdots 4$，所以第100盏灯是第9个周期的第4盏灯，是红灯。

（2）$150 \div 12 = 12 \cdots\cdots 6$，前150盏灯共有12个周期零6盏灯，12个周期中有蓝灯$4 \times 12 = 48$（盏），最后的6盏灯中有1盏蓝灯，所以共有蓝灯$48 + 1 = 49$（盏）。

正立方体涂漆

一个边长为8的正立方体（正四面体），由若干个边长为1的正立方体组成，现在要将大立方体表面涂漆，问一共有多少小立方体被涂上了颜色？

由题意可知，大立方体一个面有64个小立方体，总共6个面，64×6=384（个）。

八个角上的小正方体特殊，每个被多算了两次，一共多算了2×8=16（个）。

其它处于边上的小正方体，每个被多算了一次，一共多算了：6×4×2+4×6=72（个）。

所以一共有：384-16-72=296（个）小立方体被涂了色。

★ 树高几何 ★

有甲乙两只蜗牛，它们爬树的速度相等，开始，甲蜗牛爬树12尺，然后乙蜗牛开始爬树，甲蜗牛爬到树顶，回过头来又往回爬到距离顶点1/4树高处，恰好碰到乙蜗牛。

问树高几尺？

从题目略作推理可知，甲爬了5/4个树的高度，乙爬了3/4个树的高度，因此甲比乙多爬了1/2个树的高度，即：树高的1/2为12尺，得出树为24尺。

★ 满分的人数 ★

一个班有50个学生。第1次考试有26人得到满分，第2次考试有21人得到满分。已知两次考试都没得到满分的人为17人，求两次考试都得到满分的人数。

我们用方程的思想来解决这个问题。令2次都得满分的人为x。

班级学生总数=第1次满分且第2次不是满分的人数

+第2次满分且第1次不是满分的人数

+2次都满分的人数

+2次都未满分的人数。

第1次满分且第2次不是满分的人数为26-x（人），第2次满分且第1次未满分的人数为21-x。

因此50=（26-x）+（21-x）+x+17

解得x=14，因此两次都得满分的人数为14人。

★ 四数之和 ★

有4个不同的自然数，它们当中任意两数的和是2的倍数，任意3个数的和是3的倍数，为了使这4个数的和尽可能小，则这4个数的和为？

由"它们当中任意两数的和是2的倍数",这四个数要么全为奇数,要么全为偶数。

再由"任意三个数的和都是3的倍数"可知这些数都是除以3后余数相同的数(能被3整除的数视其余数为0)。如第一个数取3(奇数,被3除余0),接着就应取9、15、21…(都是奇数,被3除余0);如第一个数取2(偶数,被3除余2),接着应取8、14和20…(都为偶数且被3除余2)。因为要让这4个数的和尽可能小,故第一个数应取1。所取的数应依次是:1、7、13、19,它们的和为1+7+13+19=40。

★ 求圆的周长 ★

A、B是圆的一条直径的两端,小张在A点,小王在B点,同时出发逆时针而行,第一周内,他们在C点第一次相遇,在D点第二次相遇。已知C点离A点80米,D点离B点60米。求这个圆的周长。

从一开始运动到第一次相遇,小张行了80米,小王行了"半个圆周长+80"米,也就是在相同的时间内,小王比小张多行了半个圆周长。

然后，小张、小王又从C点同时开始前进，因为小王的速度比小张快，要第二次再相遇，只能是小王沿圆周比小张多跑一圈。从第一次相遇到第二次相遇小王比小张多走的路程（一个圆周长）是从开始到第一次相遇小王比小张多走的路程（半个圆周长）的2倍。也就是，前者所花的时间是后者的2倍。对于小张来说，从一开始到第一次相遇行了80米，从第一次相遇到第二次相遇就应该行160米，一共行了240米。

　　这样就可以知道半个圆周长是240-60=180米。因此圆的周长为360米。

★ 巧得40毫升 ★

　　如果你有一个50毫升的水杯和一个30毫升的水杯，如何能准确的量出40毫升的水？

　　把倒满50毫升水杯子倒入空的30毫升杯子，倒至30毫升停止，把装满30毫升水的杯子倒空。

　　再把50毫升杯子中所剩的20毫升倒入空的30毫升的杯子，倒完为止。

　　最后向50毫升空杯子里倒满，然后把满的50毫升的水向盛有20毫升水的30毫升杯子倒，倒至30毫升为止。此时，50毫升杯子中就盛40毫升水。

★ **巧解算式** ★

$125 \times 618 \times 32 \times 25 = ?$

 答案

$$125 \times 618 \times 32 \times 25 = （125 \times 8）\times （4 \times 25）\times 618$$
$$= 1000 \times 100 \times 618$$
$$= 61800000。$$

★ **质数的积** ★

三个质数的和为100，这三个质数的积最大是多少？

 答案

三个质数的和为100，那么这三个数中必有一个偶数2（因为质数除了2之外全为奇数，两个奇数和必为偶数，加上最后一个质数要得到偶数100，则最后一个质数必为2）然后还剩下98，要求乘积最大，必须差最小。

而98÷2=49，也就是必须一个小于49，一个大于49，和为98。所以符合条件的这3个数是：2、37、61；它们的乘积为：

$2 \times 37 \times 61 = 4514。$

图书在版编目 (CIP) 数据

就是要不学无束. 被虐待的思维 / 田姝主编. —— 北

京：团结出版社，2011.1（2020.6重印）

ISBN 978-7-5126-0286-1

Ⅰ.①就… Ⅱ.①田… Ⅲ.①科学知识—少年读物

Ⅳ.①Z228.1

中国版本图书馆CIP数据核字(2010)第247908号

出　　版：团结出版社（北京市东城区东皇城根南街84号　邮编：100006）

电　　话：（010）65228880　65244790

网　　址：www.tjpress.com

E-mail：65244790@163.com

经　　销：全国新华书店

印　　刷：北京朝阳新艺印刷有限公司

绘　　图：陈　铮

开　　本：880×1230mm　1/32

印　　张：40

字　　数：400千字

版　　次：2011年1月第1版

印　　次：2020年6月第3次印刷

书　　号：ISBN 978-7-5126-0286-1/Z.78

定　　价：238.00元（全8册）

灰机灰走了

田姝 ◎ 主编

团结出版社
UNITY PRESS

小朋友，人的一生很漫长，但最关键的只有那么几步，小学阶段正是你成长的重要阶段。作为一个小学生的你，是什么样子的？你是不是喜欢嬉戏玩耍，而害怕受拘束和禁锢？你是不是喜欢自己动手实验，而不喜欢埋首于枯燥的课本当中？你是不是喜欢天马行空的想象，而不喜欢大人给的条条框框？

是的，你一定是这样的孩子。你一定像爱迪生一样爱思考；你一定像达尔文那样充满想象力；或是像司马光那样聪明机智；拥有毕加索那样的艺术天赋……其实，每一个孩子都是天才，只是，在成长的过程中，这些才能没有被激发出来而已。

现在，你一定想知道怎样才能让自己的潜能充分地发挥出来，让我们告诉你，秘诀就是《就是要不学无"束"》。它会帮助你找到分数与未来的平衡点；它会和你一起动手去探索那些生活中的科学小实验；它会用古老的益智游戏和有趣的数学谜题升级你的大脑；它还会带你穿越时空，去和古人交流思想；还有那些别人不知道的百科知识，那一棵棵引人发笑的稻草，那些无拘无束的想象，哦，还有你梦想着的未来……

目录

CHAPTER 3 笑没了眼...029

CHAPTER 4 笑掉大牙...043

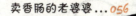

CHAPTER 7 笑弯了腰...093

CHAPTER 8 笑开了花...111

CHAPTER 9　名人逗你笑 ... 127

CHAPTER 10　别笑，我说的是外语 ... 143

CHAPTER 1

哄堂大笑

等 于 零

某日班会课上，老师就班级的卫生、纪律、学习等方面，洋洋洒洒地讲了大半节课。最后总结道："总之，我刚才说的话……"不知下面哪个同学不小心触到了计算器，一个响亮的电子女中音接着道："等于零。"惊愕片刻，全班哄堂大笑。

行为不礼貌

老师在给同学们上道德教育课时，发现学生小毛伏在桌上打盹儿，就叫道："小毛同学！"

小毛被惊醒了，应道："到！"

老师："什么叫行为不礼貌？"

小毛大声说："打扰别人休息的行为不礼貌！"

老师："……"

榜　样

小学的时候，学生们都视老师的话为准则。记得一年级的时候，语文老师走进教室，他用手蘸了一口唾液，"哗"的一声翻开课本，清了清喉咙："同学们，今天我们教第一课，请大家把书翻开。"我们一个个瞪大眼睛望着老师，有的同学茫然地也把手指伸到嘴里在舌头上蘸了蘸，然后才翻书……

我不过去

一次我们班一个女孩坐在后排听"随身听"，因为耳朵堵着，所以说话声音很大。她对同桌说："老师过来告诉我一声。"几乎所有同学都听到了。连在黑板上写字的老师也不例外。老师回过头看看那位同学。竟然说："我不过去！"

用心听课的学生

女老师竭力向孩子们证明学习好功课的重要性。

她说："牛顿坐在树下，眼睛盯着树在思考。这时，有一个苹果落在他的头上，于是他发现了万有引力定律。孩子们，你们想想看，做一位伟大的科学家多么好，多么神气啊！要想做到这一点，就必须好好学习。"

班上一个调皮鬼对此并不满意。他说："兴许是这样，可是，假如他坐在学校里，埋头书本，那他就什么也发现不了啦。"

新 发 现

学生问："老师，在我背书的时候，您怎么还拿着书？"

老师答："我那是要检查你有没有遗漏的地方。"

学生问："哦，老师，难道您也没背熟吗？"

老师："嗯……"

空座位

上课时，老师喊一名学生上讲台做题目。在等待过程中，老师在教室中来回巡视，发现有一名学生的位子是空的，便问："他到哪儿去了？"

学生很诧异地说："正在讲台上做题目！"

八国联军

历史课上，老师问："八国联军是日、美、英、法、德、俄以及哪两国？来，小明，你说！"

完全不懂的小明正不知怎么办时，一旁的小华偷偷的捏了小明，小明一痛之下说："咿（意）！"

　　接着，小华又踢了他一脚，小明就叫了一声："噢（奥）！"

　　老师很高兴地说："很好！全对！"

第一次上课

　　第一次到学校试讲，总怕紧张出错，于是做了种种的准备。发挥还行，没出什么错就下课了。我踌躇满志地把教案装进包里走出了教室。后面气喘吁吁地跑来一个学生："老师，把我们的黑板擦还给我们吧，我们还得上课呢！"

　　我愣了，打开包一看，黑板擦果然在里面。

他是隔壁班的

一个男生跑进教室，随后又站起来，离开教室。老师回头正巧看到他离去的身影，便生气地说："现在的人越来越不知道读书的好处。好！他不上我的课，我记下他。"

老师接着问班长："刚才的那个学生叫什么名字？"

班长说："他是隔壁班的，刚刚走错教室了。"

了不起的插班生

高中时我们班从外地转来一个插班生，这是一个非常优秀的学生，他几乎能回答出老师所有的难题，这让我们不得不对他佩服得五体投地。

一天，老师出了一道高难度的化学题，全班同学哗然，最后老师只好把目光转向了这个插班生。插班生问道，是用中文回答还是用英文回答。

全班更加哗然，因为我们几乎还不知道答案时，人家已经要求用英文来回答问题了。

"那先用中文吧。"

插班生回答："不知道。"

"英文呢？"

"I don't know！"

全班晕倒！

开卷考试

上星期我们编程上机考试，教授说开卷考试，但是你们不能上网查，我可是有监控的噢。考试进行中，教授突然说："10号机同学，你不要趁大家都考试的时候偷菜了。"说完还把那人的桌面在投影幕上最大化。全班爆笑。

句式转换

教师："请把'马儿跑了。'这句话转换成疑问句。"

小伊万："马儿会跑吗？"

教师："正确！很好！现在把它转换成祈使句。"

小伊万："驾！"

句式

　　课堂上，语文老师正在讲句式，她要求一位同学说一个疑问句。她叫到小马，小马揉揉眼睛，问道："老师，你叫我干什么？"

语文老师说："很好，请再说一个感叹句。"

小马睁大眼睛说："这也算对！"

语文老师又说："非常好，请再说一个陈述句。"

小马摇头说："我今天可能是发烧了。"

语文老师高兴地说："非常好，请坐下。"

小马迷惑地坐下了。

电话号码

"孩子们，"女教师说道，"这本书下面有一条注释，写着'歌德（1749-1832）'。这是什么意思？"

汉斯举手答道："我知道，这是他的电话号码！"

问　答

物理老师为了活跃一下课堂气氛，便在黑板上写下一道题，说："来，15号同学，你给大家讲一下这道题的做法。"15号是一滑头，只见他从容不迫地走上讲台，问："老师，你的意思是让我像老师一样在这儿讲吗？"老师回答："是这样的。"15号同学马上接着说："来，16号同学，请你给大家讲一下这道题的做法。"

谎　言

心理学教授在课上对学生们说："今天我准备给大家讲'什么是谎言'。有关这方面的问题我已经在我的一本学术著作《论谎言》中作了详尽的介绍。在你们当中读过我这本书的请举起手来。"

所有的学生都举起了手。

"很好，"教授接着说，"对于'什么是谎言'我们大家都有了切身的体会。因为我的这本著作尚未出版。"

家丑不外扬

有一位教师要求学生讲述一个有关暴动或激烈斗争的故事。

有个学生却一直静坐，一言不发。

老师问："你为何不讲呢？是不知道吗？"

学生答："老师，这种故事我知道许多，但妈妈吩咐过，'不许把家里发生的事往外说。'"

地 摊 货

　　督学看见教室里有个地球仪，便问学童甲："你说说看，这个地球仪为何会倾斜？"学童甲惶恐地答道："不是我弄歪的！"

　　督学摇摇头，转问学童乙。学童乙双手一摊，说道："您也看见，我是刚刚才进来的！"督学疑惑地问教师怎么回事。教师满怀歉意地说："不能怪他们，这地球仪买回来时已经是这样的了。"

　　校长见督学的脸色越来越难看，忙解释："说来惭愧，因为学校经费有限，我们买的是地摊货。"

CHAPTER 2

笑喷饭

不 早 问

老师："你这是写的什么字？潦草得我一个也不认识。"

学生仔细辨认了半天，摇摇头说："你怎么不早点儿问？现在我也不认识了。"

女厕所中的惊叫

晚上，女厕所里传来一阵尖叫。众女生忙抄起家伙，冲了进去，问："坏人在哪？"但此女生良久不语，只是低头垂泪，其楚楚可怜的模样让人看了心碎。在众人的追问下，女生终于开口了："我用洗脚的毛巾洗脸了！"

吐　了

　　老师在课堂上讲课，有个学生很饿，想把带来的那罐八宝粥偷偷喝掉。他就趁老师背对着他们写板书的时候，使劲一拽拉环，却不小心把八宝粥洒了一地，而他无意识地尖叫了一声，老师回过头，看到此情景，大叫："他吐了，快把他送到校医室。"

近视眼

一位年纪比较大的老师，眼睛极近视，要求很严格，不许有迟到的事情发生。结果，还是有个同学迟到了，偷偷摸摸地从后门进去，不幸得很，还是被老师发现了，看他坐下了，老师大步冲他走过去，大家都提心吊胆地看着，老师生气地对在他前面的另一位同学嚷道："你为什么迟到？"

喜剧和悲剧的距离

在我们大学，心理楼和音乐楼紧靠在一起。如果不关上窗户，心理系的教员便很难使学生听清讲课的内容。

这个温暖的春日就是个例子。在音乐楼，一位女生正在练声，其声音自尖锐的喊叫到拼命的嚎叫都有。我们的教授正在给我们讲解情感，说："喜剧和悲剧间的距离往往是很小的。"

一个认真的学生问道："这段距离有多少呢，先生？""大约50英尺。"我们的教授回答，冲隔壁的那座楼点了一下头。

事出有因

老师："你的作文《抢救亲人》怎么连个标点符号也没有？"

学生："那么急的事怎么能停顿呢？"

父 与 爹

老师："父就是爹，爹就是父。究竟什么时候该写父，什么时候该写爹呢？"

小新："忙的时候将爹写成父，闲的时候将父写成爹。"

老师："为什么？"

小新："爹的笔画比父的笔画多好多呀。"

最牛的学生

我刚开始去上课时，喜欢抽着烟去学校。特别是抽烟进学校时，会受到很多学生的注目。没几天，在进学校后，就有几个学生对我佩服得不得了："这个兄弟，你太有脾气了！居然敢抽烟进学校。你叫什么名字，我们以后都跟着你！"我回答道："我叫老师！"他们顿作鸟兽散，我郁闷了20分钟！

也不要推我

一个穿着整洁的小女孩奋力向前跑，赶着去上学。她不希望自己上课迟到，所以一边跑，一边祈祷："敬爱的上帝啊，请不要让我迟到！请不要让我迟到！"因为她一边跑又一边祈祷，一不留神失足跌倒，把衣服弄脏了。她赶紧站起来，拍一拍衣服，然后又一边跑一边说："敬爱的上帝，拜托别让我迟到，但是也不要推我。"

回 头 率

　　我们班的阿成本来就胖，过完假期就更胖了。不过阿成自我感觉良好，有一次他兴奋地对小鱼说："最近我的回头率好高啊，而且人家都要看上三眼以上！"

　　小鱼瞪大眼睛说："是吗？哦，我想，大概是因为一眼看不完吧！"

文 学 老 师

　　我们的文学课老师对我们极为严厉，但我们最怕的却是他分发考卷的方式。他发考卷的方式因考分高低而不同。

考分最高的试卷他就举在头顶上发给学生。次之的就放在桌子上让学生来取；再次之的就放在膝盖上让学生来取；再次之的就放在地板上让学生取回。这次期末的试卷在这样分发后仍有三名考生未拿到卷子，他们便问老师，他们的卷子哪里去了。

老师回答说："半夜时你们再到教室来，我掘个坑把卷子埋在讲台下。"

许　愿

新学期大家都许了个愿望。

甲：我希望每门功课都考100分！

乙：我希望每次考试都能拿满分！

丙：我希望每次考试都和他俩挨着坐。

勇 敢 的 行 为

小吉姆在薄薄的冰层上勇敢地走过去，救起了他的朋友，成了同学们羡慕的人物。

"你冒着生命危险救起了你的朋友！"大家敬佩地说。

"没办法，"小吉姆说，"他穿着我新买的冰鞋呢！"

蚊 子 的 威 力

小明："哇，你的脸怎么肿得这么大？"

小乐："唉，昨天和爸爸划船时，被一只蚊子给叮了。"

小明："肿得这么厉害，你一定被它给叮了很长时间吧？"

小乐："它刚停在我的脸上，就被我爸爸用船桨给打死了。"

指马为鹿

生物老师带学生参观农场。有个学生问老师："这头鹿为什么没有角？"

老师滔滔不绝地说："鹿没有角的原因很多。母鹿生来就不长角；公鹿虽然长角，有时候因为打架而折断，有时被主人锯掉了，所以也可能没有角……"

一旁的农场主人插话说："对不起，这是一匹小马，不是鹿。"

汽车救生圈

难得跟着妈妈出门的毛毛走在街上，忽然问妈妈："跑在路上的汽车也会掉进水里吗？"

"你怎么会有这种怪念头？"妈妈莫名其妙。

"妈妈您瞧！"毛毛用手指着汽车上的备用胎，"好多汽车都自己带着救生圈呢！"

闯红灯

玛丽太太因闯红灯上法庭。法官盯着她看，问："玛丽太太？你以前在西区小学当老师？"

"是的，你怎么知道？"

法官笑着说："我曾是你的学生。"

玛丽太太也笑了，轻松起来。

法官接着说："我等这一天等了20多年，现在罚你抄一千遍'我闯红灯错了，以后再也不犯了'。"

处罚的后果

两位老师在议论各自的沉重，其中一位说："昨天，有个学生不洗脸上学，我没让他上课。"

另一位老师十分赞赏："好办法，今天他一定洗得干干净净来上学了吧？"

"哪里，今天全班同学都不洗脸了。"

天气预报

大学的时候有一个好朋友，此女平时不怎么上网，但凡上网大概也是为了功课，所以她的QQ到现在还一个月亮两颗星星。

有一天，她上网时看到自己的QQ里有一个太阳，于是很高兴地告诉她宿舍同学丹，丹走过去一看，说道："这不是你QQ的太阳，这只是天气预报而已……"

CHAPTER 3

笑没了眼

拿出精神来

一年级的小学生上课无精打采，老师提醒大家："请大家拿出精神来！"

于是，学生开始在书包里翻起来，最后，有位学生举手提问："老师，请问哪个才是精神？"

接电话

导师正讲课呢，突然电话响了，他掏出来看了一下对我们说："一般人的电话我是不接的，更何况是在上课，但这个人的电话对我来说很重要，我不能不接，请大家原谅一下。"

然后，"喂，你好，我是XXX……哦，你打错了！！"

一场足球赛的作文

一天，老师正在给一个班的男孩子们上课。他要他们写一篇关于最近一场足球赛的作文。

一个男孩写了几个字，就放下了笔。老师问他："你为什么不写了？"

男孩说："我写完了。"

老师拿起他的本子，只见上面写着："雨天，未赛。"

缩写短文

老师要求学生把一篇一千五百字的文章缩写成五百字，下课时，一男生把作业交了。

老师看后问："你是怎么搞的，四十五米高的建筑物写成了十五米，六辆汽车写成了两辆，三个人写成了一个人？……"

男生答道："我可是严格按您要求的比例写的！"

比星星小的是什么

老师问一个小学生。

老师："用肉眼来看，太阳小还是月亮小？"

学生："月亮小。"

老师："比月亮小的呢？"

学生："星星。"

老师："比星星小的呢？"

学生："比星星小？这个……不知道。"

另一个学生举手说："老师，我知道！"

老师："那你来说吧！"

学生："比猩猩小的是猴子。"

家庭作业

下课后，老师对伊万说："让你爷爷来学校一趟"伊万问道："老师，不需要叫我爸爸妈妈来吗？"

老师说："不，伊万。叫你爷爷来就可以了。我要告诉他，他儿子在你的家庭作业里做错了一些题。"

千 万 别 走

　　一男生因为打架被学校开除，同班一位女生追到他家，对他说："你走了，我怎么办？"

　　男生的妈妈当时急了，问男生："你们俩有什么关系？"

　　男生也很纳闷，说："没什么关系呀！"

　　只听那女生说："你走了，我不就成倒数第一了吗？"

祖 国 是 什 么

　　有一天上课，老师问小丽："祖国是什么？"

小丽说："老师，祖国是我的母亲。"

老师说："回答得很好。"

接着老师又问小明："小明，祖国是什么啊？"

小明说："老师，祖国是小丽的母亲。"

寻人广播

星期天，百货公司的广播里忽然传出工作人员的声音："哪位家长丢了一个穿黄格子衬衫、蓝色牛仔裤的小男孩，请赶快到服务台。"

一个提了很多东西的女子听到后，连忙对身边的男子说："亲爱的，趁着有人帮我们看孩子，咱们赶紧到超级市场再买点蔬菜。"

我指的是轮子

新学期伊始，我们高年级学生去车站迎接新同学。我见一小女生站在一个大箱子旁不知所措，便主动上前帮她提起箱子。不料箱子超重，我又不好意思放下箱子，只好勉强支撑。才走了几步，那女生便对我说："背不动就滚吧。"

我一听此言，顿时怒从心头起，放下箱子，怒视着她。那女生愣了几秒钟，才满脸通红地指着箱子的底部对我说："我指的是轮子。"

等　待

一天，小明鼻青脸肿地回到家里。

"你今天和谁打架了？"妈妈大声道。

"……"

"我早就和你说，在你生气的时候，先从1数到50，要学会忍耐。"

"可……可是，小刚的妈妈只让他数到25。"

出国的理由

某学校决定在二班选派一名同学到美国留学。班主任请大家考虑派谁去最合适。

一学生高兴地站起来说："老师，让我去最合适。我白天上课就想睡觉，晚上却老是睡不着。而中国白天时美国正好是夜里。"

我的地盘我做主

某学生翻墙被校长捉住，校长问："你为什么翻墙？"

学生指着上衣说："美特斯邦威，不走寻常路！"

校长又问："这么高的墙你怎么翻过去的？"学生指着裤子

说："李宁，一切皆有可能！"

校长生气说："翻墙的滋味怎样？"

学生指着鞋："特步，飞一般的感觉！"

校长大怒："我要记你大过！"

学生不满，问："为什么？我又没犯错！"

校长冷笑道："动感地带，我的地盘我做主！"

买唱片

奶奶要到城里去，走的时候问小孙女："你不是说要奶奶给你买张镭射唱片吗？今天我去给你买。"

孙女高兴地说："好哦！谢谢奶奶！"

奶奶这时候又问："那你要什么样的唱片呢？"

孙女告诉她说："只要奶奶觉得难听的，就可以买了。"

咋睡着了

一个同学眼睛奇小，正常状态下看上去只有一道缝。

一日在食堂午饭后聚精会神地看电视，食堂一清洁工走过，惊奇道："同学，你咋吃完饭就在这儿睡着了？"

我的家

老师布置作业，让小军以《我的家》为题目写作文。

小军这样写道："我的家有爸爸妈妈和我三个人，每天早上一出门，我们三人就分道扬镳，各奔前程，晚上又殊途同归。

爸爸是建筑师，每天在工地上指手画脚；妈妈是售货员，每天在商店里来者不拒；我是学生，每天在教室里呆若木鸡。

我的家三个成员臭气相投。

但我的成绩不好的时候，爸爸也同室操戈，心狠手辣地揍得我五体投地，妈妈在一旁袖手旁观，从不见义勇为。"

好 消 息

儿子："爸爸，告诉您一个好消息。"

爸爸："什么好消息？"

儿子："您不是答应过我，如果这次考试能及格的话，奖励我100块钱吗？"

爸爸："嗯，有这么回事儿。"

儿子："这100块钱我给您省下啦！"

自动回复

刚学上网时，看到一个人的头像是蓝色的，于是就很虚心地发消息向他请教："你好，请问怎么才能把自己的名字变成蓝色？"

信息回的非常快："对不起，主人不在，我是他的QQ，有什么事和我说好了……"太厉害了，使用的QQ还会替主人聊天……于是就更加虚心地说："好QQ，能不能告诉我你的主人是怎么把名字变成蓝色的？"

消息还是很快就回过来。我都说了两遍了还问我，一生气，骂它："你这个变态的QQ，我都说了，怎么才能把我的名字变成蓝色！"

那边回的消息依然是一样的。

一个小时后，我知道那叫自动回复！

CHAPTER 4

笑掉大牙

半 边 天

"小强，你的本事真大呀，撑起咱们班的半边天了。"小明恭维说。

"何以见得？"小强得意地问。

"上课时你要不说话，咱班教室就安静一半啦！"

最短的作文

老师要同学们晚上在家里看三集少年电视剧后，写观后感。

小明没有看电视剧，第二天，他写了一篇两个字的作文："停电！"

老师见了，说他撒谎，不可能停电，叫他晚上看后再写一篇。

小明还是没看，写了一篇五个字的作文："电视机坏了。"

厉害的原因

课堂上，老师正在教孩子们看图片识动物，小亮总是分不清老虎和狮子。

于是，老师对小亮说："瞧，额头上有'王'字的是老虎，没有'王'字的是狮子！"

小亮仔细看看说："知道了。那么，狮子一定比老虎厉害！"

老师问："为什么？"

小亮郑重回答："因为没有人敢在狮子的脑门儿上写字！"

幽默的老师

有个老师很幽默。有一次，他在给一个新生班讲课前说道："我知道我的讲演有时很可能会很单调，很枯燥，甚至是无聊，我也允许你们在我讲课时不耐烦地看手表，但我决不能容忍你们把手表放在桌子上用力地捶它，看它是不是停了不走了？！"

被气哭的老师

女教师在黑板上画了一个苹果，然后提问："孩子们，这是什么呀？"

孩子们异口同声地回答："屁股！"

女教师哭着跑出教室，找校长告状："孩子们嘲笑人。"

校长走进教室，表情严肃地说："你们怎么把老师气哭了？啊！还在黑板上画了个屁股！"

没 人 合 作

老师问一学生："你的考试成绩怎么不像你打篮球那么棒呢？"

学生："老师，篮球场上有人合作，可考场上没人合作呀！"

注意你的同桌

老师要求学生写作文，题目是：《我长大了要干什么》

冬冬写道："我长大了要当一名警察，帮助大家抓坏人。"

老师的评语是："很好的愿望，不过，要先注意你的同桌阿牛，他说长大了要去抢银行。"

日 记

老师说每天都要写日记，于是，小明写道：

星期一，今天我看见一个老爷爷摔倒了，我把他扶起来就走了。

星期二，今天我看见一个老奶奶摔倒了，我把她扶起来就走了。

星期三，今天我看见一个小弟弟摔倒了，我把他扶起来就走了。

星期四，今天我看见一个小妹妹摔倒了，我把她扶起来就走了。

星期五，今天我摔了一个大跟头，我把自己扶起来，走了。

星期六、星期日，我没出门。

最吃惊的

　　新学期开始，每个学生都要上台作自我介绍。当一位很清秀的男生作自我介绍的时候，主持人问："请问你有没有被别人误以为是女生的时候？"

　　那男生不以为然，说："当然。从小学时老师就一直把我当做女生，直到有一天我一气之下剃光了所有的头发。"

　　"那老师们一定很吃惊吧？"

　　"嗯！不过最吃惊的不是老师，而是那位很殷勤地为我提了一年书包的男生。"

还有菜吗

化学课上老师讲解溶剂与溶质的关系："一定的溶剂只能溶解一定的溶质。比如说，你吃了一碗饭，又吃了一碗，第三碗吃下去已经饱了，你还能吃下去吗？"

有个学生问："还有菜吗？"

微型家长会

儿子："爸爸，星期五下午您有空吗？"

爸爸："什么事啊？"

儿子："学校要开微型家长会。"

爸爸："什么叫微型家长会？"

儿子："就是只有班主任、您和我参加。"

挥　手

昨天晚上，我在阳台上看风景，发现对面女生宿舍里一位漂亮的女孩拿着手绢在向我挥手，我也向她挥；然后她跑到另外一个窗口再跟我挥手，我也跟她再挥；后来她又走了，到第三个窗口跟我再挥手时我才反应过来，原来她在擦窗户……

一张白纸

老师叫同学们画画，只见小华的作业是一张白纸，老师生气了："小华！你的画呢！"

"就在这！"

"那你画了什么？"

"牛吃草。"

"草呢？"

"被牛吃了。"

"牛呢？"

"吃完就走了。"

反应迟钝

一天，小强上课时偷偷地玩手机，正好被在教室外巡视的班主任发现了。班主任掏出自己的手机，发了条信息给小强："你怎么不认真听课？"小强疑惑地回复："你是谁？"班主任又发了一条短信给他："你看看窗外。"小强看了一眼窗外，又偷偷地回复道："多谢提醒，我们等会儿再聊，我们班主任在窗外盯着呢！"

师　母

刚从美国转学来的乔治应邀到他的老师家做客。

"这是师母。"老师首先介绍了他的妻子。

"你的妈妈太年轻了。"乔治非常惊奇地说道。

将错就错

一日午夜，睡梦中突然——"铃……铃……"电话暴响。

"谁这么晚还打电话？"

揉揉惺忪睡眼，黑暗中，我摸起电话。

"喂，谁呀？"

"大舅，是我。"

"哦，是你呀，外甥。"

"大舅，您身体好吗？"

"挺好的。"

"我舅妈身体好吗？"

"都挺好的。"

"咦？大舅，你声音怎么变了？"

"因为你打错电话了，外甥。"

对方愣了5秒，然后电话中传来"嘟……嘟……"的忙音。

露 马 脚

学生："老师，汤姆在假期里常到公园去偷西瓜。"

老师："你怎么知道？"

学生："他每次都分给我吃。还有，上自习课的时候，汤姆什么也没干，就在那里坐着。"

老师："你又怎么发现的？"

学生："我一直在看着他。"

卖香肠的老婆婆

"妈妈，公园里有个可怜的老婆婆，我想帮助她。"

"宝贝你真有爱心！"

"那我就给她10元钱吧。"

"好的。"

过了一会儿，宝贝拿着一根香肠回来了。

"怎么买香肠了？"

"那个老婆婆就是卖香肠的呀！"

大学生的幽默校园生活

有一天，校门口来了一名物理爱好者，认为自己推翻了相对论。

我们去探讨请教，爱好者拿出一大堆自己演算的公式，给我们看，边看，爱好者在一旁很着急，不停地问："看懂了吗？看懂了吗？"

我们回答，没看懂。

爱好者这才松了一口气。

对 不 起

一天，儿子回到家说："爸，我今天考试得了30分。"

爸爸："下次再考低了，别叫我爸。"

第二天，儿子一进门就对爸爸说："对不起，先生。"

来接我

小学开学了，刚满6岁的冬冬不肯到学校注册上学。妈妈向冬冬解释：法律规定小朋友满6岁就要到学校上学，一直到15岁。最后冬冬终于在学校书桌前坐下来，眼含泪水地对妈妈说："等我15岁的时候，你会记得来接我吗？"

吱一声

语文课，老师叫起一昏睡同学回答问题，该同学迷迷糊糊啥也说不出。

老师无奈地说："你会不会呀？不会也吱一声啊！"

该同学："吱。"

老师汗下。

同学的妈妈想偷菜

同学小白："1268XXXX这是我妈妈的QQ号，麻烦你加下她。"

同学小丁："啊……"

同学小白："拜托了，让她偷点菜，我也没有办法啊！"

同学小丁："……"

正好留给您

老师带汤姆到餐厅用餐，服务员端来两块猪排，汤姆拣了一块大的放在自己的盘子里。

老师见了很不高兴，说："你怎么这样不礼貌？"

"那如果让您先拣，您挑哪块？"汤姆问。

"当然是小的。"

"那不正好嘛，小的那块我正好给您留下了。"

CHAPTER 5

笑到嘴抽筋

吓飞鸟儿

小明是一个顽皮的孩子。他最怕画图画，尤其是怕画鸟儿。有一天，图画老师在黑板上画了一只鸟儿站在树枝上，给学生做标本。小明左画右画，总画不像，看见同学们都交卷了，他也糊糊涂涂地交了上去。图画老师看了小明这幅画，不觉把教鞭在讲台上一拍道："你画的鸟儿哪里去了？"小明连忙答道："被你这一教鞭吓飞了。"

事出有因

父亲和女儿一起外出，女儿走累了，父亲就把她抱起来，让她骑在自己肩膀上。走着走着，女儿开始拔他的头发。父亲几次叫她住手，女儿依旧我行我素。

父亲终于被惹火了，大声训斥道："不许再拔了！"

"可是，爸爸，"女儿应声说，"我只是想把我的口香糖弄回来。"

歪打正着

老师在黑板上写着"扑朔迷离"四个字。

然后问一位学生："请你说一下这个成语是什么意思？"学生站起来，推了一下深度近视眼镜，仔细看了一下黑板上的四个字，看了半天也不明白，最后他无可奈何地说："老师，看不清楚。"老师说："你说对了，请坐下。"

要有礼貌

上课铃响了，学生一窝蜂似的涌进教室。

老师堵住一个学生问道："你叫什么名字？"

"王小明！"学生回答。

老师启发他说："和老师讲话时要有礼貌，必须加上'先生'这个称呼。好，现在回答我，你叫什么名字？"

"王小明先生。"

说 实 话

作文讲评课上，老师把批改好的作文发给大家。当他走到贝西的座位旁时，问：

"贝西，这次的作文是你做的吗？"

"我不知道。"贝西回答。

"你怎么会不知道呢！"老师生气地说，"说实话，到底是谁帮你做的？"

"我确实不知道，"贝西回答，"说实话，我那天晚上很早就睡了。"

三 部 曲

老师："这次你考试不及格，所以我要送你三本书。先看第一本《口才》，尽量说服你父亲不要打你。如果说服不了，赶紧看第二本《短跑》。如果没跑掉，就只能看第三本书了。"

学生："什么书？"

老师："《外科医生》。"

虫子太傻

一位父亲跟7岁的儿子讲睡懒觉的坏处，最后，他做结论说："记住，鸟儿只有起早，才能捉到虫子。"

儿子不服气："那么，虫子起得早不就太傻了吗？"

抢　劫

老师："你怎么迟到这么久？"

学生："我在路上被一个强盗给拦住了。"

老师："我的上帝呀！他抢走了你什么东西呀？"

学生："他抢走了我的家庭作业。"

睡 着 了

儿子不想睡觉，爸爸坐在床头开始给他讲故事。一个小时过去了，两个小时过去了……房间里一片寂静。

这时妈妈在房门外轻轻地问："他睡着了吗？"

"睡着了，妈妈。"儿子小声回答。

来 不 及 了

在一所幼儿园的一个很大的班级里，老师让小孩们问问题。

大家一个问完接下一个，有个小孩一直把手举在空中，不过当轮到他问时，他却把手放下了。老师问他："你等了这么久，为什么轮到你讲，你却把手放下了？"

小孩回答说："来不及了，已经尿湿了。"

为 什 么

男孩有天晚上打电话给女同学，很不幸被女同学的母亲接到。正为女儿成绩下降而烦恼的母亲一听是个男生就非常警惕，很不悦地问道："你姓什么？"男孩说："我姓魏。"对方的语气很不客气："魏什么？"男孩更紧张了，结结巴巴地回答："我也不知道为什么，我爸爸也姓魏……"

今天的水又没开

一个男生去学校的开水房打开水，进去才发现里面已经挤满了女生。

轮到他打水了，不料开水突然溅出来，手上淋了不少水，那个痛啊，为了保持风度，他咬着牙装作没事，身边的一位漂亮女生关心地问："没事吧？"

男生好感动地说："没事，没事！"

那女生听了，回头对后边的女生说："真讨厌，今天的水又没开！"

把那个木盒子锯开

为了培养小朋友们的艺术修养，老师带全班同学到音乐厅欣赏小提琴演奏会。一小时、两小时过去了，台上的演奏者依然在不停地演奏……最后，小强实在是忍无可忍，他大声问："老师！他要到什么时候才能把那个木盒子锯开？"

来 不 及

汤姆重重地跌了一跤，满身泥水地回到家里。

"你这淘气鬼！"他母亲惊叫道，"你怎么搞的，穿着这样好的裤子摔跤了？"

"原谅我，妈妈，我跌倒的时候来不及把裤子脱下来！"

两条腿干什么用

一天，小杰扭扭捏捏很腼腆的样子，走到爸爸身边问："爸爸，我想今晚用一下您的汽车，可以吗？"

"那你两条腿干什么呢？"父亲显出莫名其妙的神情。

"一条踩油门，另一条踩刹车。"小杰赶忙回答。

还 想 吃

约翰从学校带着黑眼圈回家，妈妈问这是怎么回事，约翰答道："我跟比尔打了一架。"

妈妈明理地说："明天你带块蛋糕给比尔，并向他道歉。"

第二天，约翰又带回一个更大的黑眼圈。"天啊！"妈妈大惊失色地叫道，"这是谁干的好事？"

约翰答道："比尔干的，他还想吃蛋糕。"

奖　状

爸爸："孩子，我们院里的小龙、小雨都得了奖状，你怎么没得到？"

儿子："爸爸，您不知道，老师发奖状的时候，刚发到我的位子上就发完了。"

做鬼脸

幼儿园的阿姨发现班上有些孩子喜欢对别的孩子做鬼脸，于是决定想办法让他们改掉这个坏习惯。

阿姨把孩子们集中起来，亲切地对他们说："孩子们，在我小时候，我也曾经对别人做出难看的鬼脸。我的外婆告诉我说：'如果你把脸弄得那么难看，你长大以后也会是那个样子。'"

　　这时候一个孩子大声说："啊，您一定后悔那时没有听话了吧？"

表　扬

　　"妈妈，家长会上老师表扬我没有？"小华问。

　　"没有，念了半天也没有听到你的名字。"妈妈答道。"那老师念完同学的名字后说等等没有？""说了。"妈妈答。"那不是表扬了我吗？我就在等等里头！"小华说。

年龄最小的黑客

学生："老师，有一个网站在丑化您的形象，我不客气地把它的网页给黑了！"

老师："你才14岁呀！竟然能把人家的网站给黑了。那个站长也太笨了吧？你用的什么黑客软件啊？"

学生："什么是软件？我把黑色油漆在电脑屏幕上一刷，就黑了。"

老师："……"

CHAPTER 6

笑破肚皮

我们的老师不可靠

小明对邻班的小刚说："我们的数学老师不可靠。"

小刚问："为什么？"

小明："他一会说3+4=7，一会儿又说2+5=7。"

爸爸不在家

一个小偷来到一个居民区，他看到一个小孩坐在房子门口，脖子上还挂着一串钥匙。

于是他走上前说："小朋友，你爸爸在家吗？"

小男孩说："没有啊！"

小偷又说："我是查电表的，可以让我进去吗？"

"当然可以。"小孩说。

小孩帮小偷打开了门，小偷刚把脑袋伸进去，接着撒开腿就跑了。

小男孩追着他喊："我爸爸真的没在家，他们是我的二叔、三叔、四叔、五叔、六叔……"

勤奋的孩子

老师："你计算好这道题了吗？"

学生："已算好了，而且算了十次。"

老师："你学得真好。"

学生："但是，我得到了十个不同的答案。"

翻译这句话

一次上英语课，我正在半梦半醒状态，听见老师问："西红柿是水果还是蔬菜？"

晕，这我怎么知道，只好猜一个："嗯，水果。"

老师的声音高了八度："什么？"

我赶紧见风使舵："是蔬菜！"

老师终于不能忍了："我是让你翻译这句话！"

偏 方

　　丁丁的字总写不整齐，老师对他说："你以后打完格再写。"丁丁回到家打开书包，铺开作业本，想起了老师的话。他抓耳挠腮想了半天，喝下去一大杯水，然后，打了一个嗝，然后边写作业边嘟囔："还有这偏方！"

给我喵一下

小明要考试，但是他没准备，所以他打算要作弊，就跟前面那位同学说："等会我踢你椅子一下，你就给我喵一下！"于是开始考试，正当老师走过小明身边时，他马上踢了一下那位同学，可是前面的那同学不知是没感觉还是故意不给小明看，没有反应。于是小明又生气又紧张地连踢三下……

只听到前面那位同学"喵！喵！喵！"地连叫了三声。

爸爸在浴室

小雯正在厨房里洗碗，爸爸的朋友来找爸爸去打牌，问小雯："你爸爸在哪里啊？"小雯说："哦，他可能在浴室里。"
这个人又说："你确定吗？"小雯转过身把热水笼头开到最大，
浴室里传出了一声吼叫，小雯转过来对爸爸的朋友说："我确
定！"

合写作文

老师："你这篇作文怎么前后风格、语调完全不同呢？"
学生："我爸爸和我妈妈根本就没有共同语言。"

门 铃

一位老人在街边慢慢走，看见一个小男孩使劲够路边一个人家的门铃，但门铃太高，他怎么也够不到。

心地善良地老人停下来对孩子说："我来帮你吧。"说着用力按了按门铃，门铃的声音非常大。

这时小男孩紧张地对老先生说："现在咱们逃走吧，快！"

肯定是瘸腿

医学院老师在给学生上课，老师说："一个病人是先天性腿瘸，因为他出生时一条腿比另一条腿短一些，"然后他问一个学生："约翰，请你想一想，如果你遇到这种情况时会怎样？"

约翰认真地想了一想，答道："我想，遇到那种情况，我也会瘸的！"

冒　领

某班有一男生，很爱占小便宜。一天，邻班的一个女生拣了一块手表，在宿舍门前贴出了一张失物认领的启示。于是这个男生就冒充失主去认领。"这块表是我丢的……"

"这块表可是……"女生惊讶地说，"这是我在女厕所拣的啊！"

我不知道时间

中午，苗苗在教室里午睡。同学甲问她："苗苗，现在几点了？"苗苗说："一点半。"过了一会儿，同学乙过来问她现在几点了。苗苗揉了揉眼睛，说："1点45。"她担心再有人来问时间吵醒她，便写了一个牌子立在桌子上，上面写着：我不知道时间。过了一会儿，班主任来教室检查，看见了她桌子上的牌子，便把她推醒，告诉她说："现在两点钟了。"

秃头胖子故事

小杰在翻看家里的影集时，看到一位漂亮的小伙和妈妈在一块儿。他好奇地问："妈妈，站在你身旁的这个先生是谁呀？""那是你爸爸呀，傻孩子。"妈妈答道。小杰又仔细端详了一会儿照片，然后低声问道："妈妈，为什么现在那个秃头胖子和我们住在一起呢？"……

再弹一个

　　过六一节了，小朋友们联欢，大家都表演节目。吴旋旋最厉害了，上台表演弹钢琴，演奏完后下面看节目的爸爸妈妈们都一直在喊，要她再弹一个。安安老师就问旋旋要不要再弹一首，结果旋旋急得快要哭出来，说："我又没有弹错，为什么还要我再弹一次？"

扶 梯 子

在院子里玩耍的孩子跑进屋里对母亲说："我闯祸了，我把梯子弄倒了。"母亲依然目不转睛地盯着电视机，问道："梯子没有砸坏花坛吗？""嗯。花坛没事。""那没碰着院子里的鸡笼子吗？""没有。""那就不要紧了，去叫你爸爸把梯子扶好就行了。"孩子垂头丧气地说："爸爸在梯子上呢。"

不用优惠

爸爸带着8岁的儿子科瑞去拿他们点的比萨。因为科瑞想一个人去，爸爸便给他一张20美元的钞票和一张两美元的优惠券，然后坐着等他。

数分钟后，科瑞拿着比萨、找回的零钱和那张优惠券回来了。

"他们不收优惠券吗？"爸爸问。

"当然收啊，可是我们不用优惠，"科瑞说，"我们的钱够付。"

委　屈

孙子骄傲地把记分册给爷爷看。

爷爷说："唉，我读书时，历史成绩总是100分，而你才90分。"

孙子感到很委屈："爷爷，你读书的时候，历史要短得多啊！"

两 封 信

有一天，小航的爸爸给小航两封信，再给小航一点钱，叫小航买两张邮票寄出去。过了十分钟，小航回来了。

小航说：爸爸我把两封信寄出去了，而且只花了一半的钱！

爸爸很惊讶的问小航："你如何用一半的钱把两封信寄出去的？"

小航很得意的说："我把一封信放在另一封信里面，这样只需要一张邮票又可以省下一半的钱！"

作曲家的学问

父亲："你认识多少字了？"

儿子："就认得阿拉伯数字1到7。"

父亲："你长大该怎么办啊！"

儿子："没关系，长大我可以当作曲家，作曲家只写7个数字，连8都用不上。"

格 式 化

爸爸手里拿着新买的软磁盘。爸爸："小明，上学时把这张软磁盘带去让老师帮助格式化一下。"

小明说："不用了，爸爸。在软磁盘上画格格嘛，我帮你做好了。"爸爸愕然。

CHAPTER 7

笑弯了腰

历史课提问

在英国某学校的一次历史课上，老师问一名学生："你能说出1312年英国发生了什么吗？"

学生回答："威尔斯王子诞生。"

老师又问："好极了，答得对。你接着往下说1317年又发生了什么事？"

学生回答："王子威尔斯5岁了。"

母亲的骄傲

小明在学校里没考好，他的母亲对此很生气。

"去年，我很为你感到骄傲，因为你是班里最好的学生。"

小明听了觉得很难过。但他想了一会儿，便笑着对母亲说："要知道，妈妈，别人的母亲也都想为她们的孩子而感到骄傲。但是，如果我总是第一的话，这对她们来说，不就失去骄傲的机会了吗？"

屈原医生

在历史课堂上，老师问一个学生："屈原是什么人？"

"是医生。"学生回答。

"胡说！"

"怎么是胡说呢？书上说他是大夫嘛！"

我当建筑师

作文课上，老师问平时爱搞小动作的小伟："你长大后的理想是什么？给大家说一说。"

小伟回答："我想当个建筑师。"

老师很有兴趣地问："为什么？"

小伟指指长方形的教室，说："假如我当上建筑师，我要把教室变成圆形的。以后您再罚我站墙角，那就是不可能的事了。"

修改作文

老师要求学生作文中凡是他批改过的地方，都要重新抄一遍，以加深印象。

小明以《我的老师》为题写了一篇作文：

我的老师是一位十八九岁的姑娘，好看的身材，白白的脸蛋，特别是一双明亮的大眼睛……

老师阅后，在几个形容词上，用红笔重重地批上：不确切，不用细说，修饰过分，多此一举。

第二天一早，小明按老师的要求，把重新抄好的作文本交了上去：我的老师是一位不确切的姑娘，不用细说的身材，修饰过分的脸蛋，特别是多此一举的大眼睛……

太感人了

龙龙非常投入地写了一篇自己勇救落水儿童的作文，郑重其事地交给了老师。其中写道："河边上，寒风凛冽、水流湍急、到处都是冰窟窿……""当时我奋不顾身地跳下去，忍着冰冷刺骨的河水，上前一把紧紧抓住那个落水儿童，然后用尽全身力气，艰难地将他举到岸边，小心地交给了岸上的人！""儿童终于得救了，但我却光荣地牺牲了……"看到这儿，"眼眶湿润"的老师愣了半天，然后写下一行评语："太感人了！尤其是你都牺牲了，还不忘亲自来交作业！"

做 文 章

儿子："爸爸，你帮我改一下这篇作文吧！"

爸爸："那怎么行。我对写文章一窍不通，怎么能帮你的忙。"

儿子："你骗人，你怎么不会做。人家都说你摆摊卖水果时总在秤盘上做文章。"

妈妈是我的

　　美美刚上一年级，妈妈怕她把文具弄丢，便把她的东西全贴上纸条，说："纸条上有你的名字，以后你的东西就不会丢了，别人捡到也会还给你的。"

　　美美高兴极了，连忙拿起一张纸条写上自己的名字，然后贴在妈妈的脸上，高兴地向哥哥和爸爸宣布："以后妈妈是我的了，你们不许抢。"

测 听 力

体检的时候，轮到小明测听力。医生说，等会儿我说什么，你听到就重复一遍，又给了他两个测听力用的耳塞，然后叫小明站到几米外的地方，说："把耳塞戴上。"

小明就照着说："把耳塞戴上。"医生急了，大声说："我说让你把耳塞戴上！"

小明继续照着说："我说让你把耳塞戴上！"

滑 下 来

　　"海伦，难道你不感到害臊吗？"正在客厅里接待客人的母亲对小女儿说："你下楼的脚步声这么重，很不礼貌。以后要轻轻地下来。"

　　一会儿，海伦再次出现在母亲面前。

　　"妈妈，这回听见我下楼的声音了吗？"

　　"没有，乖孩子，以后就应当这样。不过，这回你是怎么下来的呢？"

　　"我是从扶手上滑下来的。"

通缉犯

一群幼儿园的小朋友来到警察局参观，他们见到很多新鲜的东西。这时，一个小孩看见了墙上挂着的十大通缉犯的照片，他问警察这些照片是那些通缉犯的吗？"是的。"警察回答道。孩子又问："那么，给他们拍照的时候，为什么不把他们抓起来呢？"

捉 迷 藏

小刚和几个同学玩捉迷藏游戏，就剩下小东一个了，怎么也没找到，小刚就大声叫道："你们谁把我逃学的事告诉了我妈妈？"

"不是我。"

"也不是我。"

"一定是小东。"

一个声音从草丛传出来："你们胡说，根本不是我！"

左右为难

"谢谢您在我上次生日时送我的口琴，"小乔尼对老师说，"这是我收到的最好的礼物。"

"太好了，"老师说，"你知道怎么吹了吗？"

"哦，我没有吹过，"小乔尼说，"妈妈每天给我一块钱，让我白天别吹它；爸爸一周给我五块钱，让我别在晚上吹。"

老大徒伤悲

校长："你上课为什么淘气，不好好听讲呢？"

学生："我听着没多大意思。"

校长："你难道不知道'少壮不努力，老大徒伤悲'的含义吗？"

学生："这句话的含义我懂，可是我是家里的老二啊！"

不应该钓鱼的原因

一天，田田迟到了，老师问："你为什么迟到？"

田田回答："我本来要去钓鱼。但是爸爸不许我去，我哭了，所以来晚了。"

老师说："你爸爸做得很对，关于你为什么应该上学，不应该去钓鱼，爸爸一定对你解释清楚了吧？"

"对，爸爸解释过，他说蚯蚓太少，要是两个人去钓就不够……"

再 出 一 题

妈妈："你算算这道题得数是几？"

儿子："5。"

妈妈："真聪明这么快就算出来了。给你5角钱去买冰棍吧。"

儿子："妈妈，你再出一道得数是100的题吧！"

爷爷的家长会

爷爷退休了，报名上老年大学。正读一年级的孙子好奇地问爷爷："您还读书啊！"爷爷说："我读书有什么不好吗？"孙子说："好是好，就是万一您学校通知开家长会，您让谁去？"

儿女们

父亲下班回家。他的儿女围拢过来，按次序汇报自己在家里干了些什么活。

"我把所有的碗碟都洗干净了。"老大说。

"我把它们都抹干了。"老二说。

"我把它们放到碗柜里去了。"老三说。

最后，轮到年纪最小的女孩子，她怯生生地说："我，我把碎片都收拾起来了。"

电脑病毒饿死了

表妹说："表哥，去年我买了一台电脑耶！"

表哥："怎么都没看你用过啊……"

表妹："谁知道刚买就中毒啦！"

表哥："你没有叫人修理吗？"

表妹："我想我一年不开机，看能不能把病毒饿死。"

猫的问题

一天，一个同学打电话给我，说："我的宽带为什么上不了网？"

我："你检查一下网络线是否已经连好。"

同学："都连好了啊！"

我："那可能是你家猫的问题。"

同学："那你等一下……"

三分钟后，同学："好啦！你说吧，我把我家的猫赶出去了！"

CHAPTER 8

笑开了花

作文用老秤

语文老师："哪有'半斤五两'这句成语？"

学生："考数学时，我答半斤八两得了零分。"

语文老师："记住，作文时用老秤。"

什么叫"火"

老姜闲着没事，想起也要关心一下儿子们的学习，于是他问道："什么叫火？"

大儿子随口答道："能把东西燃烧起来的叫做火。"

父亲把目光移向小儿子，小儿子嗫嗫嚅嚅，半天也答不上来。

老姜见了很不耐烦，大吼道："我问你什么叫火！"

小儿子哭丧着脸说："您发脾气时叫火……"

口　试

课堂上，老师出了一道判断题，要求同学们当场判断正误。

老师："小林，请你判断一下。"

小林："我认为答案应该是'错误'。"

老师："为什么呢？"

小林："因为前面小明回答说'正确'，但你没有让他坐下。"

作 业

要到周末了，老师在黑板上写下了一行字：周末没有作业。同学们高兴地欢呼起来！老师让大家安静下来，说："这就是周末的作文题目！"

进 步 真 快

一天，小新在学校考完试，跑回家，对着正在厨房忙碌的妈妈喊："妈妈，这次我考试得了第5名，快给我煮个鸡蛋。"

妈妈高兴地夸奖他说："好孩子，进步真快。妈妈今天给你煮两个鸡蛋。"

　　小新："谢谢妈妈！我一定会努力的！"

　　妈妈又问："参加这次考试的一共有多少人？"

　　小新答："5个人。"……

小 气

　　小明和小华是同桌，一天，小明对小华说："可以把你的橡皮借我用用吗？"

　　小华不肯，小明又借了几次，还是没有借到，于是他有些生气地说："真小气，算了，还是用我自己的吧！"

不爱动脑

小明走进商店，说："我要半斤8元一斤的糖、三两40元一斤的咖啡和8元钱的面包。"

"24元。"店员说。"给你一张50元的钞票，你该找给我多少？""26元。"

小明听了，一边走出商店，一边说："这是老师留的作业，我怎么也算不出来，真是谢谢你了。"

换　装

"我在一天里竟换了5套服装。"时装模特儿对她的朋友们说。

　　"那没什么了不起！"一个朋友的儿子说："我的妹妹在一天时间里竟换了12次。"

　　"你的妹妹？她多大了？"

　　"3个月。"

很　穷

　　妈妈带乐乐去郊外玩，乐乐看见一个男孩子在湖边画画，好奇地间："妈妈，这个哥哥很穷吗？他这样画画多费力气，为什么不买台照相机，那多方便。"

爆笑日记

3月5日　星期日　晴

今天我写完作业没事了，就拿出妈妈缝衣服的针来玩，一不小心扎死了一只鸡，我很难过，我以后再也不玩针了。

老师评语：可不可以告诉老师，你是怎么一下就认准那只鸡的死穴的？

分糖果

叔叔要考侄儿的算术，问他说："我拿6块糖让你和弟弟均分，你分几颗给他？"

"2块。"侄儿回答。

"怎么2块？"叔叔问，"你不是学除法了吗？"

"我学了，"侄儿答，可是弟弟还没学呀！"

助 人 为 乐

小刚的数学书不知被谁弄坏了，便高呼："谁弄坏了我的数学书，我要发怒了！

小鱼说："喂，小刚，你不用发怒，我能帮你补好它。"

"真的？"

"嗯！"

"你太好了，不愧是我的铁哥们。"

"不用谢，不就是用一点鼻涕粘好它么，不用客气！"

早 点 到

妈妈给在上海出差的爸爸写封信，让小明去投寄，并吩咐道："路上别贪玩，快把信寄了让你爸爸早日收到。"

小明拿着信去了大半天才回来，妈妈感到很奇怪，问道："巷子口就有一个邮箱，你咋去了这么久？"

小明说道："我去市里最南面的一个邮箱去投的信。"

妈妈又问："你走这么远干啥？"

小明回答说："南面邮箱离上海近些，好让信早点到上海呀！"

腹中之伤

小明跌伤了，他的母亲用布蘸了些酒，替他揉擦。在旁边的小华看了，问他道："你父亲的肚里，一定伤得很重吧？"

小明问他："你怎么知道的？"

小华道："他不是天天喝许多酒吗？"

咸鱼的来历

学校放暑假，妈妈带6岁的女儿到海边游玩，女儿一个不小心摔了一跤，被海水呛了一下，她高兴地对妈妈说："妈妈，我知道咸鱼是从哪里来的了，原来是在海里面捞出来的。"

没 有 铁

阿花："老师要我当诚实的孩子，可你自己还骗人呢！"

老师："我骗你什么了，孩子？"

阿花："你常要我多吃菠菜，说菠菜里有铁，其实里边根本没有。"

老师："你怎么知道没有？"

阿花："刚才我用吸铁石在菠菜上吸了半天也没有吸起来。"

最接受的答案

力力从学校回来，腋下夹着一本新书。"这是奖品，妈妈！"

妈妈问："老师为啥奖你？"

力力说："因为上自然课。老师问鸵鸟有几条腿，我回答三条。"

妈妈问："可是鸵鸟只有两条腿啊！"

力力说："是的，我现在也知道了。不过其他同学都回答四条，我是最接近的。"

日 记

孩子说："妈妈，日记怎么写？"

"今天做了什么就写什么。"妈妈随口说道。

不一会儿，小孩高兴地拿着日记给妈妈看。

妈妈惊讶地接过日记一看，上面写道："今天，我什么也没做。"

感 谢 信

　　一家饭馆有一天收到一封信，大红的信封上十分醒目地写着"感谢信"三个大字。正在闲坐的服务员们马上围了过来，因为这个饭馆几年来还是头一次收到感谢信呢！他们争先恐后地拆开信读了起来：

"叔叔阿姨们，你们好！自从开展灭蝇活动以来，我们一直找不到苍蝇比较集中的地方。那天来到你们饭馆，一会儿就打死300多只苍蝇。这使我们班荣获学校灭蝇竞赛第一名，特此表示感谢！"

居然没分

刚才发月考卷子，居然没分，去找机读卡，发现把考号写成了QQ号了……我承认，昨天看到某同学把考号也写成QQ号，还在那里笑。结果我填考号时想到了那个同学，然后就……

让我感谢一下

午休时，突然被小华叫醒，说有同学从学校准备用QQ发些资料，叫我收一下。我十分不爽地爬了起来，折腾了一会儿终于弄好了，QQ关了，直接回去睡觉。又过了一会儿，又被小华叫醒，说那同学打电话过来，叫我再上QQ。我迷迷糊糊地又重新上了QQ，收到了一条那位同学QQ发来的消息："谢谢你！"我一下蒙住了，立马打电话过去问原因。同学很淡定地说："你帮我接收东西，我还没和你说谢谢你就下了，所以我就叫你再上一次让我感谢一下！"

CHAPTER 9

名 人 逗 你 笑

感谢你们停止鼓掌

有一次，基辛格去演讲，他站到讲台上后，听众起立，不断地鼓掌，过了好一会儿，掌声终于停了下来。

"我要感谢你们停止鼓掌！"基辛格笑着说："因为要我长时间表示谦虚真是件很困难的事。"

不得不站着

一次，马克·吐温去一家理发店刮胡子。理发师说："今晚马克·吐温有演讲，你搞到票了吗？要是你想去却没有票，那你只能站着了。"

"是啊，真讨厌。"马克·吐温叹气说，"每次那个家伙演讲，我都不得不站着。"

胖 与 瘦

　　萧伯纳非常瘦，一次，一个胖胖的富翁对他说："一看到你，人们一定会认为英国发生了饥荒！"

　　萧伯纳马上回答说："不错，再看你，人们就会知道产生饥荒的原因了。"

表　演

　　一次，美国总统里根在白宫演讲，他的夫人南希坐在旁边，突然不小心跌到了讲台下的地毯上，但是她却镇静地站起来，回到自己的位置上，于是，观众热烈地鼓起掌来。

　　里根见夫人没有受伤，幽默地说："亲爱的，我的确告诉过你，我没有得到掌声的时候，你就应该这样表演。"

我也能保守秘密

富兰克林·罗斯福在当美国总统之前，曾经是一个海军军官。一天，一个朋友问他关于海军的一个秘密计划。

罗斯福装出很神秘的样子，看了看四周，小声问："你能保守秘密吗？" "当然能。"

"那么"，罗斯福微笑着说，"我也能。"

给别人一个机会

　　一个妇女来找林肯总统，他大声说："总统先生，您一定要给我儿子一个上校的职位，要知道，这是我们应得的。我祖父、父亲、叔父和丈夫都是军人，都曾经为国家立过功劳，所以……"

　　"夫人，你们一家三代都为国家服务，贡献很大，我十分佩服。但是现在您能不能给别人一个为国家作贡献的机会？"林肯接过话说。

刷新纪录

  美国总统塔夫脱很胖，一次，一个记者问到他的体重，塔夫脱说："我不会说的。不过我可以告诉你，议长里德曾经说过，真正有教养的人体重不应超过200磅。如今我已刷新这个纪录，超过300磅了。"

智斗强盗

一次，卓别林拿着许多钱走在路上。突然，路边的草丛中跳出一个强盗，拿着枪要抢卓别林的钱。卓别林说："先生，我全给你，只是请你先在我的帽子上打两枪，我回去好向主人交代。"

强盗照做了，在卓别林的要求下，强盗又在他的上衣和裤子上分别开了两枪。这时，卓别林知道枪里已经没有子弹了，便一脚把强盗绊倒，飞似的跑了。

打雷过后必定会下大雨

一天，苏格拉底在给学生们上课，他的妻子突然气冲冲地跑进教室，指着苏格拉底的鼻子大骂一顿，然后跑了出去。过了一会儿，她居然提着一桶水又进来，将水全都泼到了苏格拉底的身上。

学生们以为苏格拉底肯定会狠狠教训妻子，谁知他却笑着说："我早就知道，打雷过后必定会下大雨。"

给蠢货让路

一次，歌德在公园里散步，在一条仅能让一个人通过的小路上，他遇到了一个一直对他很不友好的人。

两个人越走越近，那个人骄傲地开了口："我从来不给蠢货让路！"

"我却正好相反。"歌德说完，笑着退到路边。

毒 咖 啡

　　一次，一个女人要求丘吉尔首相帮助她做大官，丘吉尔不肯答应，还批评了她。

　　这个女人生气地说："首相先生，如果我是你的妻子，一定会往你咖啡杯里放毒药！"丘吉尔微笑着说："如果我是你的丈夫，我就会毫不犹豫地把它喝下去！"

帽子下面的东西

安徒生生活很简朴，一次，他戴着一顶破旧的帽子在街上走，一个路人嘲笑他："你脑袋上的是什么东西，能算是帽子吗？"

安徒生立刻回答："你帽子下边是什么东西，能算是脑袋吗？"

尝 出 来 了

一次，巴顿将军突然检查士兵的食堂，他走到一个大汤锅前，说："让我尝尝这汤。"

"可是，将军……"没等旁边的士兵说完，将军就生气了："可是什么，我一定要喝！"说完拿起勺子就喝了一口，然后皱着眉说："太不像话了，怎么能给士兵喝这个，这简直就是刷锅水"。

"我正想告诉您，这就是刷锅水，没想到您已经尝出来了。"士兵说。

智救故乡

一次，阿那克西米尼知道亚历山大国王要攻打自己的故乡，便去见国王，想向国王求情。国王很尊敬阿那克西米尼，但是一见到他，就说："我对天发誓，决不同意你的请求。"

"可是陛下，我的请求是希望您攻打我的故乡！"

亚历山大国王愣住了，为了守信用，只好放弃攻打阿那克西米尼的故乡。

卖不掉的书

　　大仲马到了俄国的一个城市，去参观那里最大的书店。书店的老板为了讨好大仲马，把所有的书架都摆满了他写的书。大仲马一进书店，看见到处都是自己的书，奇怪地问："其他作家的书呢？"

　　"其他作家的书……"书店老板一时紧张，结结巴巴地说："全……全都卖完了！"

CHAPTER 10

别笑,我说的是外语

I AM SORRY

军军刻苦学习英语，有机会就练习。

有一天，他在路上不小心与一个外国人相撞，忙说："I am sorry."

老外应道："I am sorry, too."

军军听后又道："I am sorry three."

老外不明白，问："What are you sorry for?"

军军无奈，道："I am sorry five."

读 音 标

　　英语课上，老师刚讲完音标 [ɑ:]，叫小明读一遍。小明一直在打瞌睡，他迷迷糊糊地站起来，不知怎么回事。这时，同桌小华使劲打了他一拳，小明忍不住"啊"了一声。老师说："读对了，请坐吧！"

蚂蚁怎么说

　　小明上完厕所回到教室，对英语老师说："厕所有好多蚂蚁。"老师刚教完学生"ant（蚂蚁）"这个单词，便想考考小明，于是问道："蚂蚁怎么说？"

　　小明一脸茫然："蚂蚁它、它什么也没说……"

秃 秃 秃

　　一天，班上三个男生忽然都剃了光头，他们并排坐在教室中间，很显眼。

　　英语课上，老师问小明："'一点五十八分'用英文怎么说？"小明马上回答："Two to two（秃！秃！秃！）"

　　大家听了，望着三个剃了光头的同学哈哈大笑。

英 语 作 文

李老师批改英语作文，忽然很生气，说："我从来没看过这么差的英语作文！"张老师忙问怎么回事。

李老师说："这个学生写了一个王子和公主的故事，作文开头写，'Can you speak Chinese（你会说中文吗？）'公主回答：'Yes'。"

"那不是很好吗？"

"可是，作文接下来写的就全是中文！"

英 语 课

老师问："'How are you'是什么意思，毛毛，你能告诉我吗？"

毛毛想了一下，说："'How'是'怎么'的意思，'are'是'是'的意思，'you'是'你'的意思，那这句话的意思就是'怎么是你？'"

老师很生气，又问："那'How old are you'是什么意思？"

毛毛又想了想，回答说："'old'是'老'的意思，所以这句话的意思是'怎么老是你'！"

图书在版编目 (CIP) 数据

就是要不学无束. 灰机灰走了 / 田姝主编.

-- 北京: 团结出版社, 2011.1（2020.6重印）

ISBN 978-7-5126-0286-1

Ⅰ.①就… Ⅱ.①田… Ⅲ.①科学知识—少年读物

Ⅳ.①Z228.1

中国版本图书馆CIP数据核字 (2010) 第247936号

出　　版：团结出版社 (北京市东城区东皇城根南街84号　邮编: 100006)

电　　话：(010) 65228880　65244790

网　　址：www.tjpress.com

E-mail：65244790@163.com

经　　销：全国新华书店

印　　刷：北京朝阳新艺印刷有限公司

绘　　图：黑牛工作室

开　　本：880×1230mm　1/32

印　　张：40

字　　数：400千字

版　　次：2011年1月第1版

印　　次：2020年6月第3次印刷

书　　号：ISBN 978-7-5126-0286-1/Z.78

定　　价：238.00元（全8册）

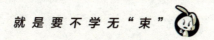

就 是 要 不 学 无 "束"

你不知道我知道

田姝 ◎ 主编

团结出版社

小朋友，人的一生很漫长，但最关键的只

有那么几步，小学阶段正是你成长的重要阶段。作为

一个小学生的你，是什么样子的？你是不是喜欢嬉戏玩耍，

而害怕受拘束和禁锢？你是不是喜欢自己动手实验，而不喜欢

埋首于枯燥的课本当中？你是不是喜欢天马行空的想象，而不喜欢

大人给的条条框框？

　　是的，你一定是这样的孩子。你一定像爱迪生一样爱思考；你一

定像达尔文那样充满想象力；或是像司马光那样聪明机智；拥有毕加索

那样的艺术天赋……其实，每一个孩子都是天才，只是，在成长的过程

中，这些才能没有被激发出来而已。

　　现在，你一定想知道怎样才能让自己的潜能充分地发挥出来，让

我们告诉你，秘诀就是《就是要不学无"束"》。它会帮助你找到分

数与未来的平衡点；它会和你一起动手去

探索那些生活中的科学小实

验；它会用古老的益智游戏

和有趣的数学谜题升级你的大

脑；它还会带你穿越时空，去和古人

交流思想；还有那些别人不知道的

百科知识，那一棵棵引人发笑

的稻草，那些无拘无束的想

象，哦，还有你梦想着

的未来……

目录

CHAPTER 1

知之为知之 不知为不知

虽然我们现在使用的重量单位和换算关系和以前有很大的不同，但由此产生的许多成语还被人们经常使用。所以，"半斤"与"八两"在旧制中的轻重是一样的，因此常用"半斤八两"来形容彼此不相上下。

Michael Jackson

淘乐斯变身公仔

Q 为什么《百家姓》里的前四个姓是"赵钱孙李"？

A … 在古代中国，编写《百家姓》的人要将皇帝和贵族的姓放在最前面，表示臣服和敬意，否则就会招来杀身之祸。这本书的作者是北宋钱塘的一个书生，他将"赵钱孙李"这四个姓放在最前面的原因是：宋朝的皇帝姓赵；钱塘属江浙管辖，当时占据江浙一带的王爷姓钱；孙是王爷的妃子的姓；李是南唐后主的姓。

Q 额前的头发为什么被称作"刘海"呢？

A ⋯ 人们常把额前垂留的头发叫做"刘海"。据说，额前的头发之所以被称为"刘海"，与神仙刘海有关。相传，古时有位仙童叫刘海，在民间传说中，他的额前总是垂下一列整齐的短发，显得童稚、可爱。后代画师所画的仙童肖像常以刘海为样。在著名的民俗画《刘海戏金蟾》中，他额前垂发，手舞一串铜钱，显得天真活泼。此后，小孩或妇女额前留的短发，便称为"刘海"。古时的"刘海"一般只有孩童和妇女才留，男子是通常没有"刘海"的。

Q "时髦"一词和头发有关吗？

A ··· 现在，"时髦"一词的意思是新颖别致、紧趋时尚，或者是衣着、思想、行为举止时尚、前卫。甚至有人以穿着稀奇古怪，异于常人为时髦。时髦一词是在清末时才逐渐转为如今我们所使用的意思的。在更长的历史时间里，时髦并不是我们现在理解的意思，而是指当代的俊杰。时髦一词中的髦指马颈上的长毛。这处长毛是马的皮毛中最与众不同的，正如郭璞所说"士中之俊，犹毛中之髦"，因此将才俊称为时髦。

士中之俊，犹毛中之髦

Q 古代皇帝为什么称自己为寡人、朕？

A ··· 寡人就是"寡德之人"的意思，是古代君主的一种谦称，意思是说自己无德无能，有负臣民的重托。上古时期，可以自称寡人的人很多。比如诸侯，士大夫。到了唐代，寡人成了皇帝御用的自称，其他身份的人都不能自称寡人了。

　　皇帝还有一种自称——朕。朕最初是身体的意思，在先秦时代，朕是一个普遍使用的第一人称代词，人人都可以自称为朕。第一个将朕据为己有的皇帝是秦始皇。秦始皇统一天下之后，一般人不能再自称朕了。不过汉代听政的皇太后在下诏时，也可以自称为朕。

Q 为什么将乱写乱画称为"涂鸦"？

A ··· "涂鸦"的说法来自唐代卢仝《示添丁》中的诗句"忽来案上翻墨汁，涂抹诗书如老鸦"。这很好理解，古人写字用墨汁，写出来的东西自然也是黑色的，与乌鸦的颜色一样。卢仝说自己的作品"如老鸦"，真是既生动又风趣。后人便由此沿用"涂鸦"来比喻书画或文字的稚劣，这种说法多有谦称的意味。

现代意义上的"涂鸦"则具有多重的文化内涵。凡是街头建筑物的墙壁上所出现的各类色彩鲜艳的图案，或奇形怪状的文字，均可被称作"涂鸦"。这些被一些人视为艺术却令管理人员头痛的街头文化，是一种结合了"嘻哈"文化的涂写艺术。

Q "风马牛不相及"常指两件事情没什么关联，可这又和风、马、牛有什么关系呢？

A ⋯ "风马牛不相及"常被人们用来比喻没有关联、毫不相干的事情。说起这句成语的来历，还有个有趣的小故事。公元前656年，齐桓公会盟北方七国准备联合进攻楚国。楚成王得到消息后，认为齐国出师无名，便一面集合军队准备应战，一面派使者出使质问齐国。楚国使臣说："君处北海，寡人处南海，唯是风马牛不相及也，不虞君涉吾地，何故？"这里的"风"，并不是刮风的"风"，而是指兽类雌雄相诱，也有一种解释说"风"是"放逸，走失"的意思。因此"风马牛不相及"，是说齐楚两地相距甚远，连马、牛都不会走失到对方境内。在使者不卑不亢的态度与楚国强大的军事力量面前，齐国终于在权衡利弊之后退了兵。

此后，"风马牛不相及"就成了固定的成语，比喻事物之间毫不相干。

Q 为什么用"吹牛"来形容说大话，而不是"吹马"、"吹猪"或者别的动物呢？

A ⋯ "吹牛"现在有夸口、说大话等意思，可它最早的意思，却与浮夸无关，指的是西北人的一种渡河工具。史学家顾颉刚先生曾在《史林杂识·吹牛·拍马》一文中作过考证：吹牛一词最早是西北方言，源于陕甘宁和内蒙古一带。西北河流湍急，难以行舟，本地人遂就地取材，用若干牛皮或羊皮袋吹成气囊，做成皮筏子，扎好口后连接成筏，作为渡河的工具。牛皮筏子相连，可以承载数千斤的重物过河。

关于吹牛，还有一种有趣的说法，认为它与游牧民族的生活有关。游牧民族逐水草而居，最看重的财产就是牛马。因此，人们聚在一起时总喜欢谈论自己的牛马，其中就难免有夸大的成分。日久天长，"吹牛"之说流传开来，有了说大话的意思。

有意思的是，在某些地方方言中，"吹牛"还有其他的意思。如在云南方言里，"吹牛"是聊天、拉家常的意思，与说大话完全无关。

Q 为什么现在将城市里的道路称为"马路"?

A ··· "马路"之说是从国外引进的。18世纪中期工业革命发生后，随着科学技术的进步，经济迅速发展，对交通运输也提出了更高的要求。为了改变当时的交通状况，英格兰人约翰·马卡丹设计了新的筑路方法：用碎石铺路，并且路的中央偏高。这样铺好的路不但路面平坦宽阔，而且更便于排水。马卡丹设计的路得到广泛的应用，人们便取其设计人的姓，把这种路命名为"马卡丹路"，简称"马路"。尽管后来随着技术的进步，人们广泛使用沥青铺路，使路面更耐久，由此产生了"柏油路"。但马路的称呼还是保留了下来，也算是对设计者的一种纪念。

Q 为什么新娘出嫁的时候都要在头上盖一块红盖头？这个习俗是怎么来的？

A ··· 盖头最早可能起源于南北朝时的齐，最初是妇女用来避尘的头巾。到了唐朝初年，演化成了从头披到肩的帷帽。天宝年间，唐玄宗李隆基标新立异，命令宫女以"透额罗"罩头，就是妇女在帷帽上再盖一块薄纱遮住面额，作为装饰。后来盖头流传到民间，成为婚礼时新娘不可缺少的装饰。加之古人认为红色喜庆吉祥，所以新娘的盖头都用红色。

 **Q** 电视剧中常有抛绣球选夫婿的情节，这种选夫方法在古代社会真的存在吗？

A … 这种选夫方式恐怕在古代社会是行不通的。戏剧小说中的抛绣球情节都只能属于艺术家的文学创作，多出于对自由结合的向往，在现实生活中是几乎不存在的。抛绣球的择偶方式在封建社会中会遇到相当大的阻力。封建社会的婚姻讲究"父母之命，媒妁之言"，同时还要考虑门当户对、政治联姻等因素。家长对于子女的婚姻可不能草率决定，更不可能听之任之。

认真想想，即使真的可以抛绣球，想通过这种方式找到称心如意的夫婿也是几乎不可能的。哪能那么巧恰被自己中意的人夺得！恐怕连抛绣球的小姐也不愿意拿自己的终身大事冒如此大的风险吧。

Q "弹指一挥间"究竟是多长时间？

A ··· 我们形容时光短暂时常用"弹指一挥间"这个比喻。其实这里的"指"就是手指，"弹指"就是捻弹手指作声的意思。佛家常用"弹指"来比喻时光的短暂。

"弹指"也是佛教中的一个时间量词，出自于印度的梵语。《僧祇律》上解释说："二十念为一瞬，二十瞬名一弹指，二十弹指名一罗预，二十罗预名一须臾，一日一夜有三十须臾。"照这样计算，24小时是30须臾，那么1须臾就是48分钟；48分钟是20罗预，1罗预就是2.4分钟；2.4分钟就是20弹指，1弹指就是7.2秒。我们当然还可以继续换算，7.2秒是20瞬，一瞬间是0.36秒；20念为1瞬，一念就应该是0.018秒。一转念竟然是如此短暂的时间。这样看来，一昼夜就有1.2万个"弹指"，时常所说的"几十年弹指一挥间"，将几十年比喻为一弹指的时间，真有沧海桑田的感觉。

弹指一挥间

Q 古人常把服务员称作店小二，这个称呼是怎么来的？

A ··· 说起"店小二"，人们可能首先就会想到头戴白帽、肩披白毛巾的精干小生。他们总是跑前跑后，忙得团团转，常常累得大汗淋漓。

其实，店小二最初可以指饭馆、酒馆、客店的老板或者伙计。元代时，人们常将市井青年男子称为小二或者小二哥，开小店的或者在店里从事招待工作的青年男子被称为店小二也就很自然了。后来，这个称呼逐渐专指招待客人的伙计了。

也有人认为，店小二与古人以排行顺序称名为习惯有关。古时生活在社会底层的人们常常是没有正式名字的，因此，他们多以在家中的排行顺序作为称呼，比如张三、李四等。在饭馆、酒馆和客店里，当家做主的"店老大"当然是老板，而在员工里跟客人打交道最多的则要数跑堂的伙计了，因此人们就将他们称为"店小二"了。

Q "五花八门"是指哪"五花"，哪"八门"？

A … "五花八门"其实原本是指古代战争中的五行阵和八卦阵。"五行"就是金、木、水、火、土，古人认为万物皆由五行相生相克演化而来。"八门"则是指"八卦阵"。传说这种阵法是依照八卦的方位布置的，变化多端，让人难以琢磨。正因为这两种阵法在作战时都有多种变幻，因此后世就用五花八门来比喻事物花样繁多。

Q 一个人才学出众，常被称为"才高八斗"，可为什么不说"才高十斗"、"才高百斗"，那样不是才学更高？

A … 才高八斗、学富五车之类的词语，常被人们用来形容才学渊博，识见卓绝。"斗"是古代的容量单位，大约等于现在的十升。"斗"怎么用来形容才学，又怎么偏偏是"八斗"而不是"十斗"、"百斗"，这和南朝时期的著名诗人谢灵运有关。

谢灵运出身名门，是东晋名臣谢玄的孙子。他世袭康乐公，又才华出众，所以自命不凡。他曾经说：天下的文学之才共有一石（容量单位，一石等于十斗），其中曹子建（即曹植）独占八斗，我的才学可得一斗，天下其他的人共分一斗。此语一出，遂不胫而走。自此之后，人们便用"才高八斗"比喻才学出众之人。

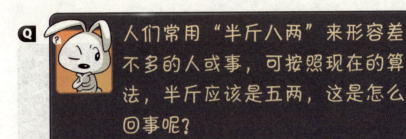

Q 人们常用"半斤八两"来形容差不多的人或事，可按照现在的算法，半斤应该是五两，这是怎么回事呢？

A … 古代用来表示重量的单位非常多，各个时代也很不相同。战国时期，各个诸侯国都各自建立了一套重量单位体系。秦统一六国以后，鉴于各个地区独特的度量衡单位和换算关系给国家管理和人民生活都带来很大的不便，所以进行了统一度量衡的工作。其中1斤为16两。1959年国家规定1斤等于10两，并沿用至今。

虽然我们现在使用的重量单位和换算关系与以前有很大的不同，但由此产生的许多成语还被人们经常使用。所以，"半斤"与"八两"在旧制中的轻重是一样的，因此常用"半斤八两"来形容彼此不相上下。

Q 在影视剧中经常看到清军士兵的背上贴着"兵"和"勇"这两个字，它们有什么区别吗？

A ··· 兵指兵卒、士兵，是正规军队中的服役人员。勇则多指勇士，不一定是服役的兵。

清代把战争时期临时招募的兵士叫做"勇"。这是因为常规的"兵"在特殊时期不够用的缘故。雍正、乾隆时期都曾有过遇到突发战事就地临时招募军队的事情。这些"勇"只是地方招募的临时士兵，一等战事结束就得解甲归田。

Q 明清小说里常有"捅破窗户纸"的描写，那么古人一直都是用纸糊窗户的吗？

A … 考古发现，西汉时期我国已经有了麻质纤维纸。后来，东汉蔡伦在洛阳改进了造纸术，用树皮、麻头、破布、旧渔网等为原料造纸，扩大了纸的原料来源，使造纸的成本降低了。但总体说来，当时纸的数量仍然非常少，而且主要是用来书写的，昂贵的纸还不能拿去糊窗子。

到了宋代，纸的产量大大提高，价格也下降了，纸窗户的使用就比较普遍了。

Q 为什么古人用沉鱼落雁、闭月羞花来形容女子的美貌？

A ⋯ 沉鱼落雁、闭月羞花是以古代四大美女的故事，来形容女子的美貌。

"沉鱼"，是指西施。西施去村旁的小溪浣纱。鱼儿看到她俏丽容颜的倒影，忘记游水，渐渐地沉到河底，因此称为"沉鱼"。"落雁"，是指王昭君。王昭君在去匈奴和亲的路上，拨动琴弦，奏起悲壮的离别之曲。大雁听着，这凄婉的琴声，又看到马上的美丽女子，便忘记了挥动翅膀，

跌落地下。因此称为"落雁"。

"闭月"，是指貂蝉。她在后花园拜月时，清风徐来，浮云将明月遮住，仿佛月亮都自愧不如貂蝉的美貌。此后，人们就以"闭月"来指称貂蝉了。"羞花"，是指杨玉环。传说她到花园去赏花，满园盛开的牡丹一看到她，就害羞得卷起花瓣，不敢与她争妍。因此，后世以"羞花"来指杨贵妃。

Q 古人告状为什么要击鼓鸣冤？

A ···击鼓鸣冤并不是古代常规的法律程序，而是有重大冤情的平民告状的最后手段。古代帝王为了表示乐于听取臣民谏议或冤情，会在朝堂外面悬挂一张大鼓，允许臣民击鼓。击鼓鸣冤有着悠久的历史，传说在尧舜之时，就已经出现了。

可是到了宋代，皇帝的想法发生了变化，认为击鼓鸣冤破坏安定，因此对百姓击鼓鸣冤的限制越来越严。清代时规定"必关军国大务、大贪大恶、奇冤异惨"才可以击鼓。在清末四大冤案之一的"杨乃武与小白菜"案中，杨乃武的家人进京告状，为了获得击鼓鸣冤的权利还要身受滚钉板之刑。

Q 为什么古代执行死刑要在"午时三刻"？

A ··· 古代并没有午时三刻执行死刑的硬性规定。唐宋时的法律规定，只能在未时到申时行刑，约合今天的下午一点至五点之间，明清时则对行刑时刻没有明确的规定。那么，为什么偏偏是午时三刻颇受"垂青"呢？这与午时三刻之特殊有关。古时将昼夜划分为十二个时辰，又划分为一百刻，午时三刻大约就是正午十二点。此时是太阳行至中天的时候，地面上的阴影最短，是一天之中阳气最盛的时刻。古人认为杀人是"阴事"，无论处死的人是否罪有应得，他的鬼魂都可能会回来纠缠行刑的相关人员，因此在阳气最盛的时候行刑可以驱赶阴气，避免被鬼魂纠缠。同样的，古代刑场选择在闹市，也有借助众人的阳气来驱鬼的意味。

Q "领袖"一词是怎么来的？

A ··· 所谓"领袖"，就是指衣服的领口和袖口。古代衣领有三种，即交领、直领、方领；袖子有两种，即大袖、窄袖。而领口和袖口这两个部位因为与皮肤直接接触摩擦，容易起毛破损，所以古人在制作衣服时，领口和袖口都是单独用料的，并镶以金边。因此在人们眼中，这两处是既高贵又醒目。另外，古人穿衣服很讲究衣领与袖口的式样大小，设计考究的领口和袖口，穿戴给人一种堂堂正正的印象。在古人的眼中，领子和袖子既突出醒目，又庄重严谨具有表率的作用，所以便产生了"领袖"一词。

Q "一问三不知"中的"三不知"最早是指哪"三不知"?

A ... "三不知"出自《左传·鲁哀公二十七年》：晋荀瑶带领大军伐郑，当时荀文子认为对敌情不了解，不可轻进。他说道："君子之谋也，始、衷、终皆举之，而后入焉。今我三不知而入之，不亦难乎？"据此可知，"三不知"意思是对事情的开始、经过、结局都不了解。

Q "六亲不认"是哪六亲？

A … 六亲不认形容一个人不讲交情，或不徇私情。"六亲不认"的"六亲"泛指所有的亲属。在历史上，关于"六亲"虽有不同的说法，但是它确实有特定的内容。归纳起来，代表性的说法有三种：第一，据《左传》一书说，"六亲"指

父子、兄弟、姑姐、甥舅、妻子的家属和丈夫的家属。第二，据《老子》一书说，"六亲"是指父子、兄弟、夫妇。第三，据《汉书》一书说，"六亲"是指父、母、兄、弟、妻、子。后人比较赞同第三种说法，即"六亲"是指父、母、兄、弟、妻、子。

Q 参军又叫"入伍"，你知道这个"伍"字的来源吗？

A ··· 在我国古代军队中，五人为一伍，五伍为一两，五两为一卒，五卒为一旅，五旅为一师，五师为一军。自西周时起，我国古代军队大多都是参照伍、两、卒、旅、军编制的。那时社会基层单位称之为"比"，五户为一比。每当征兵的时候，五户人家各要送一名男丁，一比共要送五人，恰好组成一个伍，不论干什么事，这五个人总是被分在一起的。尽管以后历代军队编制在不断地变化，但"伍"的叫法却一直流传了下来，并使人们逐步习惯地把"参军"叫做"入伍"。

Q 铜钱为什么外圆内方？

A … 铜钱是我国古代使用的钱币。它外面圆圆的，就和现在的硬币一样，但中间却有一个正方形的孔。这是为什么呢？

早在春秋战国时代，铜钱就得到了广泛的使用。把铜钱设计成外圆内方的形状，主要有两个方面的原因。

一方面，古人有一种观念：做人既要方正，守规矩，讲诚信，也要讲究圆通，就是善于变通，会想办法。方圆结合，才是做人的道理。

另一方面，从使用上来看，铜钱的中间留一个方孔，便于串气来，放在兜里，携带方便；外面设计成圆形，不扎手，也不容易划破衣服。

Q 五湖四海都是哪?

A ··· 五湖：洞庭湖、鄱阳湖、太湖、洪泽湖、巢湖。

四海：渤海、黄海、东海、南海。

五湖四海泛指四方，即全国各地。

三教九流指的是什么？

A … "三教"指儒教、道教、佛教。

　　"九流"指儒家、道家、阴阳家、法家、名家、墨家、纵横家、杂家、农家。

　　三教九流后泛指宗教、学术上的各种流派，也泛指社会上各种行业、各色人物。

Q 用"滴血认亲"来认定亲缘关系的做法科学吗?

A ... 将两个人的血滴在器皿内,看看是否能融为一体。如果能融为一体,就说明他们存在亲缘关系——这就是古时候的"滴血认亲"。这种做法是不科学的。如果检验两名分别是A、B血型的人,他们血液虽然能溶合,但两者之间可能没有任何亲缘关系。因为人类的A型血和B型血是能够溶合在一起的。

CHAPTER 2

上知天文 下知地理

18世纪，澳大利亚的一位浪漫主义气象学家最早给台风起了个女性化的名字，他的这一做法不久就迅速风靡欧美。过去台风命名没有统一的标准，为了对台风进行监控和研究，国际气象组织台风委员会成员自2000年开始统一为台风命名，由14个成员国（地区）各提出10个名字。这140个名字按一定顺序排列，循环使用。

Iron Man

淘乐斯变身公仔

Q 以前的教科书上都说冥王星是太阳系的第九颗大行星，为什么现在却把它踢出太阳系大行星"家族"了呢？

A ··· 冥王星因为其轨道与海王星相交，并明显受到海王星引力干扰，不符合大行星的有关定义，所以被排除在太阳系大行星之外。

大行星必须符合三个条件：该天体要围绕太阳公转；有足够大的质量，能够依靠自身的重力作用使天体呈球形；在公转区域内起着支配性作用，不受轨道上相邻天体的引力干扰。

冥王星不符合大行星的有关定义。2006年8月24日，国际天文学联合会决定将冥王星驱逐出太阳系大行星"家庭"。

Q 我们常看到的彩虹就像架在空中的一座桥，彩虹真的是弧形的吗？

A ··· 实际上，彩虹是圆环形的，但是我们并不能看见全部的彩虹，只能看见其中的一部分，所以看起来就像是弧形的。

当太阳光照射到雨后充满水滴的空气时，太阳光里红橙黄绿蓝靛紫7种颜色的光波就会发生折射和反射，形成圆环形的彩虹。不过，只有一定角度的折射光线才能抵达我们的眼睛，而且地平线又阻挡了一部分，所以人们只能看到一部分弧形彩虹。如果坐在高空的飞机上，没有受到地平线的阻挡，我们就能看到圆形的彩虹了。

Q 大家都习惯把雪叫做"雪花"。"雪"和"花"是两种不同的东西，它们怎么会联系在一块呢？

A ··· 湿润的空气遇冷产生了小冰晶，小冰晶逐渐增大，便形成了雪。雪大多是六角形的，而且像花瓣，所以被人们叫做雪花。

据研究，目前发现的雪花有两万多种，基本上都是六角形。雪花的大小跟空气中含有水分的多少有关。空气不够湿润，雪花就比较小，甚至保持原本的冰晶的形状；空气越湿润，雪花在降落的过程中就变得越大。

Q 有些宇航员在太空生活几个月，在没有重力的太空环境里，他们是怎么洗澡的呢？

A … 宇航员大多用湿毛巾擦洗身体。如果配备了洗澡间，宇航员可以在一个密封的沐浴桶中洗澡。

如果采取沐浴的方式，宇航员还要戴上面罩，避免吸进因失重而漂浮起来的污水。因为没有重力，水喷在身上会形成一层水膜，必须得用抽风机吸干或用毛巾擦干。在太空洗澡是一件非常麻烦的事，得花上几个小时来准备。所以，宇航员在一些短时间飞行中都不洗澡。

Q 飞机起飞前，乘务员都会要求乘客关闭手机。难道小小的手机会给飞机造成干扰吗？

A ⋯ 手机的电磁波会干扰飞机的仪器，从而引发险情。

飞行员通过通信导航系统与地面的管理人员联络，听从管理人员的指挥。手机所发射的信号频率与飞机仪表的工作频率非常相近，如果在飞机上使用手机，就会干扰这些仪器的正常工作，使飞机导航系统接收到错误的信息，导致驾驶员进行错误的操作。

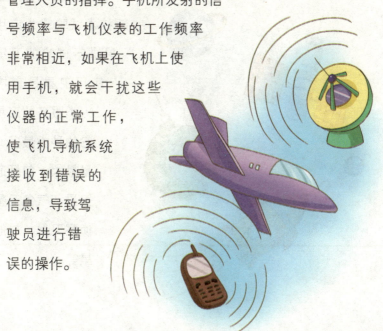

Q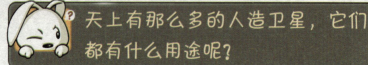

天上有那么多的人造卫星，它们都有什么用途呢？

A ··· 人造卫星如果按用途分，可分为三大类：科学卫星、技术试验卫星和应用卫星。科学卫星是用于科学探测和研究的卫星；技术试验卫星是进行新技术试验或为应用卫星进行试验的卫星；应用卫星是直接为人类服务的卫星，它的种类最多，数量最大，包括通信卫星、气象卫星、侦察卫星、导航卫星等。

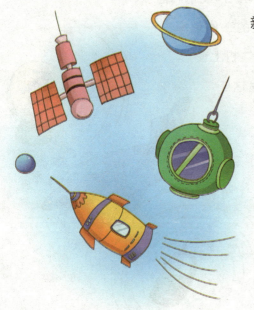

Q 晴朗的夜空中，星星为什么是一闪一闪的？

A ··· 宇宙中，大部分星星是发光的，星星发出的光要经过大气才能传到地球上。大气各层的密度不一样，光线要发生折射。而高空的大气气流是不稳定的，其温度、密度时刻发生变化，这就会引起折射情况的变化，使得我们看见星星会闪光。

Q 谁是中国太空第一人?

A … 杨利伟。他是中国航天员大队的首飞航天员。在成为航天员之前,他是中国人民解放军空军的飞行员,具有丰富的飞行经验。1998年,他同其他13名飞行员一起,在1500名候选者中,幸运地被选为中国新一代航天员,开始了长达5年的艰苦训练。2003年10月15日,他又荣幸地成为中国太空第一人,驾驶"神舟五号"飞上了太空,实现了中国人千年的飞天梦想。

Q   为什么太阳下山时天空红彤彤的?

A ··· 因为红色光波太顽强了！傍晚的太阳落到了地平线附近，阳光从天边斜射到地面。这时，波长短的蓝色光很难穿过大气，而波长较长的红色光却能穿过并到达大地。所以我们在地面能看到的大部分光都是红色光。天空和云朵在我们眼中也变成红色的了。

Q 太阳将来也会死亡吗？

A … 是的，太阳也会走向死亡！据科学家估算，再过50亿年左右，太阳将耗尽自身的能量，接着就会发生爆炸。到时太阳的外壳会急剧膨胀，一并把地球吞没，然后太阳的核心部分会在强大的引力下向内塌陷。

有人不禁会担心：太阳爆炸了，那人类该怎么办呢？到那时，人类可能已经掌握了星际旅行的技术，早已搬迁到其他星球上去了。

Q 太阳光越强烈，人觉得越热；没有太阳的话，人会觉得凉快很多。那么是太阳把空气加热的吗？

A ··· 把空气加热的不是太阳，而是大地，大地接受热量后再释放到空气中。阳光只能穿过大气，不能加热空气。但地面吸收了阳光的热量后，不仅会提高自己的温度，还会释放出热量。而大气正是由于吸收了这种热量，所以温度才会上升。另外，地面还会通过空气的上下对流，把一部分热量传给空气。由此可见，空气是地面烤热的，而不是太阳把它加热的。

Q 有的台风叫桑美，有的叫美莎克，台风的名字是怎么来的？

A …… 18世纪，澳大利亚的一位浪漫主义气象学家最早给台风起了个女性化的名字，他的这一做法不久就迅速风靡欧美。过去台风命名没有统一的标准，为了对台风进行监控和研究，国际气象组织台风委员会成员自2000年开始统一为台风命名，由14个成员国（地区）各提出10个名字。这140个名字按一定顺序排列，循环使用。

Q 为什么大海看起来是蓝色的？

A ⋯ 太阳光是由红、橙、黄、绿、蓝、靛、紫7种颜色的光组成，这7种光的波长是依次递减的。当阳光照射到海面上时，穿透力较好的长波，如红光、橙光被海水和海里的微生物吸收了，而蓝光和紫光这样的短波穿透力差，被海水散射或反射后，海水看起来就是蓝色的。

Q 空难事故发生后，人们赶到现场救援，还会去寻找飞机上的黑匣子。黑匣子是黑色的匣子吗？

A ··· 不是。为了便于搜寻，黑匣子往往被涂上橘黄或橙红等鲜艳的色彩。"黑匣子"的正确名称叫飞行数据记录仪，是飞机专用的电子记录设备之一。它耐高温、高压，不怕腐蚀，里面还装备了磁记录设备，能把飞机出事前30分钟的各种信息记录下来，如飞行员的对话、各种飞行数据等。万一发生空难，这些信息就能为日后人们分析事故提供重要的线索。只因为它和空难紧密相连，带有不详色彩，所以才被叫做"黑匣子"。

Q  地震前，动物往往会出现反常的行为，例如青蛙集体跳上马路，鱼儿不断跃出水面。为什么动物可以预知地震的来临？

A ··· 动物有着比人类更灵敏的器官，它们能够感觉出地震前周围环境的细微变化，所以才会表现出怪异的行为。

地震发生前，地球会发生某些变化，如电力、磁场、气象和水元素的含量异常等。有的动物利用灵敏的嗅觉能够闻到地震前从地壳缝里释放出来的某种气体；有的动物则能听到人们无法听到的地震前的岩石爆裂声。

Q 潜艇潜入水底后，就成了一个密封的空间。为什么潜艇里的氧气很长时间都不会用完？

A ... 潜艇里有一种氧气再生药板。它能通过化学反应，将人们呼出去的二氧化碳变成氧气，这样人们可以长时间待在潜艇里面不必担心缺氧了。

潜艇的空间有限，如果只靠一开始装进的氧气，氧气很快就会被用完。氧气再生药板是一片片涂有氧化钠的薄板，它能吸收人们呼出的二氧化碳并放出氧气。另外，潜艇内也配备了许多高压氧气瓶，以备不时之需。

Q 意大利的比萨斜塔最初建成时就是斜的吗？

A ··· 比萨斜塔始建于12世纪，当第3层完工时，发现基础沉陷不均匀，其间虽想法补救，但效果不明显，最后还是在倾斜的状态下于14世纪完工。因比萨斜塔最初建成时就是斜的，所以，"斜塔"也就成了它独有的别称。

Q "寿比南山"一词中的"南山"指的是哪座山?

A ··· "寿比南山"是一个成语,意思是寿命像终南山一样长久,是祝人长寿时的习惯用语。常说:"福如东海,寿比南山"。"寿比南山"中的"南山"是指终南山。终南山是秦岭主峰之一,在陕西西安市西南部,又称南山。

Q 每届奥运会的圣火都要在希腊的雅典采集，为什么不去别的地方采集呢？

A ··· 现代奥运会的圣火都是在希腊雅典采集的，那是因为希腊是奥运会的发祥地。

从1936年的柏林夏季奥运会开始，每届奥运会的圣火采集仪式都在希腊雅典的奥林匹亚举行。在奥林匹亚遗址，人们让阳光集中在一枚凹面镜的中央，让它产生高温，引燃圣火。圣火沿着传递路线将传递到各个国家和地区，最后抵达奥运会举办地，象征着把和平的信息带到世界各地。

Q 世界上第一枚邮票出现在哪个国家？

A ⋯ 世界上第一枚邮票于1840年5月1日在英国问世，5月6日开始使用。邮票图案是维多利亚女王18岁即位时的侧面像，由弗莱德列克·希思雕制印版，承印者是派金斯·巴肯公司。这枚邮票面值1便士，用有王冠水印的纸印成了黑色，通称"黑便士邮票"。

CHAPTER 3

动物动 植物静

你可知道拥有黑白两色的斑马，究竟是白底黑纹，还是黑底白纹呢？其实，只要仔细观察斑马肚子上的斑纹，就会发现斑马肚子上的毛，几乎都是白色或浅黄色的呢！由此可知，斑马的斑纹是白底黑纹哦！

Uzumaki Naruto

淘乐斯变身公仔

 **动物也有双眼皮吗？**

A … 单眼皮和双眼皮是遗传自父母亲的特征，不过，你知道吗？白种人和黑人几乎都有双眼皮，但是，黄种人中没有双眼皮的人却有很多呢！

由于现代人的审美观普遍认为拥有双眼皮比较美丽，使得许多单眼皮的人，为了让自己的眼睛看起来更加明亮有神，而去做双眼皮手术，但是，若从进化论的角度来说，双眼皮却是人类尚未完全进化的表征呢！

可别以为双眼皮是人类的专利，有些动物也有双眼皮。例如沙漠中的骆驼、草原上的鸵鸟以及森林里的鹿，都有双眼皮的特征，它们是不是看起来比较亲切可爱呢？

其实，沙漠地区的动物以及一些大型草食动物之所以多数是双眼皮，是为了防止风沙迷眼，或是为了防止植物茎叶刺伤眼睛，如果拥有比较大面积的眼皮，便能确保闭眼。而肉食性动物单、双眼皮都有，同一种类的肉食动物也有单、双眼皮的个体，比如狗。不信的话，你去现实生活中仔细观察。

苍蝇为什么喜欢搓脚？

A ··· 当你看到苍蝇像是求饶般地不停搓脚时，可别以为它是因为弄脏了你的食物而不好意思地向你道歉。其实，苍蝇搓脚是为了拍掉沾在脚上的灰尘，因为苍蝇的足部末端，有个可以分泌黏液好让苍蝇附着在物体上的爪垫，当爪垫上沾有灰尘或异物时，就会失去附着的功用，所以，苍蝇才会一天到晚忙着搓脚，好去除爪垫上的灰尘，并且让水分充分地附着在爪垫上。

鱼为什么会有腥味？

A ··· 鱼肉之所以会有腥味，是因为鱼肉中有"三甲胺"的关系。由于三甲胺具有难闻的气味，很容易从鱼肉里挥发到空气中，这时，我们鼻子中高达500万个嗅觉细胞，便会立刻闻到空气中的三甲胺。

你可别小看自己的鼻子，即使只有500亿分之一的臭味物质混合在空气中，嗅觉灵敏的鼻子也能轻易地闻到呢！

Q 昆虫也会流血吗?

A … 其实昆虫是有血的。只是因为昆虫的血几乎是无色的,所以我们才没有办法看到它们的血。

由于人的血是红色的,于是我们便常常误以为所有动物的血都是红色的,但是,事实上并不是这样的。拥有红色血液的动物,血液中都含有红血球,是红血球中的血红素,让它们的血看起来是红色的。但是像昆虫这种较低等动物的血液里,并没有血红素,所以它们的血几乎是透明无色的。

例如,蚯蚓的血是偏红色的,但虾、蜗牛、章鱼和蚂蚁的血却是绿色的,因为这些动物的血液里只有血清素而没有血红素。所以说,血液的颜色,是根据血液里所含有的物质决定的。

Q 有两个蛋黄的鸡蛋会孵出两只小鸡吗？

A ⋯ 虽然两个蛋黄会孵化出双胞胎的说法看起来很合理，但是，事实上，有两个蛋黄的鸡蛋，是不可能孵出两只小鸡来的。因为会形成小鸡的并不是鸡蛋里的蛋黄，而是蛋黄里的白色小点——"胚胎"。所以，蛋黄的数量和孵出来的小鸡数量，是完全无关的。

不过，就算蛋黄里真有两个胚胎，也还是不太可能孵化出双胞胎小鸡，因为两只小鸡同时挤在一枚蛋里，等到它们越长越大时，便会因为氧气不足，而使得两只小鸡都面临死亡。

Q 斑马的斑纹是白底黑纹，还是黑底白纹？

A ··· 在非洲大草原中，最显眼的动物应该就是身上有着黑白两种对比颜色的斑马了，其实，这样炫目的斑纹，是为了保护自己不受敌人攻击的保护色。

非洲有一种名叫"嗤嗤蝇"的吸血苍蝇也无法攻击斑马。因为嗤嗤蝇的眼睛是复眼，在它们的眼中，斑马的斑纹就像马赛克一样，只要越靠近斑马，眼睛就越看不清楚，斑马便能躲避嗤嗤蝇的恐怖攻击。

不过，你可知道拥有黑白两色的斑马，究竟是白底黑纹，还是黑底白纹呢？

其实，只要仔细观察斑马肚子上的斑纹，就会发现斑马肚子上的毛，几乎都是白色或浅黄色的。由此可知，斑马的斑纹是白底黑纹。

Q 鸵鸟有时会把头贴着地面，远远看去，就像把头埋在沙子里一样。鸵鸟那是在干什么呢？

A ··· 鸵鸟听到敌害的声音后，把头贴着地面，是为了辨别敌害的方位和远近，以便选择逃跑的方向。

鸵鸟是世界上最大和最重的鸟，主要生活在荒漠、草原上。鸵鸟把头压低到地面，远远看去就像一丛灌木，达到隐蔽的效果。鸵鸟的身高一般可达2.5米，而脖子的长度几乎占了身高的一半。多亏了长长的脖子，鸵鸟才能更容易发现敌害。

Q 如果把蚯蚓拦腰切断，一段时间后，缺少头的那段会长出新的头，缺少尾巴的那段会长出新的尾巴。这是怎么回事呢？

A ··· 蚯蚓如果被切成两段，其断面上的肌肉组织会马上加强收缩。这时，血液中的白细胞会聚集在断面上，形成特殊的栓塞，使伤口迅速闭合。在断面上还会长出再生细胞，重新长出头或尾，不久，被切成两段的蚯蚓就能变成两条完整的蚯蚓了。

有人做过研究：把蚯蚓切成三段，中间无头无尾的一截还能重新长出头部和尾部，而且尾部的生长速度明显快于头部。一般来说，蚯蚓被切的段数越多，存活率就越低。

 **Q** 在大海上航行，总能看到海鸥追逐轮船的情景。为什么海鸥总喜欢在船后追着飞呢？

A ··· 海鸥跟着轮船后面飞翔，一是为了节省体力，二是为了更容易找到食物。

轮船在海上航行时，由于受到空气和海水的阻力，因此在它经过的上空会产生一股上升气流。海鸥只要尾随在轮船的后面飞翔，靠着这股气流就能大大节省体力。另外，在轮船破浪前进的时候，船尾螺旋桨的搅动会激起许多小鱼小虾，海鸥也就省去了不少觅食的工夫。

Q 鸟为什么会飞？

A ··· 鸟飞行的动力来自它发达的肌肉，张开的翅膀是飞行的工具。大多数的鸟的身体是流线型的，在飞行中可以减少空气阻力。鸟的骨骼内部有许多空隙，肌肉和部分骨骼之间有发达的气囊。这些身体结构为鸟飞行提供了优越的条件。

小黄鱼长大后就是大黄鱼吗?

A … 不是。在鱼的分类上，虽然它们都属于鲈形目石首鱼科黄鱼属，但并不是同一种。大黄鱼体长40～50厘米，小黄鱼却只有20厘米左右。它们的生活区域也不一样，大黄鱼主要栖息于80米以内的沿岸和近海水域的中下层，小黄鱼栖息于水深不超过100米的海区。

Q 为什么鸡经常吃小石子？

A ··· 因为鸡没有牙齿，不能咀嚼食物，它把米粒、谷子等吞下肚子后没法消化，就只好再吞食一些小石子到嗉囊里研磨食物，帮助消化。

Q 鹤睡觉时为什么总是单脚站立？

A ··· 在自然界中，鹤有很多天敌，为了生存，它们必须对周围的生活环境保持高度警惕，时刻提防敌人的袭击。所以，它们绝不敢像一些猛兽那样躺在地上呼呼睡大觉，只好站立着睡觉。可是，站着睡觉毕竟很吃力，于是鹤用一只脚站着休息，过一会儿，换另一只脚站立，让自己舒服一下。

Q 猫一蹲下来就爱洗脸，它把爪子舔湿，一遍遍地往脸上蹭，这是为什么呢？

A … 猫一般吃完东西就会洗脸。猫洗脸是为了擦掉胡子上的脏东西，保持胡子的清洁，这是猫的本能。因为胡子是猫重要的感觉器官，是捕猎的重要工具。如果胡子脏了，它的感觉就不灵敏了，猫洗脸实际上就是洗胡子。

Q 我们经常看到大熊猫在吃竹子，它们只吃竹子吗？

A ··· 其实，大熊猫不只吃竹子，还吃肉。在很久以前，大熊猫和熊是同一祖先，也是一种肉食性动物。尽管后来大熊猫改吃竹子了，但它们还保留着一些吃肉的习惯，所以有时也吃荤。在动物园里，饲养员偶尔会拿肉末之类的荤食来喂大熊猫呢。

Q 猪为什么喜欢拱土？

A ··· 猪喜欢拱土其实是它与生俱来的特性。在猪还没有被人类驯化前，野猪只有用鼻子、嘴把土拱开，才能吃到地下的植物块根和块茎。泥土中含有磷、钙、铁等矿物质，猪有时也会通过吃土来补充这些物质。正是出于觅食生存的需要，野猪养成了拱土的习惯。即使后来被人类逐步驯化成家猪，猪喜欢拱土的这个习惯依然没有改变。

为什么青色的虾蟹煮熟以后就变成红彤彤的呢？

A ··· 虾蟹的甲壳里含有各种各样的色素细胞，它们太多的是青黑色的，因此虾蟹活着的时候主要呈青色。在这些色素细胞中，有一种叫虾红素的色素细胞。平时它与别的色素细胞混在一起，无法显出鲜红的本色；受热后，虾红素就会呈现出原来的红色。

Q 为什么蛇喜欢吐舌头？

A ··· 蛇的视觉、听觉和味觉都已经退化，但嗅觉发达。蛇的嗅觉器官并不是鼻子，而是舌头。当蛇把舌头伸出来时，空气中细微的气味粒子就被沾到舌头上。接着，它把舌头缩回到喉咙附近，那是它的"气味分析室"，再清淡的气味也逃不过"检查"。经过判断，蛇就可以准确地知道猎物所在的方位了。

Q 鸳鸯总是出双入对地出现，被中国人视为恩爱夫妻的象征。鸳鸯鸟真的会一辈子忠于对方吗？

A … 不会。其实鸳鸯经常换配偶，只是它们长得都非常相像，而且总是成双成对，所以才被人误认为彼此不离不弃、恩爱忠贞。

鸳鸯是亚洲的一种亮斑冠鸭，比鸭小，雄性羽毛亮丽，头有紫黑色羽冠，雌性全身呈苍褐色。雌雄常在一起，栖息于山地河谷、溪流、水田等处。最早将鸳鸯和夫妻、爱情联系起来的是唐代诗人卢照邻，他在《长安古意》中写了一句"愿做鸳鸯不羡仙"。此后，人们竞相效仿，纷纷拿鸳鸯做文章，最后把鸳鸯"炒作"成了坚贞爱情的象征。

Q 到了秋天，为什么枫叶会变红？

A ... 植物的叶片中除了叶绿素外还有许多其他的色素，如黄色的叶黄素、胡萝卜素，红色的花青素等，但因为叶绿素的含量较大而遮盖了其他颜色，使叶片呈绿色。到了秋天，枫叶中的叶绿素因为气温下降而渐渐分解，枫叶中贮存的糖分分解转变成花青素，于是枫叶就逐渐变成了红色。

Q  含羞草是一种很有趣的植物，只要你一碰它，它立即就把叶片合拢起来，把头垂下去。你知道是什么原因吗？

A ⋯ 含羞草的叶柄下有一个鼓囊囊的包，叫"叶枕"，它有敏锐的感觉。平时，叶枕里的细胞含有很多水分，常保持膨胀状态，致使叶柄挺起，小叶张开。当受到外界刺激时，叶枕细胞中的水分立刻渗到细胞间隙，叶枕瘪了，叶子就垂了下来。

Q 松树叶子为什么在冬天不会全部脱落？

A ··· 松树的叶子是针型的，这样的叶子本身含有的水分就少，而且在叶子外面还有一层像蜡的薄膜，能够减少水分的散发。冬天的雨水虽然少，但是也能够满足松树的需要，所以，松树叶子在冬天不会全部脱掉。

 **所有的棉花都是白色的吗？**

A … 不是。世界上除了白色的棉花，还有红、黄、蓝等多种颜色的棉花。在秘鲁，生长着一种有趣的棉花，它能长出灰色、紫色、褐色、米色和白色五种天然的颜色。随着科学技术的发展，科学家们已经用人工的方法培育出多种彩色棉花来。这种彩色棉花具有白色棉花所不可替代的环保优势。

Q 香蕉的皮常常会出现黑斑，是因为它"生病"了吗？

A ... 不是。这其实是香蕉皮发生了化学变化所致。香蕉表皮细胞中含有一种氧化酵素。平时，氧化酵素被细胞严密地包裹着，不与空气接触。但是，香蕉一旦受冻、皮被碰伤，令细胞膜破损，氧化酵素就会"流"出来，并与空气中的氧发生化学作用，生成一种黑色的复杂产物。这样香蕉皮就出现黑斑了。

CHAPTER 4

窥探人体的秘密

每个人的头发数量略有不同。平均大约有八万到十万根。正常人一天大约会掉50根头发。如果头发只会掉而不会长的话，一定不得了了吧？不过别担心，因为头发还会长出来的，而且每一天会长0.2~0.3毫米呢。

McDonald's

淘乐斯变身公仔

Q 人的头发总共有多少根？

A … 每个人的头发数量略有不同。平均大约有八万到十万根。正常人一天大约会掉50根头发。如果头发只会掉而不会长的话，一定不得了了吧？不过别担心，因为头发还会长出来的，而且每一天会长0.2~0.3毫米呢。

有趣的是，在一天中，头发并不是以相同的速度生长的。上午10~11点之间长得最快，下午4~6点之间长得也还算快；在半夜睡觉的时候，就几乎不长了。

头发可以挡住强烈的阳光，也可以减缓冲撞，保护我们的脑部。

Q 为什么看到好吃的食物就会流口水呢?

A ··· 当我们看到平常爱吃的东西时,口中就会不知不觉涌出口水。有时甚至只要想象或闻到食物的气味,也会忍不住咽口水。其实,如果你观察一下就会发现,我们时时都在流口水,只是一看到爱吃的东西。大脑会命令唾液腺分泌更多的口水,让我们突然感觉到口水的存在。我们吃东西时,唾液腺会依据食物调节口水的量,譬如苹果或西瓜等食物水分较多,唾液腺就不会分泌太多的口水;如果是面包或饼干,唾液腺就会分泌出大量口水。一般而言,人一天大概会分泌1~1.5升口水。

Q 打哈欠会"传染"吗？

A … 打哈欠是会传染的。甚至，听到打哈欠的声音、见到打哈欠的字眼和照片都会引起人们的哈欠。打哈欠为什么会传染呢？科学家推测，打哈欠"传染"可能是一种与别人进行交流的原始方式，在进化过程中它被保留了下来。打哈欠"传染"，还可能与"移情"作用有关。简单来说就是看到别人被砸了脚，自己也会喊"哎哟"觉得疼。

很多动物也都会打哈欠，包括大象、狮子、老虎，甚至鱼和鸟，但只有人类和猩猩这样高级的灵长类动物之间才会"传染"，这也许因为只有高级动物才有足够的智力去了解同伴的想法。

Q 鸡皮疙瘩是怎样长出来的?

A ··· 当人们寒冷时,皮肤就会冒出一颗一颗小疙瘩,因为这些小疙瘩跟鸡皮上的疙瘩长得很像,人们管它叫鸡皮疙瘩。鸡皮疙瘩是怎么长出来的呢?

仔细观察可以发现,人体的皮肤上覆盖着一层细细的、短短的毛,这就是汗毛。汗毛的根部连着一条细小的肌肉,叫竖毛肌。人体的肌肉活动受神经控制,其中竖毛肌归"交感神经"掌管。皮肤突然受到寒冷刺激时,交感神经就会兴奋起来,命令竖毛肌立即收缩;竖毛肌一收缩,就从根部拉紧了汗毛;竖直的汗毛又把毛孔带起一块小疙瘩,于是就产生了鸡皮疙瘩。

Q 人的拇指为什么特别短？

A … 生物会受到外界环境的影响而逐渐发生进化。像狮子、老虎、小狗和小猫这些用四肢行走的动物，因为不常单独使用手，所以它们的手并不像需要爬树和拿取东西的猴子或人类那么发达。

　　不过，人类的手和猴子手并不相同，因为猴子必须常常爬树，所以手指比较长，但是，人类的手主要是用来拿取东西，因此，手指自然就会比较短。至于人类的拇指之所以特别短，则是为了抓握东西方便的缘故。

 **Q** 我们吃下去的食物颜色都不相同，为什么大便的颜色却都差不多呢？

A … 米饭是白色的，蛋黄是黄色的，菠菜是绿色的……我们每天吃的食物颜色都不相同，可是，为什么大便的颜色都差不多呢？

其实，大便的颜色跟吃下去的食物颜色并没有关系，而是和胆汁分解的色素有关。

胆汁是肝脏分泌出来的汁液，平时储藏于胆囊中，有帮助消化、促进脂肪分解的功能，而胆汁经由肠内细菌分解后便会形成胆色素。由于胆色素是金黄色或是黄褐色的，所以，当食物进入肠子后，就会被染成黄色。不过，如果肠子因缺水而蠕动缓慢时，胆色素会浓缩，从而使大便呈现较深的褐色；反之，如果肠子受刺激而蠕动太快时，胆汁来不及被分解成胆色素的话，大便就会呈现与食物本身接近的颜色。

Q 为什么眯着眼睛看东西，会看得比较清楚？

A ... 视力不好的人在看远方的物体或景色时，常会习惯眯起眼睛来看，这是因为我们的眼睛里，有一个名叫"水晶体"的东西，它能像相机里的镜头一样，让光线通过后，在视网膜上形成影像。

视力不好的人，其实是因为视网膜上的影像无法清晰地呈现，所以才会使我们没办法看清楚物体。但是，如果在看不清楚时眯起眼睛的话，就能挡掉多余的光线，此外，也能略微调整光线反射的角度，这样就能把物体看得清楚一点。其实，眼镜和隐形眼镜也有类似眯眼睛的功能。

Q 为什么大笑时，肚子会感到疼痛？

A ··· 当我们大笑时，不但吸气和吐气的动作会变长，心跳的速度也会变快，脸上和脖子周围的肌肉也会跟着运动，横膈膜和腹部的肌肉都会因此受到刺激。而大笑时之所以会肚子痛，其实是因为横膈膜和腹部的肌肉突然运动的缘故。不过，除了肚子痛外，大笑时还会分泌使我们感到愉快的荷尔蒙，甚至还有减肥功效呢！所以，常大笑对身体很好哦！

哈哈哈

Q 点穴真的能使身体无法动弹吗？

A … 在武侠电影里，我们常常可以看见演员被点穴之后身体便会无法动弹。其实，演员用手指所点的地方称为"穴道"，也叫"穴位"。

点穴的功夫确实是有的，被点中不同的穴位，会有麻、酥、痛、痒、晕等不同的感觉，只是不像武侠电影里渲染得那样奇绝玄妙。

根据中医理论，我们的身体上有300多个穴道，这些穴道也是中医师进行针灸或推拿治疗的位置。通过诊察穴位的压痛情况，可以协助诊断病情。

Q 你是A型血，他是O型血，我是B型血……每个人的血型到底是由什么决定的呢？

A … 每个人都有两个血型遗传基因，一个来自父亲，另一个来自母亲。我们的血型其实是从父母的染色体遗传而来。

血型是以A、B、O等三种遗传因子的组合而决定的。从遗传基因的角度来说，A型血有AA和AO两种基因，B型是BB和BO，O型是OO，AB型则是AB。如果父亲和母亲都是A型血，子女的血型可能就是A型，也可能是O型，但不可能是B型或AB型。

Q 哪个血型的人数最多呢?

A ··· O型血的人数最多,据统计,全世界的人口约45％是O型血,接下来是A型血,B型和AB型可以归为"少数民族"。

此外,不同的国家,血型的分布也不一样:近50％的美国人属于O型血,41％的中国人属于O型血,40％的日本人属于A型血。

Q 有些人睡着之后会梦游，为什么会出现这种情况呢？

A ⋯ 有梦游症的人入睡后，大脑皮质里支配运动的那一部分脑组织还兴奋着，肌肉的紧张度没有完全消失，身体仍可以运动。

一般来说，人入睡后，大脑皮质会全面处于一种抑制的状态，全身肌肉完全松弛，不能行动。而梦游者则刚刚相反。儿童较常发生梦游，因为儿童的大脑功能还不完全成熟。随着年龄的增长，梦游的现象会逐渐减少。成年人患有梦游症，大多是从儿童时期遗留下来的。

Q 当我们遇到有趣的事情或者被别人挠痒痒而哈哈大笑的时候，为什么会觉得浑身使不上劲呢？

A ⋯ 大笑时，人的身体和四肢会运动起来，如同在做剧烈运动。而肌肉的运动会产生一种叫乳酸的物质，乳酸堆积起来，就会让人产生浑身没劲的感觉。

原来，人在笑的时候不但使大脑皮层得到放松和休息，还会让面部的肌肉、胸部的呼吸股、膈股以及腹部的肌肉活动起来。医学机构曾研究过，人们在大笑的时候，身体还会产生一些微妙的反应：血液循环回快了22％，肌肉和神经瞬间放松了，大笑时的热量消耗要比不笑时多20％。

Q 被人胳肢时会大笑，为什么自己胳肢自己却笑不起来呢？

A ··· 人体腋下分布着比较多的感受痒觉的细胞。当我们被别人胳肢时，感受痒觉的细胞就会产生神经冲动，把痒的信息传到大脑，大脑再指挥与笑有关的面神经兴奋起来，从而引起我们哈哈大笑。不过，自己胳肢自己时，因为大脑里事先形成了兴奋点，这就会减弱刺激皮肤产生痒觉的兴奋程度，就不觉得痒，也就不会笑了。

Q  如果不经常温习，许多知识很快就会遗忘。为什么学会骑自行车后长时间不骑，却不会忘记呢？

A ⋯ 学骑自行车要调动身体相关的肌肉来完成一系列动作，在小脑留下记忆。而这种运动记忆在开始时比较难建立，可一旦建立起来，就能长时间保持。

大脑分为许多区域，一些区域是"管理"学习、背诵等逻辑记忆的，而另一些区域是"管理"打字、骑自行车等运动记忆的。学习知识属于逻辑记忆，这种记忆的特点就是如果不经常使用，很容易就会忘记。而运动记忆中，越大的肌肉动作，就越不容易忘记。

Q 自然界里有五彩缤纷的颜色，为什么人看到绿色或青色时会感觉比较舒服呢？

A … 绿色和青色对光线的反射适中，人体的神经系统、大脑皮层和眼睛里的视网膜组织比较容易适应，眼睛也就感觉比较舒服。

各种颜色对光线的吸收和反射各不相同，而且对光线的反射越大，就越刺眼：红色对光线反射是67％，黄色反射是65％，绿色反射是47％，青色只反射36％。另外，绿色和青色还能吸收光线中对眼睛有害的紫外线。课间十分钟的时候，不妨多看看绿色植物，这样就能消除眼睛疲劳了！

打喷嚏的时候，人的眼睛会不由自主地闭上。为什么我们不能睁着眼睛打喷嚏呢？

A … 打喷嚏时，与呼吸相关的肌肉就会突然剧烈收缩，脸部的肌肉跟着收缩。其中，支配眼皮闭合的眼轮匝肌也会收缩，从而使人情不自禁地闭上眼睛。

当有灰尘、细菌、花粉等异物进入鼻腔时，大脑就会发出指令，使人产生一系列吸气动作，由肺部贮存气体，然后利用肺部的压力产生一股气流，将异物排出去。这就是打喷嚏。打喷嚏会产生很大的气流，如果硬要在打喷嚏时睁开眼睛，这股气流会从鼻腔传到眼睛，很可能会伤害到眼睛！

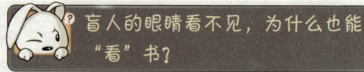

Q 盲人的眼睛看不见，为什么也能"看"书？

A ⋯ 盲人也能阅读，因为有一种叫做盲文的文字。盲文是由法国人路易·布莱叶在1829年发明的。现在国际上通用的盲文是由1到6个不同的数目、不同排列位置的圆点组成，表示各种文字、数字及标点符号。这些点凸起地印在特殊的纸上，盲人用双手触摸，用双手来"阅读"，所以盲人也能"看"书。

Q 感冒时为什么鼻子发堵?

A ··· 我们人类的鼻子就像一间前后设门的房间，当中有鼻中隔把它分成左右两间，每间的侧壁上又挂着三块卷曲的鼻甲，这间房子称为鼻腔。鼻腔前面通过鼻孔与外界接通，后部通向咽部。

　　感冒时，病原体侵犯鼻黏膜和鼻窦黏膜，使它们肿胀，并不断分泌大量黏液，就像一个本来不宽的通道又放满了东西，出入当然不能通畅了。所以，鼻子感到发堵。感冒也使嗅区黏膜肿胀，因此，嗅觉也会下降。

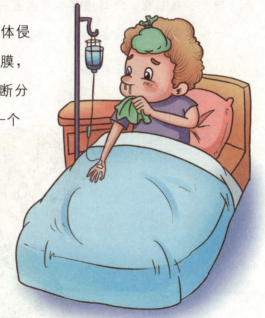

Q 耳朵摸起来软软的，里面有骨头吗？

A ⋯ 耳朵里也有骨头，不过这种骨头比较特殊，是不含钙质的软骨。软骨在受力后形状会发生变化，但很快又会恢复原来的样子。正因为如此，耳朵才不会发生骨折的现象。此外，鼻子、耳咽管、外耳道等也是由富有弹性的软骨构成。用手一捏，这些部位就会弯曲，一放手又恢复原状。

心脏一直不停地跳动，它会累吗?

A ··· 心脏在每一次收缩、工作后，就会有相应的一次舒张、放松。心脏分为心室和心房，每分钟跳动约70次，一次需要约0.8秒，舒张占0.7秒；心室收缩占0.3秒，舒张占0.5秒。不论心房还是心室，舒张占的时候都比收缩占的时间长，所以，心脏在每次收缩之后，都有充分的时候用来休息，所以才不会觉得累。

Q 流鼻血时，有人说把头向后仰，血就不会流出来了。这样做真的有效吗？

A … 头向后仰，鼻血会通过气管流到肺里，导致呼吸困难，甚至危及生命。如果流鼻血，应该将头部往前倾，让已流出的血液向鼻孔外排出，以免堵住呼吸道造成危险；另外，把冰袋放在脖子后面，再用拇指和食指压紧鼻翼，这样过一会儿，鼻血就会止住。如果还是流血不止，就得赶紧到医院就诊，以免发生危险。

Q 身上的污垢是不是搓得越干净越好？

A ⋯ 当然不是。皮肤由表皮、真皮、皮下组织组成。表皮上积有20多层坏死的细胞，叫角质层，我们平常所说的污垢大多附着在它的上面。角质层不仅能防止细菌、真菌、病毒侵入人体，还能防止体内水分的蒸发，是身体的一层天然保护膜。如果我们用力搓掉污垢，可能会破坏角质层哦！

Q 检测视力时，为什么要遮住一只眼睛？

A ⋯ 这样做是为了更好地了解我们双眼视力情况。人的两只眼睛的视力可能有差别，如果双眼同时看东西，为了尽可能看清楚一点，视力较好的那只眼睛就会充分发挥作用。这样，检测出来的视力就会与真正的视力有误差。因此，检测视力时，我们要遮住其中一只眼睛，轮流检查。

CHAPTER 5

我是生活高手

菠萝的果肉除富含维生素C和糖分以外，还含有不少有机酸，如苹果酸、柠檬酸等，另外还含有一种"菠萝酶"。这种酶可以破坏口腔黏膜和分解蛋白质。食盐能抑制菠萝酶的活力。因此，当我们吃鲜菠萝时，最好先用盐水泡上一段时间再吃。

Mario

淘乐斯变身公仔

Q 不粘锅为什么能让食物不粘锅？

A … 一般的不粘锅金属锅内涂了一层叫"特富龙"的涂料，它就是不粘锅不粘食物的"秘密武器"。这种涂料有很好的润滑性，极少与物质发生摩擦，因而能避免与食物粘连，方便清洗。不过，不粘锅不适宜用来煮酸性食物，否则会使涂层受到腐蚀膨胀，大面积脱落。

Q 为什么饮料瓶里的饮料都不会装满?

A ··· 当小朋友们仔细观察冰箱里的饮料时，便会发现，像可乐、果汁或汽水等不同种类的饮料瓶，都有一个共同点，那就是所有的饮料瓶都没有被装满。其实，这是为了防止瓶盖脱落或饮料瓶破裂以致饮料溢出的方法。

Q 鲜奶为什么要装在纸盒里，但是可乐却要装在瓶罐里呢？

A ··· 这是因为牛奶里含有许多矿物质，如果把牛奶装入金属罐，便会使牛奶里的矿物质和金属起化学作用，然后形成残渣残留在罐底，因此，才必须将牛奶装在纸盒里。相反地，像汽水和可乐这种含有气体的碳酸饮料，如果将它们装在纸盒里，可能会因为摇晃使气体变多，把纸盒给挤爆，所以才要装在金属罐里。

Q 贮藏一段时间后，果实为什么会变皱？

A ··· 果实成熟后，虽然离开了树枝，但还是会进行呼吸。此时，它已经不能靠树枝获得营养来维持生命活动了，只好不断地通过消耗果实内的营养来完成呼吸。这个过程会使得果实内细胞中的营养物质越来越少，出现衰老的现象。

因此，果实贮藏的时间较长，果肉会变得松软，果皮也会变皱。

看来，果实都得趁新鲜的时候吃才更有营养、更可口。

 肥皂为什么可以去污呢？

A ... 肥皂可分为溶于水的亲水基和不溶于水的疏水基（也叫
亲油基）两部分。在肥皂水中肥皂分子以球形存在，疏水基
向内以分子间作用力相结合；亲水基向外，分布在胶囊球体
表面。胶囊分散在水中遇到不溶于水的油污后，可将油分散
为细小的油珠，硬脂酸钠的疏水基插入油中，而亲水基留在
油珠表面，使油珠可以悬浮在水中而起到去污作用。

Q 饭前喝汤好，还是饭后喝汤好？

A ··· 饭前好。吃饭前肚子内食物已经基本上消化殆尽，突然大量进食会刺激肠胃，先喝汤缓和刺激，并易于帮助肠胃运动，还可以起到减肥节食的作用。

饭后喝汤是一种有损健康的吃法。一方面，饭已经吃饱了，再喝汤容易导致营养过剩，造成肥胖；另外，最后喝下的汤会把原来已被消化液混合得很好的食糜稀释，影响食物的消化吸收。

 **Q** 为什么吃菠萝时要先用盐水泡呢?

A ⋯ 菠萝的果肉除富含维生素C和糖分以外，还含有不少有机酸，如苹果酸、柠檬酸等，另外还含有一种"菠萝酶"。这种酶可以破坏口腔黏膜和分解蛋白质。食盐能抑制菠萝酶的活力。因此，当我们吃鲜菠萝时，最好先用盐水泡上一段时间再吃。

Q 炒菜用铝锅好还是用铁锅好呢？
为什么？

A ··· 铁锅好。因为铝锅容易受到酸、碱、盐等用品的腐蚀，造成铝金属慢性中毒，对人的大脑有危害，长期使用容易使老年人痴呆和少年儿童智力低下。

Q 为什么起床后马上叠被子不利于健康?

A ··· 据有关专家测定,人从汗液中蒸发出的化学物质,要比从呼吸道中排出的化学物质多。如果起床后马上叠被子,被子里所含的水分和气体就散发不出去,这样不仅会使被子受潮而且还受化学物质的污染,产生难闻的气味,减少被子的使用时间,并且对身体健康也是有害的。

Q 稀饭比干饭更容易消化吗？

A ⋯ 很多人都以为稀饭比干饭更容易消化些。因为，有些人因胃部不舒适而常吃稀饭，认为这样能减轻胃的负担。其实，稀饭比干饭更不容易消化。这是因为稀饭水分多，稀释了唾液和胃液，使唾液和胃液的分泌相应增多，容易造成胃下垂和胃松弛。稀饭柔软，一般不咀嚼就咽下，所以，食物和唾液没能均匀混合起来，更会加重胃的消化负担。

Q 如今，越来越多的不锈钢装饰品、餐具、炊具进入了普通家庭。那不锈钢真的是永不生锈吗？

A … 其实不锈钢和铁一样，也是会生锈的，只是没那么容易生锈而已。不锈钢不容易生锈是里面铬元素的功劳。铬能在钢的表面生成一层致密的保护膜，即使被破坏了，它也能自动修复，生成一层新的膜，大大提高不锈钢抗氧化的能力。不过，如果铬元素含量低于不锈钢总量的12％，不锈钢的抗氧化能力就会变差，容易生锈。

铬保护层

Q 为什么久沸的水不能喝?

A ··· 在自来水里有一些微量的对人体有害的物质。通常，这些物质在水中含量非常少，人喝了对健康不会造成什么影响。但是，如果把水长时间煮沸，水不断地变成水蒸气跑掉，留在水里的有害微量物质相对含量增大，"微量物质"也就不微量了，喝了这样的水，就会对人体的健康造成危害。

Q 保鲜膜为什么能保鲜？

A ··· 保鲜膜是由一种叫聚乙烯的高分子材料制成的，有很好的透过氧气和二氧化碳的性能，据测定：保鲜膜每昼夜每平方米可以透过氧气约2万毫升。食品在保鲜膜里可以"自由呼吸"，达到保鲜效果。保鲜膜有粘性，能很方便地覆盖和包裹食品。而且它无毒无味，在使用时就是接触到了食物，也不会危害人体健康。

氧气

二氧化碳

Q 吃得太咸为什么不利于健康？

A ... 机体没有足够的盐，会使身体失重、虚弱、肌肉痉挛。如果吃得太咸，机体吸收了很多的氯化钠，就有患高血压的可能。盐使人血压升高的原因是：过多的氯化钠，使钠在体内积蓄，同时也保留住了过多的水分。大量的钠和水进入血液后，造成血容量增高。血管壁水肿，从而引起高血压。

Q 为什么空腹喝牛奶不好？

A ··· 清晨起床后，如果在空腹的情况下喝牛奶，由于缺少糖和脂肪类食物的供给，牛奶中的蛋白质就被迫转化为能量。这实际上是一种浪费。另外，由于空腹喝牛奶，牛奶很快被消化，牛奶中的蛋白质还没完全吸收就被排到大肠，在大肠内腐败形成有毒物质。长期如此，有害健康。

Q 小朋友为什么吃冰淇淋要适量？

A … 冰淇淋和其他的冷饮是孩子们喜爱的食品。夏天适量食用，可以防暑降温。儿童正处在生长发育时期，各个器官的发育还不健全，抵御外来的刺激的能力比较差。人体的胃一般是37℃的体温，当0℃以下温度的冰淇淋大量进入胃里，会使胃黏膜血管收缩，胃的肌肉痉挛，就会导致参与消化食物的胃酸和胃蛋白酶分泌减少，从而引发胃疼、食欲下降而影响消化。久而久之，就会造成胃肠疾病。此外，由于儿童咽部狭小、黏膜细嫩、血管丰富。如果经常受到冰冷的刺激，咽喉部血管收缩，血流量减少。抵抗力下降，还容易引起上呼吸道感染的反复发作。

Q 做汤放味精为什么味道鲜美?

A … 做汤时，放入少量的味精，汤的味道会很鲜。味精为什么能使汤的味道鲜美呢？这里面还有一个创造发明的故事呢。

1908年的一天，日本帝国大学的化学教授池田菊苗正在家里吃饭。他突然发现今天的汤味道特别的鲜美。他就问妻子。妻子告诉他，由于没有买到做汤的料，就用海带和黄瓜片给他做了汤。池田教授自言自语地说："海带里一定有秘密！"

好奇心和职业的敏感，让池田教授一离开饭桌，就钻进了实验室里。经过研究，他终于在海带中提炼出了一种叫谷氨酸钠的化学物质，就是它让汤的味道非常鲜美。池田教授给这种调味品起名叫"味精"。

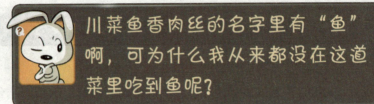

Q 川菜鱼香肉丝的名字里有"鱼"啊，可为什么我从来都没在这道菜里吃到鱼呢？

A ··· 鱼香肉丝这种菜里没有鱼，只因它是用烧鱼的配料来炒肉丝，使肉丝带有类似于烧鱼的味道，所以才取名为"鱼香"。

关于鱼香肉丝这个菜名的由来，还有个传说。很久以前，有一个四川人很喜欢吃鱼，所以他妻子的烧鱼手艺特别好。有一天，妻子把上顿烧鱼剩下的调味汁加进了一道炒肉里，竟发现这道菜虽然没有鱼，却有浓浓的鱼香味，非常好吃。

后来，这位妻子潜心研究，发明了这道既没鱼却又有鱼味的菜肴。鱼香肉丝的名字也就这么得来了。

Q  为什么紧急出口标志都是绿色的?

A ··· 这是因为，我们眼睛里的杆状细胞中，有一种名为"视紫红质"的色素，使人处于黑暗的地方时，可以看见绿色的东西，而其他颜色则无法马上分辨出来。当我们位于黑暗处时，眼睛里的视紫红质最容易吸收到绿色，所以这也是为什么紧急出口的标志会是绿色的原因。

Q 为什么看到广告就会想买东西?

A ··· 广告理论认为，人都必须先接触、记忆、认知、喜欢该商品，然后才会购买。所以许多企业为了推销商品，都会规划庞大的广告预算。可是广告毕竟只是一种促销手段，太相信广告的内容而盲目地购物，就很容易买到自己并不需要的商品。而且广告做的次数越多、广告的费用就越贵，这些广告的费用，也是商品成本中的一部分；成本越高，售价当然就越贵，你买到的商品就越不值。

所以，广告虽然很吸引人，但是买东西前最好还是先衡量一下自己是否真的需要这些商品，才不会把钱花在不必要的地方。

Q  为什么在加油站里不宜打手机？

A … 汽油容易挥发到空气中，加油站内挥发汽油的浓度非常高，当浓度到达一定程度后，只要一丁点火花，甚至是一丝静电都有可能引起爆炸。所以，加油站里的所有电器都必须具备防火防爆功能。目前，一般的手机不具备防爆功能，如果在加油站里打手机，手机在发射或接收信号的瞬间很可能会产生电子摩擦，从而点燃加油站里充满汽油的空气，导致爆炸。

Q 为什么中国的手机号码大多都以"13"开头呢?

A ⋯ 我国的电话号码是由国家信息产业部管理的,在分配号段的时候,它做了一些规定:以"10"开头的号码属于电信服务号码,如10000电信服务中心;以"11"开头的是特种服务号码,如110报警、114查号台;以"12"开头的是民用特殊号码,如120急救、121天气预报。分配到手机用户时,就以"13"作为开头了。现在,中国使用手机的人越来越多,"13"开头的手机号码不够用,所以又增设了"15"开头的号码。

Q 一些老人喜欢天刚亮就到公园里锻炼身体，呼吸新鲜空气。可是清晨的空气真的很清新吗？

A ··· 清晨，近地面空气中含有很多污染物和二氧化碳，一点都不清新。清晨是昼夜交替的时刻，太阳还没出来，地面温度比较低，空气容易下沉，工厂废气、汽车尾气等污染物都沉积在近地面的空气里。另外，植物在夜间呼吸，吸收了大量氧气，排出了大量二氧化碳，天刚亮，植物还没开始光合作用，因此，空气里的新鲜氧气含量很低。

Q 为什么水果大多是圆形的？

A … 西瓜、苹果、李子……我们见到的水果，大多是圆形的，这是植物适应自然的一种表现。圆球形能减轻风和雨对水果的打击力量；圆球形的表面使水果的水分蒸发量降至最小，利于果实的生长发育；害虫不容易在圆球形的表面立足，这也就减少了果实生病的机会。

CHAPTER 6

科学不再神秘

第一次世界大战时，在比利时伊佰尔地区德国对英法联军施放毒气，致使联军5000多人死亡，这一地区的许多禽兽也中毒而死，只有野猪活了下来。经生物学家研究发现，原来猪在闻到刺激性气味时，喜欢用嘴巴拱地来躲避刺激，土壤的颗粒起了过滤毒气的作用。根据这一原理，英法联军研制出了世界上第一代防毒面具，其外形就是依照猪的脸形制成的。

Kobe Bryant

淘乐斯变身公仔

Q 安全检查仪为什么能发现行李中的违禁品?

A ⋯ 安全检测仪用X线扫描。由于行李中各种物品的密度不相同,吸收X线的程度也不一样,因此在荧光屏上显示的影像深浅度也有一定的差异,根据各种物品在荧光屏上显示的不同阴影,进行对照分析后,就能作出正确的判断:行李中是否有违禁物品。

 **Q** 电视里的杀手进行暗杀时一般会使用无声手枪，神不知鬼不觉的。无声手枪真的没有声音吗？

A … 无声手枪在发射时是有声音的，只不过声音很小，距离远一点都听不清，甚至听不到。无声手枪与普通手枪的不同之处，在于它的枪口加装了一个长筒状的消声器。消声器能降低火药从枪口喷出来的压力，减少对大气的冲击，从而使枪声变得非常微弱。

此外，无声手枪的子弹采用速燃火药，开火后燃烧速度很快，从而使弹头发射速度变小，低于音速，减弱了子弹在空气中穿行的呼啸声。

客机是密封的，那乘客呼吸的新鲜空气是从哪里来的呢？

A ··· 这是飞机上发动机压缩器的功劳。客机的飞行高度一般在8000米以上，那时温度很低，空气稀薄。发动机压缩器会从空中吸入空气，然后经一系列复杂的过程，把采集到的空气变为可供乘客们呼吸的新鲜空气。这些在高空采集的空气经过天然紫外线的消毒，比平时我们呼吸到的空气还要纯净呢。

Q 自动售货机虽然没有眼睛，但照样能识别钱币的真假和面值。它是怎样做到的呢？

A … 自动售货机能"认"钱，是因为里面有一套或两套钱币识别系统，来检验纸币或硬币的真假和面值。

　　自动售货机的纸币入口处后面有一个模板，当放入纸币后，这个模板会先检查纸币的大小尺寸、反光度，确定纸币的真假；再通过检测盲点来确定纸币的面值。如果投入的是硬币，自动售货机就会运用另外一套系统来识别。硬币通过入口后会产生一股电流，不同面值的硬币会因不同的电流显示出不同的电量，系统就会根据这些电量来分析硬币的真假和面值。

Q 鼠标和老鼠有什么关系？

A ··· 电脑刚问世的时候，人们一直靠敲击键盘来移动光标。后来，人们发明了一种名叫"显示系统光标位置纵横移动指示器"的产品来代替键盘烦琐的指令，但由于这个产品名字太长，很多人都记不住。这个新产品后面又连着一条长长的数据线，就像一只拖着长尾巴的老鼠，于是人们就把它简称为"Mouse（老鼠）"。后来在译成汉语时，才叫它"鼠标"。

Q 为什么键盘上的英文字母不是按次序排列的呢？

A ··· 电脑键盘沿用了传统打字机的字母排列顺序。第一部打字机的英文字母是按次序排列的，每按下一个键，就会触动一组相连的机械杆，将杆末端的字母印到纸上。打字速度一快，连接字键的机械杆就会绞在一起。后来，一个工程师发明了现在的键盘字母布局，将最常用的几个字母安置在打字机的不同区域，最大限度地放慢了敲键的速度，从而解决了卡键的问题。后来这种排列方式便沿用到现在。

防毒面具是根据什么动物的脸形研制的？

A … 猪。第一次世界大战时，在比利时伊伯尔地区德国对英法联军施放毒气，致使联军5000多人死亡，这一地区的许多禽兽也中毒而死，只有野猪活了下来。经生物学家研究发现，原来猪在闻到刺激性气味时，喜欢用嘴巴拱地来躲避刺激，土壤的颗粒起了过滤毒气的作用。根据这一原理，英法联军研制出了世界上第一代防毒面具，其外形就是依照猪的脸形制成的。到现在，虽然防毒面具经过多次改良，但这个外形一直没怎么改变。

Q 你知道最早的玻璃瓶是怎么制作的吗？

A ··· 在公元前4000年左右，古埃及人就发明了制作玻璃的方法。他们制作容器的方法是让熔化的玻璃液体通过一根金属管，并在管的另一端包上黏土泥芯。在玻璃渐渐变凉和变硬以后，再把泥芯刮掉，玻璃瓶就做成了。

 隐身飞机是如何实现隐身的呢？

A ··· 隐身飞机指利用各种技术减弱雷达反射波、红外辐射等特征信息，使敌方探测系统不易发现的飞机。"隐身"仅是一种借喻，并非指飞机在肉眼视距内不能被看到。军用飞机采用"隐身"技术，是专门对付敌方雷达和红外传感器的，能使它们对飞机探测的距离减少到二分之一左右，甚至更小一些。

Q 防弹衣是用什么做成的呢?

A ⋯ 防弹衣是一种单兵护体装具,用于防护弹头或弹片对人体的伤害。 防弹衣主要由衣套和防弹层两部分组成。 衣套常用化纤织品制作。防弹层是用金属(特种钢、铝合金、钛合金)、陶瓷(刚玉、碳化硼、碳化硅)、玻璃钢、尼龙等材料,构成单一或复合型防护结构。防弹层可吸收弹头或弹片的动能,对低速弹头或弹片有明显的防护效果,可减轻对人体胸、腹部的伤害。

Q 为什么降落伞能让高空坠落的人安全着地呢？

A … 高空坠落是多么危险的一件事情啊！可如果有了降落伞，这个危险系数就降低了很多。这是因为降落伞的伞面面积较大，在下降过程中能与空气产生较大的摩擦，降低物体降落的速度，也就使得跳伞者能安全着地了。

Q 举重运动员在比赛时为什么在手上搓白色粉末？

A ··· 这种白色粉末叫"碳酸镁"，人们通常又称之为"镁粉"。碳酸镁质量很轻，具有很强的吸湿作用。运动员在比赛时，手掌心常会冒汗，这对运动员来说非常不利。因为湿滑的掌心会使摩擦力减小，使得运动员握不住器械，不仅影响动作的质量，严重时还会使运动员造成失误，甚至受伤。碳酸镁能吸去掌心汗水，同时还会增加掌心与器械之间的摩擦力。这样，运动员就能握紧器械，有利于提高动作的质量。

在击剑比赛中，运动员背后都要拴着一根绳子。这根绳子到底是干吗用的呢？

 ··· 击剑运动员身后的"绳子"其实是电线。当被对方击中时，电线就会连通显示灯，裁判就可根据显示灯来判定由谁得分。

　　击剑比赛的速度非常快，肉眼难以分辨。随着科技的发展，击剑运动进入电子化，利用运动员身后的电线帮助计分。击剑选手的服装分为金属部分和非金属部分，比赛时只有击中金属部分才能得分。当金属部分被击中后，电流就会产生并顺着选手身后的电线传到裁判器上，电动裁判器就会显示彩灯。

Q 为什么会有回声？

A ... 声音在传播过程中，如果遇到障碍物，就会被反弹回来，但通常我们听不到回声，这是因为回声与自己发出的声音的间隔太短，混到一起了。如果障碍物的距离稍远一点，声音从发出到被反弹回来间隔的时间超过0.1秒，我们就能够听到自己的回声了。这就是为什么在空阔的田野里高喊一声，就会听到远处仿佛有人在重复自己的声音。

除了空气，声音同时能在固体和液体中传播，并且速度比在空气中传播得更快。古代战争的时候，为了预知是否有追兵，将耳朵贴在地面上寻找马蹄声就是出于这个原理。

Q 为什么蜂窝都是六棱形？

A ··· 蜜蜂的蜂房是由许许多多大小相同的小窝组成的，这些小窝密密地挤在一起，它们呈六棱柱状，当它们受到压力作用时，从侧面看就会呈六角形状。科学家们发现，六角形的蜂窝一方面具有良好的稳定性，同时又能够很好地利用空间，使得各个小窝之间都不留空隙。

　　蜂窝的六角形结构需要的材料最少，能承受最大的负荷力，具有优良的力学性能。因此，科学家们将蜂窝结构广泛应用到建筑领域以及高速飞机、火箭和导弹之中。

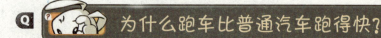

Q 为什么跑车比普通汽车跑得快？

A ··· 跑车比一般汽车跑得更快，这是由两个因素决定的。一方面，跑车的发动机功率更高，走动速度和绝对速度都比普通汽车更快，跑车的制动性和操作性也更好一些。另一方面，跑车在外形的设计上也有所讲究，通过特殊的外形尽可能减少跑车前进时遇到的空气阻力。

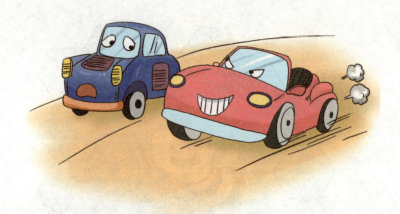

Q  冰箱为什么不能倾斜放?

A ··· 这是因为冰箱内的压缩机最怕倾斜,它一倾斜,里面的冷冻润滑油就有可能流入蒸发器、冷凝器等制冷管道中,这样冰箱的制冷效果就会大打折扣。并且,过度的倾斜还可能会使压缩机的避震弹簧变形。甚至自行脱落,导致冰箱无法正常工作。

冰箱周围的温度每提高5℃,其内部就要增加25%的耗电量。因此,应尽可能放置在远离热源处,以通风背阴的地方为好。

为什么商品要用条形码？

A ··· 商品上的条形码是一种宽度各不相同、黑白相间的长条纹。每一种商品的条形码是唯一的，等于是它的"身份证"，当顾客付款的时候，营业员用特殊的光电扫描器对条形码进行扫描，然后再通过电子译码器，就可以知道商品的名称、价格和质地，大大地方便了商店的收款和顾客的快速结账。

条形码技术是随着计算机与信息技术的发展和应用而诞生的，它是集编码、印刷、识别、数据采集和处理于一身的新型技术。

图书在版编目 (CIP) 数据

就是要不学无束. 你不知道我知道 / 田姝主编.

—— 北京: 团结出版社, 2011.1（2020.6重印）

ISBN 978-7-5126-0286-1

Ⅰ.①就… Ⅱ.①田… Ⅲ.①科学知识—少年读物

Ⅳ.①Z228.1

中国版本图书馆CIP数据核字 (2010) 第247905号

出　　版：团结出版社（北京市东城区东皇城根南街84号　邮编: 100006）

电　　话：（010）65228880　65244790

网　　址：www.tjpress.com

E-mail：65244790@163.com

经　　销：全国新华书店

印　　刷：北京朝阳新艺印刷有限公司

绘　　图：火种源工作室

开　　本：880×1230mm　1/32

印　　张：40

字　　数：400千字

版　　次：2011年1月第1版

印　　次：2020年6月第3次印刷

书　　号：ISBN 978-7-5126-0286-1/Z.78

定　　价：238.00元（全8册）

凭什么相信科学

田姝 ◎ 主编

团结出版社

小朋友，人的一生很漫长，但最关键的只有那么几步，小学阶段正是你成长的重要阶段。作为一个小学生的你，是什么样子的？你是不是喜欢嬉戏玩耍，而害怕受拘束和禁锢？你是不是喜欢自己动手实验，而不喜欢埋首于枯燥的课本当中？你是不是喜欢天马行空的想象，而不喜欢大人给的条条框框？

是的，你一定是这样的孩子。你一定像爱迪生一样爱思考；你一定像达尔文那样充满想象力；或是像司马光那样聪明机智；拥有毕加索那样的艺术天赋……其实，每一个孩子都是天才，只是，在成长的过程中，这些才能没有被激发出来而已。

现在，你一定想知道怎样才能让自己的潜能充分地发挥出来，让我们告诉你，秘诀就是《就是要不学无"束"》。它会帮助你找到分数与未来的平衡点；它会和你一起动手去探索那些生活中的科学小实验；它会用古老的益智游戏和有趣的数学谜题升级你的大脑；它还会带你穿越时空，去和古人交流思想；还有那些别人不知道的百科知识，那一棵棵引人发笑的稻草，那些无拘无束的想象，哦，还有你梦想着的未来……

目录

CHAPTER 2 变幻莫测的声光电磁

CHAPTER 1

无处不在的力与热

铅笔插入装满水的塑料袋中，却滴水不漏；
乒乓球可以悬浮在半空中；
合在一起的杂志无论用多大力也拉不开……
这些有趣的现象背后都蕴藏着科学道理，
自己动手实验吧。

Michael Jackson

淘乐斯变身公仔

NO. 1

拉不开的杂志

虽然没有用胶水粘起来，两本杂志却紧密地粘合在一起。

① 准备两本尺寸和页数都差不多的杂志，将两本杂志每隔两三页互相交叉叠在一起。

② 试着将杂志沿水平方向拉开。可不管用多大力气，你就是拉不开。

大气压力会使纸和纸紧贴在一起。纸和纸之间还有摩擦力，虽然每两张纸之间的摩擦力并不大，但整本杂志的纸张之间所产生的摩擦力却很大。

NO. 2

铁钉变"银"钉

点石成金的梦想让古今中外的许多炼金术师忙得不亦乐乎，我们也不妨做一个点铁成"银"的小实验。

① 用钳子夹住一枚铁钉，将它放在烛火上加热。

② 当铁钉变成漆黑色时，稍事冷却，随后将它放入装有水的玻璃杯中。这时，你会发现铁钉被烧黑的部分都覆盖上了一层银色的外衣。

原来如此！

蜡烛燃烧时，有蜡油没有完全燃烧，变成碳蒸气向上升起，碳蒸气就是我们平时所看到的灰，它会附着在铁钉表面上。当铁钉被放置在水中时，灰就会吸附水中的空气形成空气薄膜，这层薄膜在水中发出银色的光亮。这样一看，铁钉就变成了"银"钉。

NO. 3

筷子提米

一根筷子就可以吊起满满的一瓶大米，想知道是怎么回事吗？动手试试吧。

3 提起筷子，会发现它不但不会被抽出，还能把装了米的瓶子一起吊起来。（请在瓶子下方垫块毛巾，以防止瓶子掉落摔碎。）

1 选择一个瓶口较窄的玻璃瓶，在其中装满米。

2 将一根筷子插入瓶子底部，同时把瓶口处的米用力压一压。

原来如此！

由于米在瓶内被挤压的很紧，筷子便和米粒产生了很大的摩擦力。按照上述操作，筷子不但不会被抽出，还能把装了米的瓶子一起吊起来。

无处不在的
作用力和反作用力

　　用力捶几下桌子，就会听到桌子发出咚咚响声，但同时你的手也会感到疼。在这种情况下，是人对桌子施加了力的作用，但同时，桌子对人也施加了力的作用，使人受到伤害，可见，两个物体间力的作用是相互的。力总是成对出现，并且是同时出现。如甲物体对乙物体有力的作用，那么乙物体对甲物体也一定有力的作用，这就是作用力与反作用力。

　　值得我们注意的有两点：一是作用力和反作用力总是大小相等、方向相反、在同一直线上，同时存在，同时消失，但是作用力和反作用力分别作用在两个不同的物体上，所以是不可能相互抵消的；二是作用力和反作用力属于同一性质的力，如果一个力是弹

力，另一个力也必定是弹力。两者没有本质的区别，也不能说哪个力是起因，哪个力是结果，两个力中的任何一个都可以被看成是作用力，另一个力相对来说就成了反作用力。

那么，当A物体对B物体施加力的作用时，A就是施力物，B就是受力物。根据定义，当A物体对B物体施加力的作用时，A同时也会受到B对它的作用力，这时候B是施力物，A是受力物。如果我们把A对B 的力叫做作用力，那么B对A的力就叫做反作用力。反过来，如果我们把B对A的力叫做作用力，则A对B 的力就叫做反作用力。

作用力与反作用力在生活、生产和科学技术中应用非常广泛。人能够游泳，轮船的螺旋桨和气垫船的工作都与作用力和反作用力原理有关。发射探测仪、人造卫星、宇宙飞船的火箭，在燃料被点燃后喷出高温高压的气体，喷出的气体同时给它一个反作用力，推动火箭前进。

NO. 4

可乐瓶里的龙卷风

可乐瓶里也能刮出强劲的旋风，并压迫瓶中水流更快流出。

① 将两升左右的大可乐瓶装满水后垂直竖立，让水流出，并记录时间。

② 再次注满水，并在倒竖后不停旋转瓶体，这时，瓶中将会出现漩涡，水一下子就都倒出来了。

原来如此！

水在重力的作用下往下方涌去，当旋转瓶子时，水流顺着旋转方向形成漩涡，观察可知，水柱的中心为一个空洞，此时瓶体外侧的气压大于瓶内的气压，于是空气就从瓶口涌入，并达到水面上方，在这些空气的挤压下，水就会更快地流出来，看起来就像是瓶中刮起了龙卷风一般。

龙卷风

　　龙卷风也被称为旋风，是所有风中最具破坏性的，其最大风速可达300米/秒。是一种强烈的、小范围的空气涡旋，是在极不稳定的天气状况下由两股空气强烈相向对流运动，相互摩擦形成的空气漩涡。它上部是一块乌黑或浓灰的积雨云，下部是下垂着的形如大象鼻子的漏斗状云柱。

　　由于漏斗云内气压很低，具有很强的吮吸作用，当漏斗云伸到陆地表面时，可把大量沙尘等吸到空中，形成尘柱，称陆龙卷；当它伸到海面时，能吸起高大水柱，称海龙卷。海龙卷一般较陆龙卷弱，水平范围也比陆龙卷小。历史上有关下银币雨、青蛙雨、黄豆雨等的记载，都是龙卷风将地面或水中的物体吸上天空，带到远处随雨降落所致。

　　龙卷风的直径约几米至几百米，平均为250米。移动距

离一般为几百米至几千米，个别可

达几十千米以上。龙卷的中心气压极低，

一般比同高度四周低几十百帕，据估计，强龙卷风

中心附近的地面气压可低达 400百帕以下，极端情况可

低达 200百帕。由于中心气压低，中心附近的气压梯度极

大，因此风速和上升速度都很大。据估计，龙卷中心附近的

风速一般约为每秒几十至一百米，最大上升速度可达每秒几十

米甚至上百米。龙卷风的旋转方向在北半球一般都是气旋式(逆

时针)的，但也有少数呈反气旋式（顺时针）的。尽管人们早就

知道龙卷生成在很强的热力不稳定的大气之中，但对其生成的物

理机制，至今仍没有确切的了解。根据天气资料的分析，龙卷

风出现在一个尺度为几十千米左右的龙卷气旋之中。此龙卷气

旋可延伸到相当高的高空，在地面龙卷出现之前半小时就已存

在。探测发现，龙卷气旋常出现在强烈冷锋和飑线附近以及

强风暴中，在台风外围的强烈不稳定区中有时也能见到。在

龙卷气旋中，往往有几个尺度比它小的涡旋，称为龙卷

涡旋，其中存在一个或几个可见的龙卷漏斗，在一个

可见的龙卷漏斗中，还可存在一些更小的吸管涡

旋，龙卷风造成的灾害就是由这种吸管涡

旋造成的。

NO. 5

被压扁的易拉罐

易拉罐被加热之后，用冷水冷却，不但会发出巨大的声音，易拉罐还会被挤扁。

① 在空易拉罐里加入一大勺水，然后在拉环处插入一根筷子固定好，做成把手。

② 握住把手把易拉罐放在燃气灶或者酒精灯上加热20秒，此时易拉罐中的水就差不多沸腾了，会喷出很烫的热气。

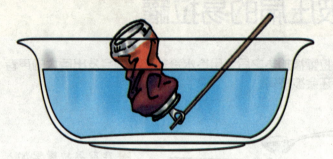

③ 把易拉罐口朝下放到事先准备好的冷水里，易拉罐会放出巨大的"啪啪"声，同时慢慢变扁。

注意 水在加热时会冒出很热的蒸汽，千万不要被它烫到。加热后的易拉罐也很烫，不要用手直接触摸。

当易拉罐被加热时，罐内的水变成水蒸气，并将瓶中的空气挤出。此时，把易拉罐倒扣入水中，罐体内的水蒸气遇冷而凝结成水珠，体积大大缩小，罐内处于一种接近真空的状态。在大气压的压迫下，瓶罐就会慢慢变扁。

NO. 6

吃蛋的牛奶瓶

把白煮蛋放在玻璃瓶口上，不用你动手，蛋就被吸进瓶子里了。

① 往一个装牛奶用的空玻璃瓶里注入热水，摇一摇。

② 把热水倒掉。（小心不要被烫伤。）

③ 将剥了壳的白煮蛋（请选个头较小的鸡蛋，煮半熟），放在玻璃瓶的瓶口。

④ 过一会儿，白煮蛋就被自动吸进瓶子里去了。

热水的水蒸气，把玻璃瓶里的空气排了出去。放上白煮蛋后，蛋会与瓶口严密地闭合起来。这个密闭的瓶子冷却后（为了加速冷却可以把瓶子浸泡在冷水中），水蒸气就会凝结成水，于是瓶内的气压下降，白煮蛋就被瓶外的大气压力压进瓶子里了。

NO. 7

会游泳的牙签

你只需在一根牙签尾部抹上一些洗发水，它便能在水中自由穿行。

① 在牙签的尾部涂上一些洗发水。（肥皂、沐浴露也可以）

② 将牙签轻轻地放到水面上，它就会朝着头部前进。

原来如此！

　　洗发水中含有表面活性剂，这类物质不但能够清除污渍，还能减弱水的表面张力。因此，牙签放在水面后，涂了洗发液的那端附近水面的表面张力减弱，牙签自然就会被前方水面较强的表面张力牵引而前行。

　　需要注意的是，在完成了一次航行之后，水面便已经铺上了一层洗发水的薄膜，整个水域的表面张力都减弱了。若想继续玩这个游戏，不妨把水搅一搅，让薄膜溶解于水中，小小"独木舟"就可以再次起航了。

NO. 8

吸水蜡烛

盘子里的水，一转眼就被吸到杯子里去了。

1 准备一个浅浅的盘子和一个玻璃杯，把蜡烛固定在盘子中央。

2 在盘中注满水，点燃蜡烛。

③ 用杯子罩住蜡烛，在蜡烛熄灭的瞬间，盘子中的水就会被吸到杯子里去。（在水中滴入一滴墨水可以让实验效果更加显著）

蜡烛燃烧会使杯子里的空气变热，热空气膨胀就会溢出杯外。接着，杯中的氧气用尽，蜡烛熄灭，之后杯内空气冷却，气压下降。同时，燃烧所产生的二氧化碳溶于水，也会使杯中的气压下降。于是，杯外的气压高于杯内，水便被压入了杯中。

NO. 9

泾渭分明的水

在装满盐水的杯子上，倒扣一杯酱油水。你会发现二者泾渭分明，互不"侵犯"。

1 准备2个相同的玻璃杯，灌满水后分别调制一杯浓盐水和加了几滴酱油的酱油水。

2 在盛酱油水的杯子上盖上纸片，反扣在盛盐水的杯子上。（最后在杯子下面放上托盘，以防水流出。）

3 慢慢地抽出纸片，下面的盐水和上面的酱油水泾渭分明，互不"侵犯"。

原来如此！

　　浓盐水的密度比酱油水大，因此，两杯水只在表面部分有所接触，不会混在一起。但是，如果把两杯水的位置颠倒——盐水在上，酱油水在下——盐水就会往下流，最后就会变成两杯颜色一致的混合水。

　　做完实验后，不妨放置一个晚上看看，会发现第二天结果依然如此。

NO. 10

"气" 功断筷

用报纸盖住一次性筷子，然后用硬物敲击，报纸不会往上翻，筷子已经被切断了。

1 把一根干燥的一次性筷子放在桌子上，上面盖上报纸，让筷子的1/3露在桌外。

2 用力紧压报纸，让它和筷子之间没有缝隙，呈密合状态。

❸ 用硬物迅速敲击筷子露出的部分，报纸一动未动，筷子已经应声而断。

注意 本试验成功的关键就是让报纸紧紧地贴住筷子，中间不要留下空隙。

这是压在报纸上的大气压力所引起的现象。当报纸和筷子之间完全密合时，空气就无法进入，筷子就被很大的力量压制住了。猛然敲击筷子，其外露的部分就会折断。

如果只是轻轻地用手指往下压一压筷子，报纸就会被轻易地抬起来。这是因为报纸和筷子之间进入了空气，大气压力的影响也就消失了。

显示大气压巨大威力的马德堡半球实验

在17世纪时，德国有一个热爱科学的市长，名叫盖里克。他是个博学多才的军人，从小就喜欢听伽利略的故事；爱好读书，爱好科学；他曾在莱比锡、亥姆什塔特、耶拿、莱顿等大学学习法律、数学、城市建筑工程等。他的知识面很广，上知天文，下识地理。1646年，他当选为马德堡市市长。无论在军旅中，还是在市府内，他都没停止科学探索。

当时，很多人都不相信大气压的存在，为了让大众信服这个正确的理论，盖里克决定亲自做一个实验。他和助手做成两个铜制半球，并请来一大队人马，在市郊做起"大型实验"。

这天，美丽的马德堡市风和日丽，晴空万里，十分爽朗，一大批人围在实验场上，

熙熙嚷嚷十分热闹。

盖里克和助手当众把这个黄铜的半球壳中间垫上用松节油蜡浸过的皮环；再把两个半球壳灌满水后合在一起；然后把水全部抽出，使球内形成真空；最后，把气嘴上的龙头拧紧封闭。这时，周围的大气把两个半球紧紧地压在一起。盖里克一挥手，八个马夫牵来十六匹高头大马，盖里克决定先派上八匹马，在球的两边各拴四匹。盖里克一声令下，四个马夫扬鞭催马、背道而拉！好像在"拔河"似的。

"加油！加油！"实验场上黑压压的人群一边整齐地喊着，一边打着拍子。四个马夫，八匹大马，都累得浑身是汗。但是，铜球仍是原封不动。盖里克只好摇摇手暂停一下。

稍事休息后，盖里克决定把十六匹马全部派上阵，看，实验场上真是热闹非凡。十六匹大马，使劲抗拉，八个马夫在一旁大声吆喊，挥鞭催马。围观的人群，更是伸长脖子，瞪大眼睛，生怕错过一个细节。

突然，"啪！"的一声巨响，铜球分开成原来的两半，盖里克举起这两个重重的半球自豪地向大家高声宣告："先生们！女士们！市民们！你们该相信了吧！大气压是存在的，并且它的威力大得惊人！"

NO. 11

手掌吊瓶子

手掌可以吸附重重的玻璃瓶，不会让它掉下去。

① 往装果酱或牛奶的空玻璃瓶中加入少量热水，摇一摇。

② 把水倒掉。（小心不要被烫伤。）

3 手掌严密地覆盖在瓶口上。

4 等瓶子冷却后抬起手掌，瓶子就会被吸起来，就算手掌晃动，瓶子也不会掉下去。

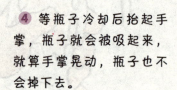

原来如此！

注入热水又倒掉的瓶子里充满了水蒸气，瓶内的空气会被排出。随着瓶子的冷却，密闭的瓶子中的水蒸气凝结成水，使瓶内的气压变小。而瓶外的气压较大，所以瓶子就被轻易地压在手掌上了。

这个现象看起来好像是瓶子被吸起来了，其实瓶子是被压在了手掌上。

NO. 12

冰块太空漫步

① 取一个玻璃杯，装上半杯水。

② 往杯子中倒入半杯油，油和水会很自然地分成上下两层。

③ 把冰块放进杯子里，它会浮在水和油的交界处，就像在太空漫步一样。

冰的密度大于油而小于水，因此，它便会沉在油底而浮于水面。

NO. 13

悬浮着的蛋

通常情况下，水里的鸡蛋是会沉底的，但这颗鸡蛋却可以浮在水里。

① 准备一个大杯子，倒入半杯水，加盐并搅拌，一直加到无论怎么搅拌，都无法溶化剩下的盐为止。

② 另外准备一小杯清水，顺着杯壁慢慢地倒进大杯子里，让清水在盐水之上。

③ 轻轻地往大杯子里放进一颗鸡蛋，鸡蛋会浮在水中央，不会上下浮动。

原来如此！

杯子里的水分为两层，下层是饱和的食盐水，上层则是普通的水。鸡蛋虽然会沉入水中，但却可以浮在盐水之上。所以，就出现了鸡蛋静止在水中央的现象。

NO. 14

会走钢丝的硬币

小小的一枚硬币却是一个玩平衡木的大师，且看一元硬币如何"静卧"在纸片之上。

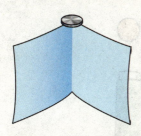

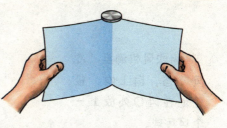

1 将一张崭新的A4纸对折，角度保持在接近直角的位置，放一枚一元硬币在其上。

2 小心地捏住纸张两端，慢慢地往两边拉开。

3 在拉动纸张时，硬币会稍稍晃动，但不会掉落，当纸张被拉成直线时，硬币依然安躺在纸上。

原来如此！

纸张渐渐被拉开的过程中，会和硬币之间产生摩擦，硬币的重心随之移动，以保持平衡。当纸张被拉成直线时，硬币的重心也刚好落在这条直线上，自然不会掉落。

做这个实验时，要注意拉扯纸张的力度，慢慢地、轻轻地往两边拉，多试几次，你一定可以成功。

NO. 15

乒乓球太空漫步

吹风机的出风口向上吹冷风，在风口处放一个乒乓球，球会上下左右激烈地跳动，却不会掉下来。

1 将吹风机调至"冷风"档，向上吹，轻轻地在风口处放上一个乒乓球。

2 这时候，乒乓球会在空中一个固定的范围内上下左右激烈地跳动，但绝对不会落下来。

③ 改变吹风机的风向，乒乓球也会随着风向转移，但是不再左右摆动。

原来如此！

吹风机的风会不断将乒乓球往上推，但因为球自身有一定的重量，它会上下跳动；至于左右摆动，则是由于通过乒乓球旁边的气流速度不稳定而形成的。也就是说，空气流速度较快的地方，气压较小，而流速较慢的地方气压较大，于是乒乓球就左右摆动起来。

当吹风机斜吹时，乒乓球之所以不会掉落也不会左右摆动，是由于风的推力，使各方面的力量保持在了一个平衡的状态中。只要有耐心多多实验乒乓球摆放的位置以及吹风机的角度，你一定能成功。

NO. 16

漂浮的皮带

只用指尖撑着皮带和笔帽，它们却不会掉下来！

① 选一条较轻较细的皮带，在它的1/2处用笔帽夹住。

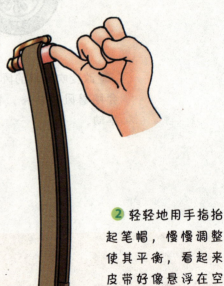

② 轻轻地用手指抬起笔帽，慢慢调整使其平衡，看起来皮带好像悬浮在空中一样。

在整体处于平衡状态时，位于指尖的支撑点与皮带和笔帽的重心落在同一条重垂线上，所以不会掉落。

NO. 17

把硬币吹进碗里

多多尝试，调整吹气的力度，硬币便会随你心意飞入碗中。

1 在桌上放一个比较浅的碗，然后在距碗约20厘米远的地方，放一枚1分硬币。

2 对着碗，在硬币上方沿着与桌面平行的方向用力吹气。

3 虽然只是在硬币上方吹气，但硬币却像会跳舞一般，飞进碗里。

原来如此！

　　这是根据"伯努利定理"设计的游戏。当你在硬币上方吹气时，硬币上方的气流会变得较快，因而气压下降。硬币于是就被下面的空气压力抬了起来（但是，如果硬币是湿的，就容易与桌面闭合，硬币下面没有空气就无法做这个实验了）。之后，随着你吹出来的气流，硬币就飞进了碗里。

NO. 18

大风吹不翻名片

名片又轻又薄，但你就是吹不翻。

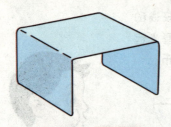

① 把名片折成像订书钉的样子（也就是"∩"的形状），放在桌子上。

② 近距离对着下方的开口吹气，不管你怎么用力，名片就像被粘在桌子上一样无法翻动。

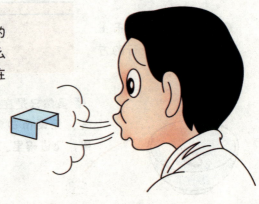

原来如此！

气流速度越快，气压就越低（伯努利定理）。名片下方的气压降低了，名片外围的大气压力就会将它紧紧地压住，因此就无法吹翻它了。

NO. 19

吹口气让纸张互相吸引

用力吹气时，东西通常会顺着吹气的方向往远处飞去。但在这个实验中，越用力吹气，两张纸反而靠得越近。

① 将两张纸平行拿在手上，相距10厘米左右。

② 用力向两张纸之间吹气，这两张纸不仅不会相互排斥，反而相互吸引。

原来如此！

　　根据伯努利定理，空气流速快的地方气压较小。用力向两张纸之间吹气时，此处的气压下降，纸张在外侧的大气压力的作用下，就会相互靠近。

伯努利原理

丹尼尔·伯努利在1726年提出了"伯努利原理"。这是在流体力学的连续介质理论方程建立之前，水力学所采用的基本原理，其实质是流体的机械能守恒。即：动能+重力势能+压力势能=常数。其最为著名的推论为：等高流动时，流速大，压力就小。

丹尼尔·伯努利在1726年首先提出时的内容就是：在水流或气流里，如果速度小，压强就大，如果速度大，压强就小。

应用举例1：

飞机为什么能够飞上天？因为机翼受到向上的升力。飞机飞行时机翼周围空气的流线分布是指机翼横截面的形状上下不对称，机翼上方的流线密，流速大，下方的流线疏，流速小。由伯努利方程可知，机翼上方的

压强小，下方的压强大。这样就产生了作用在机翼上方的升力。

应用举例2：

喷雾器是利用流速大、压强小的原理制成的。让空气从小孔迅速流出，小孔附近的压强小，容器里液面上的空气压强大，液体就沿小孔下边的细管升上来，从细管的上口流出后，受空气流的冲击，被喷成雾状。

应用举例3：

球类比赛中的"旋转球"具有很大的威力。旋转球和不转球的飞行轨迹不同，是因为球的周围空气流动情况不同造成的。不转球水平向左运动时周围空气的流线。球的上方和下方流线对称，流速相同，上下不产生压强差。现在考虑球的旋转，转动轴通过球心且垂直于纸面，球逆时针旋转。球旋转时会带动周围得空气跟着它一起旋转，至使球的下方空气的流速增大，上方的流速减小，球下方的流速大，压强小，上方的流速小，压强大。跟不转球相比，旋转球因为旋转而受到向下的力，飞行轨迹要向下弯曲。

NO. 20

插不破的水袋

塑料袋一捅就破，可是装上水后，插入铅笔也能滴水不漏。

① 取一个塑料袋，装满水，用手抓紧袋口。

② 用削尖的铅笔用力刺穿塑料袋，发现水并不会外漏，甚至再插几支也是如此。

原来如此！

塑料袋是人工合成的高分子化合物，有遇热收缩的特性。当铅笔很快地刺穿塑料袋时，摩擦产生的热量会让分子彼此牵引而紧缩，塑料袋也就会紧紧地贴在铅笔杆上，所以水就不会漏出来。

NO. 21

吸管喷雾器

将长吸管和短吸管摆成直角，从长吸管的一端吹气，便能吹出好看的水雾。

① 倒一杯果汁，然后用剪刀将一根吸管按2：1的比例剪开。

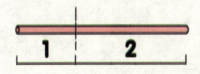

1   2

② 把果汁平放在桌面上，将短吸管插进果汁中，长吸管与短吸管摆成直角。

3 用力在长吸管一端吹气，就可以看到它的前端出现了水雾。

这个实验运用了"伯努利原理"，简言之就是：气流流速快的地方，气压会下降。

从长吸管吹气时，短吸管上方的空气流速加快，同时，此处的气压也下降。于是吸管上方的气压与瓶中果汁所受的大气压这一对平衡的力被打破，果汁表面的大气压力就把短吸管周围的果汁往吸管里吸，直到喷出吸管。喷出来的果汁又被长吸管吹出来的气流吹散，就形成了水雾。

NO. 22

水不会溢出

当我们进入装满水的浴缸洗澡时，浴缸里的水会溢出来，这些水的体积刚好与我们身体浸入水中的体积相同。但是你可以不断往装满水的杯中放入回形针，水完全不会溢出来哦。

1 往杯中装满水，然后将回形针一个一个放入。

2 第10个、第20个……不断放入回形针，水仍然不会溢出。

将回形针放入水中时，水面本该因为回形针占用了体积而上升。但由于水的表面张力，所以，只会看到水面像山一样隆起，但水并不会溢出。水的表面张力很大，即使放入许多回形针，水面也只是隆起而已。

NO. 23

吸管线圈团团转

对着吸管用力吹气，里面的线会转出漂亮的圆圈。

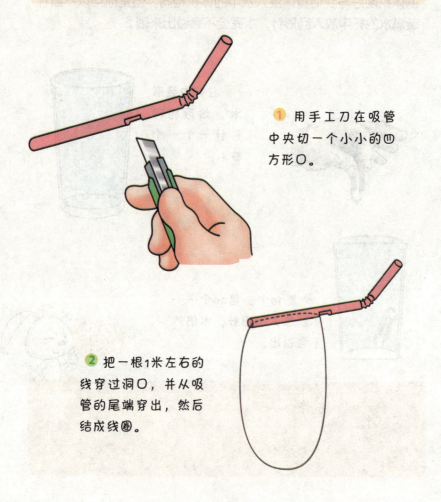

1 用手工刀在吸管中央切一个小小的四方形口。

2 把一根1米左右的线穿过洞口，并从吸管的尾端穿出，然后结成线圈。

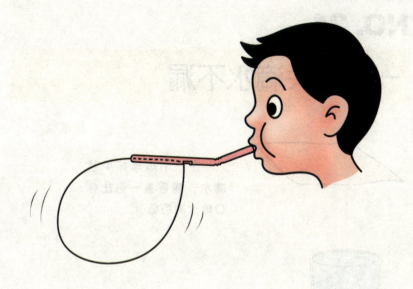

③ 对着吸管口用力吹气，线圈会转出漂亮的圆圈。你可以把线的各段涂上不同的颜色，这样在旋转时会更加漂亮。

对着吸管用力吹气，让强劲的气流灌进吸管内，这时，吸管内的气压下降（伯努利定理），吸管外的大气压力于是通过吸管上的四方形小洞，牵引着很轻的线通过吸管往前转。只要气流连续吹过，线就会转出美丽的圈圈。

NO. 24

一纸当关滴水不漏

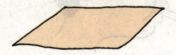

① 在一个玻璃杯中装满水，随后盖一张比杯口略大的白纸。

② 先用手轻压着纸，随后将杯子慢慢翻转至倒竖状态，松开纸，你会发现杯子中的水滴水不漏。

原来如此！

　　液体的表面都是有张力的。在这个实验中，水的表面张力使杯子和纸完全闭合起来。此时，杯里水对纸片的压力小于杯外的大气压力，因此，大气压力就帮纸片托住了水。

NO. 25

回形针智慧之轮

别针沿着"轨道"快速运动，最后竟神奇地扣在了一起。

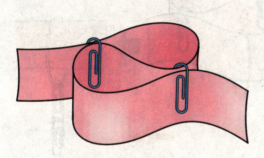

① 先将纸张裁成3厘米宽的纸带（也可以直接用一次性筷子的纸套）。然后把它弯成S型，并在如图所示的两个地方用回形针固定。

② 快速拉动纸带的两端，两个回形针会别在一起飞出去。

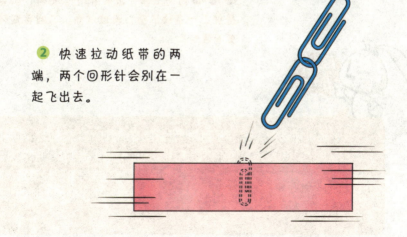

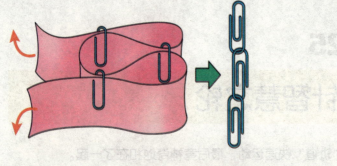

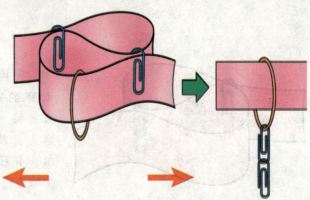

试一试 对照上图，如果用3个回形针，或者是加上一条橡皮筋，再试试看，游戏会变得更有趣哦！

　　轻轻拉动纸带两端，两个回形针会随之滑到一起。这时，回形针还别在纸上。如果再拉住纸带两端用力一扯，纸带产生的剧烈振动会使原本别紧的回形针在一瞬间张开微小的缝隙，这两个已经滑到一起的回形针就会顺势别在一起，并且借助纸带振动产生的弹力向外飞出去。

NO. 26

倒不满的啤酒杯

把啤酒往杯子里倒却怎么都不会溢出来，下次请客吃饭可以秀一手了。

② 看着啤酒的泡沫不断往上涌，同座的人一定会有人担心它溢出来吧，瞧他那慌慌张张的小样，他分明不知道我们做的是实验，展现的是淡定。放心，啤酒在倒出一定高度后会停止流出，一点也不会溢出来。

① 将啤酒瓶垂直倒立，往空杯子里倒酒，必须让瓶口保持在杯子高度的一半之处。

这是利用大气压力玩的游戏。当啤酒不断涌出时，大气压力推挤杯中水面的力量逐渐与瓶内所剩啤酒的重量和瓶中空气产生的压力平衡。在达到平衡后，瓶内的酒便不再流出了。

NO. 27

瓶中笔

瓶口放一个竹圈，上面再立着一支笔，怎么让这支笔不偏不倚，刚好掉进瓶里呢？

① 在玻璃瓶瓶口放一个直径15厘米左右的竹圈。

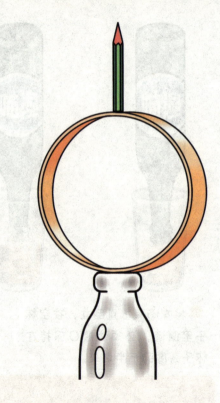

② 在竹圈的顶点处轻轻放上一支笔（短铅笔就可以）。

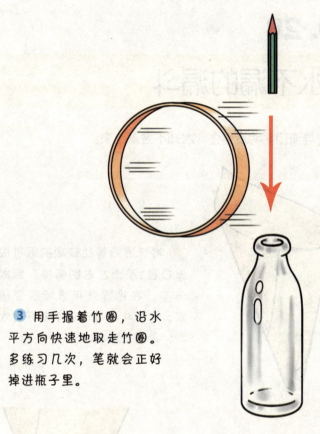

③ 用手握着竹圈，沿水平方向快速地取走竹圈。多练习几次，笔就会正好掉进瓶子里。

原来如此！

　　根据惯性原理，在没有外力的情况下，有质量的东西会一直保持原来的运动状态。因此，当竹圈快速地被拿开时，由于惯性，笔在水平方向会保持原来的状态，而在竖直方向会受自身重力的影响，掉到它正下方的瓶子里面去。
　　玩这个游戏的窍门，就在于要把握好拿走竹圈的速度。

NO. 28

滴水不漏的漏斗

漏斗的导流口明明没封住，水却不会漏出来。

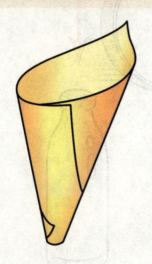

1 将挂历纸等比较硬的纸卷成上口径3厘米左右的圆锥，做成漏斗，在接缝处用透明胶带固定。（漏斗的导流口不要开得太大，否则无法成功。）

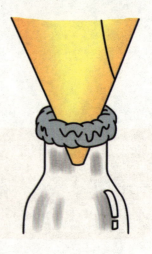

2 准备一个空瓶子，用浸湿的面巾纸把瓶口堵起来，再稍微用力将漏斗塞入，注意不要留有缝隙。

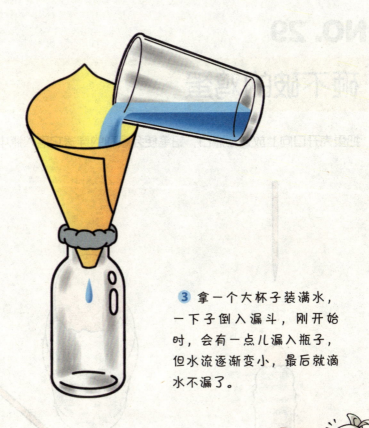

③ 拿一个大杯子装满水，一下子倒入漏斗，刚开始时，会有一点儿漏入瓶子，但水流逐渐变小，最后就滴水不漏了。

原来如此！

除了漏斗下面的导流口，瓶子的其他部分都处于密闭状态。当大量的水一下子倒入瓶中时，瓶子中的空气就会受到挤压。随着水的继续流入，瓶中的气压会进一步增大，直到足以将导流口处下漏的水顶回去。同时，导流口的水的表面张力也在不断增加，因此水就被堵在导流口，无法下漏。

如果沿着漏斗壁将水慢慢倒入，水就会畅通无阻地流入瓶中了。

NO. 29

砸不破的鸡蛋

把蛋壳开口向上放置在瓶口，铅笔便会顺利的穿透它落入瓶中。

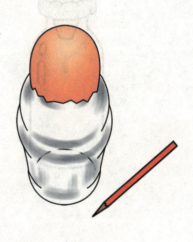

① 将蛋壳开口向下扣在玻璃瓶上，随后拿一根铅笔，从10厘米左右的高度竖直向下自由落到蛋壳上。

② 这时会发现蛋壳完好无损，铅笔被弹落在一边。

④ 蛋壳被砸破了，
铅笔落入瓶子中。

③ 将蛋壳开口向上
放置在瓶口上，重
复之前的操作。

原来
如此!

　　椭圆形的鸡蛋和凸面向上的蛋壳，能把外来的力沿表面分散开，
因此可以承受较大的压力。
　　在实验中，当铅笔撞击蛋壳凹处时，力量都由撞击点承受，所以
容易撞破。一样的材质、一样的撞击力量，角度不同，效果就完全不
一样。

蛋壳结构的
实际应用

　　日常生活中，我们发现很多拱形桥梁不但造型美观，而且非常坚固，能承受很大的压力，为什么拱顶没有被压坏呢？

　　拱形桥梁不但造型美观，而且比直线桥梁更为坚固。这是因为拱形桥梁的形状为圆弧形。它具有把所加的力量均匀地分散开的特点。因此，当给予相同的压力时，能够分散压力的拱形桥梁比直线桥梁更为坚固。例如我国的赵州桥，是一座世界著名的古代大石拱桥，已经有1300多年的历史，整座桥还是非常牢固。隧道成拱形也是这个道理。

赵州桥

NO. 30

干燥的水

把手指伸入装满水的杯中，手指却滴水不沾。

① 在水杯中装入大半杯水，然后将磨得很细的胡椒粉撒进杯中，直到盖住整个水面。

② 慢慢地将手指伸进水里再重新拔出，完全是干的。

原来如此！

伸进手指，击破水面的膜，手指才会浸湿。撒在水面的胡椒粉强化了这层膜，使水分子聚合在一起。此时，杯中的水就像是一个气球，受到外力挤压时，它就会收缩，只有外力大到足以击破水膜，手指才会变湿。

NO. 31

纸桥

用一张纸就可以搭起一座桥梁，其中有什么奥妙呢？

1 在两只杯子中间放一张纸，再在纸上放第三只杯子。小心，此时的"桥梁"尚不坚固，别把杯子摔碎了。

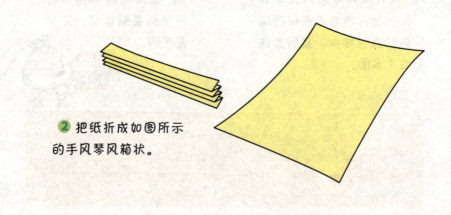

2 把纸折成如图所示的手风琴风箱状。

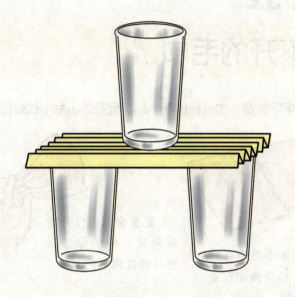

③ 把杯子放在新搭的桥上，桥能稳稳地
拖住杯子。你可以慢慢地往杯中加入水，
测试下纸桥的承载能力。注意，不要一次
加入过多水致使纸桥坍塌。

当纸张被折叠起来后，它表面上承载的力就被均匀的传递到整张
纸的表面，折叠后纸张本身的抗压性能也得到了提升，承受一个水杯
对它来说就是轻而易举的事情了。

NO. 32

拉不开的毛巾

没有打牢牢的结，也没有缝在一起，但两条小毛巾就是拉不开。

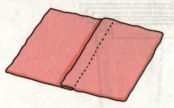

① 将两条小毛巾在桌上摊开，边缘处相互重叠约2厘米。

② 把重叠的部分折成手风琴一般的褶皱，然后捏住褶皱处。

③ 这时让你的同学或者爸爸妈妈过来拉开毛巾，虽然你只用了一只手，但他们却怎么也拉不开。

原来如此！

两条小毛巾的重叠处折成了像手风琴一样的褶皱，虽然只用一只手捏住，却已压住了所有的接触点，因此摩擦力大幅增加。

NO. 33

纸杯瞬间失重

垂挂在纸杯外的橡皮擦，会在杯子往下落的时候，掉入杯中。

① 准备两块大橡皮，分别用透明胶固定在比纸杯略短的两个橡皮筋上。

② 把两根橡皮筋的另一端，用透明胶黏在杯底，拉伸橡皮筋，使橡皮垂挂在杯外。

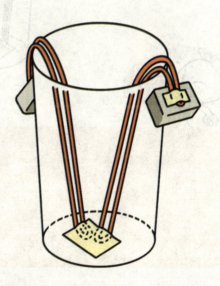

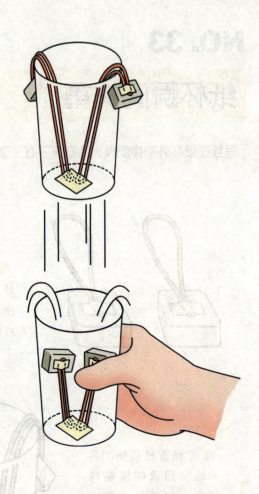

3 把纸杯举高后松手，然后快速接住，这时橡皮擦已落入杯中。

在杯子掉落之前，橡皮擦垂挂在杯外，其重量与橡皮筋拉扯它的力量平衡。当杯子呈自由落体下落时，就处于失重状态，其速度会在重力的作用下越来越快，橡皮筋也会随着杯子落下而越来越长，其拉力也随之增大超过橡皮擦的重力，于是橡皮擦就被拉进了杯中。这里还验证了另外一条有趣的物理学原理：橡皮筋拉得越长它的弹性势能就越大，为了恢复原状产生的拉力也越大。

NO. 34

气垫汽车

这种汽车奇妙无比，它在气垫上行驶。

❶ 拿一个一次性饭盒和一个纸杯。将纸杯的底部剪掉，并在一次性饭盒的底面上画一个和杯底大小一样的圆圈。

❷ 将圆圈剪开，然后把杯子插入饭盒中的空洞。

③ 抓紧时间再做一辆吧，然后用嘴往纸杯中吹气，汽车就会向前行驶了，和你的朋友比赛一下吧。

向纸杯中吹气时，空气灌入饭盒。当空气从内部给予饭盒的压力超过饭盒的重量时，饭盒就会浮起，在饭盒底部则形成气垫，由于我们是从后方向前吹气，汽车就在推力的作用下向前行驶了。

CHAPTER 2

变幻莫测的声光电磁

声光电磁似乎都是无形无体的，
它们究竟是由什么构成的，
它们又有哪些特质呢？
光线可以随着水流转弯，
用西红柿就能做个电池，
不信？自己动手做做看吧！

Iron Man

淘乐斯变身公仔

NO. 35

火眼金睛

一般人无法从外面看到信封里面的字，而你却能透视。

 ① 让同学用签字笔在白纸上写下几个字。

② 把信放进淡褐色的信封封好，然后再套一个白色信封。

③ 把挂历纸卷成10厘米左右的长筒，用它紧贴着信封看，就可以看到里面的字了。

原来如此！

只有当光线从背面透过信封和信封内的纸时，我们才能看到里面的字。但是照在信封正面又反射入我们眼睛的光，比从信封背面透过来的光要强烈的多，所以我们就看不见信封里的字。反之，用卷筒挡住照在信封正面的光时，从背面透过的光就变得强烈，我们也就能看到信封内的字了。

NO. 36

水流会转弯

让水龙头流出细细的一股水，当吸管靠近时，水流便会向吸管方向弯曲。

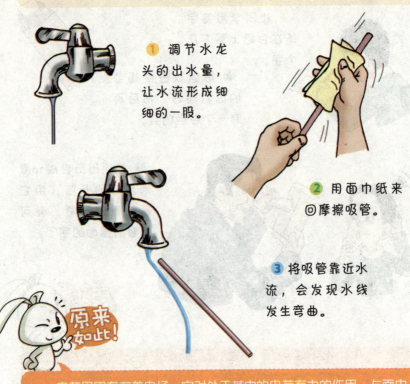

1 调节水龙头的出水量，让水流形成细细的一股。

2 用面巾纸来回摩擦吸管。

3 将吸管靠近水流，会发现水线发生弯曲。

原来如此！

电荷周围存在着电场，它对处于其中的电荷有力的作用。与面巾纸摩擦后，吸管上会聚集大量的负电荷。当吸管靠近水流时，它所带的负电荷的电场会对水流中的自由电荷产生趋向吸管的静电力，水流就会突然往吸管的方向弯曲了。

NO. 37

水里的光线会拐弯

光线也可以顺着流水的下落变成一道抛物线吗？快来做做这个神奇的实验吧。

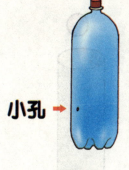

小孔 →

① 在一个大可乐瓶底部5厘米处挖一个小孔。用手指捂住小孔，将瓶中装满水，再盖上瓶盖，这样水就不会流出来。

② 准备好手电筒，并关掉室内的电灯。随后，用手遮住手电筒的部分光源，让光束变得细长。

③ 打开瓶盖，水会从小洞里流出。接着，把手电筒放置于瓶体之后并与之垂直，这时，光会随水一起流出，水流也成为光线流，落地处在黑暗中显得十分明亮。

原来如此！

　　手电筒的光以垂直于可乐瓶壁的角度通过瓶中的水时，不能发生光的折射，而又全部被反射回水中，形成了全反射现象。光线在水中不断进行着全反射，最后就呈流水状了。

NO. 38

会穿墙的玻璃球

瓶口被硬币堵住了，可是小玻璃球仿佛会穿墙术一般，依然坠入了瓶中。

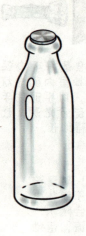

❶ 准备一个玻璃瓶和玻璃球，在瓶口放置一枚大小合适的硬币。

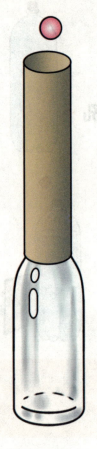

❷ 把一张A4纸卷成纸筒并用胶带粘合，按图中所示套在瓶口，随后，从纸筒顶端放入玻璃球。

3 虽然瓶口盖着硬币，玻璃球却像变魔术一样，直接穿过硬币，落入瓶中。

原来如此！

　　玻璃球和硬币相撞时，他们都会弹起来再落下去。这时硬币与瓶口间会出现空隙，如果玻璃球刚好进入空隙，就会顺利地落入瓶中，硬币则再落回瓶口。把纸筒尽量做的长一些，让小球可以从更高的位置下落，这样玻璃球与硬币的碰撞力度将加大，提高实验的成功率。

易拉罐散步

易拉罐会紧紧地跟在气球后面滚动。

❶ 把空的易拉罐平放在地面上。

❷ 把气球吹起来，用线绑住，然后用面巾纸在气球表面来回摩擦。

原来如此！

❸ 让气球靠近易拉罐，此时，易拉罐会紧紧地跟在气球后面滚动。

气球用面巾纸摩擦后，带上了大量的负电荷。易拉罐由金属制成，是一种导体。当带有大量负电荷的气球靠近不带电的易拉罐时，就会出现静电感应现象。易拉罐上靠近气球的部分会带上正电荷，正电荷与气球的负电荷相互吸引，自然就会出现易拉罐跟着气球跑的情形了。

摩擦生电

摩擦起电过程实质是电子的转移过程，在摩擦的过程中，对外层电子束缚能力强的物体会从另外的物体得到电子，那么这个物体就会有多余的电子，从而使其带上负电，而另一个物体因失去了电子而带正电。

任何两个物体摩擦，都可以起电。18世纪中期，美国科学家富兰克林经过分析和研究，认为有两种性质不同的电，叫做正电和负电。物体因摩擦而带的电，不是正电就是负电。比如用丝绸摩擦过的玻璃棒所带的电是正电；与毛皮摩擦过的橡胶棒带的电为负电。

近代科学告诉我们：任何物体都是由原子构成的，而原子由带正电的原子核和带负电的电子所组成，电子绕着原子核运动。在通常情况下，原子核带的正电荷数

跟核外电子带的负电荷数相

等，原子不显电性，所以整个物体是中性的。

原子核里正电荷数量很难改变，而核外电子却能摆脱

原子核的束缚，转移到另一物体上，从而使核外电子带

的负电荷数目改变。当物体失去电子时，它的电子带的负电

荷总数比原子核的正电荷少，就显示出带正电；相反，本来是

中性的物体，当得到电子时，它就显示出带负电。

两个物体互相摩擦时，其中必定有一个物体失去一些电

子，另一个物体得到多余的电子。如用玻璃棒跟丝绸摩擦，玻

璃棒的一些电子转移到丝绸上，玻璃棒因失去电子而带正电，

丝绸因得到电子而带等量的负电。用橡胶棒跟毛皮摩擦，毛皮的

一些电子转移到橡胶棒上，毛皮带正电，橡胶棒带着等量的

负电。

NO. 40

易拉罐冒火花

看来日常准备几个易拉罐是很有用处的，它是我们做实验的常用工具，这次我要和它碰出点火花。

① 在空易拉罐顶端用胶带粘上一根吸管作把手，以免直接接触到易拉罐。

② 在易拉罐上包一圈保鲜膜，拿起吸管让易拉罐悬空，随后揭掉保鲜膜。

③ 这时，用一根手指接近易拉罐（不是接触），易拉罐和手指间就会迸出火花，还会有一点点触电般的麻麻的感觉。

原来如此！

揭下保鲜膜时，由于摩擦，会使易拉罐积累起大量电荷。易拉罐和人体都是导体，当二者接近时，就产生了放电作用，使得两个导体之间的空气被击穿而出现火花。

在干燥的冬天以及黑暗的环境下实验效果会更加明显。

NO. 41

点不着的纸杯

纸是典型的易燃品，但只要纸杯里装了水，不论离火多近，纸杯都不会烧着。

① 用两根竹签穿过纸杯的上半部分，做成把手。

② 纸杯内装入半杯左右的水。

③ 打开燃气灶，调到中火。握住纸杯的把手，将纸杯直接置于火上。这时，你会发现，杯子虽然是纸做的，却完全不会被点燃。

原来如此！

单位质量的某种物质温度升高1℃所吸收的热量称为"比热"。水的比热很高，它会不断吸收天然气燃烧所散发出的热量。纸的着火点在100℃以上，而水的温度几乎不可能超过100℃，因此，只要杯子里有水，纸杯就不可能着火。

NO. 42

蝴蝶飞飞

在塑料袋上剪下来的蝴蝶，可以在塑料垫上翩翩起舞。

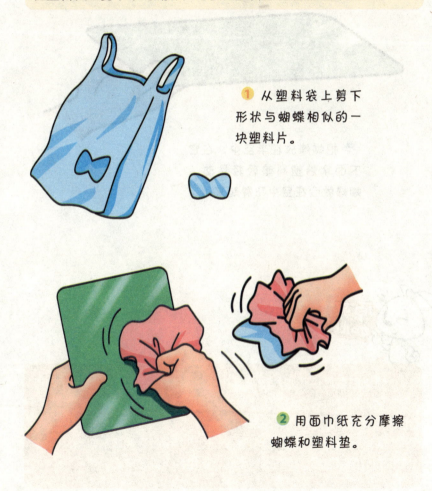

1 从塑料袋上剪下形状与蝴蝶相似的一块塑料片。

2 用面巾纸充分摩擦蝴蝶和塑料垫。

③ 把蝴蝶放在半空中，在它下面拿着塑料垫轻轻晃动，蝴蝶就会在空中飞舞起来。

原来如此！

蝴蝶形塑料片和塑料垫被面巾纸摩擦后，都聚集了大量的负电荷，因此就使两者之间产生了很大的排斥力。轻盈的蝴蝶于是就随着垫子的晃动，轻轻地飞舞起来。

实验最好在无风的环境中进行，也可以用吸管代替塑料垫，用面巾纸充分摩擦之后，放在蝴蝶下面，它也会飞舞起来。

NO. 43

喷雾彩虹

背对着太阳，用喷壶喷出水雾，就可以看到美丽的彩虹了！

① 晴天时，背对着太阳站立，用喷壶喷出水雾。

② 水雾所到之处可以看到漂亮的彩虹！

原来如此！

水雾是由许多微小的球形水滴集聚而成的。太阳光（平行光线）进入水滴内的光线会经过折射、反射、再折射，才被我们看到。水对光的折射率因光的波长不同而异，各色光被小水滴折射出的方向也就各不相同，因而会析出红、橙、黄、绿、蓝、靛、紫7种颜色，也就是一般所称的彩虹。紫色光的折射角度比红色光小，由于色光在小水滴内被反射，我们看到的光谱是倒过来的，所以红色光在上，渐次往紫色光变化。

NO. 44

果汁结冰

一瓶很普通的果汁，打开盖子……怎么回事？果汁竟然一下子结冰了！

冷冻室

结冰之前
取出瓶子

① 准备一瓶100毫升~120毫升的果汁，放入冰箱的冷冻室1小时左右，在果汁快要结冰时取出。（冰箱的功率不同，液体结冰所需的时间也不同。）

原来如此！

② 让孩子与瓶子保持一定的距离，并让孩子确认瓶中的确是液体。然后，轻轻打开瓶盖，瓶中的液体会突然结冰。

这是液体的过冷却现象。液体的凝固需要一定的固体颗粒作为凝结核。不饱和液体经过降温就会达到饱和，且析出溶质从而凝固。但如果液体中没有凝结核或没有受到扰动，就会出现过饱和现象。当温度继续下降到低于凝固点时，液体仍不能凝固，就形成了过冷却现象。通常水在0℃以下却不会结冰，即使水温降到-10℃也不会结冰。但这种冰冷的液体在受到扰动后，就会立刻从上到下结冰。

NO. 45

蜡烛火焰的方向

拿着蜡烛走路时,火焰通常会向后飘。在这个实验中,火焰却往前飘。

❶ 点燃一支较短的蜡烛,放入一个有一定深度的透明容器中。

❷ 拿起容器向前走,蜡烛的火焰就会向前飘。(小心火焰。)

原来如此!

火焰飘动的方向之所以向前而不是向后,是因为这支蜡烛是放在有一定深度的容器中的,当人向前走时,由于惯性,容器中保持静止的气体撞在容器的内壁上从而产生一股向前的气流,又由于蜡烛燃烧时容器下部的空气温度较高,因此密度变小,当容器上方密度较大的空气向后流动时,下面密度较小的气体在反作用之下也会产生向前的气流,于是就使得火焰向前飘了。

NO. 46

宣传单的呐喊

将宣传单折起来，用嘴吹，就可以发出惊人的声音。

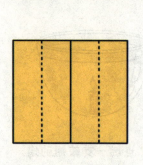 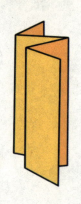

1 把超市发放的宣传单剪成20厘米长、15厘米宽的长方形纸片，将长边对折再对折，这就折成了4个部分。

2 使中间的两部分凸起，与外侧的那两部分呈90度，将外侧的那两部分拼成一个水平面。在凸起部分剪出一个如图大小的洞，用食指和中指将做好的宣传单折页夹起来。

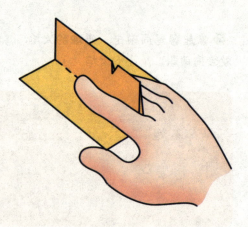

❸ 用嘴对着纸上的洞用力吹气，就会
发出巨大的响声。

注意 纸张在振动时发出的声音往往很刺耳，
同学们千万不要在上课时做这种恶作剧哦。

　　用力往洞里吹气，两张纸之间就会产生风而抖动起来。这种抖动
会引起空气的振动，于是就发出了巨大的声音。

NO. 47

月亮跟着人跑

这实在是一个司空见惯的现象，以至于爸爸30年来都不以为意，但对孩子来说，却是不可思议的新发现。

1 无论白天还是黑夜，只要可以从火车或汽车的车窗看到月亮，就可以开始做这个游戏了。在孩子面前，爸爸向天空念咒语："月亮啊，请跟着我走！"

2 于是孩子会看见车窗外的树木和电线杆不断远去，但月亮一直跟着自己跑。

原来如此！

为什么月亮会一直跟着人跑？这是因为月亮距离地球38万千米，使得来自月亮的光几乎都是平行光线。全国的人在同一个时间内，几乎都可以看成在同一个位置上遥望月亮。即使火车或汽车走了一段距离，比起地球与月亮之间的距离，简直可以忽略不计。因为月亮相对于我们仿佛一直处于相同的位置，我们当然就觉得月亮在跟着跑了。

NO. 48

电流与磁场

只要有电流，就能产生磁场，在日常生活中，我们往往注意不到这一点。不妨用简单的实验体会一下生活中不易看到的电流和磁场的关系。

① 用磁铁在回形针上往相同的方向摩擦20次，并用线将回形针吊起。（回形针会沿着地球磁力线，朝向南北方向。）

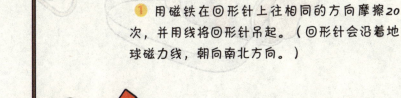

② 把铝箔纸卷成细条，做成一条导线，将其两端与干电池的两极相连，形成一条电路，将这条电路的导线中心靠近回形针。

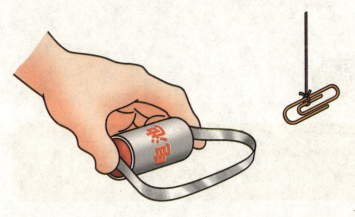

❸ 回形针会剧烈摆动。

注意 通电时间不要持续过长，因为此时电路处于"短跑"状态，长时间保持短跑可能会烧坏电池。

这个实验利用了电流产生磁场的原理。这是奥斯特在19世纪初发现的。电流流入铝箔导线时，就在其周围形成了以导线为圆心的同心圆状磁场。回形针做成的磁针就在磁场的作用下摆动起来了。

生物发电机
——电鳐

　　1989年，在法国科学城举办了一次饶有趣味的"时钟"回顾展览，一座用带电鱼放出的电来驱动的时钟，引起了人们极大的兴趣。这种带电鱼放电十分有规律，电流的方向一分钟变换一次，因而被人称为"天然报时钟"。常见的带电鱼有电鳗、电鳐、电鲶等。其中"电力"最强的要算电鳐了。它发电的电位低者8～17伏，高者　　　　　　达220伏，足够麻痹一个成人，把附近的鱼电死更是绰绰有余。据计算，1万条电鳐的电能聚集在一起，足够使1列电力机车运行几分钟。

　　世界上有好多种电

鳐，其发电能力各不相同。非洲电鳐一次发电的电压在220伏左右，中等大小的电鳐一次发电的电压在70～80伏，像较小的南美电鳐一次只能发出37伏电压。由于电鳐会发电，人们叫它做活的发电机、活电池、电鱼等。电鳐每秒钟能放电50次，但连续放电后，电流逐渐减弱，10～15秒钟后完全消失，休息一会后又能重新恢复放电能力。

电鳐的放电特性启发人们发明和创造了能贮存电的电池。人们日常生活中所用的干电池，在正负极间的糊状填充物，就是受电鳐发电器里的胶状物启发而改进的。

早在古希腊和罗马时代，医生们常常把病人放到电鳐身上，或者让病人去碰一下正在池中放电的电鳐，利用电鳐放电来治疗风湿症和癫狂症等病。就是到了今天，在法国和意大利沿海，还可能看到一些患有风湿病的老年人，正在退潮后的海滩上寻找电鳐，当做自己的"医生"呢。

NO. 49

磁铁浮在半空中

即使我们知道磁铁同极相斥的特性，但看到一块磁铁悬浮在另一块磁铁上方时，大部分人还是会十分惊讶。

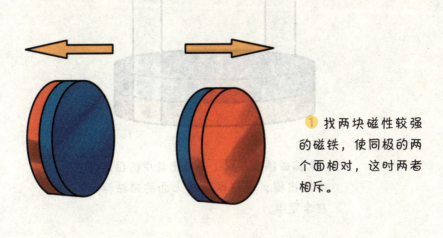

① 找两块磁性较强的磁铁，使同极的两个面相对，这时两者相斥。

② 在这两块磁铁可以产生排斥作用的距离内，将适当粗细的铅笔或橡皮擦夹在磁铁之间，然后用透明胶带固定。

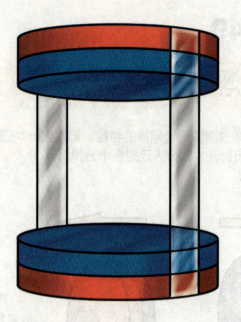

③ 将磁铁放在桌上，抽出其中的铅笔或橡皮擦，就可以看到上面的磁铁浮在半空中。

原来如此！

磁铁悬浮在空中，是因为磁铁具有同极相斥的特性。因为透明胶带阻止了磁铁的移动，否则磁铁就会跳开，或者翻转过来吸在一起。

NO. 50

铁砂整齐排列

去沙滩玩时别忘了带个吸铁石，你会搜集到很多铁砂的。

① 拿一块磁铁，套上一个塑料袋，伸入沙子里。

② 很快，就会有铁砂吸附在袋子外侧。在袋子下面放一张纸，取出磁铁，铁砂就会掉到纸上。重复这个过程，可以收集到不少铁砂。

③ 将铁砂倒在白色的垫板上，拿一块圆形磁铁放在垫板下面，就可以发现铁砂排成了圆形。

原来如此！

铁砂排成的圆形其实是磁铁磁力线的轨迹。因为铁砂的主要成分是铁，能够被磁铁吸引，所以它会沿着磁铁磁力线的方向排列。

指南针

　　指南针是中国古代四大发明之一。利用磁铁在地球磁场中的南北指极性而制成的一种指向仪器，有多种形体。战国时期，已发现磁石吸铁的现象，并用天然磁石制造"司南之勺"，"其柄指南"。此后，经过长时期的实践，发现人工磁化的方法，造成更高一级的磁性指向仪器。宋代科学家沈括首先记载了地磁偏角，说用天然磁石摩擦钢针，使之磁化成为磁针，可以指南，而常微偏东，并介绍了四种支挂磁针的方法：一是浮于水面，二是放在指甲上，三是放在碗沿上，四是线缕悬挂。宋军中配备指南鱼，是将薄铁叶剪

成鱼形而磁化，用于阴天和黑夜判断行

军方向。后来又发展成磁针和方位盘联成一体的罗

经盘，即罗盘。

一块磁铁，一根钢针，一小块泡沫你也可以制作一个简单

的指南针。用磁铁沿着钢针按一个方向从针尾到针头摩擦几次，

然后把被磁化的针插入泡沫，放进装满水的杯子中。一个指南针就

大功告成了。下面就自己测测它指示的方向是否准确吧。

NO. 51

音调高低的奥秘

一杯水可以演奏出不同的音调，动手试试吧。

① 准备3个相同的大可乐瓶和3个相同的玻璃杯。

② 在大可乐瓶中装入不同水位的水，然后按水位由低到高向瓶中吹气，这时会听到瓶子发出低、中、高的声音。

③ 往3个杯子中装入不同水位的水，按水位由低到高的顺序用筷子敲击杯壁，这时却会依次发出高、中、低的声音。

吹气时发出的声音，是由水面上方的空气产生共鸣所致。当瓶中的空气所占空间较大时，会产生低音共鸣；空气所占空间较小时，会发生高音共鸣。因此，随着水位的增高，可以依次吹出低、中、高的音调。

而用筷子敲打杯子时，是杯子整体振动导致了声音的产生，这种声音会与杯中的空气产生共鸣。当杯中的水较多时，杯子整体的振动变慢，因此音调比较低。相反，杯中的水较少时，音调就会比较高。随着杯中的水逐渐增多，敲击时就依次发出高、中、低的音调。

NO. 52

西红柿电池

用一个西红柿和铁勺、铜钥匙就能点亮灯泡。

1 准备一个西红柿、一把铁勺、一把铜钥匙、一个小灯泡。把西红柿捏软。

2 将勺子和钥匙平行插入西红柿。等待10分钟。

3 把钥匙和勺子露出的部分分别接到小灯泡的侧面和底部，小灯泡竟然亮了！

这个实验和人体电池应用的原理一样：在电解液中，只要放入两种不同的金属，就能形成电池。本实验刚好符合以上要求，当两种金属分别与灯泡连接时，电流就传入灯泡的灯丝，点亮灯泡。

将西红柿捏软是为了增强电解液的活性，从而形成持续的电流。

你甚至可以把几个西红柿串联起来以获得更高的电量。同时，苹果、橙子、土豆、柠檬等也可以代替西红柿充当电解液。

大发明家爱迪生的故事

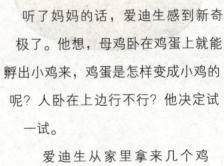

爱迪生小时候就热爱科学，凡事都爱寻根追底，都要动手试一试。

有一次，他看到母鸡在孵蛋，就好奇地问妈妈："母鸡为什么卧在蛋上不动呢？是不是生病了？"妈妈告诉他，这是在孵小鸡，过一些日子，蛋壳里就会钻出鸡宝宝来。

听了妈妈的话，爱迪生感到新奇极了。他想，母鸡卧在鸡蛋上就能孵出小鸡来，鸡蛋是怎样变成小鸡的呢？人卧在上边行不行？他决定试一试。

爱迪生从家里拿来几个鸡蛋，在邻居家找了个僻静的地方，他先搭好一个窝，在下边铺上柔软的茅草，再

把鸡蛋摆好，然后就蹲坐在上边，他要亲眼看一看鸡蛋是怎样孵成小鸡的。

天快黑下来了，还不见爱迪生回家，家里的人都非常着急，于是到处去找他。找来找去，才在邻居的后院找到了爱迪生。只见他坐在一个草窝上一动也不动，身上、头上沾有不少草叶。家里人见了，又生气又好笑，妈妈告诉他："人的体温没有鸡的体温高，你这样孵是孵不出来的。"爱迪生虽然没有孵出鸡来，但是通过这次孵蛋活动增长了知识。

爱迪生爱动脑筋的习惯让他日后成为了一名伟大的发明家，他并没有为自己的成功而沾沾自喜，而是更加勤奋地思考，毫不浪费一秒钟的宝贵时光。

一天，爱迪生在实验室里工作，他递给助手一个没上灯口的空玻璃灯泡，说："你量量灯泡的容量。"他又低头工作了。

过了好半天，他问："容量多少？"他没听见回答，转头看见助手拿着软尺在测量灯泡的周长、斜度，并拿了测得的数字伏

在桌上计算。他说："时间，时间，怎么费

那么多的时间呢？"爱迪生走过来，拿起那个空灯

泡，向里面斟满了水，交给助手，说："把灯泡里面的水倒

在量杯里，马上告诉我它的容量。"

助手立刻读出了数字。

爱迪生说："这是多么容易的测量方法啊，它又准确，又节省时

间，你怎么想不到呢？这样去硬算，那岂不是白白地浪费时间吗？"

CHAPTER 3

奇趣化学

孙悟空拔一根汗毛能变出
各种各样的东西帮助他排忧解难，
这是物理变化还是化学变化呢？
哈哈，这个不在我们考虑的范围内。
还是让我们自己施展一下魔术，
变化一下身边的物件吧。

Uzumaki Naruto

淘乐斯变身公仔

NO. 53

汽水火山爆发

往一瓶刚打开的汽水中放入一勺小苏打粉末，你将会看到一个微型的火山。

① 准备一瓶瓶装
汽水，将瓶盖打
开。（碳酸类饮料
均可）

② 往瓶中倒入一勺
苏打粉。

3 瓶中一开始只会冒出一点点气泡，随后，就会出现
"火山爆发"的奇观。

注意 放入苏打粉后请不要把汽水瓶扣上以免
发生意外。

原来
如此！

小苏打中含有大量碳酸氢钠。碳酸氢钠溶于水时，会产生大量二
氧化碳。而汽水等碳酸饮料中，本来就含有二氧化碳。汽水中的二氧
化碳和碳酸氢钠溶解产生的二氧化碳一起冒出，就出现了类似火山爆
发的景象。

做这个小实验时，记得在瓶子下面垫一个托盘，不然可乐溅得到
处都是，会把桌面弄得黏兮兮的哦。

化学变化与
物理变化

　　我们会遇到各种各样的现象：踢球时打碎了玻璃，江河湖海中的水蒸发后变成水蒸气，水蒸气又变成雨雪冰雹回到大地；从矿山中开采出的铁矿石经过冶炼变成铁锭，石灰石煅烧制得生石灰，煤、石油和天然气燃烧等。这里有化学变化也有物理变化。

　　化学变化是一种或多种物质变成化学性质与原来不同的新物质的过程。如铁的冶炼、石灰石煅烧和天然气燃烧等都属于化学变化。变化前的原物质称为反应物，变化后产生的新物质称为生成物。

　　物理变化是没有新物质生成的变化。物理变化的实质是：保持物质化学性质的最

小粒子本身不变，只是粒子之间的间隔运动发生了变化，没有生成新的物质。由于变化过程中没有新物质的产生和旧物质的消亡，水蒸气、水、冰的3态变化和玻璃的破碎都属于物理变化。

化学变化过程中，原子间的结合方式和结合能有所变化。

化学变化的过程就是反应物化学键的断裂和生成物化学键的形成过程，伴随着化学变化过程的热效应，

水的三态（水、冰、水蒸气）变化属于物理变化

来源于化学键改组时能量的变化。例如，氢气和氧气反应生成水，生成物水与反应物氢气、氧气或二者的混合物的化学性质不相同。物质不需发生化学变化表现出来的性质，如颜色、状态、气味、熔沸点、硬度、密度等，叫做物理性质。物质在化学变

化中表现出来的性质叫做

化学性质，如氧化性、还原性、酸碱性、

可燃性等。

下面的现象属于物理变化还是化学变化？为什么？

1. 潮湿的衣服经太阳晒，变干了。（物理变化，属于蒸发现象）

2. 铜在潮湿的空气里生成铜绿。（化学变化，铜与空气中的氧气，水发生氧化反应）

3. 纸张燃烧。（化学变化，纸张在氧气中燃烧，消耗氧气生成二氧化碳）

4. 瓷碗破碎。（物理变化）

5. 铁生锈。（化学变化，铁与空气中的水，氧气，发生氧化反应）

6. 石蜡融化。（物理变化，固体变液体）

7. 寒冷的冬天在玻璃窗前呼吸，玻璃上出现一层水雾。（物理变化，水蒸气液化现象）

8. 下雪天把一团雪放在温暖的房间里，雪融化。（物理，固体变液体）

NO. 54

变胖的鸡蛋

只要把鸡蛋放在醋中浸泡3天，蛋壳就会变软，体积也会胀大，并逐渐悬浮于水中。

❶ 把鸡蛋放进一个较大的杯子中，加醋，使之漫过鸡蛋表面。

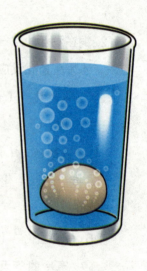

❷ 鸡蛋会不断地冒出小泡泡，体积也会慢慢地变大。请放置2~3天，要耐得住性子哦。

③ 3天后，你会发现鸡蛋硬硬的壳不见了，只剩下一层软软的半透明薄膜，原本沉在杯底的鸡蛋现在则悬浮在杯中，鸡蛋体积也比之前变大了许多。

蛋壳的主要成分是碳酸钙，在醋酸的作用下，生产醋酸钙与二氧化碳，后者便是溶液中不断冒出的气泡的来源。

鸡蛋的体积变大到原来的1.5倍是由渗透压造成的。当薄膜两边物质的浓度不相等时，就会产生渗透压，浓度较低那边物质里的水就会透过薄膜，渗入另一边，以使薄膜两边物质的浓度相等。蛋壳变薄之后，在渗透压的影响下，醋中的水分就透过蛋壳溶解后形成的半透明薄膜，进入鸡蛋，把鸡蛋撑大。

NO. 55

气球串

通常气球很容易被尖的竹签扎破，但你却可以让竹签穿过气球，像烤肉串一样把气球串起来。

❶ 用手工刀把烤肉串用的竹签削尖。

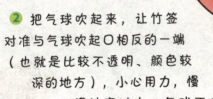

❷ 把气球吹起来，让竹签对准与气球吹起口相反的一端（也就是比较不透明、颜色较深的地方），小心用力，慢慢地穿过去。气球不会被扎破。你还可以像图中那样，把整个气球都串在竹签上。

原来如此！

请仔细观察吹好的气球，吹气口和气球顶端是两个比较特别的地方。用尖竹签穿过气球顶端和吹起口，气球是不会破的，因为竹签穿过时摩擦所产生的热会让分子彼此牵引而收缩，这时空气不会漏出去。

NO. 56

制作食盐晶体

很多人可能都对晶体没什么概念，看到盐水蒸发后留下的四方形晶体时，相信你一定会很惊讶。

❶ 准备一杯水，加入食盐，直到食盐无法继续溶解。这样就做成一杯饱和食盐水。

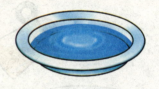

❷ 将饱和食盐水倒入一个浅盘，放置一星期左右。（做这个实验需要耐心。）

❸ 几天之后，盐水逐渐蒸发，盘子里就会析出四方形的食盐晶体。这些晶体没有经过任何切割，却都有着完美的直角，真是不可思议。

水会蒸发，但溶于水的食盐无法全部跟着水被蒸发到空气中，于是就形成了晶体。构成食盐（氯化钠）晶体的是由氯原子和钠原子排列而成的一种"面心立方晶格"构造，这种晶体构造有着完美的直角。

NO. 57

5角硬币金灿灿

本来黑糊糊的5角硬币一下子就变亮了！相信你看到一定会乐得手舞足蹈。

① 找一枚旧的黑糊糊的5角硬币，往盘子里倒一些醋，使之淹没。

② 稍等片刻，将5角硬币取出来，用面巾纸擦干净，5角硬币马上变得金灿灿的。

原来如此！

　　5角硬币之所以会发黑，是因为硬币表面的镀铜在空气中被氧化，形成了黑色的氧化铜。醋所含的醋酸和氨基酸，可以与氧化铜发生反应，除去氧化铜，5角硬币就变亮了。

NO. 58

燃烧的冰糖

冰糖是烧不着的，大家应该都知道，但是在上面撒上烟灰后它却被点燃了。

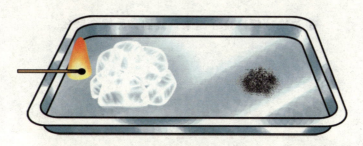

❶ 把冰糖和烟灰分别放到金属小盘上，用火柴直接点燃它们，发现两者都不会燃烧。

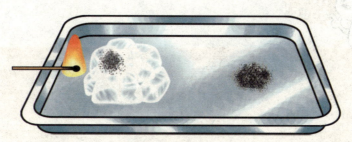

❷ 将冰糖的一角放上少许香烟灰，再用火柴去点冰糖。

❸ 这次冰糖燃烧了起来，直到最后完全融化。

注意 请在实验完成后观察一下烟灰的数量和颜色，同时注意安全，让实验台远离易燃易爆物品。

原来如此！

香烟灰无法单独燃烧，可它与冰糖放在一起却能燃烧，这并不是烟灰中有什么未燃尽部分发生二次燃烧。你可以发现烟灰的数量、颜色都没有丝毫变化，燃烧的只是冰糖。

糖是由碳氢氧所组成的，在一般情况下它不易燃烧。但撒上烟灰之后，烟灰促使糖发生化学变化，从而引发冰糖燃烧，自己并不燃烧。像这种可以引发化学反应，本身却不发生变化的物质，我们称它为催化剂。

催化剂

催化剂会诱导化学反应发生改变，而使化学反应变快或减慢或者在较低的温度环境下进行化学反应。催化剂在工业上也称为触媒。

催化剂自身的组成、化学性质和质量在反应前后不发生变化；它和反应体系的关系就像锁与钥匙的关系一样，具有高度的选择性（或专一性）。一种催化剂并非对所有的化学反应都有催化作用，例如二氧化锰在氯酸钾受热分解中起催化作用，加快化学反应速率，但对其他的化学反应就不一定有催化作用。某些化学反应并非只有唯一的催化剂，例如氯酸钾受热分解中能起催化作用的还有氧化镁、氧化铁和氧化铜等等。

在化工生产、科学家实验和生命活动中，催化剂都大显身手。例如，硫酸生产中要用五氧化二钒作催化剂。由氮气跟氢气合成氨气，需要用铁作催化剂，提高反应速率。在炼油厂，催化剂更是少不了，选用不同的催化剂，就可以得到不同品质的汽油、煤油。汽车尾气中含有害的一氧化碳和一氧化氮，利用铂等金属作催化剂可以迅速将二者转化为无害的二氧化碳和氮气。酶是植物、动物和微生物产生的具有催化能力的蛋白质，生物体的化学反应几乎都在酶的催化作用下进行，酿造业、制药业等都要用催化剂催化。催化剂对化学反应速率的影响非常大，有的催化剂可以使化学反应速率加快到几百万倍以上。

CHAPTER 4

折磨折磨自己

经过上面各章的实验，
你是不是把家里给弄得一团糟了？
那么，做做小实验折磨一下自己吧。
你可以尝尝"电"的味道，
测测自己的视觉盲点，
看看自己的左右协调能力……
好，现在就拿自己开测！

McDonald's

淘乐斯变身公仔

NO. 59

人体电池

把金属勺子和铝箔纸同时放到舌头上，随后让握着两者的双手接触，就会产生一种苦苦的味道。

① 两手分别握住金属勺子和铝箔纸（香烟烟盒的内衬、糖果巧克力外的包装纸均为铝箔纸），放在舌头上，这时不会有什么特别的味道。

② 接下来，让两只手相互接触，这时舌头上会有一种苦苦的味道。

原来如此！

在电解液中，只要放入两种不同的金属，就能做成电池。唾液也是一种电解液，金属勺子和铝箔纸则是两种金属。把它们含在嘴里，就组成了电池。再让手握的两端一接触，就相当于接通了电流，舌头上的味蕾受到电流的刺激，就会感觉出苦味。

NO. 60

手臂变短

双臂向前伸，然后单手做激烈的屈伸运动，你会发现手臂突然短了好几厘米。

① 让孩子把双手水平前伸，两条手臂的长度是一样的。

② 让孩子保持一手水平前伸，另一手做30次左右的手臂屈伸运动，注意手臂要保持水平，动作幅度略为激烈。

③ 双臂回到前伸的状态，孩子会发现，做过运动的那只手臂突然短了好几厘米。

原来如此！

人体的关节部位或多或少都有一些空隙。手臂是由肌肉和韧带来连接的，进行了激烈的屈伸运动之后，肌肉和韧带会产生暂时性的收缩，关节处的空隙也会暂时缩小，所以手臂就变短了。不过别担心，过一会儿，手臂就会恢复到原来的长度了。

NO. 61

脊椎变长

向前弯腰时，有的孩子身体僵硬，很难用手碰到地板。这时只要让孩子一边吸气一边练习，就能成功。

1 让孩子双脚并拢，膝盖伸直，身体向前倾，双手和头部朝地板下压。

2 如果孩子可以轻易地用手触到地板，这个游戏就可以停止了。假如孩子双手离地还有20厘米左右，就让孩子一边弯腰，一边大口吸气、呼气，一次、两次、三次……

❸ 不可思议的事发生了，随着孩子一次次呼气，他的手也离地板越来越近，慢慢地就接触到了地板。

呼气运动可以放松身体的肌肉和韧带，提高身体的柔韧度，此时再慢慢前倾，就可以碰触到地板了。

NO. 62

夹不住的纸片

眼看着纸片一次次从小伙伴的手中滑落，"我"的脸上浮现出了得意的神情。

❷ 不妨潇洒地对伙伴说："你夹住了就请你吃饭。"随后放手让纸片落下。只要小伙伴遵循看到你松手再合并手指这一常规流程，他（她）就不可能夹住。当然，也不排除侥幸情况。

❶ 把钞票大小的纸片放在小伙伴张开的食指和中指之间。

原来如此！

通过眼睛看，再由大脑做出判断，最后下达命令让手指去夹的这段时间，称为反应时间。人类的反应时间平均约为0.2秒。而在0.2秒内，自由落体下降的距离约为20厘米。因此，当长度不到16厘米的钞票尺寸的纸片下落时，从眼睛看见到用手指去夹，纸片的上端早就掉到13厘米以下了，所以绝不可能夹到。

同理，幼儿和老年人之所以比较容易发生交通意外，就是因为他们从发现危险到做出避开反应的时间通常会比较长；而优秀运动员的反应时间一般都在0.15秒以内。

NO. 63

掉不下来的硬币

手指好像被粘住了一样，动弹不得。

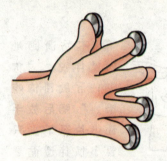

1 让孩子双手合十，手指张开，在他中指以外的其他4根手指之间各夹一枚1元硬币。

2 让孩子夹紧手指，以防硬币掉落，然后让他向内侧弯曲两手的中指，使两根中指的第2个关节并拢。

3 这时，让孩子依次放开夹在大拇指、小指、食指和无名指之间的硬币。只要中指的第2个关节不松开，他就无法放松两根无名指，那枚硬币也绝对掉不下来。

> 人体中连结骨骼的是韧带和肌肉，我们称之为"连接组织"。无名指和中指之间的连接组织作用特别强，当中指向下弯曲并被固定时，无名指就无法动弹，也就无法放开硬币了。

NO. 64

抬不起来的左脚

孩子无法抬起自己的左脚，一定会很不耐烦地大声问："为什么？"

1 让孩子右腿紧贴墙壁站立。

2 保持这种姿势，然后让他抬起左脚，孩子却怎么也抬不起来。

原来如此！

人要抬起左脚，必须将身体的重心右移。但在这个实验中，孩子的身体右侧刚好被墙壁抵住了，重心移不开，所以左脚就抬不起来。

如果强行抬起左脚，加在右脚上的力就会反过来使身体向左侧倾斜，孩子就会摔倒在左侧的地上。

NO. 65

换手做做看

左右手分别做不同的动作很容易，可要突然"换手做做看"却有困难。

① 让你的同学右手握拳敲桌子，左手手掌摩擦桌面。

② "来，把左手和右手的动作互换一下。"让他换手做做看。

3 听到要求换动作的指令时，大部分人的两只手都会同时敲桌子或摩擦桌子。

我们的左右手习惯于做相同的动作。当你的右手敲着桌子、左手摩擦着桌子时，突然要你换动作，你会不知所措，结果往往变成双手同时敲桌子或者同时摩擦桌子。但只要练习多次，就可以顺利地换手做了。

NO. 66

烫还是冷

同样的一盆水，两个手放进去却有不同的感觉。

❶ 准备一盆热水、一盆冰水、一盆温水。

❷ 将左手放入热水中，将右手放入冷水中。

③ 将两只手放入温水中，这时你的感受是？

原来
如此！

　　人体表面的神经末梢对外界刺激的感受都是相对的，当把左手放入温水时，左手会觉得水是冷的，同理右手则会觉得水是热的。这正是因为两个手之前所受到的温度刺激不同。同样的，有时我们会提很重的东西，这时再换一个较轻的东西提在手里，反倒会感到轻松很多。

NO. 67

瓶中的气球

把一个气球吹起来是一件很简单的事，如果把气球套在一个玻璃瓶口，你还能吹气它吗?

❶ 将一只气球塞进空瓶，并把气球绷在瓶口上。

❷ 用力往气球中吹气，却发现怎么也不能把气球吹起来。

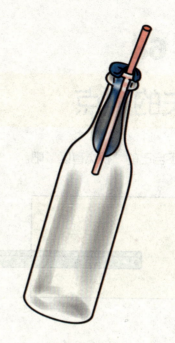

❸ 把气球从瓶口移开一点，然后把一根吸管深入瓶口，这时气球就可以被吹起来了。

注意 尽量选择较为坚硬的吸管，以防气球膨胀把吸管中的空隙堵住。

　　当气球把瓶口密封住时，瓶内形成一个密闭的空间，气球若想膨胀就必须排出相同体积的空气，所以就无法被吹起来。当插入吸管后，空气就会从管中跑出，为膨胀的气球空出位置，也就可以吹起来了。

NO. 68

消失的黑点

测试一下自己的"视觉盲区"吧。

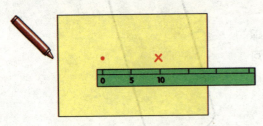

① 在纸上右侧画一个十字，随后在与它齐平的左侧10厘米处画一个黑点。

② 闭上右眼，让左眼能看到十字，随后向左移动纸片，当移动25～35厘米后，会发现黑点消失了。

原来如此！

我们的每个眼球都有看不见的地方，这个地方视觉细胞和视觉神经合为一体，被称为"视觉盲区"。同样的，右眼也有它的视觉盲区，我们可以先闭上左眼，然后用右眼盯住黑点把纸片向右侧移动，这时消失的就变成了右侧的十字。

CHAPTER 5

有趣的小发明

各种发明让我们的生活变得
越来越方便快捷，
你是否羡慕这些发明家的聪明才智？
其实，发明最需要的是一对敏锐的慧眼，
是对发明创造的执著热情，
就让本章的小发明点燃
你的创造灵感吧。

Kobe Bryant

淘乐斯变身公仔

NO. 69

自动调水杯

你可以为自己做一个可以自动调节水位的水杯，只要倒入杯中的水超过了预定的水位，水就会自己流出来。

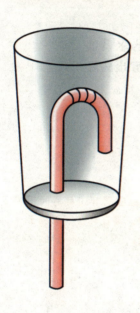

① 在纸杯下方打个洞，插入一根可弯曲的吸管，把它做成倒U形。

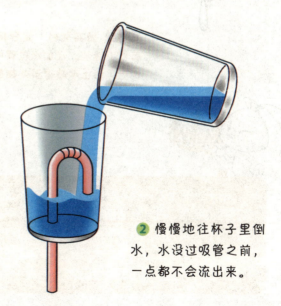

② 慢慢地往杯子里倒水，水没过吸管之前，一点都不会流出来。

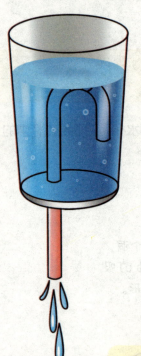

③ 继续加水，当水没过吸管时，就会从穿出杯底的吸管中流出来。

注意 做实验时一定要保证吸管穿过杯底时没有留下缝隙。在加水过程中，请在杯子下面放上托盘，防止水溅得到处都是。

原来如此！

　　由于水的压力，当吸管刚好完全泡在水里时，水会流进倒U形吸管较短的那截，并与杯里的水位持平，这时不会有水流出来。如果继续注入水，压力增大，吸管里的水就会越过弯曲的部分而流出去。水流出来后，由于虹吸现象，大气压力会继续往外推挤剩下的水，直到杯里的水位降到较短那截吸管口之下停止。

NO. 70

奇妙的锁链

一个扭成8字形的纸圈，把中间一分为二之后再一分为二，就可以做成一条两环交扣的锁链了。

1 把纸张裁成长条状，拧一下，用胶带固定，做成如图这样的8字形圈圈。

2 沿着圆圈从中间一分为二，把原本8字形的圈圈变盛开个大圆圈。

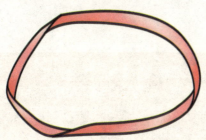

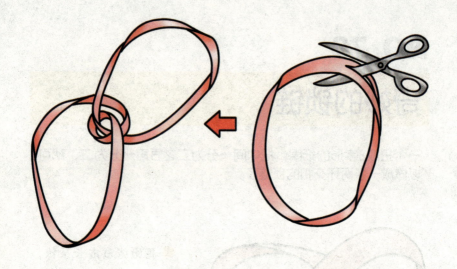

❸ 再沿着大圆圈一分为二，就变成两个圆圈相连的锁链了。

想一想 如果在纸条中间画上两条线，然后再剪开，最终会是什么样呢？拿起你的笔和剪刀，动手试试吧。

原来如此！

这个游戏运用了立体几何学上的原理。

8字形的圈圈是很奇特的立体结构，因为它没有所谓的正反面，从起点开剪再回到起点结束，自然就会变成比原来的8字形圈圈大一倍的圆圈。再把这个圆圈一分为二，就做成两环交扣的锁链了。

神奇的麦比乌斯环

　　数学上流传着这样一个故事：有人曾提出，先用一张长方形的纸条，首尾相粘，做成一个纸圈，然后只允许用一种颜色，在纸圈上的一面涂抹，最后把整个纸圈全部抹成一种颜色，不留下任何空白。这个纸圈应该怎样粘？如果是纸条的首尾相粘做成的纸圈有两个面，势必要涂完一个面再重新涂另一个面，不符合涂抹的要求，能不能做成只有一个面、一条封闭曲线做边界的纸圈儿呢？

　　对于这样一个看来十分简单的问题，数百年间，曾有许多科学家进行了认真研究，结果都没有成功。后来，德国的数学家麦比乌斯对此发生了浓厚兴趣，他长时间专心思索、试验，也毫无结果。

　　有一天，他被这个问题弄得头昏脑涨了，便到

野外去散步。新鲜的空气，清

凉的风，使他顿时感到轻松舒适，但他头

脑里仍然只有那个尚未找到的圈儿。

一片片肥大的玉米叶子，在他眼里变成了"绿色的

纸条儿"，他不由自主地蹲下去，摆弄着、观察着。叶子

弯取着耷拉下来，有许多扭成半圆形的，他随便撕下一片，

顺着叶子自然扭的方向对接成一个圆圈儿，他惊喜地发现，这

"绿色的圆圈儿"就是他梦寐以求的那种圈圈。

麦比乌斯回到办公室，裁出纸条，把纸的一端扭转180°，

再将一端的正面和背面粘在一起，这样就做成了只有一个面的纸

圈儿。

圆圈做成后，麦比乌斯捉了一只小甲虫，放在上面让它爬。

结果，小甲虫不翻越任何边界就爬遍了圆圈儿的所有部分。麦比

乌斯激动地说："公正的小甲虫，你无可辩驳地证明了这个圈

儿只有一个面。"麦比乌斯圈就这样被发现了。用奇妙的麦

比乌斯带做几个简单的实验，就会发现"麦比乌斯圈"有

许多让我们惊奇有趣的结果。你弄好一个圈，粘好，

绕一圈后可以发现，另一个面的入口被堵住了，原

理就是这样啊。

NO. 71

塑料袋热气球

充气后的黑色垃圾袋，在太阳光的照射下，会像气球一样飞上天。

① 用手将黑色的大垃圾袋袋口收拢并抓紧，用吹风机往里吹热风，使袋子膨胀起来。

② 收紧袋口，用胶带固定，用一根长线牢牢地绑住。

③ 拿到屋外，黑色的垃圾袋在阳光的照射下，慢慢上升。（最好选择没有风的广场，比较容易成功。）

原来如此！

黑色的垃圾袋很容易吸收太阳光的热，袋里的空气因温度上升而膨胀。袋里的空气膨胀之后密度就变小了，膨胀的袋子因为体积变大，受到的空气浮力就跟着变大，袋子自然就会往上升了。

NO. 72

绳子小魔术

看，我转眼之间就能让绳子变换位置。

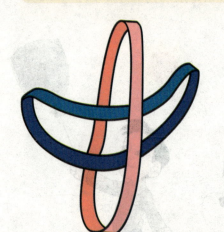

1️⃣ 将两条颜色不同的绳子分别结成圆圈，像图中那样套起来。（要想增加演出效果的话，最好用白色和红色的绳子）

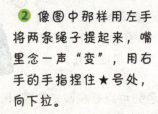

2️⃣ 像图中那样用左手将两条绳子提起来，嘴里念一声"变"，用右手的手指捏住★号处，向下拉。

原来如此！

这个魔术并没有什么特别的技巧。慢慢地拉绳子，注意绳子的变化，你就能发现其中的奥秘。

其实，绳子还可以用来变许多有趣的魔术，这只是其中的一个例子而已。

NO. 73

自制小喷泉

用一个可乐瓶和长、短两根吸管，就可以做一个小喷泉哦！

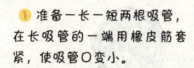

① 准备一长一短两根吸管，在长吸管的一端用橡皮筋套紧，使吸管口变小。

橡皮筋

② 在大可乐瓶中装满水，用浸湿的面巾纸塞住瓶口，再按照图示将两根吸管插入大可乐瓶中并固定，注意要将大可乐瓶瓶口密闭。

③ 拿一个杯子装满水，然后将大可乐瓶倒置，把长吸管插入水杯中。这时，短吸管开始滴水，同时在大可乐瓶中就会出现喷泉。

原来如此！

短吸管不断滴水，瓶子里的空间就不断增大，气压随之下降，此时，外面的大气压就会通过长吸管把杯子中的水挤进瓶子里，于是，就出现了我们看到的喷泉。

NO. 74

简易凉风机

将湿毛巾挂在电风扇前，就可以感受凉凉的风迎面吹来，像空调一样。

① 将湿毛巾挂在毛巾架上，放在电风扇前。

② 电风扇吹出的风立刻变得凉凉的。

原来如此！

这个实验利用了水蒸发时的汽化热（在标准大气压下，使1摩尔物质蒸发所需要的热量）。水蒸发时需要吸收周围许多热量。毛巾上的水蒸发时，会从电风扇的风中吸收大量的热量，因此，风就变得凉凉的了。炎炎夏日里，往门口洒点水或傍晚的雷阵雨后我们会感觉比较凉快，就是这个原因。

NO. 75

用牛奶盒做直升机

利用"伯努利原理"做一个简易"直升机"吧。

① 从牛奶盒上剪下两片宽3厘米，长20厘米的纸片，交叠成十字后，用订书机钉住，做成机翼，并在机翼前端缠上胶带。

② 在十字机翼的中心打一个洞，插入一根卫生筷，用透明胶带固定。如图所示将十字机翼靠近交叉点的地方沿纸片的交叠线剪开，稍稍折压机翼使其中央略微向上凸起。

❸ 用双手合掌夹住卫生筷，迅速搓手心使筷子旋转，放开"直升机"，"直升机"立刻就会飞向空中。（由于有一定的重量，"直升机"可能无法向上飞。所以尽可能在高处放开"直升机"，这样就可以看到它在空中飞行。）

原来如此！

"直升机"的机翼中央略微向上凸起，因此旋转时机翼上方的空气流速较快，气压较低（伯努利定理），机翼下方的大气压力就会给它一个向上的力量，让它浮在空中。传统的竹蜻蜓也是利用这一原理制作的。

NO. 76

自己动手做个小船

动手做一个船模，听起来很酷吧，按照下面的步骤试试看吧。

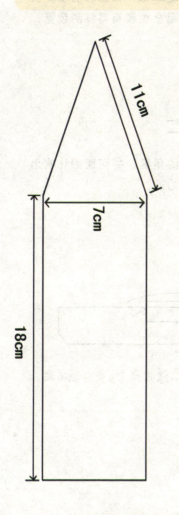

① 取一块长条形泡沫（新买的家电包装中都会有大块的泡沫），按图示规格，将其打磨成船的样式。尺寸大小可以根据选取泡沫的大小来调整。

② 用剪刀把易拉罐的铝皮或者薄铁皮剪成如下形状，在螺旋桨中央钻孔。

螺旋桨　　　笔芯　　　电机

3 随后截取一段废弃的圆珠笔芯，使其一头与螺旋桨连接，一头与微型电机（想必大家都玩过四驱车吧，那里面的发动机其实就是一个微型电机，废弃的小风扇里也都有类似的装置，把它们拆卸下来，变废为宝吧）相连。

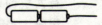

4 给电机通电，适当调整叶片倾斜的角度，尽可能的让吹出的风速最大化，要知道这可是你的动力源。

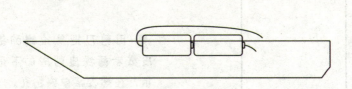

5 在船体后部挖槽以放置电池，可以选择两个5号电池串联，或单放一个1号电池。

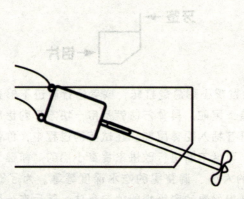

6 用竹签按15°的斜角，在船只尾部打通一个圆洞，随后将笔芯从电机头处取下，从洞中传入后与电机相连。调整电机的位置，使螺旋桨能够自由转动而不与船尾发生摩擦。选好位置后用透明胶带将电机与船体固定。

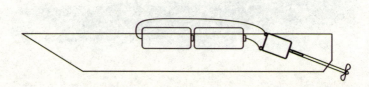

7 好了，小船大功告成了，把它通上电，放入浴盆中试航吧。

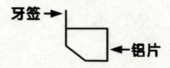

牙签 →
← 铝片

你可能会发现小船总是打转，或者运行轨迹不够直，此时便可以在船尾加装上尾舵。具体方法就是用一块方形的铝皮包裹住一根牙签，再将牙签插入船体尾部。在试航的过程中，你会发现更多的问题，这时，可以不断进行改进来提高小船的"航速"，比如调整螺旋桨叶片的大小、调整船的吃水深度等等。为了改进船体的外观，你也可以用好看的彩纸把船体包裹住，随后在外面缠上透明胶带以防止彩纸沾湿。

动手实验吧，相信你的小船的性能会越来越好。

注意事项：

❶ 泡沫最好采用打磨的方式，这样安全便捷。如果有家长协助，可以选择用刀片把多余的部分划掉，要注意别划到自己的手。

❷ 剪铝皮时让家长协助，可以多做几个大小不同的螺旋桨，从而测试出最优的性能。

❸ 在需要打洞或挖空的部分，务必注意船体的密闭性，防止船体进水。

NO. 77

纸中钻人

相信么，课本大小的纸剪一个洞，你可以从中间钻过去。

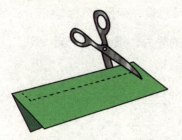

① 把一张A4纸对折一下，然后如下图剪开。

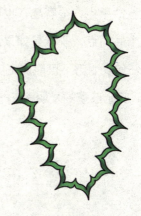

③ 将纸条展开，就会形成一个宽大的洞口，你可以从中钻过去。

② 在纸上如图画出13条线段，并按图示剪13次。

原来如此！

　　将纸张剪开13个口，就相当于形成了一个直径为线段长度26倍的大圆圈，其中的空间足够一个人钻过去了。当然，你可以在纸上多画一些线段，这样剪开的圆洞就更大了。

安全玻璃的诞生

　　一般情况下，每个科学发明诞生的背后都会有一个故事。这些故事也许很有趣，也可能非常不可思议，但是它们都会有一个共同点，那就是如果没有发明家的毅力、细心、勤奋，那么任何发明都不可能诞生。

　　安全玻璃的发明者——法国化学家别涅迪克士正是这样一个有心人。

　　1903年11月21日，别涅迪克士在实验室里打扫卫生。当他用掸子去掸仪器上的灰尘时，一不小心把柜顶上几只瓶子碰了下来。别涅迪克士惊讶地发现，其中有一只瓶子竟然没有摔碎，只是上面布满了相互交错的裂纹。

　　他觉得非常奇怪，拿着那只烧瓶陷入了沉思，想探究这究竟是怎么一回事。

　　他忽然想起来，这

只烧瓶曾经装过硝酸纤

维素溶液，现在溶液已经挥发了，只留下

了一层薄膜，就好像皮一样紧紧地贴在瓶壁上。

别涅迪克士突然想起了几天前看到的一场车祸：一

辆疾驰的小汽车翻进了深沟里，车上的乘客一个被撞死，

另外两个被车窗碎玻璃片划成重伤。现场一片血肉模糊，令

人惨不忍睹。

想到这里，别涅迪克士问自己：能不能研制出一种不会摔碎

的玻璃呢？他决定认真研究一下这个从 3.5 米的高处掉下来却

裂而不碎的烧瓶。

经过实验，别涅迪

克士确定，瓶子裂

而不碎的原因就

在于那层柔韧而

透明的硝酸纤维

素薄膜。于是，

他反复进行实

验，在两块玻璃

之间夹上一层透明的硝酸纤维素薄

膜，让它们经过加热加压后黏合在一起，再做玻璃从高处落下的实验，果然，玻璃没有摔成四处飞溅的碎片，只是出现了许多裂痕。

1922年秋天，第一代安全玻璃诞生了。它广泛地用于汽车玻璃、商店橱窗上。又过了几年，美国康宁玻璃公司实验室又发明了更坚硬的用冷风来淬火的玻璃，即使用铁锤也不能敲碎它，而且即使敲碎了，也不会有锋利的尖角。近年来，随着科学技术的发展，安全玻璃的性能得到了进一步提高，成为可以抗子弹射击的"防弹玻璃"。

图书在版编目 (CIP) 数据

就是要不学无束. 凭什么相信科学 / 田姝主编.
— 北京: 团结出版社, 2011.1（2020.6重印）
ISBN 978-7-5126-0286-1

Ⅰ. ①就… Ⅱ. ①田… Ⅲ. ①科学知识—少年读物

Ⅳ. ①Z228.1

中国版本图书馆CIP数据核字 (2010) 第247937号

出　　版：团结出版社（北京市东城区东皇城根南街84号　邮编：100006）
电　　话：（010）65228880　65244790
网　　址：www.tjpress.com
E-mail：65244790@163.com
经　　销：全国新华书店
印　　刷：北京朝阳新艺印刷有限公司
绘　　图：陈　铮
开　　本：880×1230mm　1/32
印　　张：40
字　　数：400千字
版　　次：2011年1月第1版
印　　次：2020年6月第3次印刷
书　　号：ISBN 978-7-5126-0286-1/Z.78
定　　价：238.00元（全8册）

就是要不学无"束"

谁绑架了我的未来

田姝 ◎ 主编

团结出版社
UNITY PRESS

小朋友，人的一生很漫长，但最关键的只有那么几步，小学阶段正是你成长的重要阶段。作为一个小学生的你，是什么样子的？你是不是喜欢嬉戏玩耍，而害怕受拘束和禁锢？你是不是喜欢自己动手实验，而不喜欢埋首于枯燥的课本当中？你是不是喜欢天马行空的想象，而不喜欢大人给的条条框框？

　　是的，你一定是这样的孩子。你一定像爱迪生一样爱思考；你一定像达尔文那样充满想象力；或是像司马光那样聪明机智；拥有毕加索那样的艺术天赋……其实，每一个孩子都是天才，只是，在成长的过程中，这些才能没有被激发出来而已。

　　现在，你一定想知道怎样才能让自己的潜能充分地发挥出来，让我们告诉你，秘诀就是《就是要不学无"束"》。它会帮助你找到分数与未来的平衡点；它会和你一起动手去探索那些生活中的科学小实验；它会用古老的益智游戏和有趣的数学谜题升级你的大脑；它还会带你穿越时空，去和古人交流思想；还有那些别人不知道的百科知识，那一棵棵引人发笑的稻草，那些无拘无束的想象，哦，还有你梦想着的未来……

目录

CHAPTER 1 你知道还有这样的职业吗？

CHAPTER 2　你曾羡慕过他们吗?

CHAPTER 3　你知道他们是做什么的吗?

CHAPTER 4 网络催生的职业

CHAPTER 5 绿色职业

你知道还有这样的职业吗?

CHAPTER 1

世界上的职业五花八门，或令人馋涎欲滴，或让人胆战心寒，或使人开怀常乐。小朋友们先跟我们一起来目睹一下几种职业之"最"的风采吧。带着你丰富的想象力，设想一下亲临的感觉，那种感觉肯定前所未有!

Avatar

淘乐斯变身公仔

最浪漫的工作

"逍遥岛主"神仙美眷的浪漫工作

★ ★

一座超豪华的海景房，三间光线充足的卧室，舒坦无比，透过宽敞的落地窗，尽情欣赏太平洋奇丽的日出和梦幻般的日落；在全世界最洁净的海域，或摇起双桨豪放纵歌，或畅游海底同鱼儿嬉戏；在大堡礁的碧海蓝天里惬意地敲击键盘，通过博客、摄影和视频来记录护岛生活的点点滴滴……

噢，多么浪漫幸福的生活，真是只羡岛主不羡仙呀！

你可知道，这还是一份薪水丰厚的职业呢！岛主在半年后就能获得近70万元人民币的酬劳。

这份"全球最好工作"就是澳大利亚昆士兰旅游局提供的大堡礁的守护者。上帝呀，谁不希望自己就是那位鸿运临头的岛主？那么，谁能获此殊荣呢？

英国人绍索尔成功击败3.4万名竞争者，加冠为大堡礁第一任"岛主"，他的加拿大女友也随他一起前往大堡礁，尽享"岛主夫人"的无限风光。

我们再来看看这位岛主是否尽职。

绍索尔在担任岛主的六个月期间，过得可谓充实而丰富多彩。

他不肯虚度任何一天，也没有一天的活动内容相雷同。他游遍了大堡礁的角角落落。无论是风帆和四驱车，还是水上飞机，都被他驱驰过，以探索这世界奇观。这其中，最让他感到刺激的事情有两桩，一是意外地与海龟几乎零距离接触，二是乘风扬帆时，与从船下游过的鲸鱼不期而遇。

　　怎么样，这岛主的工作你想不想试试？

最有趣的工作

真人自动售货机

★★★★★★★★★★★★★★★★★★★★★

自动售货机对我们来说，已是见怪不怪。在伦敦维多利亚火车站内的一台售货机前，簇拥着许多人。这台机器有何特别之处吗？原来，售货机后面藏了一个大活人。

当顾客照例向售货机内投进硬币时，机器就会发出声音，询问顾客所需要的商品，这声音当然是来自藏在机器后面的真人。那人按照顾客所需将商品扔进洞里，顾客满意地取出商品后，向售货机竖起大拇指，这就意味着交易的顺利完成。

这个人工售货机是由英国的一家食品公司安置在这里的，够有创意的吧？公司市场部经理交代了这样做的理由：他们希望给机器一样忙碌运转的都市人，提供与陌生人交流的意外快乐。

嘿，这真是一项人性化的工作。

最不可思议的工作

被图书馆借出去

★ ★ ★ ★ ★ ★ ★ ★ ★ ★ ★ ★ ★ ★ ★ ★ ★ ★ ★

从图书馆里，只能借到不会说不会笑的书吗？以前是这样，现在可不是了。现在，我们可以从图书馆里借到活生生的人呢。

地处瑞典南部的马尔默图书馆就推出了这样的借阅服务。首次向读者推出了9位可"借阅"人选，其中包括一名记者及一名吉普赛人等。图书馆门外有个温馨的咖啡店，专供借阅者和这些人闲聊，时间限为45分钟。

想象一下，你感兴趣的人物正坐在你的对面，微笑着耐心解答你所提出的问题，那是多么美妙的一件事呀。

最 "有毒" 的工作

给毒蛇挤毒

★ ★ ★ ★ ★ ★ ★ ★ ★ ★ ★ ★ ★ ★ ★ ★ ★ ★ ★ ★

毒蛇，一种我们见都不想见的东西，甚至一听到名字就会毛骨悚然。竟然有人以给它挤毒为职业，够恐怖的吧。

看来，从事这项职业的人长了一颗虎胆，敢从活生生的毒蛇身上收集毒液。

超高的风险也就意味着超高的收入。由于采集毒液是研究和生产抗蛇毒素不可缺少的一环，所以蛇的毒液非常珍贵，价格也相当昂贵。一些蛇毒每克的价格就能达到2000美元。毋庸置疑，收集蛇毒的工作人员都会有

遭蛇咬的可能。不过，我们不必太担心，因为他们这些久经蛇场的人，都会随身携带抗蛇毒素，被蛇咬死的可能性几乎没有。

最奇怪的工作

宠物食品测试员

★ ★ ★ ★ ★ ★ ★ ★ ★ ★ ★ ★ ★ ★ ★ ★ ★ ★ ★ ★

　　不同的人之间口味都是互不相同的，何况人与畜类之间呢。宠物食品制造商雇佣人来品尝宠物食品，确定口味好坏，真是令人难以置信。

　　原来这些宠物测试员是经过专门培训的，能够以敏感的味觉来感受食品，检测其口味是否正对猫咪和狗狗的胃口。

　　可是，这项工作如果让宠物们自己来做，岂不更好？

最舒坦的工作

旅馆睡眠主任

★ ★

我们知道，要住旅馆，肯定是要自己掏腰包。可是现在，竟然有旅馆倒贴钞票，请人去住的。真是大千世界，无奇不有啊。

利·麦卡伦就是这样一个睡着舒服的觉，挣旅馆老板钱的幸运儿。

麦卡伦是英国Travelodge连锁旅馆的睡眠主任，他的工作职责

是睡遍世界各地的Travelodge连锁旅馆的床。他每个礼拜要去这些旅馆睡3到4次觉，以验证这些床的"舒适度"，确保这些床都能达到Travelodge连锁旅馆所要求的"正常标准"。

这项工作的目的是让客人们睡到旅馆的床上比睡在自家床上还舒坦，能很快飘进甜美梦乡。

这可谓是，要让顾客做上帝，先由我来找做上帝的感觉。正如麦卡伦所说："我们总是细致地进行调查研究，尝试各种新颖的方法，确保旅客能够睡得最香。有时只是简单地更换一下床套，就能奇迹般地改善他们的睡眠质量。"

那么，麦卡伦这位睡眠主任的薪酬如何呢？据悉，每年能有6万英镑的大钞被轻松拢入他的腰包。

怎么样，如此舒坦的工作，你想不想试一试呢？

最好玩的工作

玩遍全世界乐园的滑道质检员

★ ★

　　游乐园中的戏水滑道，那一定是超刺激超好玩的东西了。想玩这个，估计要花费不少吧，可有个人不但可以免费玩个痛快，甚至还会通过玩而赚钱。唉，真是羡煞人也！那个幸运的家伙是谁呢？

他就是汤米·林奇，他是英国旅游度假巨头"第一选择"旅行公司的员工。他的工作内容就是大玩特玩，玩遍全球的"戏水乐园"。当然，光玩是不行的，他要一边玩一边测试每一座"戏水滑道"的高度、速度、舒适度、安全度以及水质是否达标。

因为许多游客都喜欢在旅游度假时到游乐园中玩"戏水滑道"，所以"第一选择"旅游公司为了开发一些潜在的新戏水旅游线路，感到有必要事先对这些"戏水滑道"的安全性和舒适度进行测试。

汤米的工作就是要确保这些潜在旅游线路景点中的游泳池和"戏水滑道"能够符合"第一选择"公司的安全旅游标准。

迄今为止，汤米已经在全球免费旅行了27000多英里，玩过了欧洲、非洲、南美洲众多国家游乐园中的"戏水滑道"！随着希腊、土耳其、美国佛罗里达州、牙买加和西班牙伊比沙岛的旅游线路开设"戏水滑道"，汤米将继续在游玩中进行"质量检测"。

汤米的工作可谓是"玩转世界各地"！每当他向别人说起自己的工作时，几乎没人相信，世界上竟然有这样的工作！

最省钱的工作

南极水电工：工资高又没处花

★ ★ ★ ★ ★ ★ ★ ★ ★ ★ ★ ★ ★ ★ ★ ★ ★ ★

说到南极，我们就会想到一片白茫茫的冰天雪地，一队队绅士一样的企鹅。你能想到这里也有水电工吗？

"快来吧！"

在离家9000英里远、温度零下50摄氏度的南极荒原上，南极水电工托尼·麦克劳兰正大声呼唤那些还在犹豫中的求职者。可以看出，他的兴奋难以自抑。

托尼已年近五旬，原是英国卢顿市的水电工。当英国南极科考站在英国电视台发布广告招聘一名电工时，英国正遭遇经济危机，所以这份年薪23000英镑，食宿免费的肥差，令人抢破了头，有人称之为"最爽工作"。虽然还有些人对去南极工作持怀疑态度，但仍有成千上万的人奋勇报名，电视台公布的招聘电话快被打爆了。托尼一路过关斩将，所向披靡，一举夺到了这份美差，来到南极罗瑟拉科考站。

这份工作让托尼乐不可支，因为他可以尽情欣赏南极的冰雪风光，并且食宿无忧，甚至往返机票都全部免费。托尼在南极的日常生活所需应有尽有，南极自然没有商场、超市、酒吧等消费场所，所以他口袋里的钱，根本没有地方花出去，只能送到银行里储存起来。

托尼兴高采烈地说："这里所有的同事都亲如兄弟，我的工作令人兴奋。英国南极科考站还要在英国招聘水管工、木匠和厨师。我知道有些人对来南极工作还有所质疑，不过，大家尽可以相信我，快来吧！"

怎么样，听了托尼的宣传，你想到南极工作吗？

最醉人的工作

啤酒品尝师

★ ★ ★ ★ ★ ★ ★ ★ ★ ★ ★ ★ ★ ★ ★ ★ ★ ★

　　天天免费喝啤酒，那可真是天下男人梦寐以求的好事了，但却有一位女士正在替他们实现梦想。

　　海伦·摩勒斯是英国特易购连锁超市的全球啤酒采购员，这份

工作的内容就是品尝啤酒。从上任以来，她在3年多的时间里，至少品尝过1000种啤酒。除了喝酒，她还享受免费旅行。为找寻美味独具的啤酒，海伦已踏遍全球30多个国家，包括南非、肯尼亚和澳大利亚。

海伦非常喜欢这份啤酒品尝师的工作，即使有时候，她每天早晨9点半就被迫开始品尝啤酒。

啤酒品尝师与葡萄酒品尝师不同，品尝葡萄酒时，只需将酒含在嘴里，如果感觉味道不妙，只管吐掉；可是品尝啤酒必须咽下肚去，才能品尝出它的真正滋味。所以，海伦有时一次要品尝20多种不同的啤酒。那种滋味可想而知了。

当然，海伦的工作也可以变得很浪漫，那就是将"工作"带回家，和会计师男友乔纳森·格林菲尔德一起品尝，分析酒味。

最甜蜜的工作

糖果品尝师

★ ★

虽然家长总是叮嘱孩子们要少吃糖，以免虫子钻牙，可是看到包装精美、甜蜜可口的各式糖果，哪个孩子会不动心？

来自英格兰艾塞克斯郡比利列卡尔镇的少年哈利·威尔舍，与同龄孩子一样酷爱糖果。

从外表上看，哈利没什么超人之处，甚至还戴着一副不太雅观的牙箍，但他拥有与生俱来的超敏感味觉，这居然为他赢来了一份甜蜜的工作——糖果品尝师。

英国老牌糖果公司"Swizzells marlow"举办了一次品尝竞赛，哈利从上千名竞争者中脱颖而出，一举夺得冠军。话说当时的比赛场面激烈万分。当轮到哈利上场时，他首先朝着诸位评委礼貌地鞠了一躬，然后从容地拿起一根他最喜欢的"鸡腿棒棒糖"，非常老道地用鼻子嗅了嗅，再将它送进嘴里。当这枚棒棒糖的味感和配方被这个孩子分析得头头是道时，所有的评委都目瞪口呆，全场观众和选手皆为之震惊。要知道，这可是这家糖果公司的"最高商业机密"，如今竟被一个孩子点破！就这样，哈利被当场聘为"首席品尝师"，成为该公司成立以来最年轻的"首席品尝师"，这份

"世界上最甜蜜的工作"从此为他所有了。

公司将这位神奇男孩当做宝贝，不但为他专门印制了精美名片，还派专人带他将工厂的里里外外参观了个遍。

每3个月品尝一批最新出产的糖果，这成为哈利的分内工作，当然这以后他就不得再向任何人透露糖果配方的秘密了。

这样甜蜜的工作不仅哈利一人拥有，还有一位的甜蜜工作也同样令我们羡慕，他日进甜食一千克却照样身材苗条。他就是英国的安格斯·肯尼迪。

每天早晨，安格斯·肯尼迪走进位于英国肯特郡乡下的办公室，愉快地开始一天的工作。他的面前不是一摞文件，而是巧克力、点心和太妃糖等甜食，因为他正是一名甜品试吃员。

肯尼迪在一本糖果贸易杂志担任主编，负责品鉴各路美味甜食。这份工作看似轻松，但工作量却不小。他每月至少要为200种甜食撰写评论。参加贸易展览会时，他一天下来要吃掉大约0.9千克甜食。

肯尼迪对待工作严谨认真。英国《每日邮报》曾援引他的话报道："除非我亲自品尝，否则拒绝为任何产品写评论。"

照理说，按肯尼迪这种吃法，他早该胖到膀大腰圆。但让人嫉妒的是，他至今身材苗条，瘦得"像一根巧克力手指饼"。

肯尼迪说："我一周健身两次，还曾效力于英国划船队，因此我知道锻炼多久才能充分燃烧脂肪，例如在跑步机上跑20分钟能耗掉4小条巧克力的热量，一块小饼干的热量等于7分钟速度划船的消耗量。"

这本杂志已有120年的历史，在业内久负盛名，5000多名订户遍布全球，几十年前由肯尼迪父母接手出版工作。生于一个"甜蜜"家庭，肯尼迪10岁起就参与杂志编写工作，开辟"甜甜角"专栏，后来从父母手中接管杂志。

如今，不仅妻子索菲·肯尼迪也在杂志社工作，他的四个子女也练出"灵敏嘴巴"，在巧克力品鉴方面颇有心得。

怎么样，看了他们甜蜜的工作，你动心了吗？

最匪夷所思的工作

对着奶牛打太极

★ ★ ★ ★ ★ ★ ★ ★ ★ ★ ★ ★ ★ ★ ★ ★ ★ ★ ★

在英国的一个奶牛场，每天早晨人们都能看到身穿蓝色工作服和一双防水长靴的农夫Rob Taverner在一招一式、一丝不苟地为奶牛们表演太极拳。

原来，他认为动物非常容易感染到人类情感，而太极是一种能让人回归自然状态，将一切烦恼抛却脑后的活动，所以他认为他的表演也会让这些奶牛感受到自然纯真的快乐，从而为他产出更多的牛奶。最令人惊奇的是，奶牛好像非常配合他的理论，真的不负所望，为他产出了更多的牛奶。

也许，在这个成功经验的驱使下，"对牛打太极"将会成为全世界奶牛养殖场的一道靓丽风景。

最有味道的工作

美食旅行家

★ ★ ★ ★ ★ ★ ★ ★ ★ ★ ★ ★ ★ ★ ★ ★ ★ ★ ★ ★

　　尽情地旅行，尽情地大吃特吃当地美味，唉，真是令人馋涎欲滴的工作呀。谁能拥有这样的工作呢？

　　当然是美食旅行家喽。他们打着正字旗号，走遍天下，吃遍天下。以一本《厨房机密档案》闻名全球的纽约名厨波登，日前就出发到世界各地旅行，一边吃一边撰写《名厨吃四方》，从厨师的角度，以独特的观点来看这个世界。他的行程走到后半部时，Knowledge旅游探险频道的两位摄影师也加入进去，实行这个"全球吃透透"的计划。

　　这份工作可算是世界上最有味道的工作了。

最畅快的工作

职业杀价手

★ ★

　　俗话说："买的不如卖的精。"精明的商家惯于漫天要价，顾客再聪明，也深深感受到"明枪易躲，暗箭难防"之痛。而那些拙口笨舌的人就只得去商场超市买明码标价的物品了。就是这样的一种尴尬，促成了"职业杀价手"这一新兴职业的诞生。

　　"职业杀价手"是如何进行工作的呢？

　　这些职业杀价手一般都能说会道，有一定的销售经验，他们根据自己以往销售的"伎俩"，看穿商人的价格底线，从而帮助客户购买到尽量便宜的商品。他们砍价的金额从几百到几千不等，然后他们从所砍掉的部分中抽取一定百分比作为自己的报酬。

　　不仅在现实生活中出现了杀价手，就

连网络上也出现了专业的"砍价师"。

热衷于网络购物的齐阿姨在网上看中了一盏欧式吊灯，网络售价是1780元，可齐阿姨能接受的价格是1200元，她正犹豫时，无意中在另一个网页中浏览到砍价师帮人砍价的广告，收费标准是砍掉价钱的10％，不成功不要钱。

齐阿姨抱着试试看的想法与砍价师联系，大概是过了一个半小时，砍价师就告诉她说卖家允许的最低价格是1300元一盏。虽然这个价格比1200元高出100元，但相比原价1780元来说，已经非常便宜了，于是齐阿姨买下了吊灯，并支付砍价师48元的砍价费。

这样靠自己的三寸不烂之舌，凭自己对市场信息的准确把握，和对商品本身价值的准确定位，为不会砍价的购买者省钱，既能使自己过一把口舌之瘾，又能获得不菲的收入，大有"天下寒士俱欢颜"的淋漓畅快，这大概是最"损人利己"的"杀手"了。

如果你有这方面的天赋，并且也希望把它视为一种职业或一份兼职工作，不妨一试。

最具童趣的工作

积木堆砌师

有一种职业，能让你每天都沐浴在童年欢乐的海洋里。那是什么工作呢？大家都玩过堆积木的游戏吧？对了！这工作就是堆积木。

美国加州的乐高乐园正在招聘积木堆砌师。应聘者要在两天内，用大约四千块乐高积木，堆砌成一件与乐高主题公园相关的作品，形式自由发挥，既可以是个八爪鱼公园，也可以是一艘船或一座城堡。

怎么样，有兴趣吧？那就买张机票飞过去试试看，说不定你这辈子真的是永远生活在童年的色彩里。并且，你还可以酷酷地对别人说：我的工作就是玩乐高积木！

最受求职者欢迎的工作

消息剖析师

★ ★ ★ ★ ★ ★ ★ ★ ★ ★ ★ ★ ★ ★ ★ ★ ★ ★ ★

　　小朋友，你的周围是不是有很多人在找工作？他们是不是每天跑很多的招聘会，投很多的简历，浪费了很多时间和金钱，却一无所获？如果有，你可以建议他们去咨询一下消息剖析师。很诧异吧，还有消息剖析师这样的职业？

　　消息剖析师，顾名思义，就是为求职者提供确切消息，指明方向的人。当然，他们也会为用人单位服务，帮他们择优录取英才。

　　这种职业是近年来才诞生的，一出现就颇受欢迎，正好适应了目前社会人才大量流动的需要，可谓是"应运而生"。

　　消息剖析师不但是求职者的导师，还可以做"媒人"，在求职者与用人单位之间牵线搭桥。

　　除此之外，他们的后期服务也是相当到位的呢，比如：劳资社会保险纠纷的举证、搜罗、整顿、剖析和预料等，帮助求职者和用人单位解决了不少麻烦。

　　怎么样，你对这样的职业感不感兴趣？想不想成为受大家欢迎的消息剖析师？

　　但有一点你要清楚：这份职业对从业者的要求是相当高的：

首先你要熟识人才市场的供求行情，熟知各种行业和岗位的职责、技巧要求；

　　其次，你得具备极好的沟通能力，还要有相应的调查、搜集、分析和整理数据的能力，并且能形成科学的辨析和预料报告，为顾客提供有价值的消息，从而领导市场。

　　信息管理专业是这一行业的首选对应专业，它运用运算机、网络等办公手段进行消息的收集、传递、存储、加工和运用，并利用各种剖析方式整顿出相关的消息辅佐指导决策，高效、高质。

　　人力资源专业由于在英才测验、选拔、造就、搭配，以及调剂人与人之间的关系上行之有效，对工作辨析有着很好的协助作用。

　　而如果这两个专业的学生可以互相辅修另一个专业，那就锦上添花了。公共事业管理、普查学、应用心理学再辅修信息类专业，未来也有时机进去这一职业。

最"没面子"的工作

职业道歉人

★ ★ ★ ★ ★ ★ ★ ★ ★ ★ ★ ★ ★ ★ ★ ★ ★ ★

　　负荆请罪的故事我们大家都很熟悉了。赔礼道歉，是我们日常生活中避免不了的尴尬事。可是很多时候，我们开罪了朋友，自己不方便道歉，或者出于个人的脸面尊严等不好意思道歉。但为了人际交往的和谐，那样的尴尬事又是必须要做的，这真是两难呀，该怎么办呢？

　　以前，两家出现了矛盾，总是找一个中间人，就是跟双方都熟悉的人出面，把要赔礼道歉的一方的意思转达给另一方。于是有人因此而生发灵感，将此变身为一项职业，够勇敢的吧？

　　被称为是"中国职业道歉人第一人"的高曙东在1999年下岗以后，就开设了这样一家公司，专门替别人化解矛盾。他说，他做这个工作是兴趣使然，如果矛盾化解了，他会比当事人还开心。

　　这家道歉公司的业务是代人道歉、调解纠纷。成立十多年来，这家公司已经化解了上万人的矛盾，其中有陷入感情危机的夫妻、恋人，有断了亲情的手足同胞，有积怨已久的仇人，有纠缠不清的债权人和债务人。

说到这里，你一定很好奇，替人道歉这样的服务究竟有多大的市场，从事这项工作的人又会有哪些特殊经历呢？

高曙东在1999年下岗之前，是一家单位的工会主席，最主要的工作就是调解职工矛盾，这是他热爱的工作，也是他最大的长处。下岗那一年他45岁，在人生的十字路口，他不得不重新寻找方向。他想，社会上人与人之间发生的矛盾那么多，去调节矛盾应该有市场。于是，他就开始在熟人圈里边找矛盾去调解。然后又到社会上去，到大街上去找。如果碰到两个司机开车发生矛盾，他就主动去给调解。但仅仅这样，这份工作还是不能称之为工作。

所以，2000年的3月份，他又在报上登了一个广告，广告的内容就是"替您出面道歉，策划化解矛盾"。这样，他的工作就走向社会了。

高曙东的第一笔生意是免费的，不仅如此，这种义务替人道歉一直持续了两年，在帮助当事人解决问题之后，很多当事人都主动给高曙东一些报酬，正是靠着这些收入，他才勉强维持着下岗生活。同时，也坚定了对这个行业的信心。

后来，随着业务范围的扩大，市场的逐步认可，道歉公司租了办公场地，扩大了员工规模。随之而来的房费电费，人员工资，交通费等等，迫使他们开始收费。不过，他们的收费标准是非常灵活的，完全根据客户的心意，给多少就收多少。遇到没钱的客户，或矛盾没法解决，他们也不收费。

看了中国职业道歉第一人的故事，你对这个职业了解了吗？

这项职业是自己不顾面子，但给足别人面子，赚来的就是面子钱。所以，要从事这项职业就必须具备良好的道德素质和公关礼仪。

但是目前，中国还没有相关的法律来定义这个行业。因此，尽管已经替别人道歉过无数次，高曙东的公司至今也没有营业执照。除此之外，还承受着一定危险性，这个工作，也常常更容易引火烧身。

看来，职业道歉人，不好做呀。

最善于捕捉新闻的工作

新闻线人

★ ★

如果你是一个有心的人，在你看电视，看报纸的时候，一定会发现这样的广告或消息："凡为本台（本报）提供消息者，一旦被采用，您将获得xxx数额不等的报酬。"

这就是新闻线人，通过提供新闻线索而从新闻媒体获得报酬的人。相比媒体记者来说，他们才是"离新闻最近的人"。因为新闻记者不可能预知到哪天会发生什么事，也就不可能总是第一时间出现在事发现场。

对于那些突发性的新闻，最先接触到的人就是来自新闻发生地的人，他们或是给媒体打电话告知，或是用自己的方式将新闻记录拍摄下来发给媒体。

这些新闻线人一般都有着自己的第一职业，只是与普通人相比，他们更善于发现生活中有价值的新闻，能用自己敏锐超前的眼光捕捉到最能吸引人眼球的新闻线索，然后以最快速度通知报社或电视台。

新闻线人拉近了媒体与公民之间的距离。这些人来自社会的各个阶层，可能是公务员，也可能是学生，还可能是司机。

新闻线人这一职业的出现，源于各大都市类报纸对独家新闻和第一手新闻的需求。近几年，更有人把这作为自己的第一职业，不惜重金配置大量先进的设备、交通工具等，穿梭于我们生活中的每一个角落，及时捕捉有价值的新闻，让我们能在第一时间了解身边发生的大事小情，同时他们自己也能得到丰厚的报酬。

想做新闻线人，也是需要几方面条件的：

首先，你的关系网要广、信息要灵、要有新闻敏感性；

其次，你要腿脚勤，不停地奔走于那些易获得新闻线索的单位和场所；

然后，你的反应速度还要快，一旦发现有价值的新闻线索，要立即以最快的速度通知媒体，不要让别人捷足先登哦。

最有超前意识的工作

智能开发师

★ ★ ★ ★ ★ ★ ★ ★ ★ ★ ★ ★ ★ ★ ★ ★ ★ ★ ★ ★

许多人说"懒惰有理"，这是什么意思呢？原来他们是说，许多的高科技产品，都是人的惰性催生出来的。

不过，懒惰是要建立在智慧的基础之上的。懒得记忆太多东西，有电脑；懒得洗衣服，有洗衣机；懒得走路，有汽车、飞机。

再设想一下，如果人类不必亲自挖矿，就没有矿难；如果手术能由机器人全部完成，如果公交车能自动运行……这好像是天方夜谭啊。

不对，这些美妙的事情在未来的时光中都将由智能开发师来帮我们实现。

智能开发师这一职业就是最聪明人的组合，他们运用自己发达的大脑，找到人与智能机的最佳结合点，制作出智能产品，让这些智能产品来完成人力达不到的工作。

智能化是21世纪全球发展的大趋势，智能机器人、人工替代器等智能产品将成为全球流行的软件产品，成为全球智能市场的主要产品。

你是聪明的孩子吗？那么就把这一职业当做理想吧。

要修炼成一名开启人类未来的智能开发师，就要去学习跟尖端科技挂钩的专业，比如：电子信息科学与技术专业、电子信息工程专业、通信工程专业等。

再提醒小朋友们一点：千万不要忽略了计算机技术的重要性，缺少了计算机相关知识，你的开发师梦想就很难实现喽。

最轻松的工作

床上躺一躺

★ ★ ★ ★ ★ ★ ★ ★ ★ ★ ★ ★ ★ ★ ★ ★ ★

俗话说："好吃莫过于饺子，舒服莫过于倒着。""倒着"就是躺着喽。

如果现在有一份工作，它的所有内容就是从马来西亚沙巴的香格里拉海边看过日落，然后又到泰国清迈的香格里拉游逛花园，从一张文莱帝国酒店的白色大床，换到另一张马尔代夫的希尔顿酒店大床上，然后对老板做个工作总结，再对自己做个回味无穷的旅行总结的话，那这样的工作还能称之为工作吗？

答案当然是肯定的。在一些大酒店，尤其是连锁旅游酒店，负责市场开发的朋友经常会抱怨又要去巴黎或是又要去香港又要去……没错，他们就是从事这种工作的人，在酒店开业以前，体验一下他们的床是否舒服，服务是否周到。

相信很多人，特别是那些从事繁重体力劳动的人，还有每天在办公桌前苦熬的人，都希望能尝尝这份工作的滋味了吧。

如果现在就有一份比这个还要简单的工作摆在你面前，你要不要？

美国国家航空航天局为了研究微重力对人体健康的长期影响，

就为人们提供了这样的一个轻松职业：只要在床上安静躺3个月，就能得到17000美元的高额报酬。

不过，这个工作，看似简单，实则不然。它要求愿意接受这份工作的人，在3个月时间里，一直要安静地躺在床上，只可以做一些翻滚动作，但绝不允许坐起来，而且必须一直保持"头下脚上"的卧姿，连吃喝拉撒都不例外。

现在你明白了吧？原来天上掉的馅饼并非都是好吃的，许多在别人看来是舒服、是享受的工作，实际上是要付出很大的代价的。那份高额报酬，不是那么容易得到的呢。

最"识货"的工作

价格鉴证师

★ ★ ★ ★ ★ ★ ★ ★ ★ ★ ★ ★ ★ ★ ★ ★ ★ ★ ★

　　他们不是警察，但很多案件没有他们就不能结案；他们也没有火眼金睛，但逼真的冒牌货、"高价名贵"的物品都会在他们眼前现出原形——

　　在当今社会中，无论是司法、行政领域里，还是日常生活中，几乎处处都会碰到价格问题：小偷偷盗的东西，究竟值多少钱？涉及罪与非罪、量刑的轻重。车祸发生了，受损的物品到底价值多少？车主、保险公司及相关利益方往往各执一词。要拆迁了，相关企业的设备、设施的搬迁补偿价格谁来认定？但凡种种，都需要一个部门来调解争议，给出一个大家都能接受的有说服力的价格。

　　这就是价格鉴证师所要做的工作。

　　价格鉴证的范围从

生活资料到生产资料；从具体有形的资产到知识产权等无形资产；从动产到不动产，涉及范围很广。具体来说，一个价格鉴证师可能会鉴证的东西会涉及金银首饰、珠宝玉器、书画文物、花木盆景、家电汽车、设备设施、建设工程、房屋装饰等，林林总总。

但价格鉴证师也不是圣人，不可能做到事事精通，面面俱到。即便是最牛的价格鉴证师，也有鉴证盲区。一般的从业者认为，灭失物、文物古玩、非标准设备、火灾损失最难评估。文物古玩、非标准设备等专业性特别强、门类分得特别细的行业，往往需要此方面的专家来进行；在火灾中，大部分有价值的房产、设备等等都毁于一旦，根本找不到可以分析的事物。还有，现在很多的假冒奢侈品做假工艺都十分老到，几乎可以做到以假乱真，因而辨别其真伪的难度也较大。

一位价格鉴证师曾说："价格鉴证，是个吃力不讨好的活。"如果鉴证师看走眼了了，承担的责任就太大了。所以价格鉴证师们都是考证"狂人"，他们往往集注册造价工程师、注册房地产估价师、土地估价师等证书于一身，力求让他们的鉴定工作更加专业合理。

小朋友，如果你对这个职业感兴趣，那么你将来可以学习法律类专业和经济类专业，如财务管理、会计、经济学、金融学、财政学等专业。

加油，争取给自己练就成火眼金睛吧！

最富想象力的工作

游戏设计师

★ ★ ★ ★ ★ ★ ★ ★ ★ ★ ★ ★ ★ ★ ★ ★ ★ ★ ★ ★

　　你喜欢玩电子游戏吗？你觉得现在五花八门的电子游戏设计的怎么样？是不是有些游戏玩起来还不够过瘾？你有没有想过有一天能自己亲自设计一款游戏呢？

　　游戏设计师，又称为游戏策划，是游戏开发公司中的一员，主

要职责是负责游戏项目的设计以及管理等策划工作。他们的主要职责是：

以创建者和维护者的身份参与到游戏的世界，将自己的想法和设计传递给程序和美术设计者；

设计游戏世界中的角色，并赋予他们性格和灵魂；

在游戏世界中添加各种有趣的故事和事件，丰富整个游戏世界的内容；

调节游戏中的变量和数值，使游戏世界平衡稳定；

制作丰富多彩的游戏技能和战斗系统；

设计前人没有想过的游戏玩法和系统，带给玩家前所未有的快乐。

通常，游戏策划在大部分公司都会有其更详尽的分工，比如：

游戏主设计师：又称为游戏策划主管。他们是游戏项目的整体策划者，主要工作职责是设计游戏的整体概念以及日常工作中的管理和协调。同时负责指导策划组以下的成员进行游戏设计工作。

游戏系统设计师：又称为游戏规则设计师。他们主要负责游戏的一些系统规则的编写，系统策划和程序设计者的工作比较紧密。

游戏数值设计师：又称为游戏平衡性设计师。他们主要负责游戏平衡性方面的规则和系统的设计，包括AI、关卡等，除了剧情方面以外的内容都需要数值策划负责。游戏数值策划的日常工作和数据打的交道比较多，如我们在游戏中所见的武器伤害值，甚至包括战斗的公式等等都由数值策划所设计。

游戏关卡设计师：他们主要负责游戏场景的设计以及任务流

程、关卡难度的设计，其工作包罗万象，包括场景中的怪物分布、AI设计以及游戏中的陷阱等等都会涉及。简单来说，关卡策划就是游戏世界的主要创造者之一。

游戏剧情设计师：又称为游戏文案策划。他们负责游戏的背景以及任务对话等内容的设计。游戏的剧情策划不仅仅只是自己埋头写游戏剧情而已，而且还要与关卡策划者配合好设计游戏关卡的工作。

游戏脚本设计师：他们主要负责游戏中脚本程序的编写，类似于程序员但又不同于程序员，因为特们还会负责游戏概念上的一些设计工作。他们通常是游戏设计的执行者。

看看，一个游戏的设计有这么多分工呢？你想做其中的哪一种？如果想好了，就赶快去学习相关的专业知识和技能吧！我们等待着你开发的游戏哦。

最抢手的导游

小语种导游

★ ★ ★ ★ ★ ★ ★ ★ ★ ★ ★ ★ ★ ★ ★ ★ ★

随着我们国家的发展和强大，越来越多的外国朋友都来到中国，渴望了解这个伟大的东方国度。可是，世界各地的外国友人到中国旅游，有时却面临一个不大不小的尴尬难题——缺少导游。当然，这里所说的导游，是指那些懂小语种的导游。

"小语种"，顾名思义，就是相对英语这些应用面很广、用者甚众的外语而言的，只在少数国家应用的外语语种。对小语种的定义一般有两种：一种是指除联合国通用语种（英语、中文、法语、俄语、西班牙语、阿拉伯语）外的所有语种；而我们则通常认为英语是通用语种，其他语种都是非通用语种，因此小语种的另一种定义就是指除英语以外的其他语种。

经历了北京奥运会、上海世博会以后，各地旅游局更加重视对小语种导游的培训指导工作。如果小朋友们对外语感兴趣，就多学几种吧！

下面给小朋友们提供一下学习小语种的途径：除了一些学校开办小语种课程外，社会上各类小语种学习班也如雨后春笋般涌现。我们可以在学校和学习班学习小语种语言，也完全可以借助电视、

收音机以及网络来自学。一些地方还可以接收到小语种电视信号
（比如，借助卫星电视）。短波收音机是学习小语种语言的非常便
利的手段，可以接收到很多小语种国家的广播。而网络则是学习小
语种的极佳的武器，可以直接收看小语种国家的电视节目，收听那
些小语种国家的广播。我国的国家广播电台（中国国际广播电台）
也有很多种语言的对外广播。而且网上有海量的小语种学习资料，
很多是英文与小语种对照的资料。在百度视频中搜索常见的小语种
语言，几乎都可以找到视频教程。国内图书馆和书店也比以前更容
易借阅到和买到各类小语种书籍和音像教材。

你曾羡慕过他们吗?

CHAPTER 2

大多数小朋友都知道古代社会基本上是男耕女织的生活状态,却不知道古代还有许多很小资的职业令人羡慕呢。他们做着轻松的工作,享受着较优越的报酬,并且受着人们的爱戴与敬佩,当然,其中有几项职业可是要冒极大风险的哟。

Spider Man

淘乐斯变身公仔

飞翔在民间的蜜蜂

采诗官

★ ★ ★ ★ ★ ★ ★ ★ ★ ★ ★ ★ ★ ★ ★ ★ ★ ★ ★ ★

　　蜜蜂飞翔在花丛中，采得百花酿成蜜。采诗官飞翔在民间，采集民意和风情，酿成歌行与诗篇。

　　在所有与文化沾边儿的职业中，采诗官算是最古老也最具有文化品位的一种了。他们的出现，大约可追溯到遥远的周代。

　　他们以诗歌的名义，非常体面地走遍天下，所以他们像蜜蜂受花儿欢迎一样，为广大人民所喜爱。当民间疾苦以民歌的形式传到周王和其他诸侯耳朵里时，更容易被接受与重视。

　　所以说，采诗官在他们的那个时代里，实际上是担当了国家的民意调查员、新闻记者和国家诗歌记录者三重责任。唯一遗憾的是，我们无从获知这些采诗官的具体名字，他们已经在历史的深远处浓缩为一个美丽的名

词。虽然我们无法辨别他们的面目，但他们的动人光辉就像那眼清澈的古井一样，衬映着时代的春天。

这些采诗官的薪水几何已无从调查，只知道他们必须是有文化的人。他们对民意民风的忠实记录，显然为大众所认可与欢迎。所以采诗官来到村庄的日子，往往就是村民的一个特殊节日。

想象一下，那些朴实的村民们备了美酒，拿出过年时特意留下的半只风干的羊腿，来欢迎心目中圣洁伟大的人。也许，那位气度非凡的采诗官和将会和村庄里的一位女子发生美丽的爱情。然后，他们携手回到上古简陋的王城，在一灯如豆下，细心整理那些似乎还散发着乡土气息的诗和歌。这是一幅多么美丽的场景。

采诗官在做这一切的时候，只是认真地做着，他并不知道，那些寂静深夜刻画下的象形文字，将会成为一个古老国度的文学源头，正为人间迎来一场文学盛宴。

仗剑行天涯

侠客

★ ★ ★ ★ ★ ★ ★ ★ ★ ★ ★ ★ ★ ★ ★ ★ ★ ★

"风萧萧兮易水寒，壮士一去兮不复还。"侠客的一曲别歌，至今还回响在易水河的上空，荆轲的魂魄，早已化作一缕悲壮和遗憾。

古代的侠客们似乎只为世间不平事而出生，他们是在为那些弱势群体活着，为他们抱打不平，甚至不惜牺牲生命。

韩非子是一位法制观念极强的知识分子，他坚持要用法来治理国家，因而对这些目无王法的侠客们深感头痛，他在自己的著作里很不留情地批评他们说："侠以武犯禁。"但是侠客们并不买账，仍旧仗剑走天下。

侠客中名气最大的当然是刺秦王的荆轲了，可惜他的刺杀计划在秦廷高大的廊柱下落空了。还有人认为比荆轲更优秀和更有趣的侠客是另外两个——聂政和豫让。

据说，聂政原本是位屠夫，侠客则是他的兼职。有一次，他行侠杀人闯了祸，只好带母亲和姐姐逃到齐国，打算隐姓埋名老老实实当屠夫。

但"人在江湖，身不由己"，侠客之名使他挡不住贵族的打扰：韩国的严仲子带着大额黄金毕恭毕敬地跑来找他，要他杀掉韩国相国侠累。聂政当时是推辞了的，也没有收下黄金。因为他认为母亲尚在人世，姐姐也没有出嫁，自己还没有权力去死。

不久，聂政的母亲去世了，严仲子立即跑来吊孝，而且行以大礼，这一招果然打动了聂政。他埋葬好母亲之后，马上将姐姐嫁了人，然后就跑去刺杀侠累了。

可怜这侠累贵为相国，空有几十名护卫，竟然挡不住武功高强的聂政。他从相国府门外一路杀进大厅，一剑将侠累刺死。此时，侠累的护卫们才围了过来。

聂政知道无计逃脱，就举剑自杀。咽气之前，他还用长剑挖出自己的眼珠，用剑毁了容。

他这样做是为了不让人们认出他，以免连累他亲爱的可怜的姐姐。

韩国朝廷为了弄明白刺客是谁，张贴告示悬赏能认出这具尸体者。令人大为吃惊的是，聂政的姐姐听说后，马上知道了这个刺客是弟弟，就自己送上门，跑到聂政的尸体旁大哭，还坦白说这是她弟弟聂政。可惜聂政的一番苦心都白费了。看管尸体的官员问她："你不怕被牵连吗？"姐姐说："我弟弟划烂了脸，抠出了眼珠，就是为了不让你们认出他，以便保全我。可这样一来，他的英名不是被埋没了吗？我岂能为了保全自己而让英勇的弟弟死得默默无闻呢？"说罢，她大叫三声"天哪！"便在弟弟的尸体旁气绝身亡，也算得上一位侠女吧。

豫让则是个有趣的侠客。他为了替旧主人智伯报仇，三番五次地刺杀赵襄子。最后一次，豫让用漆涂遍全身，还吞炭使声音嘶哑，然后潜伏在桥下，伺机谋杀赵襄子，结果被赵襄子拘捕。临死时，他向赵襄子求来了衣服，拔剑剁那衣服，以表示为主人报仇，然后自杀。

看来，侠客真是个高风险的职业。自古以来，有多少侠客能存活长久？所以，他们拔出的那柄剑是双刃的，痛和快也就构成了侠客人生的主旋律，他们用血光打造了人生华美的装饰品。

古代艺术家的最高成就

宫廷音乐家

★ ★ ★ ★ ★ ★ ★ ★ ★ ★ ★ ★ ★ ★ ★ ★ ★ ★ ★

据说，距今五千年前的黄帝时代，有一位名叫做伶伦的音乐家，他进入西方昆仑山内采竹为笛。当时恰有五只凤凰在空中飞鸣，他便合其音而定律，这位伶伦可以算得上是黄帝时代的宫廷音乐家了吧！

即使这只是传说，宫廷音乐家的出现，最迟也是在周代，那时的亭台楼阁间就已点缀了怀抱古琴的雅士身影。

面朝黄土背朝天的劳动人民那时是不懂高雅音乐的，但宫廷里的贵族士大夫们懂。汉代的李延年和唐代的李龟年就代表了高雅音乐的最高成就，每当他们

有新作品问世，听到的人无不发出会心的微笑。对此，史书上是有明确记载的："每为新声变曲，闻者莫不感动。"这对一个以艺术为己任的人而言，难道不是一种最高奖赏吗？我们来看看下面这首歌：

> 北方有佳人，
>
> 绝世而独立。
>
> 一顾倾人城，
>
> 再顾倾人国。
>
> 宁不知倾城与倾国，
>
> 佳人难再得。

这是李延年为汉武帝唱的一首歌。皇帝听完歌后，捋着龙须，深有感慨地说："好呀，只是这世上到哪里去找这样的佳人呢？"当时在场听歌的平阳公主说了一句话："李延年的妹妹就是这样的佳人呀。"

于是，李延年的妹妹幸运地嫁给了至高无上的汉武帝。只可惜这位夫人红颜早逝，使汉武帝哀伤不止，并作了一首挽诗，让李延年配上乐，"令乐府诸音家弦歌之"。这首诗虽短小，在当时却也称得上是极品：

> 是邪，非邪？
>
> 立而望之，
>
> 偏何姗姗其来迟？

你知道我的快乐吗

太守

★ ★ ★ ★ ★ ★ ★ ★ ★ ★ ★ ★ ★ ★ ★ ★ ★ ★ ★

老夫聊发少年狂。

左牵黄，右擎苍。

锦帽貂裘，千骑卷平冈。

欲报倾城随太守，亲射虎，看孙郎。

这几句出自苏轼的《江城子·密州出猎》，从这几句词中，我们已能大体勾勒出太守的形象了吧。

太守是高级的地方官员，它在历朝历代的称呼有些出入，比如刺史、知州、知府等，这官职也就相当于今天的地级市市长，他们构成了中华帝国统治的主体骨架。

太守是一种非常惬意的职业，尤其是在那些歌舞升平的和平年代，太守简直就是风花雪月的代名词。看看我们所熟悉的几位风流文人：谢灵运、王昌龄、韩愈、柳宗元、杜牧、欧阳修、苏轼、陆游等等，他们都做过太守。

是他们成就了太守的惬意，还是太守成就了他们的文名？在这些人担任太守之时，都有那么几点共同之处：

其一，他们在任之时，大抵是国家平静，境内安宁，他们闲来就干些重修岳阳楼或是登临醉翁亭之类的闲雅事。

其二，他们本身都是名噪一时的文人，有的甚至是当时的文坛领袖，他们的话语权自是很有分量了。

其三，太守一职虽非至高，但也非无名小吏可比，所以人生的各种欲望几乎都能得到很好地满足，不用为衣食所忧，自然闲雅惬意了。

怎么样，羡慕了吧？

让我离人间更远些

隐士

★ ★ ★ ★ ★ ★ ★ ★ ★ ★ ★ ★ ★ ★ ★ ★ ★ ★ ★ ★

这里说的隐士，当然是指那些有名气的人退出官场，隐身草莽或农田了。如果是一般的平民百姓，待在农田一辈子也是分内之事，没人说他们是隐士。

隐士既隐，当然是认为自己与人世间的污浊水火不相容了，他们想守持自身清洁，因而与山水为伴。他们放弃荣华，远离喧嚣，只求耳根清净，全身清爽。

让我离人间更远些吧，所有的古代隐士大概至今还在墓穴中发出这样的喃喃自语。

隐士绝非两袖清风者所能胜任，要想当隐士，得有良好的经济后盾，不然只能饿死清溪边。

就拿陶渊明来说吧，大家都知道他不愿为五斗米折腰，那是因为他根本就不缺这五斗米，他的家业足够他无忧无虑地风花雪月一番了。"种豆南山下，草盛豆苗稀"，这可是农民之大忌，简直能让人哭干眼泪，可陶隐士竟然以此为消遣，足见他的经济条件有多好。

隐士越隐，就越有名气，帝王就越想请他们出山。朝廷认为，隐士高洁神圣，天文地理无所不精，能为国家的兴旺做出大贡献。所以，很多帝王会"三顾茅庐"。

　　据说，许由先生是上古尧帝时代的大隐士，尧几次决定将王位传给他，许由都坚决反对。后来，坚持不懈的尧又要许由出任九州长，可是，许由连王位也不要，哪里还会做什么九州长呢？果然，许由听了很生气，认为尧的话已经严重污染了他的耳朵，于是跑到淇水边将耳朵洗了又洗。

　　不过，也不是所有的隐士都甘愿隐逸一生的。有很多人做隐士，正是为了出仕。唐代的卢藏用想入朝做官，就隐居在京城长安附近的终南山，借此得到很大的名声，终于达到了做官的目的。他的入仕之路从此就被称为"终南捷径"了。

悬壶济世的高人

名医

★ ★ ★ ★ ★ ★ ★ ★ ★ ★ ★ ★ ★ ★ ★ ★ ★ ★ ★

名医在古代算是极受人尊敬的职业了，所以有古语总结说："不为良相，便为良将，不为良将，便为良医。"将良医列举在良相和良将之后，足见这种治病救人的职业在古代中国的社会地位有多崇高了。

名医之所以尊贵，受人敬畏，是因为他们能救死扶伤，而且在当时，医生一职的竞争性很小，人们没有过多的选择，自然要非常尊重身边的医生了。可以说上自达官贵人，下至平民百姓，每个人都对名医高看几分。这种敬畏，归根结底，乃是对自己生命和健康的无比重视。

名医一般年过四旬，有着硬朗的身体，敏锐的目光和敏感的触觉，"请伸出你的舌头，让我看看你的舌苔吧。"这是名医对病人常说的一句话。他们坐在悬挂着名人字画和"悬壶济世"金匾的大厅里，用慈祥温婉的声音为每一位患者送去希望。

当然，名医并非一从医就出了名，他们在年轻的时候，可能也要行走于风尘之中，主动到病人门上问诊，以致后来积累了丰富的经验，构筑了良好的声名后，就可安坐中堂，静等病者上门求诊。

但是，名医也不一定是最好的医生。在历史上就有这样的一个故事：

　　魏文王问名医扁鹊说："你们家兄弟三人，都精于医术，到底哪一位最好呢？"

　　扁鹊答："长兄最好，中兄次之，我最差。"

　　文王很奇怪："那么为什么你最出名呢？"

　　扁鹊答："长兄治病，是治病于病情发作之前。由于一般人不知道他事先能铲除病因，所以他的名气无法传出去；中兄治病，是治病于病情初起时。一般人以为他只能治轻微的小病，所以他的名气只及本乡里。而我是治病于病情严重之时。一般人都看到我在经脉上穿针放血、在皮肤上敷药等大手术，所以以为我的医术高明，名气因此响遍全国。"

寂寞中的智者

图书馆馆长

★ ★ ★ ★ ★ ★ ★ ★ ★ ★ ★ ★ ★ ★ ★ ★ ★ ★ ★

　　一群人"吭哧吭哧"地抬着竹简走到太阳下，一位额头突出，两眼清亮的老者在指挥他们翻晒。这位老者就是中国第一位皇家图书馆馆长——《道德经》的作者老子，真名叫李耳。他这名号虽能

吓死人，但他其实真没什么事情可做。

相比于都市的繁华，图书馆可谓是寂寞之地，而寂寞图书馆内的寂寞馆长，也只余晒书工作了，有的小朋友可能会问："那么多的书，他为什么不如饥似渴地阅读呢？"

你想呀，像他这样的大明大智之人，哪里需要再去阅读那些人云亦云的凡字俗品呢？所以他更显寂寞了。

寂寞使人心境恬静，玄想之中必有大彻大悟。

老子每天的功课就是独自静坐在窗前的席上，闭目玄思。窗外桃花的开落、睡莲的摇曳、菊朵和梅枝的变幻都令他感觉到四季的交替，生命的游走和人世的悄悄变幻。

老子寂寞冥思的结果是写下了不朽的著作——《道德经》。

令现代文人吃惊与羞愧的是，这部全世界最重要的著作之一，居然只有短短的五千字。换在今天，这才是小说家们小说的开篇部分。

可这五千颗灵性的汉字竟然将天地间的道理阐述得无比透彻明白，圣人就是圣人，字字珠玑，不同凡响。

孩子们，上课啦

教书先生

★ ★

在老子的寂寞图书馆里，常有一位年轻人跑来东看看，西问问，他就是孔子。

孔子那个时代，只有贵族子弟才能上学。孔子对此看不惯，就首家开创私学，并且用"有教无类"的办学方针吸引了普通劳动人民的子弟前来就读，这就使他从教书先生一跃而成为教育家。

我们为了考上大学，每天受着书本知识的煎熬，想想孔子老师的教学方式，真是令人艳羡。

他坐在老家曲阜的杏林里，大大小小的学生们围着他团团而坐，孔子老师清清嗓子后就能语言流畅，随心所欲地讲上两个时辰。其他时候，孔子老师会用事先设计好的各种问题，逐一考问他的弟子们，验证他们的悟性。到了后来，他干脆带着弟子们读万卷书，行万里路。师生一起坐着车周游列国，人生的各种问题就在这种壮游与讲学中得到合理的诠释。

不过，孔子只有一个，以后的几千年中，再没有一位教书先生能超过孔子。

古代担任教书先生的主要是科举落第的秀才，其次是未中秀才的童生，只有极少数是例外。教书先生的从教模式主要分两种情况：一是自己开办私塾施教，二是被延请施教。

先生自己开办的私塾称为"门馆"或"家塾"，就是老师在自己家里或借祠堂、庙宇，或租借他人房屋设馆招收附近学童就读。

延请先生任教的私塾又分三种情况：一是"坐馆"、"教馆"，就是富贵人家独自一家聘请教师在家设馆，专教自家子弟及亲友子弟。二是"村塾"、"族塾"，就是由一村或一族建房屋请先生教授其子弟。三是"社学"、"义塾"或"义学"，即由私人或私人团体创办并主持、经营和管理的私塾，请老师教育当地百姓子女。

古代教书先生的待遇主要由脩金（或等值的实物，别称"束脩"）构成。此外，还有膳食（即提供吃住）及节假日的红包或礼物等。由于施教模式、私塾先生的学养及声望、学东家境及态度等不同，私塾先生所获得的收入多少也存在很大差异。

脚下有灵魂和远方

探险家

★ ★ ★ ★ ★ ★ ★ ★ ★ ★ ★ ★ ★ ★ ★ ★ ★ ★ ★

一个人，一头毛驴，居然走遍大半个中国，400年前的探险家徐霞客，在中国探险史上留下了一个最美丽的剪影。

不需要质问理由，他探险只因为脚下有路，路伸向远方，就像登山运动员因为看到山在那里就勇敢登攀，就像鸟儿看到天空在那里就展翅飞翔一样。

探险家的灵魂在远方，这就注定了他们的马不停蹄，风雨兼程，因为他们是那么热爱远方。因为远方的灵魂时刻在召唤他们的脚步前往。

徐霞客是中国为数不多的探险家中的佼佼者，他几经涉险，却是险中求生，成功达成旅游探险的目的。他的游记为后人研究自然气候地貌等提供了宝贵的史料。

还有那位大名鼎鼎的玄奘。玄奘是一位前往佛教发源地印度取经的和尚。他从中国出发，旅途历时16年，行程达6.4万千米，途经阿富汗、克什米尔和印度北方等地。玄奘在旅途中多次遇险，但他一一克服，终于取得真经。

"他们惊世的成就往往只是源于他们对自己灵魂的抚慰，当灵魂像一缕午后的清风拂过，他们便隐隐感觉到了命运的不可抗拒的召唤，于是他们必须通过某种不同世俗的方式去作一次次灵魂的远行和梦想的游戏，他们的生命才会有星月般的光辉将其黯淡的人生照亮……鸟儿已经飞过，天空不留痕迹……"

这是一位有识之士送给探险家最好的赞美诗。

历史幕后的推动者

幕僚

★ ★ ★ ★ ★ ★ ★ ★ ★ ★ ★ ★ ★ ★ ★ ★ ★ ★ ★

　　传说，从有巢氏教人构筑房屋时起，汉族人就习惯居住在土木建成的房屋里。唯一的例外是，当大军远征时，只得在旷野上临时搭起的帐篷内休息。这种帐篷，就被称为"幄幕"。汉朝时，统帅率军出征，有权自行招聘、选任文职僚属，设置府署，帮助处理军政事务，称为"开府"。由于这类府署设于幄幕中，所以又叫"幕府"，而统帅左右的僚属，也因此被称为"幕僚"、"幕职"。幕僚种类繁多，有相当于近代参谋长、统帅司令部工作的"长史"；有参议军机，帮助指挥军事行动的"参军"；有类似近代副官、秘书，管理文书及各类档案的"主簿"、"记室"等等。

　　"幕僚"一词还有一个有趣的典故：幕府里的参谋、师爷，一向都是

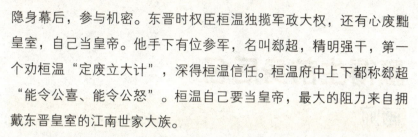

隐身幕后，参与机密。东晋时权臣桓温独揽军政大权，还有心废黜皇室，自己当皇帝。他手下有位参军，名叫郗超，精明强干，第一个劝桓温"定废立大计"，深得桓温信任。桓温府中上下都称郗超"能令公喜、能令公怒"。桓温自己要当皇帝，最大的阻力来自拥戴东晋皇室的江南世家大族。

有一天，江南世族首领谢安、王坦之前来拜访，桓温为了仔细揣摩他们的来意，就派郗超卧在帘帐后记录谈话内容，不料双方才谈到一半，一阵穿堂风吹来，掀开了帘帐，郗超只得尴尬地起身向谢安、王坦之打招呼。

精明老练的谢安只是哈哈大笑，说："郗生真可称得上是'入幕之宾'了。"

谢安在这里所说的"入幕之宾"，可算是一句双关语。帷幕之内是居室私密之处，能进入帷幕中的宾客，自然与主人关系非同一般，因此我们习惯以"入幕之宾"指心腹、死党。另一方面，谢安这句话中的"幕"，也可以指郗超所任的"参军"官职，因为当时此一官职被称为"幕僚"、"幕职"。

时至今日，幕僚仍是各国政府中不可或缺的重要人物。以美国为例，白宫幕僚长又被称为白宫办公厅主任，是美国总统办事机构的最高级别官员，同时也是美国总统的高级助理。白宫幕僚长是一个拥有很大权力的职位，常被称为"华盛顿第二最具权力的人"。

赢得生前身后名

画师

★ ★

　　古代画师一般指的是宫廷画师，专为皇室画画。他们参加宫女入选和其他一些重大的礼仪活动。

　　中国古代有很多著名的画师。唐代的韩干是京都地区人，擅长画肖像人物，尤其是画马。他有着独特的画风，着重描绘马的风采神态，对后世影响很大。

　　传说有一次，唐玄宗召他入朝廷作画，同时还招来他的老师陈闳进宫来画马，皇上见韩干画的马跟老师画的不一样，就要指责他。韩干回答说："我画马有自己的老师。皇上的御马，就是我的老师。"玄宗皇帝听后感到诧异。再一细看，韩干画的果然都是他的御马，而且，栩栩如生地画出了"飞龙"马健美的形象，"喷玉"马奇特的神韵。

范宽是北宋画师，擅长画山水，"善于与山水传神"。在画画方面，他的一句至理名言是："与其师人，不若师诸造化。"所以他常居于山林之间，危坐终日，观察云烟风月阴霁的变化。他的画用笔雄劲而浑厚，笔力鼎健。传世作品有《溪山行旅图》、《临流独坐图》等。

　　在明朝的书画界里流传着一种说法："夏卿一个竹，西凉十锭金"。大概意思就是说，有一个叫夏卿的人，他画的一片竹叶，就值十锭金子。

　　夏卿原是明成祖朱棣的翰林院庶吉士，最擅长画竹子，除此之外，还写得一手好字。所以，他经常被叫到文渊阁充当临时的文书。有一次恰巧赶上朱棣检查工作，朱棣一看见他的字，喜欢的不得了。当即下令"今后俱效此小中书写"，就是要求众人，以后都要模仿夏卿写字。为了表示鼓励，朱棣还赐名夏昶。一个"永"字加一个"日"字，就是永远的意思。

　　夏卿就这么一夜成名了，打那以后，他就改叫夏昶了，经常为皇帝写字画画。有了皇帝的力捧，他的大作很快的流传开来。尤其是他的竹子，更是成为众人追捧的对象。以至于后来人们都忘了他是因为写字出的名，所以人们就把他的一夜成名给改成了"一叶成名"。

人和神之间的使者

占卜师

★ ★ ★ ★ ★ ★ ★ ★ ★ ★ ★ ★ ★ ★ ★ ★ ★ ★

　　我们经常从古装电视剧中看到算命先生，他们戴着墨镜，举着一杆旗，或写"相面"，或写"测字"，或写"算卦"，招摇过市。不过，他们可不同于我们现在要说的"占卜师"。

　　占卜师，中国古代也称之术士、方士，他们依据占卜为人揭示过去和未来。有的人还能通过占卜并结合法式来趋吉避凶，如道家的法术奇门遁甲、符咒、茅山道法等。另外小说中描写的诸葛亮借东风、姜子牙的呼风唤雨等场景也属此类。

　　姜子牙、鬼谷子、诸葛亮、刘伯温，是小说描写的人物，我们不做深究。正史记载的有古代的伍子胥、文仲、陶朱公、孔子、邵雍、陈公献等，以及近代的韦千里、袁树珊，现代的张延生等等，都是占卜的大家。

　　从社会学角度看，占卜相面应该视为一种职业，且是个古老的职业，其年代之久远甚至可以追溯到商周时代。据典籍记载，周文王被囚禁在狱中，演"文王课"，也就是占卜算卦，为自己测吉凶。他所编著的《周易》，被后世奉为经典，称之为《易经》。

　　那些算命先生因为看到《易经》中有些神秘的故弄玄虚的东

西，恰好对了他们的"路子"，于是奉《易经》为其职业经典，把周文王视为祖师。不过，《易经》毕竟是有文化内涵有哲学深度的著作，内容艰深，文字古奥，哪里是识字不多甚至根本无眼识字的占卜相命者所能参透的！

占卜相命者不必有高深学问，只要懂几句"术语"，长着一副伶牙俐齿，外加脑瓜灵活，善于察言观色，就能顺利"上岗"。当然，如果真的能"世事洞明，人情练达"，那就是专家了。

占卜相面者的"工作艺术"，有"一套二哄三恐吓"六字诀：比如，恐吓有大难之后，说些"到时自有贵人相助"、"到时吉星自然来照"之类的开解话。

可能，社会上的真正高人还是存在的，不过往往不是沽名钓誉的人，或不是靠占卜业为生的人，我们一般不容易遇到。

太空里的游客

宇航员

★ ★

　　能漂浮在太空中，优哉游哉，那可真是有趣极了。那么，什么样的人才能被选为宇航员呢？

　　要想成为宇航员，必须有强健的体魄，良好的教育水平，以及分析和解决问题的能力。早期的宇航员都是从空军的飞行员或试验飞行员中挑选出来的。随着飞船的设计逐步改进，对宇航员体格的要求亦相应地降低。现在，宇航员可分为驾驶员、任务专家和载荷专家；驾驶员的任务是驾驶飞船，而任务专家和载荷专家则负责进行一连串的研究和试验。

　　目前，在中国，宇航员的入选条件除飞行时间超过1000小时、基本身体素质良好外，还必须通过航天城特有设施的"技术考验"，包括：每分钟转速24圈的转椅，以检查其对震动及眩晕的耐受能力；前后甩动幅度15米的电动秋千，以测试飞船进入轨道时可能使人体产生的空间运动病等。

世界上第一名宇航员是苏联的尤里·加加林，他在1961年4月乘坐东方1号进入太空。

第一位女性宇航员是苏联的瓦伦蒂娜·特雷斯科娃，她在1963年6月乘坐东方6号进入太空。

2003年10月15日，杨利伟乘坐神舟五号进入太空，成为中国首名进入太空的宇航员。

进入太空的宇航员里面最年轻的是戈尔曼·季托夫，当他乘坐东方2号进入太空时只有26岁。最老的则是约翰·格伦，他上太空时已经77岁了。

在太空中逗留时间最长的纪录是瓦里李·保利耶可夫的438天。

宇航员离地球最远的距离是401056公里，是在阿波罗13号发生紧急事件时产生的。

怎么样，进入太空，你准备好了吗？

在蓝天上自由翱翔

飞行员

★ ★

昨日，我渴望做雄鹰，翱翔天际，与白云相拥。

今朝，我抖擎着翅膀，向天飞舞，为搏击长空。

这就是飞行员。

都羡慕鸟儿长了翅膀，如果你想长翅膀，天天飞在蓝天白云中，那就去当飞行员吧。能满世界免费旅行，拿着不错的薪水，从事着少数人才能干的工作。

和钻石一样，飞行员也有他们的4C标准。

1.Careful：谨慎。飞行无小事，一着不经意，空中酿悲剧。所以飞行员必须做到谨慎操作，精细飞行。

2.Collective：集体意识。飞行是一个整体，团队之间的凝聚力、向心力、配合力直接影响着飞行质量的好坏。

3.Control：控制力。飞行员要控制情绪、控制心态、控制欲望，把所有不利于飞行的因素扔到地上，轻装上天。

4.Cancel：放弃。将欲取之，必先与之。要想做一个合格的飞行员，意味着你放弃了规律的作息时间、放弃了安稳的生活状态，放弃了在大小节日里与家人团聚时的感动，放弃了花前月下与爱人相守时的幸福。

目前我国的飞行员有民航飞行员和部队飞行员之分。

民航飞行员粗略分为机长和副驾两等级，但是机长和副驾里面又分成好多等级，副驾驶一般又分为二副，一副，机长又分为机长，教员，模拟机教员等等。

部队飞行员，分为三级飞行员，二级飞行员，一级飞行员，特级飞行员。

现在，飞行员早已不是男性的天下，越来越多的女性也加入到了飞行员的行列。小朋友，如果你也想翱翔蓝天，就从现在开始锻炼身体，努力学习吧！

现实与玄幻之间

魔术师

★ ★ ★ ★ ★ ★ ★ ★ ★ ★ ★ ★ ★ ★ ★ ★ ★ ★ ★

　　因为连续两年在春节联欢晚会上表演魔术，魔术师刘谦已经成了中国家喻户晓的人物。小朋友一定都很羡慕他的职业。在大多数人看来，魔术似乎是外来事物，其实不然。

　　魔术一词是外来语，中国古称"幻术"，俗称"变戏法"。魔术的历史很悠久，早在新石器时期，就已有魔术活动的踪迹。

　　在人类的童年，对太阳、月亮、火、雨等自然现象无法理解，只能解释为是神话般的非人力的力量。另一方面，人类也有征服自然的愿望，盼望着能采撷到丰富的食品，希望庄稼丰收、畜牧兴旺。于是，幻想自然地在人的头脑中产生，便有了"盘古开天辟地"、"女娲补天"、"夸父逐日"这些幻想情景，体现在古人祭天、祈年等游艺色彩较浓的习俗活动中，魔术的雏形由此产生了。

　　古代戏剧、舞蹈、杂技、魔术都处于萌芽状态，并未明显分家。古人无法抗拒自然灾害，因此，他们相信天与地有道路相通，相信有"不周山"那样的撑天的柱子。于是，出现了能来往于人和神之间的使者——巫、觋和稍后一些时候的方士。这些人为了使人相信他们具有非凡的本领，大都有些验证的办法，这就是原始的魔术师。

西汉元封三年，汉武帝举行百戏盛会，盛会上即有中国的传统魔术《鱼龙蔓延》等节目，又有罗马来的魔术师表演了《吐火》、《吞刀》、《自缚自解》等西域魔术。魏晋南北朝时，出现了《凤凰含书》、《拔井》等多个魔术节目。隋炀帝时出现了《黄龙变》魔术，变来满地的水族。唐玄宗时流行的《入壶舞》，表演者从左面缸中钻进去又从右面缸中爬出来，都是冠绝一时的魔术佳作。

现代魔术种类繁多，按照演出场地不同可分为舞台魔术、宴会魔术、街头魔术（也称为近景魔术）；按照魔术的专题可为分硬币魔术、扑克魔术、逃脱魔术、丝巾魔术、绳索魔术、海绵球魔术等等。

当魔术师可不是那么容易的，小朋友，如果你想当魔术师，就要下工夫去学习技术，刻苦练习哦！

最受孩子欢迎的人

圣诞老人

★ ★ ★ ★ ★ ★ ★ ★ ★ ★ ★ ★ ★ ★ ★ ★ ★ ★

圣诞老人是一位在圣诞节前夜专门为好孩子们送上礼物的人。小朋友，你收到过圣诞老人送给你的礼物吗？

传说，从前有一个心地善良的贵族，他的妻子因病去世，扔下了他和三个可怜的女儿。这个贵族尝试了不少发明，都失败了，但也因此耗尽了钱财，所以他们不得不搬到一家农舍里生活，他的女儿们也不得不亲自烧煮、缝纫和打扫。一晃几年过去，女儿们陆续到了出嫁的年龄，父亲却变得更加沮丧，因为他没钱给女儿们买嫁妆。

一天晚上，女儿们洗完衣服后将长筒袜挂在壁炉前烘干。圣人知道了她们父亲的境况后，就在那天晚上，来到她们的家门前。他从窗口看到一家人都已睡着了，同时也注意到了女孩们的长筒袜。随即，他从口袋里掏出三小包黄金从烟囱上一个个投下去，刚好掉在女孩们的长筒袜里。第二天早上，女儿们醒来发现她们的长筒袜里装满了金子，足够她们置办嫁妆了。这个贵族也因此能亲眼看到他的女儿们结婚，从此便过上了幸福快乐的生活。

此后，每到12月24日晚上，有个神秘人会驾乘由12只驯鹿拉的雪橇，挨家逐户地从烟囱爬进屋里，然后偷偷把礼物放在好孩子床头的长筒袜里，或堆放在壁炉旁的圣诞树下。

虽然没有人真的见过传说中的神秘圣诞老人的样子，但是人们通常装扮成头戴红色圣诞帽子，戴着大大的白色胡子，穿一身红色棉衣，脚穿红色靴子，在圣诞节前夜派发礼物，为孩子们送去欢乐，人们习惯地称他为"圣诞老人"。

而圣诞老人只有在每年的圣诞节期间才会工作，这项职业也就成为了工作时间最短的职业了。

像贵族一样周游世界

国际游学者

★ ★ ★ ★ ★ ★ ★ ★ ★ ★ ★ ★ ★ ★ ★ ★

　　谁不梦想着周游世界？如果能像当年欧洲的绅士贵族们一样为自己的人生赠送一次贵族游学，用几年或更长的时间游历欧洲大陆乃至全球更多的地方，体验更多的人生，那可真是辉煌的盛典。可那需要一笔巨款呀，又有几人能如愿呢？

　　向小朋友们推荐一个途径，一定对你有所启发：大学毕业后通过学术交流的机会到香港著名大学生活几年，然后通过参加国际红十字会的机会到达美洲继续行程。以社会义工体验、游学，这应该会是纯粹的完美旅程吧。

酒不醉人人自醉

酿酒师

★ ★ ★ ★ ★ ★ ★ ★ ★ ★ ★ ★ ★ ★ ★ ★ ★ ★ ★

　　能把亲自酿的好酒带回家品尝，这听起来诱惑不小吧。做这种有趣工作的人就是酿酒师了。

　　难道一定要拥有葡萄园才能成为葡萄酒商或酿酒师吗？当然不是。

　　酿酒在我国已经有几千年的历史，酿酒师是随着酒类产品制造工艺不断发展而产生的职业。与酿酒工的工作性质、职责不同，酿酒师的工作体现在酿酒的核心技术层面，其能力对产品个性的形成以及产品的质量起着至关重要的作用。

　　要想成为酿酒师，先来了解一下酿酒的过程吧！

　　酿酒是利用微生物发酵生产含一定浓度酒精饮料的过程。由于酿酒用的原料不同，所用的微生物和酿造过程也不一样，所以酿出来的酒也是不一样的。

　　白酒多以含淀粉物质为原料，如高粱、玉米、大麦、小麦、大米、豌豆等，其酿造过程大体分为两步：首先是用米曲霉、黑曲霉、黄曲霉等将淀粉分解成糖类，称为糖化过程；第二步由酵母菌再将葡萄糖发酵产生酒精。白酒中的香味浓，主要是因为在发酵过程中还产生较多的酯类、高级酯类、挥发性游离酸、乙醛和糠醛等。白酒的酒精含量一般在60%以上。

啤酒以大麦为原料，啤酒花为香料，经过麦芽糖化和啤酒酵母酒精发酵制成。含有丰富的二氧化碳和少量酒精。由于发酵工艺与一般酒精生产不同，啤酒中保留了一部分未分解的营养物，从而增加了啤酒的香味。啤酒中酒精含量一般为15%或更低。

葡萄酒是以葡萄汁为原料，经葡萄酒酵母发酵制成。其酒精含量较低，大约在9%～10%左右。葡萄酒较多的保留着果品中原有的营养成分，并带有特产名果的独特香味。葡萄酒的酿制要经过主

发酵和后发酵阶段，后发酵就是在上述主阶段酿成后要贮藏一年以上继续发酵的过程。酿酒葡萄的品种主要有：赤霞珠、品丽珠、梅鹿辄、佳丽酿、黑品乐、蛇龙珠、法国兰、龙眼、雷司令、白羽、贵人香等。

　　绿酒，你一定很少听说过，通常指有色的白酒产品，采用天然原料，如草本、大米等进行发酵、提炼、冲沏、浸泡、蒸煮等一系列非常复杂工序配制而成的有色白酒，通常具备各种养生功能。中国绿酒可塑源自1500多年前唐永泰年间。目前市场上的绿酒主要有云南的杨林肥酒、山西的竹叶青，而浙江西南部地区生产的百岁门畲族绿曲酒最具代表性。

　　看看，酒的种类如此之多，你想酿哪一种呢？

苦涩中的甜蜜

巧克力制作师

★ ★ ★ ★ ★ ★ ★ ★ ★ ★ ★ ★ ★ ★ ★ ★ ★ ★ ★

　　1519年，以西班牙著名探险家科尔特斯为首的探险队进入墨西哥腹地。旅途艰辛，队伍历经千辛万苦，到达了一个高原。队员们个个累得腰酸背疼、筋疲力尽，一个个横七竖八地躺在地上，不想动弹。科尔特斯很着急，前方的路还很长呢，队员们都累成这样了，这可怎么办呢？

　　正在这时，从山下走来一队印第安人。友善的印第安人见科尔特斯他们一个个无精打采，立刻打开行囊，从中取出几粒可可豆，将其碾成粉末状，然后加水煮沸，之后又在沸腾的可可水中放入树汁和胡椒粉，顿时一股浓郁的芳香在空中弥漫开来。

　　印第安人把那黑乎乎的水端给科尔特斯他们。科尔特斯尝了一口，"哎呀，又苦又辣，真难喝！"但是，考虑到要尊重印第安人的礼节，科尔特斯和队员们还是勉强喝了两口。没想到，才过了一会儿工夫，探险队员们好像被施了魔法一样，通通恢复了体力！惊讶万分的科尔特斯连忙向印第安人打听可可水的配方，印第安人将配方如实相告，并得意地说："这可是神仙饮料啊！"

　　科尔特斯回到西班牙后，向国王敬献了这种由可可做成的神仙饮料，只是，考虑到西班牙人的饮食特点，聪明的科尔特斯用蜂蜜代替了树汁和胡椒粉。这种饮料得到了国王的喜爱，科尔特斯因此被封为爵士。

从那以后，可可饮料风靡了整个西班牙。一位名叫拉思科的商人，因为经营可可饮料而发了大财。一天，拉思科在煮饮料时突发奇想：调制这种饮料，每次都要煮，实在太麻烦了！要是能将它做成固体食品，吃的时候取一小块，用水一冲就能吃，或者直接放入嘴里就能吃，那该多好啊！于是，拉思科开始了反复的试验。最终，他采用浓缩、烘干等办法，成功地生产出了固体状的可可饮料。由于可可饮料是从墨西哥传来的，在墨西哥土语里，它叫"巧克拉托鲁"，因此，拉思科将他的固体状可可饮料叫做"巧克力特"。

拉思科发明的巧克力特，是巧克力的第一代。

听了这个故事以后，爱吃巧克力的你，有没有一种冲动，去做一名巧克力制作师呢？

鲜花与梦想

花商

★ ★ ★ ★ ★ ★ ★ ★ ★ ★ ★ ★ ★ ★ ★ ★ ★ ★ ★

开一家花店，终日与鲜花为伴，一定是每个女孩子的梦想。不过，你可别简单地认为，开花店就是每天修修剪剪，迎接客人这么简单。想做成功的花商，可有很多门道呢！

首先，你得掌握一手高超的花艺。花艺就是花卉艺术的简称，是指通过一定技术手法、花材的排列组合，让花变得更加的赏心悦目，表现一种思想，体现自然与人的完美结合，形成花的独特语言，让欣赏者解读与感悟。

中国自古以来就有以花祭祖和互赠花枝的风俗，而且玩赏花木的风气甚浓。据考古发现，河北望都东汉墓道壁画中有一方几上盛有六枝红花的圆盆，过去人们对插花意识淡薄，曾认为是盆景，但现在看来，甚似插花。中国古代的文人墨客，多放荡江湖，寄情花草，与山水花草为友，他们不仅赏花，还有探花、采花的逍遥游。正因中国文人有此嗜好，所以中国的插花艺术既具自然写真的风格又具浓郁的文人气息，融诗、书、画、花于一体，不拘一格，潇洒自如。'

此外，中国人很早就研究延长切花花材寿命的方法，对花枝插置的布局，与花器和周围环境的配合等等都早有研究，使插花成为一门独立的、系统的专学。高濂的《瓶花三说》，张谦德的《瓶花谱》，还有罗虬的《花九锡》以及明代袁宏道的《瓶史》都可说是最早的插花专著。

因为人类喜欢求新求变的性格，所以有创意的花艺家，就会不断地追求新的设计手法，来带动新的流行风潮。花艺在零售上的运用对于花卉单价的提升也分层次和境界，优秀的花艺师可以让鲜切花的价格提升十几倍以上。

开花店的目的就是为了将花卖出去。花卉销售的一个境界就是用最少的花获取最大化的利润和价值，而一个懂得花艺的花商也能够最有效地推销自己的花艺作品，例如：10枝康乃馨零售价60元左右，但经过包装后可以卖到300多元，价格整整提升了5倍。由此可见，未来的花卉经营没有设计就不能生存。

快乐的制造者

玩具设计师

★ ★ ★ ★ ★ ★ ★ ★ ★ ★ ★ ★ ★ ★ ★ ★ ★ ★ ★ ★

　　哪个小朋友不喜欢玩具？女孩子的洋娃娃、毛绒熊、毛绒狗，男孩子的遥控车、遥控飞机、变形金刚等。所以，如果能当个玩具设计师也是一项不错的职业，有一个非常庞大的市场呢！

玩具设计师，正如我们所想的那样，是从事玩具产品和玩具类儿童用具的创意、设计和制造等的职业，详细的工作内容有：分析设计产品的外形和功能，进行打板、打样及工艺排料，手工制造产品样品或模型；进行产品的系列化开发和自主研发，描绘创意草图，设计性能模块，勾绘设计图，编制出产工艺流程等。

　　我国虽是世界上第一玩具生产大国，但是主要的获利方式在于靠低廉的成本赚取少量的加工费。目前国内玩具制造业最大的缺陷在于缺乏专业设计能力和自主品牌的市场拓展能力。这就为玩具设计师的职业发展提供了较好的机会。"玩具设计师职业标准"已经制定出来，分为：设计员，助理设计师，设计师，高级设计师。拥有这一职业的资格认定书和相关工作经验，一定能在这一领域大有作为。

　　小朋友，如果你想当玩具设计师，就要善于琢磨市场，掌握玩具产品流行的趋势，然后制订出产品总体设计计划。

　　那么都有哪些专业与此职业相对应呢？

　　天津科技大学首开玩具设计专业，课程包括绒毛玩具、机动玩具、电子玩具三个方面，2005年第一批毕业生就业，被一抢而光。可见这份职业有多热门吧。如果你能掌握美术学，工业设计、电子技巧和模具设计与制作，那就更是锦上添花了。

芳香的灵魂

调香师

★ ★ ★ ★ ★ ★ ★ ★ ★ ★ ★ ★ ★ ★ ★ ★ ★ ★ ★ ★

　　好香水，是需要你用一生的时间去体会其创造出来的艺术与科学。制造香水，是一种艺术，正如其他艺术一样，香水的艺术成果也经历了几个主观和情感的层次。当各种香精混合在一起时，神奇的事情随之发生。各种原料相互影响，有的原料本身没有或只有轻微气味，但它们经常充当其他原料的催化剂，从而改变了原有的特点。仅仅闻闻某种特定香水的一种配料，你还无法想象出各种配料相混合的味道。这就是香水的神秘性和奇特性的一部分。

　　调制香水就如同绘画，不可能将各种颜料弄成大杂烩，香水也不是香料的简单堆积。调香就是指调配香精的技术和艺术。是将选定的香精按拟定的香型、香气，运用调香技艺，调制出人们喜好的、和谐的、极富浪漫色彩和幻想的香精。调香师要具有丰富的香料、香精知识、灵敏的辨香嗅觉、良好的艺术修养、丰富的想象能力以及扎实的香精配备理论基础和合成工艺技术。

　　优秀的调香师甚至能做到在香水制作出来以前，就闻到意念中的香水味，可谓是"胸有成竹"。

　　现在，大多数专业的香水师都是在专业院校中学习过香水制作艺术的。比如著名的设在格拉斯(Grasse)的纪芳丹·若勒香水学校(Givaudan Roure)。那里设置了一系列课程,包括现场的实验和去企业做一段时间的实习学徒,学习时间需要6年。过去,从事香水业的"鼻子"们大多数都是男性,只有杰曼妮·赛尼尔(Germaine cellier)是个少有的例外。不过现在已经有很多女性位于香水业的顶尖位置。

制造新型香水是香水师的最高艺术,但是他们还有更实际的责任。比如当某种原料用完的时候,使用代用品重新配比以保持香水长久的销势。香水师也必须使新的成分和原来的成分混合无间,这样就不会受植物减产和原料缺乏的威胁。

目前,我国从事香料香精生产的企业近千家,调香人员约5万人左右,随着人类对香味越来越多的要求,调香师的需求量以每年15%的速度递增。

珠光宝气

珠宝鉴定师

★ ★ ★ ★ ★ ★ ★ ★ ★ ★ ★ ★ ★ ★ ★ ★ ★ ★ ★

天下的女人，百分之九十九都喜欢珠宝，将手指、手腕、脖子、耳朵点缀上珠光宝气，就使人的气质增色几分。所以一提珠宝，女人的眼睛都会像珠宝一样放光。而珠宝鉴定师也就大受欢迎与尊崇。珠宝鉴定师，俗称"黄金眼"。

珠宝鉴定师负责根据宝石的重量、颜色、透明度和切割状标准，从事珠宝划分级别和检测真伪工作，并出具鉴定证书。

当珠宝鉴定师，需要有证书，是由国家珠宝玉石质量监督检验中心和国家宝石监测培训中心联合颁发的NGTC宝石鉴定资格证书，和由国家劳动和社会保障部颁发的中级钻石检验员职业资格证书等。

想与珠宝打交道，那就选择这一珠光宝气的职业吧。

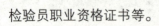

边玩儿边赚钱

职业游戏玩家

★ ★ ★ ★ ★ ★ ★ ★ ★ ★ ★ ★ ★ ★ ★ ★ ★

网络游戏，那是大人小孩都喜欢，许多人花钱到网吧玩戏，竟然有人靠玩这个挣钱，可真是太棒了。这就是职业游戏玩家，你也青睐这项职业吗？那就先来了解一下网络游戏的发展趋势吧。

网络游戏风靡全球。我国的网络游戏用户迅猛增加到1600万！2004年该产业创造了12.6亿元的惊人财富，专家预测，到2010年，我国游戏产业的总体利润将超过80亿元！与这个新兴产业同时发达的是职业游戏玩家。目前，我国的游戏玩家主要有三种形式：竞技玩家、赏金玩家、雇佣玩家。他们分别以奖金、交易、工作为主要生活来源。其中，竞技玩家的收入最为可观。

好了，相信你已经蠢蠢欲动了。我们再来看看他们的具体工作吧。

有的游戏玩家有时要做测评，参与编写游戏软件程序，代理游戏公司销售活动，担当游戏宣传员，充当游戏形象代言人等多项事务；有的游戏玩家出售虚拟财产收入、获取比赛奖金等 。也可以据此将职业玩家分类：官方的和民间的。官方的即指包括游戏测评人员、游戏代言人等等领取官方工资或者说报酬的职业玩家；民间的即指与官方无任何经济关系，仅仅依靠自己在游戏中的地位或者说技术，从游戏中谋取经济回报的职业玩家。

一般来说，软件公司的职业玩家都是兼职的，他们来自社会各行各业，但有一个共同的嗜好——玩网络游戏。许多玩家们在乎的不是报酬多少，而是新游戏让他们先玩是一种很"炫"的感觉，谁不喜欢尝鲜呀。

有一点要提醒小朋友：做人要有"人品"，而玩网络游戏同样要有"游品"。游戏有助于孩子开发智力，结交朋友。所以顶级职业玩家除了要具备足够的时间和热情外，还必须有较高的知识层面和素质。

你知道他们是做什么的吗？

CHAPTER 3

下面这些职业名称，我们小朋友可能不熟悉，就由我来为你们揭开这些"神秘职业"的面纱，让大家看看它们的真面目吧。或许，面纱后有一个迷人的面孔正在对你微笑，而一份美好的职业正站在未来向你招手呢。

Monkey. D. Luffy

淘乐斯变身公仔

政府的形象代言人

新闻发言人

★ ★ ★ ★ ★ ★ ★ ★ ★ ★ ★ ★ ★ ★ ★ ★ ★ ★ ★

　　有这样一群特殊的人，他们频频亮相于镁光灯下，出现在荧屏上，曝光率之高不亚于影视明星，他们就是政府的形象代言人——新闻发言人。

　　每个人都有好奇心，想知道新鲜事，但还有许多人喜欢随口传播所谓的"新闻"，所以许多事实真相经过口口相传、添枝加叶后就变得面目全非了。被胡乱传播后的"新闻"虽然满足了听众的好奇心，但同时也可能造成一定危害与混乱。

　　针对于此，新闻发言人这一职业就显得尤其重要了。他们的信息来源最有权威，会避免杂乱信息搅乱人们的视听与思想。实施新闻发言人制度，有利于人们看到权威性的言论，避免小道消息影响社会公众的正确判断力。

新闻发言人是代表其他自然人或法人（如公司、政府或其他机构）的身份发言，并向记者宣传情况、回答提问的公共关系人员。许多政府部门和企业都有发言人，而许多职业运动员及艺人常由其经纪人兼任发言人。当企业有新产品问世、重大项目引进或突发事件发生时，新闻发言人将在第一时间出现在新闻媒体面前，全权代表企业发布消息，回答记者与听众的提问。

作为一名新闻发言人，需具有新闻传播学、心理学、公共关系学等知识，熟悉新闻相关政策与法规、社交礼仪常识。同时，新闻发言人需掌握新闻发言技巧。新闻发言人一般是该部门中层以上的负责人。

此外，新闻发言人还需要拥有良好的气质形象、人文素养和人格魅力。不仅对新闻具备敏感性，而且对国家的政策、法律、法规有较好把握和理解，对其所在地的政治、经济、文化、历史和未来有较深入的研究。

值得一提的是，很多优秀的政府官员和外交官都是从新闻发言人成长起来的。如果你有志于此，那就加油努力吧！

企业智囊团

商务策划师

★ ★ ★ ★ ★ ★ ★ ★ ★ ★ ★ ★ ★ ★ ★ ★ ★ ★

　　小朋友们想想看，古代的人要用脚走路，现在的人用车走路，古代的人写字用石头刻，现代的人写字敲键盘。这是多大的

变化呀。

所以说，社会上的任何事物都处在变化之中，可以说是日新月异，那么一个团体想要向前发展，不被社会淘汰，就必须创新，跟上时代潮流，那就需要有人为他们做创新策划了。做这种工作的人就是商务策划师。

商务策划师是指具有良好职业道德，能够熟练运用经济管理、商务策划理论和各种实战方法为经济组织提供创新服务并取得明显绩效的专业化人员。

市场竞争无比激烈，一个企业要想赢得竞争的胜利，就要有自己的独特的经营模式或独特产品，商务策划师的工作就是使企业在市场中的竞争显现出独特的优势，实现可持续发展。所以他们的地位非常重要。

目前的中国企业在国际化竞争中，需要数百万的策划人才，更需要熟知中国国情的高级策划师。

产品形象展示者

会展设计师

现代展览业经过几百年的发展，特别是经历了20世纪80年代以来的高速增长后，正日益成为全球信息交流、技术进步和文化发展的重要载体，成为与通信、交通运输、城市建设、旅游等产业关联度极高的综合性服务行业。展览业经济的发展是第三产业成熟化和完善化的标志之一，是现代城市发展、地区经济发展的助推器，有着多方面的积极作用。

展览业不仅自身市场巨大，而且对国家、地区的旅游、餐饮、通信、交通等经济部门的发展起到了非常大的关联带动作用。根据国际展览业权威人士估算，国际展览业的产值约占世界各国GDP总和的1%，如果加上其他相关行业从展览中的获益，展览业对全球经济的贡献则达到8%的水平。

目前，全球每年国际性会展总开销达2800多亿美元，经济效益相当可观。据不完全统计，我国近10年来通过展览实现外贸出口成交额340多亿美元，国内贸易成交额120多亿元人民币。

目前全国会展从业人员约有100多万人，其中从事经营策划、设计、管理的人员约15万人以上。其中会展设计人员不足1%。会展设计专业人才的缺乏已成为制约我国展览业健康发展的一大瓶颈。从2003年度的统计中可以看到，会展专业人才岗位空缺与求职者的比例：上海10：1、北京8：1、广州8：1。据业内人士预测，我国今后几年内会展市场需要的会展设计人员达200万人以上。

中国经济的高速发展为中国展览业的发展奠定了坚实的基础。2008年奥运会和2010年世博会在中国举办，更为我国展览业实现跨越式发展创造了条件，在这一发展过程中，会展设计人员将发挥重要作用，这一职业的发展前景异常广阔。

美丽空间设计者

景观设计师

★ ★ ★ ★ ★ ★ ★ ★ ★ ★ ★ ★ ★ ★ ★ ★ ★ ★

　　人人都有审美的情趣，喜欢待在风景秀美的地方，享受视觉上的愉悦感，我们小朋友也不例外。随着我国人民生活水平的不断提高，我国的城市建设和环境建设以前所未有的高速度向前推进，全国各地都出现了景观设计的热潮，景观建设已经成为城镇建设的重要内容。

　　所以，我国对景观设计师的需求也日益提高。目前已有数以万计的设计人员从事景观设计工作。他们主要分布在我国的各大城市，尤以北京、上海、广州、天津和重庆为多。

　　景观设计师从事的工作领域涉及环境景观建设的诸多要素，需要从业人员具备良好的工作素质。它的专业及核心是景观与风景园林规划及设计，其相关专业及知识包括城市规划、生态学、环境艺术、建筑学、园林工程学、植物学等等。

　　在国外，景观建设已成为城市公共生活空间的重要组成部分，景观设计已成为人居环境科学的一部分。

　　我国的城市建设方兴未艾，北京奥运会和上海世博会为我国的景观建设带来了难得一遇的机遇。全国人民的生活水平提高，对生活质量的追求极大地促使了景观建设的蓬勃发展。众多的就业机会给景观设计行业提供了良好的发展平台。景观设计师职业的设立，其基本作用和目标在于运用城市规划、园林绿化、环境设计等专业理论知识和技能，保护与利用自然与人文风景景观资源；创造优美宜人的人居环境；组织安排良好的游憩环境。一方面有利于社会公共环境的需求，另一方面也保障了人民生活财产的安全。这对于我国环境景观的健康发展不仅有积极的现实意义，更有深远的历史意义。

想象一下，有一片优美雅致受众人钟爱的环境，那是属于我们自己的作品，那该有多自豪呀。所以从事这项职业也是很能令人开心的选择喽。

专为上帝服务

客户效力管制师

★ ★ ★ ★ ★ ★ ★ ★ ★ ★ ★ ★ ★ ★ ★ ★ ★

俗话说，"顾客是上帝"。我们去商场买东西，去饭店吃饭，总会受到热情招待，就因为我们是"上帝"。

那么对企业来说，客户也是上帝，只有打消客户顾虑，化解与客户的矛盾，让客户满意，企业才有前途。针对于此，出现了一项专门处理这些问题的职业——客户效力管制师。

他们负责客户效力管制系统的谋划、组建和施行监管；从事现场客户效力运作的设计、组织和执行管理；组织对本企业波及客户效力的部门人员举行客户效力管制知识和技巧培训。客户效力管制师对企业不同的客户供给售前、售中、售后的效力服务，他们约束的人员包括客户代表、客户经理等职位。

此项工作对从事者都有什么要求呢？

想要从事这项工作，要恳挚、殷勤，亲和力较强，擅长表白和交流，心理承受能力较强，有集体精神等。此外，语言能力、计算水准和数据普查辨析能力更是企业要求高等客户效力人员必备的硬性技巧。

诚信的缔造者

信誉管制师

★ ★ ★ ★ ★ ★ ★ ★ ★ ★ ★ ★ ★ ★ ★ ★ ★ ★ ★

我们从小就受到诚信教育，也喜欢与有诚信的人交朋友，因为与他们交往令人放心。

做生意也是同理，信誉对交易的双方是非常重要的，但毕竟生意场上很复杂，这就需要信誉管制师了。

他们负责制订企业信誉法度与信誉政策；在交易早期，对交易对象举行信誉考察与评价，肯定信誉额度及放账期；在交易中期，对应收账款增强管制，并采纳必需的方法迁移危险，保证企业债权；在交易晚期，对产生的延期账款进行追收；利用信誉管制专业技巧及专业的征信数据库戒备危险，并开发市场。

想拥有这项职业，你直接报考信誉管制专业吧，这是一个刚刚兴起的新专业，由上海财经大学独创。

地产商的智囊团

房地产策划师

★ ★ ★ ★ ★ ★ ★ ★ ★ ★ ★ ★ ★ ★ ★ ★ ★

对老百姓来说，房地产是一个常谈不老的话题，楼价一上涨，就开心了房地产老板，却愁煞买房人。相应的，房地产策划师就成为一个举足轻重的职业了。

房地产策划师是做什么的呢？

他们从事房地产行业的市场调研、方案策划、投融资管理、产品营销、项目运营和物业管理等工作的策划，可以说扮演着众多的角色：

1. 医生的职能：房地产策划师受房地产开发商委托，对所开发的项目进行详细的诊断分析，在了解了项目所在地的区域规划、区域经济发展水平、居民收入、周边房地产业竞争状况、区域人文地理环境、生活习性等信息后，针对"建什么"、"怎么建"、"卖给谁"等要素，提出项目的概念设计定位，画出概念规划图。房地产策划师既要从市场有效需求角度，还要从居住者健康与舒适的角度，恰当地为项目进行人性化的定位。

2. 法律顾问职能：为了规范房地产市场，国家和地方政府颁布了各种与房地产建设有关的法律制度和法规条文，还有一些仅靠法律法规解决不了的问题，如项目对周边居住环境的影响（施工噪音、阳光遮盖等），土地代征、国际政治风云、国家对外关系以及国内经济发展、或类似奥运、WTO、西部开发等对房地产开发的影响情况、甚至城市规划、区域建筑物高度、道路宽度限制……必须以法律法规为准绳，或合理避规、或进行调解、或遵照执行。而这些房地产开发商并不完全掌握。

3. 财务专家职能：房地产开发商拥有资金，但房地产策划师可以告诉你如何更有效的运用资金，房地产策划师是站在开发商的立场上，为开发商的项目进行全程策划，并要保证项目在未来畅销，其目的就是要在同样的资金投入情况下，获取最大的投资收益。其手段主要不是通过降低成本，而是通过资金的合理分配——将资金投在能使项目增值的创意设计上。

4. 导演的职能：房地产策划师或咨询顾问是房地产开发商与设计单位、施工单位、销售公司、广告代理商、物业管理公司的桥梁和纽带，其职责就是通过上述企业的协调配合，将项目的概念定位演绎成功。

5. 船长的职能：认为房地产策划师或咨询顾问的工作只是出主意的人也有很多，实际上，当项目的概念定位成为设计图、施工图后，其重要工作就是在现场进行监理，如果把设计图看作海图的话，就是要严格按照海图航线航行，局部变动必须征得船长同意，只有这样才能保证项目概念定位准确实施。

6. 环境问题专家：这里所谓的环境问题不是地球变暖、酸雨增加的"大环境"问题，而是居住小区的环境美化、社区景观与周边街道环境、自然环境是否协调的"小环境"问题。同时，居住区的人性化，也往往是通过居住区景观得以体现。居住区景观构成将极大的影响项目的未来销售，而景观风格定位及如何实现则取决于房地产策划师或咨询顾问。

可见，房地产策划师或咨询顾问是通才型人才。同时，一个房地产项目的全程策划也不是一个或几个房地产策划师或咨询顾问就可以完成的，而是由十数个甚至数十个专家组成的群体才能够完成。

帮你打理钱包的人

理财计划师

★ ★ ★ ★ ★ ★ ★ ★ ★ ★ ★ ★ ★ ★ ★ ★ ★

许多人以为多挣钱就行，却不知道，科学理财也就相当于轻松赚钱。如果你不懂理财，那就去请教理财计划师吧！

理财计划师是运用自己的专业理财知识为人们提供理财计划的人。从事理财计划的专业人士目前只是分散地存在于保险、银行、证券等金融行业。不过，随着人们腰包渐鼓，余钱渐多，理财也就越来越受重视。

从事这项职业的人除应拥有广博的专业知识、纯熟的投资理财技巧、丰富的理财体验外，还要熟知股票、基金、债券、外汇等金融业务领域。因而，经济学、金融学、投资学、保险、证券、税收、财务管理、会计学专业的高手都有可能锤炼成理财金手。

企业文化的打造者

企业文化师

★ ★

"企业文化"，就是一个企业所有成员共同拥有的价值观念和行为规范。企业文化是企业在长期生产经营活动中，自觉形成并为广大员工恪守的经营宗旨、价值观和道德行为准则的综合反映，是当代崭新的管理理念，是现代企业之魂、成功之路，是企业的无形资产。

顾名思义，企业文化师就是在企业经营管理活动中从事企业价值理念塑造及其转化工作的人员，其职责是制定和建立符合企业发展战略的企业文化体系，塑造、提炼和推广企业的愿景、共同价值观和使命。

因为企业文化决定了企业员工的思想和行为是否对企业有利，所以企业文化对于企业的发展是非常重要的，甚至有专家预言：21世纪企业的竞争从某种程度上说也是企业文化的竞争，甚至决定着企业的成败。可见企业文化师的地位有多"贵"吧。

目前我国企业文化师在人才市场属于奇缺货，你别错过良机哦。

我能让你更漂亮

色彩顾问

★ ★ ★ ★ ★ ★ ★ ★ ★ ★ ★ ★ ★ ★ ★ ★ ★ ★ ★

小朋友们都喜欢画画，大家都知道，画上的颜色不是乱涂的，合理搭配色彩能使我们的作品更加迷人。这就是色彩的魅力和重要性所在。除画画要讲究色彩外，服装等行业也是非常讲究色彩的，这就促成了色彩顾问这一职业的诞生。

色彩顾问为各行各业提供色彩咨询。比如，服装色彩顾问会依据个人性格、气质、兴趣等因素，发现并挖掘存在于每个人身上的独特气质，合理搭配颜色，设计内外相结合的整体和谐美，使人的外在形象更加美好。

谁如果觉得自己对色彩敏感，而且非常有眼光，就可以选择这项职业喽。

保险业的精英

精算师

★ ★ ★ ★ ★ ★ ★ ★ ★ ★ ★ ★ ★ ★ ★ ★ ★

　　精算师，从其名字就可以知道做这门职业不容易，小朋友们猜对了。那可是保险业的精英呢。

　　精算师是由保险公司雇用的数学专业人员，他们的工作是依据理赔参照表，计算保险费、赔付金、分红、保险额、退休金和年金等。可以说是集数学、统计学、投资学知识于一身的保险业高级人才。

　　从事这项工作，报酬自不会少，但要求也非常高，不仅要有保险业的专业知识，更需要有预测未来发展方向的能力，所以被人们称为"与未来有确定性"打交道的行业。

站在流行的最前沿

时尚捕手

★ ★ ★ ★ ★ ★ ★ ★ ★ ★ ★ ★ ★ ★ ★ ★ ★ ★ ★

　　老百姓喜欢喝什么酒？小朋友们喜欢喝什么饮料，人际交往需要什么礼品，最新的服装流行什么色彩与款式？

　　负责捕捉这些信息的人就是时尚捕手，他们负责把收集来的信息告诉分析公司，公司经过严密的分析，将研究报告提供给相关企业，企业再根据这些有效信息来研究开发新产品，以及时满足人们的需要，赚得第一桶金。时尚分析公司的方案一旦被企业采用，企业就会支付相当丰厚的酬金，而时尚捕手在为企业谋取利益的同时，自己也收入颇丰。

　　做个时尚捕手，你就站在时尚流行风的最前沿。

网络催生的职业

CHAPTER 4

以前都用"三日打鱼，两日晒网"来"夸奖"懒惰者，现在有人大呼"三日工作，两日上网"。网络是个很容易令人着迷的东西，但许多人将时间甚至是生命荒废在网络中，却不知道网络其实也是一块能实现人生价值的"黄金宝地"。今天我们就来了解一下网络新兴职业，你就会知道那真是前途无限啊。

Zorro

淘乐斯变身公仔

最受欢迎的"杀手"

秒杀客

★ ★

　　1元钱就能买到价格不菲的品牌电脑、10元钱就能买到原价300元的衣服……噢，这是哪里的天空掉的馅饼？

　　打开淘宝网，你立刻就能看到"秒杀"这个字眼。淘宝商家频

频抛出"秒杀"的诱惑。而电脑另一端的白领阶层们屡屡抱怨"时间紧任务重",稍不留神,自己钟爱的"宝贝"就会被别人用1元钱一抢而空。

王小姐在某私企工作,她总是用大量时间来进行网购,她说"有时为了秒杀某件商品,坐在电脑前反复刷新网页等待秒杀,茶饭不思,工作都做不好。"有一次,她为了秒杀一台原价6999元、午夜秒杀价3999元的笔记本电脑,半夜坐在电脑前苦守了两个小时,反复刷新网页,却还是一场空,唉,真令人惋惜。

那么如何才能不费时费力又能"抢"到心动的商品呢?一群专门代人秒杀商品的"秒杀客"应运而生,去淘宝网搜索"代秒杀",你能找到许多家代秒杀店铺,代秒杀的商品收费为20~30元/件,千元以上商品20元起价。代秒杀需要消费者提供淘宝账号和登录密码(不需要支付密码),然后把秒杀商品的网址链接发给秒杀客,消费者可以查询已购买商品确认是否秒杀成功,秒杀成功后再支付秒杀客佣金。如果秒杀失败,秒杀客全额退款。

如果你的手快,也来试试吧!

网络淘金者

淘客

★ ★ ★ ★ ★ ★ ★ ★ ★ ★ ★ ★ ★ ★ ★ ★ ★ ★

　　我们听到过"淘金"这个词，指的是人们打捞起河里或湖里的淤泥后，在淘盘里将淤泥洗涤掉，以便找出淤泥里的天然金沙。

　　淘金曾是众多冒险家眼中的致富手段，历史上也曾掀起几度的淘金大潮。现在又出现了"淘客"，那么淘客是一种什么样的人呢？他们就是在互联网上淘东西的网络购物者。

　　随着网络的普及，网上"淘宝"成了年轻人购物的新途径，面对成千上万网店里看似同样的商品，如何确认哪家的品质好，成了网上购物的一大难题。所以，"淘客"应运而生，他们利用QQ、论坛和博客推荐网店和商品，不仅能获得买主的好感，还能从卖家那里获得佣金，可谓一举两得。

　　网上卖东西，让网友帮忙推销，已经成为一种网上购物的营销新方式。相比网店"自吹自擂"，网友善意的推荐似乎更加容易获取信任。在网上，任何人都可以做"淘客"。据淘宝方面的数字，目前"淘客"的数量已经超过百万。

　　"淘客"都是有信誉度的，一旦推荐一次劣质商品，就会进入黑名单，很难得到其他网友的信任。基于此，有些网友选择了自己较熟悉的服装类商品，开始有目的地在QQ、论坛和博客上做链接和推荐。

"淘客"也不是很容易经营的，有的"淘客"注册了一个月还是"颗粒无收"。看来要想做一名成功的淘客除了要对相关产品熟知之外，选择好的销售渠道也很关键。未来几年，这项职业的参与人数将超过百万，至少将为国内提供10万个直接就业机会。

如果你有自己独特的眼光，又喜欢在网上购物，不妨也做一个"淘客"吧！

用智慧换取收益

威客

★ ★ ★ ★ ★ ★ ★ ★ ★ ★ ★ ★ ★ ★ ★ ★ ★ ★ ★ ★

有这样一群人，他们靠自己的知识、能力和智慧在威客网站上完成客户布置的任务，赢得客户的佣金。

他们就是"威客"。

威客的英文Witkey由wit（智慧）、key（钥匙）两个单词组成，也是The key of wisdom的缩写，是指那些通过互联网把自己的智慧、知识、能力、经验转换成实际收益的人，他们在互联网上通过解决科学、技术、工作、生活、学习中的问题从而让知识、智慧、经验、技能体现出经济价值。

威客模式网站的主要运营流程是：提问者提出问题，回答者收到问题，回答者给出正确答案，提问者收到正确答案，提问者支付报酬给回答者。另一种更简洁的威客模式网站运营流程路径为：威客模式网站聚合回答者专业特长信息，提问者可以通过威客模式网站直接找到合适的回答者，提问者获得正确答案后支付报酬给回答者。

这个工作很简单吧，小朋友每天上网时就可以去相关的网站逛逛，回答问题哦。

不花钱就能时尚

试客

★ ★ ★ ★ ★ ★ ★ ★ ★ ★ ★ ★ ★ ★ ★ ★ ★ ★ ★ ★

你想不花钱就得到吃、穿、用、玩的东西吗？那就来做试客吧。

试客的英文Shokey由shopping（购物）和key（钥匙）两个单词组成，也是The key of shopping的缩写，是指那些走在消费者前沿的人群。在购物前，他们先从互联网上免费索取相关商家的使用赠品，经过仔细试用并与其他爱好者相互交流，"试客"在试用完之后，一般还需要对产品给出第三方试用报告。

任何网民只要注册为用户，即可享受免费试用网提供的新产品务，这些试用品是由试用网的合作企业赠送的。登录各大试用网站，填写真实个人资料并申请所看中的商品，得到厂商审批后即可获得邮寄的试用赠品，流程极其简单。

目前试用网站已经能为试客提供涵盖吃、穿、用、玩各个方面数十个品牌的多种商品。

如果你也想做一个试客，那么就去支付宝的免费试用频道、我爱试用网、图书试用网、试用网去看看吧！

"买卖"知识和经验

闲客

★ ★ ★ ★ ★ ★ ★ ★ ★ ★ ★ ★ ★ ★ ★ ★ ★ ★ ★ ★

闲客是一门新兴职业，是由闲不住网刚刚推出的。"闲客闲不住"，有趣吧。下面我们就来了解一下什么是闲客。

闲不住网是一个国际学习交流平台，目的是让全世界有知识的人通过Skype、MSN、QQ等网络交流工具，将知识传输到每个外国人的家里。闲客跟威客的概念差不多，不过闲客是国际意义上的威客，也就是说威客只能挣本国人的钱，闲客却可以赚外国人的钱。

那么闲客是怎样工作的呢？

他们通过QQ，Skype或MSN等聊天工具，在全球范围内买卖知识和经验。

他们先在闲不住网平台上把个人的闲不住时间设定好，然后在闲不住网平台上开通课程或服务，等待雇主选课，一般需提前24小时选课。有人选课后，闲客会得到系统通知，到了授课时间，闲客就通过双方共同使用的聊天工具进行授课。授课结束后，雇主通过网上支付工具付学费。

像一般做生意一样，一个成功的闲客一定是会经营自己的人。

如果你想成为一名闲客并获得收入，你必须懂得如何在众多闲客中脱颖而出，让雇主最先选择你并一直使用你。

有许多方法营销自己，比如经常在闲客后台更新你的"广告信息管理"，让你的广告新颖并能够经常出现在闲不住网首页的广告信息栏中。还有就是开更多的课程，增加曝光率，让雇主知道你多才多艺。只要用心去做闲客，不仅会在经济上得到很好的回报，还会锻炼经营自己的能力，并且让闲余时间更充实。从各方面讲，做闲客都有非常正面并积极的深远意义。

网络上的装修工

网店设计师

★ ★ ★ ★ ★ ★ ★ ★ ★ ★ ★ ★ ★ ★ ★ ★ ★

　　小朋友，你喜欢从网上购物吗？你有没有常去的网店，是什么吸引你常常光顾他们家呢？开网店的人要想使商品销路好，必须让自己的店铺对网民有吸引力，所以网店的设计很重要，因为客户只能从网上的文字和图片来了解产品，如果设计得好，能增加用户的信任感，还有利于自己店铺品牌的树立。所以，网店设计师是深受欢迎的，而且有着很好的市场前景。

　　只要坐在电脑前点点鼠标，几小时内就能装修完一家漂亮的网络店铺。做网店"装修"其实并不难，所需要的图片和音乐在网上都能找到素材，网店设计师只需要用photoshop和一些基本的网页编程软件处理一下就可以。

　　试试吧。

网络上的服务员

网店客服

★ ★ ★ ★ ★ ★ ★ ★ ★ ★ ★ ★ ★ ★ ★ ★ ★ ★ ★

很多行业都有专门为客户服务的人员，网络也不例外。

这几年，在金融危机的影响下，就业岗位缩减，就业压力增大，每天淘宝网上新开网店达到5000家。随着他们的淘宝网店规模逐渐增大，许多店主单打独斗已经无法应对每天的交易。他们开始四处寻找网上客服。

于是，一个新的职业从淘宝网上诞生——网店客服。

比如淘宝网，网店客服就是阿里软件提供给淘宝掌柜的在线客户服务系统，旨在让淘宝掌柜更高效的管理网店、及时把握商机消息，从容应对繁忙的生意。

现在，网店客服的分工已经达到相当细致的程度：

有通过旺旺、电话，解答买家问题的客服；

有专门的导购客服，帮助买家更好地挑选商品；

有专门的投诉客服；还有专门帮店主打包的客服等等。

至于你想做兼职还是全职全看卖家要求，不过大多还是在线时间越长越好。

做网店客服的要求肯定是要打字快，还要有耐心、有礼貌、服务态度好。

此外，做网店客服一定要熟悉产品信息，是否有货，还要帮助顾客解决一些小问题，比如：因为不能试穿，顾客不知道要穿多大码的鞋，你要根据他的情况给他推荐。

最重要的是，网店客服要特别熟悉网上交易流程，操作速度快，比如安排上架、修改价格、处理订单、安排发货等等。

网络的宠儿

多媒体网络编辑

★ ★ ★ ★ ★ ★ ★ ★ ★ ★ ★ ★ ★ ★ ★ ★ ★

小朋友们都浏览过学习网站吧？那里的内容排列有序，清楚直观，想查什么资料，一下子就能搜索出来，使用起来非常方便。这就是网络编辑的功劳，是他们将网页设置得如此美观实用的。

多媒体网络编辑是网站内容的设计师和建设者，他们对收集好的信息进行审核、分类和编辑，然后将可用信息整理成型，通过网络向世界范围的网民进行发布，并且还能通过网络从网民那里接收到反馈信息呢，这样就产生了互动，有利于网站建设更完善。

目前网络编辑的从业人员还不够专业，所以给企业的培训、考核和人员使用带来很多技术困难。这就促成专业网络编辑的备受欢迎。而且随着网络的快速发展和更广泛应用，这项职业势必越来越红火。目前，我国网络编辑从业人员有300万人，主要是由报纸、杂志、电视、电台编辑、记者、网站管理员和图文设计等职业中分流出来的。如果你将来能学好专业技术，当一名专业的网络编辑，前途一定是光明的。

网络编辑最主要的要求就是会使用几个软件：一般是网页三剑客dreamweaver，flash，fireworks以及制图用的photoshop，另外还要求了解HTML语言。随着互联网的发展，有的网站也开始要求网络编辑了解CSS代码，部分要求有采访能力及独立制作专业能力。另外还有些就是比较广义的规定了，文笔优秀，具有一定的新闻敏感性。

新时代的钟点工

网络钟点工

★ ★ ★ ★ ★ ★ ★ ★ ★ ★ ★ ★ ★ ★ ★ ★ ★ ★ ★

上网帮人偷菜可以挣钱，陪人聊天也能挣钱……这可真是得来全不费工夫。这就是网络钟点工。

网络钟点工是指在法定劳动年龄内，存在雇佣关系的劳动者，在网络上受雇于同一雇主的，劳动时间每天超过4小时，劳动报酬以小时作为计算单位的一种非全日工作制的用工形式。

网络钟点工以分钟、小时等为单位出售自己的时间，为别人效劳，收取报酬。雇主在网络上付费，然后让"网络钟点工"为自己做事，比如送花、送饭、买火车票、接送孩子、陪老人聊天等合法工作。

怎样做网络钟点工呢？淘宝上有许多的网络钟点工店铺，只需要注册淘宝会员，然后有一张银行卡就行了。

当然也有些论坛借发布帖子来雇佣网络钟点工，但这个的风险高，一是付费不可靠，二是有泄漏身份信息和银行账号的风险。

所以要做网络钟点工，首先要了解任务是否合法，是否安全；还要估量自己能否完成任务；看约定的付费方式是否安全。

让我帮你来升级

网游代练员

★ ★ ★ ★ ★ ★ ★ ★ ★ ★ ★ ★ ★ ★ ★ ★ ★ ★

　　网络游戏以能提升游戏角色的级别，或获取顶级装备来吸引玩家乐此不疲，通宵达旦。

　　可是有些菜鸟级的玩手，升级很慢，还有些人工作繁忙，玩游

戏力不从心。所以就相应地出现了网游代练员。

网游代练员就是代替其他玩家打网络游戏，帮助他们练级来获取报酬，或专门赢取顶级装备卖给别的玩家来赚钱的人。

伴随着网络游戏应运而生的网游代练，当然，这种职业并非正规职业，甚至也许还算不上一种职业，只是有一群人利用游戏玩家的心理来挣钱而已。

举个例子来说吧。

郭先生是一名魔兽世界的老玩家，他玩这个游戏已有四五年了。在魔兽世界这款网络游戏中，玩家可扮演9种不同的职业，而每个职业只有达到顶级以后，才能拿到顶级的装备，虽然装备很有吸引力，可是升级的过程枯燥乏味，就是不停地杀怪练级。所以郭先生花钱请人帮他练级，他在游戏中拥有5个职业，其中有4个是别人代练的。每个职业从一级升到顶级，要付给网游代练员150元钱左右。

做这项职业的人一般是白天睡觉，通宵练级，对身体损害很大，所以如果你是游戏高手，不妨改变一下这个现状，争取采用一个更健康的方式来进行。

请别叫我"作家"

网络写手

★ ★ ★ ★ ★ ★ ★ ★ ★ ★ ★ ★ ★ ★ ★ ★ ★

以前出书都是用手写在稿纸上投到报社或出版社。现在不同了，只要每天在电脑前敲些字，鼠标一按，发表到网络上就行。只要你能写，敢写，受读者欢迎，就有可能发表成书，这就是网络写手。当然，写作内容要合法，要健康。

网络小说《明朝那些事儿》，使作家当年明月声名鹊起，他一边当公务员，一边敲着小说，大大地出了一次名，也大大赢了一次利。小朋友们羡慕吧。

有人说了，当网络写手需要有文学才华吧。嘿，现在的网络写手可不只限于写小说了。

现在，有一批写手逐渐开始走向专业写作的道路，比如给中国公文网效劳的写手，他们全是多年从事文秘写作、且经过严格挑选的专业写手，从事领导文章、财政论文、经验材料、演讲稿等的专业写作。

一般性的网络写手的主要赚钱方式是在找到合适选题后，立即敲出一篇规定字数的文章，然后用电子邮件发给编辑。编辑审核过关后，到了月底，编辑将稿费以汇款形式发给网络写手。

数字时代新记者

全媒体记者

★ ★

肩扛摄像机、胸前挂着照相机、口袋里装着手机、背包里装着无线上网笔记本……这是什么人呢？他们就是全媒体记者。可以说，他们是集记者、编辑、播音员、主持人于一身的人。

"全媒体"的英文单词是"omnimedia"，在"媒体"media前加个前缀omni而成。"全媒体"是在具备文字、图形、图像、动画、声音和视频等各种媒体表现手段基础之上进行不同媒介形态（纸媒、电视媒体、广播媒体、网络媒体、手机媒体等）之间的融合，产生质变后形成的一种新的传播形态。"全媒体"是信息、通讯及网络技术条件下各种媒介实现深度融合的结果，是媒介形态大变革中最为崭新的传播形态。

简单地说，全媒体就是既可以看又可以听还可以互动的媒体，是所有媒体传播方式集于一身的全新媒体。比如，在网络上把电视、广播、文本、图片、甚至手机短信合于一体的表现体应该就是全媒体了，至少是全媒体的雏形。全媒体记者就是具备以上全媒体能力的记者。

由于网络的大范围应用，许多报纸都有了自己的网站，传统记者就显得有些过时，掌握一定的网络知识成了新的必需品。以前的记者后面都跟随着摄影师，现在的记者一人多能。全媒体记者采、写、摄、录、编、网络技能运用及现代设备操作，无所不通。这就是数字时代"时势"造出来的职业。

随着数字技术，尤其是3G时代的到来，信息定制、手机报、手机上网、手机电视等无线业务流行，无线接收终端逐步拓展到MP4、掌上电脑、笔记本电脑、车载和户外无线屏幕等领域，互联网和移动通信改变了人民的生活，也改变了传媒的工作形式。全媒体记者成为新传播生态下的大势所"需"。

四两拨千斤的魔手

网络推手

★ ★ ★ ★ ★ ★ ★ ★ ★ ★ ★ ★ ★ ★ ★ ★ ★ ★ ★ ★

网络推手指的是借助网络媒介进行策划、实施并推动特定对象，使之产生影响力和知名度的人，对象包括：企业、品牌、事件以及个人。

网络推手其实和"网络策划师"差不多，就是那些懂得网络推广并能应用的人。网络红人离不开网络推手，他们让现实中的普通人以极快的速度红遍网络。把普通人在网络上炒红，只是网络推手工作的一部分。网络推手最主要的是对企业和产品的推广。

如今，网络推手行业正由草根、粗放式的推广模式向集约、专业式的推广模式转变，鱼龙混杂的局面在不久的将来将会消失，整个行业将会朝向规范化的道路发展。

这是一个信息爆炸的时代，人们已经习惯在互联网上进行信息交流，而网络犹如浩瀚的宇宙般无边无际。当人们对纷繁复杂的网络资源无所取舍时，网络推手却以光速般向国内外交流信息，在网民心中留下那一点星星之火。

　　当企业惊诧于热门话题的炒作，惊诧于网络推手公司对互联网热点的把握时，您是否会想到，网络推手的作用其实就是古龙大师书中的"嫁衣神功"。网络推手公司用自己的努力，让客户瞬间红遍网络，让客户利润最大化。

　　网络热点有时需要以柔克刚，而网络推手就如同那太极拂穴手，抓住关键点，引导网民，用四两之手来拨舆论的千斤之力。

　　"我自逍遥我自歌"，互联网追求的是一种洒脱的境界，网络推手犹如"逍遥神掌"般来去无踪，在无声无息之间传播企业信息。

　　互联网是一把双刃剑，好坏消息均可一夜之间席卷网络。而网络推手却能犹如疗伤圣药般将网络对企业的负面伤害减至最低，让您的企业防患于未然。

　　怎么样，网络推手很厉害吧！

网上卫兵

网络监管员

★ ★ ★ ★ ★ ★ ★ ★ ★ ★ ★ ★ ★ ★ ★ ★ ★ ★

　　网络上的内容是五花八门、良莠不齐，有许多内容是不利于人们身心健康的，特别是对小朋友们不利。而上网人数日益增多，这些不良信息影响巨大，这就需要有人对网络进行监督管理了。

　　网络监管员就是利用技术手段监控网络进行健康传播的职业。与传统媒体的电视、收音机等传播手段相比，这个网络时代对于不良信息的监管难度显得更大了，所以网络监管受到很高重视。目前公安部、工业与信息化部、文化部、新闻出版总署等部门都对互联网上的不良信息进行积极监管，有专门人员负责，这些人就是网络监督员。由此可以预见，在内容数字化发展的时代，网络监管员作为保证信息内容健康、产业良性发展的"卫兵式"职业，将成为时代的必需品。

绿色
职业

CHAPTER 5

"绿色"一词已广为流传，它意味着纯净无污染，意味着健康与放心，所以这一词语深受大家喜欢。那么"绿色职业"又是怎样的职业呢？它是一切对生态环境有利的职业的总和，比如改良环境，比如节省能源等。由此可以看出，这种职业是造福全球的职业。

Leonardo

淘乐斯变身公仔

地球健康顾问

环境工程师

★ ★ ★ ★ ★ ★ ★ ★ ★ ★ ★ ★ ★ ★ ★ ★ ★

生活在一个干净优美的环境里，人就会享受到身心的舒适愉悦。

环境工程师，就是构想、设计、管理以及监督各种与改善公众卫生、环境、天然资源运用、自然保护等有关的建造工程的人。他们的工作内容是为受污染地区设计净化环境的方案并加以执行，以保证土地、水和空气恢复清洁，并制定相应措施避免环境再次恶化。

在我国，环境工程师这一职业也前景看好。从事治理环境的工作，造福人民，造福后代，真是利人利己的好事。

捕捉太阳的能量

太阳能技师

★ ★

许多小朋友的家里都安装了太阳能热水器吧？这种装置能利用太阳的能量使水变热，而不必用电或燃气。

太阳能是一种非常干净的可再生资源，它无处不在，可以说，只要最后这个太阳不被后羿射下来，那么它的能量就可以永远供人类利用。

国家为了鼓励大家利用太阳能，还推出"太阳能屋顶计划"呢，以财政补贴鼓励安装太阳能装置，可见太阳能的发展前景有多好。

那么怎么能更好地利用太阳能呢，这就需要太阳能技师来帮忙了。

太阳能技师的主要工作是设计、生产、安装和测试新的太阳能技术，为太阳能材料制造商研发产品。太阳能技师需要一定的技术职称或工程学学位。

我们从事实来看一下太阳能产业的前景吧。尚德、皇明是中国一南一北两个大太阳能企业。江苏无锡的尚德做的是光伏产业，就是把太阳能转换成电能。在这一领域，尚德是全球最大的生产商。

山东德州的皇明做的是光热产业，也就是把太阳能直接转换成热能，它是世界上最大的太阳能热水器生产商。

南京去年就发布规定，要求新建12层住宅和新、改、扩建的宾馆、酒店、商住楼等有热水需求的公共建筑，必须统一设计和安装太阳能热水系统。说不定，以后我们所见到的屋顶都会出现太阳能电池板。

这真是一个非常阳光的行业。

挖掘地球的能量

地热工程师

★ ★ ★ ★ ★ ★ ★ ★ ★ ★ ★ ★ ★ ★ ★ ★ ★ ★ ★ ★

　　地热是来自地球内部的一种能量资源。地球上火山喷出的熔岩温度高达1200℃～1300℃，天然温泉的温度大多在60℃以上，有的甚至高达100℃～140℃。这说明地球是一个庞大的热库，蕴藏着巨大的热能。这种热量渗出地表，于是就有了地热。

　　地热能和太阳能一样，是一种清洁能源，是可再生能源，它的开发前景十分广阔。地热工程师负责监测机器的运行、收集地热井的相关信息，利用地表以下产生的热量，包括火山喷发产生的热量，将其转化为能量。

"大风车"的维护者

风能技术员

★ ★ ★ ★ ★ ★ ★ ★ ★ ★ ★ ★ ★ ★ ★ ★

地球温度越来越高，与二氧化碳的大量排放有关，这也造成生态环境的日益恶化。风能是目前唯一能对二氧化碳排放进行必要削减的发电技术，所以一向重视保护环境的中国风电装机容量连年翻番。

坐车出门旅游，经常会看到"大风车"排成一行行整齐的队伍，那就是风力涡轮机，这些漂亮壮观的"大风车"构成了一道独特的风景线。风能技术员就是负责"大风车"的维护。如果你喜欢尖端技术领域内的工作，那么风能技术员就是很好的职业选择。

想做风能技术员需要机械和电力技术职称，当然具备一定从业经验的人也会受欢迎的，是这个行业中受青睐的人选。此外，由于经常需要户外作业，所以还需要具备良好的身体素质。

我们来看看这个职业的发展前景吧。

我国的风能资源十分丰富，主要分布在西北地区、沿海地区和内陆湖泊周边地区。据国家发改委能源局提供的数据，我国风能资源储量为32亿千瓦，可开发的装机容量约为2.53亿千瓦，居世界首位，并且极具商业化、规模化发展的潜力。目前我国从事小风电利用工作的相关人员有近10万人，却只有很少一部分人是从事小风电的科研、设计、制造、资源勘探、电站设计的专业技术人才，而大部分是从事小风电的安装调试、运行维护、管理以及配套设备生产等技术水平较低的技术员。

怎么样，这项工作不但前景看好，而且竞争小，市场需求也很大吧。

新时代的汽车修理工

电动汽车技工

★ ★ ★ ★ ★ ★ ★ ★ ★ ★ ★ ★ ★ ★ ★ ★ ★ ★ ★

电动汽车是指以车载电源为动力，用电机驱动车轮行驶，符合道路交通、安全法规各项要求的车辆。

电动汽车对环境的污染相比传统的汽车要小得多，所以它的发展前景被广泛看好，但当前的技术还不成熟。伴随着混合动力车和全电动车逐渐进入市场，燃料发动机被取代之后，对电动汽车技工的需求也将日渐加大。考虑到国家对交通环保的重视，电动汽车极有可能成为未来最佳的交通工具，那么电动汽车技工也必将成为最受欢迎的职业之一。

电动汽车使用电池，维修技工除了要具备与电力相关的知识外还需要有手工维修的技能。

做个快乐的地主吧

农场主

★ ★ ★ ★ ★ ★ ★ ★ ★ ★ ★ ★ ★ ★ ★ ★ ★

地主，拥有大量土地，专门雇佣老百姓来耕种，或租给人们耕种，然后收取地租，剥削人民。现在的农场主，也是拥有大量土地的人，但不是以前那种剥削人的地主了。那么他们都需要做什么呢？

现代农场主要雇佣、指导雇工从事种植、培育、灌溉、饲养家畜等工作；指导和指挥操作农机耕种、整地、施肥，使用除草剂和杀虫剂，拖运收获的庄稼；检查生长环境以保持最佳生长或培育条件；安排收割庄稼或收集特殊产品，如蜂王蜂巢里的胶状物和蜂窝里的蜂蜜；与买主商讨销售，安排装运。

小朋友，你想不想做一个大农场主，享受劳动呢？

与森林为伴

育林人

★ ★ ★ ★ ★ ★ ★ ★ ★ ★ ★ ★ ★ ★ ★ ★ ★

种树但不砍树也不卖果，一样能获利？太令人惊奇了，但这是事实。

引发全球气候变暖的因素，除碳排放等因素外，还有四分之一的因素来自森林砍伐。所以植树造林是很重要的事。那么育林人又是做什么的呢？他们可以帮助散布于世界各地的植树者从刀耕火种转向育林经济，教他们种植价值更高、生长更快的树种，如水果、药材或木材等，同时认真记录对环境的影响。

另外，育林人还可进行碳排放额度交易。全球碳排放额度价值数百亿美元。目前全球大概有将近80个主流提供商在网上提供碳排放额度交易，目前在中国，通过种树出售碳

排放额度还在探索中。但如果有可能，育林人这项职业会很有发展前景。

我来帮助你

生态保护工作者

★ ★ ★ ★ ★ ★ ★ ★ ★ ★ ★ ★ ★ ★ ★ ★ ★ ★ ★

　　小朋友们都喜欢去动物园玩吧？因为那里能看到许多可爱的有趣的动物，但其中有许多动物濒临灭绝。生态保护工作者，就是负责拯救动物植物的人，他们和你一样是喜欢动物的人。

　　研究如何保护生物的多样性，不可能只在实验室里优哉游哉。因为地球上每时每刻都有物种灭绝，如果做一名生态保护工作者，就需要开赴全球各个角落，拯救那些脆弱的生态系统，评估那些"生态服务"的价值。

　　如果你对生态保护感兴趣，那就加入这一行吧。

循环经济的魅力

资源回收商

★ ★ ★ ★ ★ ★ ★ ★ ★ ★ ★ ★ ★ ★ ★ ★ ★ ★ ★ ★

　　将一些可利用的东西处理过后，重复使用，这种行为就叫资源回收。

　　从资源回收的定义，我们不难看出资源回收商的工作是什么。这些商人不仅回收纸张、酒瓶、衣服、塑料袋等日常垃圾，还回收电子垃圾、建筑垃圾等。可别小看"收破烂"，曾经的中国首富张茵就是从收废纸到造纸而成首富的，废旧资源回收再利用的循环经济的魅力可见一斑。

　　仅在美国，循环经济就有超过100万个工作岗位。许多企业无法支付相当高的垃圾处置费，自然乐意将垃圾卖给回收商。

　　这种工作既保护了环境，又创造了财富，何乐而不为？

城市的最佳化妆师

城市规划师

★ ★ ★ ★ ★ ★ ★ ★ ★ ★ ★ ★ ★ ★ ★ ★ ★ ★

俗话说：三分长相，七分打扮。一个长相平凡的女人，一经化妆师的打扮，就会变成令人眼前一亮的美女。

不独人是这样，城市也是这样，那些城市规划师就是负责给城市化妆的人，他们负责城市规划编制，城市规划实施管理，城市规划咨询等相关业务工作，可以说是城市建设的"美容专家"。

一座城市如果妆容得体，人们生活在其中就会感觉惬意幸福。一个好的城市规划师，不但要看眼前，还要考虑未来几年的城市发展。

小朋友，你生活的城市美不美，你要不要亲手把她打扮一番呢？

让网络也变为绿色

可持续发展智能软件开发师

★ ★ ★ ★ ★ ★ ★ ★ ★ ★ ★ ★ ★ ★ ★ ★ ★ ★ ★ ★

现实可以变得绿色，网络也可以变得绿色。

绿色经济相对于其他经济来说，算是一个新贵了，IT业竞争日益激烈，能"傍上"这个新贵，无疑是很明智的。

可持续发展智能软件开发师就是这样的一批识时务者。他们负责为绿色经济开发软件，设计、建造和维护各种感应器和随机建模系统。比如为风能农场、智能电网、交通拥挤收费等提供智能支持的系统。

举个例子来说吧：

新加坡市中心有许多自动收费装置，它会自动记录行经此地的机动车身份，并根据不同的时段收取不同的费用，越是繁忙时收费就越高。这种装置就是由这些可持续发展智能软件开发师研制出来的。

我国的情况又如何呢？上海、杭州、广州、深圳等城市都曾有意效仿新加坡此举，但因为技术、管理等方面还存在障碍，而且制度上还需要讨论，所以暂未实施，但也许这会在未来某一天变成现实。

图书在版编目 (CIP) 数据

就是要不学无束. 谁绑架了我的未来 / 田姝主编.

—— 北京: 团结出版社, 2011.1（2020.6重印）

ISBN 978-7-5126-0286-1

Ⅰ.①就… Ⅱ.①田… Ⅲ.①科学知识—少年读物

Ⅳ.①Z228.1

中国版本图书馆CIP数据核字 (2010) 第247882号

出　　版：团结出版社（北京市东城区东皇城根南街84号　邮编: 100006）

电　　话：（010）65228880　65244790

网　　址：www.tjpress.com

E-mail：65244790@163.com

经　　销：全国新华书店

印　　刷：北京朝阳新艺印刷有限公司

绘　　图：黑牛工作室

开　　本：880×1230mm　1/32

印　　张：40

字　　数：400千字

版　　次：2011年1月第1版

印　　次：2020年6月第3次印刷

书　　号：ISBN 978-7-5126-0286-1/Z.78

定　　价：238.00元（全8册）

就是要不学无"束"

玩的就是智慧

田姝 ◎ 主编

团结出版社
UNITY PRESS

小朋友，人的一生很漫长，但最关键的只有那么几步，小学阶段正是你成长的重要阶段。作为一个小学生的你，是什么样子的？你是不是喜欢嬉戏玩耍，而害怕受拘束和禁锢？你是不是喜欢自己动手实验，而不喜欢埋首于枯燥的课本当中？你是不是喜欢天马行空的想象，而不喜欢大人给的条条框框？

是的，你一定是这样的孩子。你一定像爱迪生一样爱思考；你一定像达尔文那样充满想象力；或是像司马光那样聪明机智；拥有毕加索那样的艺术天赋……其实，每一个孩子都是天才，只是，在成长的过程中，这些才能没有被激发出来而已。

现在，你一定想知道怎样才能让自己的潜能充分地发挥出来，让我们告诉你，秘诀就是《就是要不学无"束"》。它会帮助你找到分数与未来的平衡点；它会和你一起动手去探索那些生活中的科学小实验；它会用古老的益智游戏和有趣的数学谜题升级你的大脑；它还会带你穿越时空，去和古人交流思想；还有那些别人不知道的百科知识，那一棵棵引人发笑的稻草，那些无拘无束的想象，哦，还有你梦想着的未来……

目录

CHAPTER 2 动脑玩de游戏

CHAPTER 1

动手玩de游戏

华容道与九连环相信大家都玩过，你能用多少步解决这些游戏难题？谁是世界上手指最灵活的人？嗯，钢琴家是一个，不过千万别忽视了魔方的高级玩家哦。世界一流的魔方玩家可以在10余秒的时间内将任意打乱的魔方复原。七巧板相信大家就更熟悉了，不过你知道有一种可以用来测智力的四巧板吗？

翻看本章动手玩游戏吧，让思维随着手指飞转起来。

Monkey. D. Luffy

淘乐斯变身公仔

华容道

◉ 剧情与主要演员简介

◎ 男一号曹操 ◎

　　曹操，字孟德，小字阿瞒，一名吉利，汉族，沛国谯（今安徽亳州）人。曹操是个很犀利的人物，他的代表剧目有：《望梅止渴》、《割发代首》等等，同时他的《短歌行》也流传甚广，是当时著名的艺术家。

◎ 男二号关羽 ◎

本字长生，后改字云长，河东解（今山西运城）人。关羽英俊潇洒、擅长舞剑，后人尊称其为关二哥，他的代表剧目有：《温酒斩华雄》、《单刀赴会》、《刮骨疗伤》等等，均为古装武侠动作大戏，本剧中出演男二号角色的确有些难为他了。

◎ 龙套演员 ◎

张飞、黄忠、赵云、马超以及众兵卒甲乙丙丁。张、黄、赵、马等人也算是当时的一线小生，但由于本剧演员阵容太过强大，只能沦为龙套，和甲乙丙丁同工同酬。

◎ 曹操和关羽间不得不说的故事 ◎

关羽在与刘备失散后，暂寄于曹操门下。曹操备赞关羽的勇武，对他重加赏赐，封他为汉寿亭侯，小宴三日，大宴五日；曹操赠袍，关羽穿于衣底，上用刘备所赐旧袍罩之，不敢以新忘旧；曹操赠赤兔马，关羽拜谢，以为乘此马，可一日而见刘备。关羽斩杀颜良后，曹操知其必去，遂重加赏赐。关羽把曹操屡次给他的赏赐都封存妥当，给曹操写了封告辞信，保护着刘备的家小，离开曹营，到袁绍军中寻找刘备。

可以说曹操对关羽晓之以理、动之以情，做到了仁至义尽，可是关羽还是死心塌地地追随刘备。当然，二哥心底里还是感谢阿瞒的知遇之恩的。

◎ 剧情 ◎

影视情节基本忠于罗贯中先生提供的剧本《诸葛亮智算华容，关云长义释曹操》：诸葛亮算定曹操必败走华容，且夜观天象，曹操不当身亡，一是考虑到曹操于关羽有恩，于是派关云长把守华容道，留个人情与关羽做，二是如果这时灭掉魏国，会使吴国全力攻击蜀国，使蜀国处于水深火热之中。曹军接连遭遇数次打击，曹操只得听谋臣之言，亲自哀求关羽放行，关羽念旧日恩情，义释曹操，使曹操得以回到江陵。

● 演员须知

华容道游戏属于滑块类游戏，其棋盘为4×5的长方形方格。在游戏设置中，曹操为2×2的大方块，关羽、赵云、黄忠、张飞、马超为1×2的长方形（根据关卡的设置这五个长方形或竖或横，关羽在游戏中均设为横块），其余的四个兵卒均为1×1的小方块。

棋盘正下方有一2个方格长度的开口，在布局完成后棋盘上会有2个小方格可供移动（不允许跨越棋子）。游戏规则就是使用最少的移动步数，让曹操从棋盘其他地方移至此处，最终从"华容道"中逃脱。

　　曹操逃出华容道的最大障碍是关羽，关羽立马华容道，一夫当关，万夫莫开。关羽与曹操当然是解开这一游戏的关键。四个刘备军兵是最灵活的，也最容易对付，如何发挥他们的作用也要考虑周全。

● **曹操出逃的N种情况**

① 初窥门径——双将难挡

区区两个匹夫怎能挡老夫出逃？哈哈哈……

曹操仰天大笑

⊘ **通关秘籍** **13 步**

曹下，兵右，兵上右，飞上，兵左上，兵左，曹下，兵左，兵上左，黄上，兵右上，兵右，曹下。

★注意：布局中会有好几个"兵"，而步骤中的"兵"虽相同，但只有一个兵可按解法移动，故在此不对众多小兵一一指定姓名，同理，竖着的武将每次只有一个可以移动，移动方向也是唯一的，因此对1×2尺寸的竖块均用"飞"表示。一个子连续移动只算一步，比如兵右上是指一兵先右移后上移。解法中的每个逗号相当于一步，以下均同。

② 小试身手——似远实近

前有赵黄，后有关张，眼看着出口遥遥，谁知你爹我身轻如燕，以迅雷不及掩耳之势成功突围，只留下一个动人的传说让后人景仰。

曹操归去后在曹丕、曹植面前吹嘘道。

🔽 通关秘籍 15 步

曹下，关左，张上，兵上右，曹右，飞上，飞左，兵左下，曹下，兵左，兵上左，飞上，兵右上，兵右，曹下。

③ 登堂入室——横刀立马

呼……呼……累死老夫了，尔等布阵如此严密，分明要取老夫性命，幸好先前公关过关羽，终脱得一险。孙子，等老夫重整人马，必当卷土重来！

通关秘籍 81 步

兵左一格，飞下，关右，兵下，飞右，兵上一，兵左，飞下，关左，兵上折右，兵上，飞右，兵右折下，关下，二兵左，二飞上，二飞右，关下，兵下折左，二飞左，飞下，曹右，飞右，二兵上，飞左，飞下，曹左，飞上，飞右，兵上，兵左折上，关右，二飞下，兵左，曹下，兵右，兵上折右，兵上，飞上，飞左，兵左折下，曹下，兵下折左，飞左，飞上，曹右，兵下一，上兵下一，兵右，二飞上，兵左，兵下，曹左，飞下，飞右，二兵右，飞右，飞上，曹左，二兵下，飞左，飞上，兵右折上，关上，二兵右，曹下，二兵左，关上，兵上折右，曹右！

④ 孤胆逃脱——将拥曹营

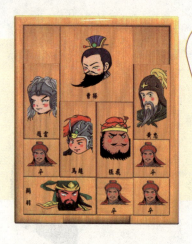

四将将老夫团团围住，严密的如意大利混凝土般的后防线，怎奈我边路突破，连过数人，直捣黄龙，这一刻老夫不是曹操，老夫是梅西！

⚑ 通关秘籍 **72步**

右飞上，二卒上，卒右，关右，卒下，飞下，曹左，飞上，中卒左上，卒上，关右，飞下，上卒左，飞下，飞左，二卒上，飞右，飞下，曹右，飞上，卒上二，飞左，卒下一，卒右，飞上，关左，二飞下，卒右，曹下，卒左，卒上左，卒上，飞上，飞右，卒右下，曹下，卒下右，飞右，飞上，曹左，卒下二，卒下一，卒左，二飞上，卒右，卒下，曹左，飞下，飞左，二卒上，飞左，飞上，曹右，二卒下，飞右，飞上，下卒左上，关上，二卒左，曹下，二卒右，关上，卒上左，曹左。

★ 培养 "三思而后行" 的好习惯

中国古代对于棋局有这样的论述："一招之失，全盘皆输。"玩华容道虽没有如此夸张，但是一步错误的移动会让你远远偏离正确的思路，大大增加通关的难度。所以，在移动时务必三思而后行，仔细观察棋面布局后再做下步打算。

⑤ 锋芒初现——指挥若定

三国征战连连，老夫已练就一身本领，在危急形势下，老夫先饮了一壶热酒，接着气定神闲地步出华容道。身后依稀可见的滚滚烟尘是追兵的无奈和对老夫的敬仰。

⊙ 通关秘籍 **74步**

关下，右中卒下，右上卒左，张上，关右，左中卒下二，左上卒右，飞上，下卒左，中上卒下二，飞右，左下卒上二，下卒左上，关左，中卒下右，中上卒下二，飞左，飞下，曹右，飞右，左二卒上二，飞左，飞下，曹左，飞上，飞右，下卒上二，下卒左上，关右，飞下，飞下，中卒左二，曹下，上卒右二，左卒上右，中卒上二，飞上，飞左，中卒左下，曹下，右上卒下左，飞左，飞上，曹右，上卒下二，上卒下一，上卒右一，飞上，飞上，下卒左，下中卒下，曹左，飞下，飞右，上二卒右，飞右，飞上，曹左，上二卒下二，飞左，飞上，下卒右上，关上，下二卒右二，曹下，中二卒左二，关上，左下卒上右，曹右。

⑥ 高手风范——兵分三路

老夫面临三路夹击，但见兵拥将簇，看似水泄不通，不过此时的你定然对全局了然于胸，且助我杀开一条血路。

⊗ 通关秘籍 **72 步**

二卒下，关下，曹下，右上卒左，左上卒右，飞上，飞上，飞上，飞
上，左下卒左，右下卒右，关下，曹下，左上卒下右，飞右，飞上，
曹左，飞左，飞下，下卒右上，飞上，飞上，下卒上左，飞下，飞
右，下卒上二，曹右，飞下，飞左，上二卒左，上卒右，飞上，飞
上，关右，下卒右，飞下，飞下，上二卒左，飞左，飞上，曹右，上
卒下二，上卒下一，上卒右，飞上，飞上，下卒左，中卒下，曹左，
飞下，飞右，上二卒右，飞右，飞上，曹左，上二卒下二，飞左，飞
上，下卒右上，关上，左二卒右二，曹下，中二卒左二，关上，左卒
上右，曹右。

★ 提高空间思维能力

　　滑块类游戏的一大特色就是能迅速提高一个人的空间思维能
力。在华容道中，玩家必须充分考虑每个子的特色与移动规律，不
同的布局也会对解谜难度产生较大的影响，这些都需要我们在实践
中总结规律。

⑦ 独步天下——近在咫尺

老夫熟读经书，身经百战，今日遇诸葛孔明设如此难局，换成孙权、袁绍之流估计早就一命呜呼了。怎奈老夫练得一身独步天下、百步穿杨、力拔山兮气盖世（在此省略N多定语）的绝世好武艺，凝神定气，终破此关。嗯，还是不多说了，老夫得速速归家探望妻儿。

⊙ 通关秘籍　115步

★ 注意竖条的武将均用"飞"来表示

张下，关下，卒下右，上卒下二，飞左，中卒上二，右卒左上，右卒左二，曹上，张右，关下，右卒下左，曹左，飞下，飞右，下卒右上，曹上，卒右二，卒下右，飞下，卒左下，卒左二，曹上，左卒上右，飞右，二卒下二，曹左，飞左，马上，下卒右上，张上，关右，飞下，上卒右，中卒上，飞左，张左，关左，右卒下二，飞下，飞右，曹右，左卒上二，卒左上，飞上，关左，下卒左，飞下，卒右，张上，卒上，关左，飞下，张左，卒左，卒左下，飞上，关右，卒下，卒左，飞右，飞下，曹右，卒右上，张上，飞上，两卒上，关左，飞下，飞下，曹下，两卒左二，张上，飞上，卒下左，卒下，曹左，飞上，飞右，关右，卒下，卒左，曹下，卒下左，卒左下，飞上，张右一，飞上，飞上，飞上，关右，卒右，卒下，曹左，飞左，飞下一，张右，卒上，卒左，飞上，关上，二卒右二，曹下，飞下，二卒下，张左，飞上，飞上，关上，左卒上右，曹右

★ **养成精益求精、追求卓越的精神品质。**

　　不要为解出了华容道而沾沾自喜，如何用更少的移动步数来解出谜题才是我们的终极目标。目前许多经典布局已在计算机的协助下给出了最优解法，可以作为同学们解谜时的参考。

● 起源

    "七巧板"是我国古代劳动人民的发明,其历史至少可以追溯到公元前1世纪。我们目前流传的七巧板是由宋代的燕几图演变而来,到了明代基本定型。

    明、清两代在民间广泛流传,清陆以湉《冷庐杂识》卷一中写道"近又有七巧图,其式五,其数七,其变化之式多至千余。

体物肖形，随手变幻，盖游戏之具，足以排闷破寂，故世俗皆喜为之。"其意思是说：最近又出现了七巧图，其中有五种样式，一共有七块木板，它能拼出的造型能多达一千余种。能够拼凑出各种问题的外形，随手就可以变换，属于一种游戏娱乐的器具，可以用来排除烦闷、破解孤寂，所以当时的人们都很喜欢它。

　　著名学者、剑桥大学教授李约瑟先生曾说它是"东方最古老的消遣品"之一，至今英国剑桥大学的图书馆里还珍藏着一部《七巧新谱》。

　　19世纪最流行的谜题之一就是七巧板。七巧板的流行大概是由于它结构简单、操作简便、明白易懂的缘故。你可以用七巧板随意地拼出你自己设计的图样，但如果你想用七巧板拼出特定的图案，那就会遇到真正的挑战。这也正是七巧板的乐趣所在。

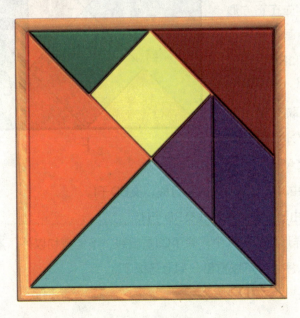

● 七巧板的形制与制作方式

七巧板是由下面七块板组成的，完整图案为一个正方形：五块等腰直角三角形（两块小三角形、一块中三角形和两块大三角形）、一块正方形和一块平行四边形。

下面简单讲解一下基于一个正方形底板的七巧板制作，这里会涉及一些平面几何中的简单术语，相信对聪明的读者朋友来说就是小菜一碟啦。

① 在一块硬纸板上画一个正方形ABCD，先在正方形ABCD中画两条对角线，AC和BD，交于G。

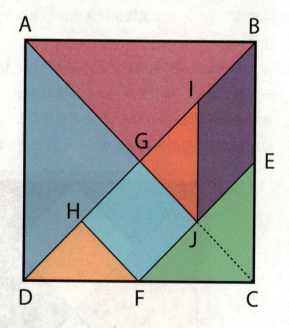

② 取BC边的中点E和DC边的中点F相连，交AC于J。

③ 由J向上作BC边的平行线，交BD于I。

④ 由F作AC的平行线交BD于H。

这样形成的图形中，除了CJ是虚线，不能剪切以外，沿其他线按任意次序就都可以剪出一副七巧板了。

● 七巧板的妙用

七巧板一经问世就广受欢迎，在世界各国都出现了诸多的变式，例如日本的四巧板、德国李希特的"多巧板"等等。七巧板以其丰富多变的造型引起了许多人的研究兴趣，它也因这种变化性成为智慧的代名词。

许多企业还看到了七巧板身上的巨大商机。例如有用七巧板造型设计出的创意家居。

迪斯尼公司从七巧板巨大的知名度中找到灵感，把深受广大观众喜爱的卡通人物造型描绘在七巧板上，制作出了非常美观的七巧板游戏。

七巧板魔法书架

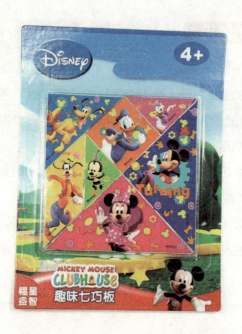

　　七巧板作为中国古代文化与智慧的象征还为2008奥运会申办成功贡献了一份力量。2000年9月9日，发明了七巧板的一种变形——16巧板的秦立新先生，给当时的奥委会主席萨马兰奇先生写了一封信，表达他对申奥的迫切心情，而这封信的全部内容是他用16巧板拼出来的！

　　当然七巧板最大的妙处在于它能启迪人的思维，锻炼人的想象能力以及实际操作的能力。相信你通过自己的努力拼出一个复杂图形时，一定会体会到成功的喜悦。

● 动手拼一拼

① 如果我告诉你下面的这些图是用同一副七巧板拼出的，你相信吗？

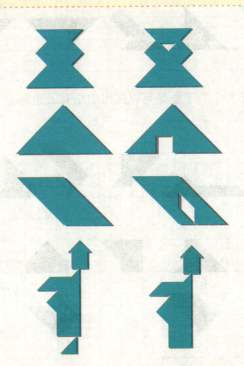

★ 这些图形的外部轮廓都是一样的，但是面积不同，这也是七巧板的一个独特之处。

★ 提升观察能力

　　七巧板的主要玩法便是按图拼图，这就需要我们有敏锐的观察能力，通过图形各部分的形状和比例关系来寻找拼图思路。

② 用七巧板可以拼出多种多样的五边形，参考下面给出的5个，再动手拼一拼，看看你能再摆出几个五边形。

你摆出了几个？下面是可以摆出的所有五边形。

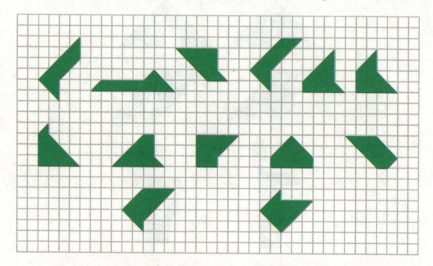

★ 提升空间思维能力和转换能力

　　用七巧板的组成部分，可以拼出很多相似的图形，例如两个小的三角形可以拼出正方形，这三者结合又可以拼出大三角形。那么，每个部分该如何转换就需要结合给出的图形，具体问题具体分析。

③ 七巧板因其每一部分都具有对称性，所以能拼出许多对称的图案，尝试着拼出以下图案吧。

这些图形都是轴对称图形，就是说沿着中间轴对折，左右两部分可以完全重合起来。用你手中的七巧板拼拼看吧。当然你也可以尝试自己创造出一些新的对称图形。

● 测试智力的七巧板变式——四巧板

作为玩具的七巧板，显然也可以作为智力测试的工具。在世界

各地种类繁多的七巧板变式中，日本非常重视智力测试功能。他们创造了一种专门用于智力测试的"四巧板"。

四巧板由4个组块构成，形状也比较简单，其中一块是等腰直角三角形，另两块是梯形，都带两个直角，还有一块是五边形，带一个大于180°的角。

其中，三角形的直角边和斜边各与其他三个组块中的一条边长相等。由于有这样一种尺寸间的协调关系，四巧板可以拼出相当复杂的图形来，而且根据所拼图形的复杂程度，可以评定一个人的智力高低。

下面就动手测一测，看看自己的智力是什么水平吧！

① 刚出生的小baby
请拼出以下6个图形，每个图形拼摆时间不得超过5分钟

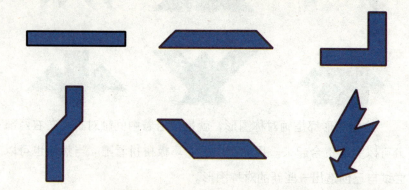

② 会走路的幼儿
请拼出以下9个图形，每个图形拼摆时间不得超过6分钟

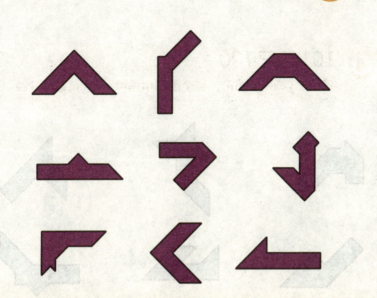

③ **IQ110至120**

请拼出以下9个图形，每个图形拼摆时间不得超过7分钟

④ IQ120至130
请拼出以下9个图形，每个图形拼摆时间不得超过8分钟

★ 拓展想象力

　　七巧板和四巧板以其独特的构造和各图形间对应边的关系，可以拼出许多造型各异的图形，文中给出的示意图只是一些典型的例子，开动你的思维，你可以拼出许多有趣的图形，并且可以把它们画出来，看看你的同学是否能够拼出。

⑤ IQ130至140
请拼出以下9个图形，每个图形拼摆时间不得超过11分钟

⑥ IQ140至150
请拼出以下9个图形，每个图形拼摆时间不得超过13分钟

★ 如果你能在时限内独立完成所有9个拼图，请写信向门萨俱乐部推荐自己。

⑦ 爱因斯坦级别
请拼出以下9个图形，每个图形拼摆时间不得超过15分钟

恭喜，你的智力已远远超出常人，请好好开发！

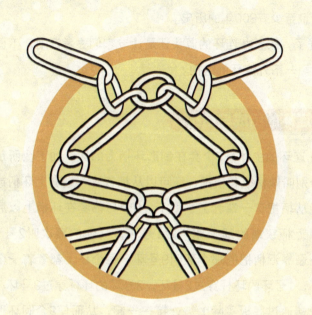

九连环

起源

　　九连环由九个圆环相连成串，以解开为胜。据明代杨慎《丹铅总录》记载，曾以玉石为材料制成两个互贯的圆环，"两环互相贯为一，得其关捩，解之为二，又合而为一"。后来，以铜或铁代替玉石，成为一种老少皆宜的玩具。

　　据说西汉辞赋家司马相如的妻子写给他的信中就提到过九连

环，但由于时间尚久难以考证。不过，九连环在宋代已经广泛流行，并且至少有800年的历史。

好了，关于九连环的源头还是让专家们去考证吧，下面我们就一起学习一下九连环的结构。

● 九连环的组成与结构

九连环的主体是9个套在剑形环柄上的环，如下图所示。环柄两端分别叫做柄钗和柄把，环可以从柄钗这一端套上环柄或取下，但不能从柄把这一端套上、取下。9个环都套在环柄上以后，我们把最靠近柄钗端的那个环叫做1号环，其他的顺次叫2号环，3号环……最靠近柄把的那个环叫9号环。每个环上都套着一个带环杆的小环，1号环的环杆穿过2号环，2号环的环杆穿过3号环……环杆的另一端通过底板实际上被连接在一起，从而使9个圆环形成叠错扣连的关系。九连环的奥妙就是由它的这种结构引起的。

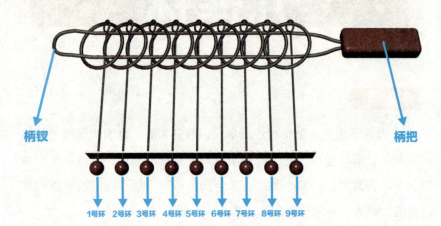

柄钗　　　　　　　　　　　　　　　　　　　　柄把

1号环　2号环　3号环　4号环　5号环　6号环　7号环　8号环　9号环

● 九连环的基本操作

　　由于九连环的独特结构，这9个环中，只有1号环和2号环，既可单独套上环柄或从环柄上取下（以后为简单，我们只说"上"或"下"），也可同时上、下；其他环都只能单独上、下，而且单独上下有严格的条件限制。为了玩九连环，我们必须先熟练地掌握九连环的基本操作。

　　九连环的基本操作方法有三种：

❶ 单环上、下法

　　单环的上、下法就是把1号环装上或取下的方法。上环时，左手用拇指、食指和中指拿住环转90°，让它自下而上穿过环柄的两根横杠，再转90°，把它左移过柄钉后适当降低高度，就可套到环柄上去了，其过程如图一和图二所示。

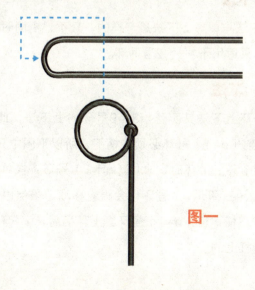

图一

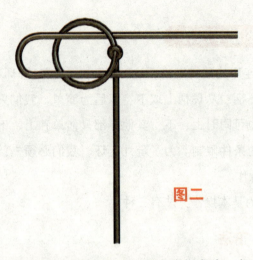

图二

下环的过程恰是上环的逆。正确的动作应为：把1号环提起往左移过柄钉，再返回转90°，让它从环柄的两根横杠中穿下，所以其行走路线仍如图一虚线所示，但方向相反。

❷ 双环上、下法

双环上下法与单环上下法是一样的，只不过需同时拿住两个环操作。此操作只适用于1号、2号两环。

❸ 3号环上、下法

所谓3号环上下法其实泛指3～9号环的上下法，此时n号环必须在柄上，1到（n−1）号环必须在柄下，所以下图中只画出了n和（n+1）号两个环。上环时，拿住（n十1）号环，按单环上法套到柄上，这时如图三所示，n号环也会跟着移动，虽然由于环杆的作用不会脱离开环柄，但（n+1）号环套上环柄后，n号环是"浮"在环柄内侧的横杠上的。

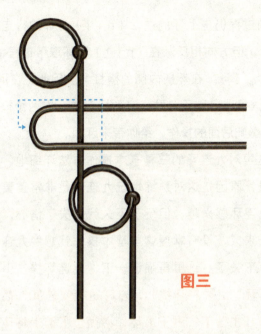

图三

　　因此，在装上（n＋1）号环以后，应随手把n号环"推"回到柄上去，在两个横杠上重新架好，如图四所示。

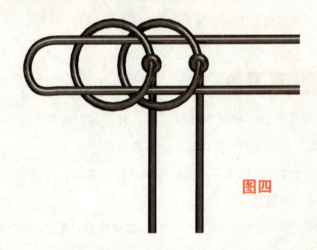

图四

下环的过程仍是上环的逆，（n＋1）号环的行走路线如图三中虚线所示，但方向相反。在（n＋1）号环取下过程中，n号环也会跟着移动，"浮"在环柄内侧的横杠上。因此，在取下(n＋1)号环以后，应立即把n号环"推"回到柄上去，在两个横杠上重新架好，否则会影响后面的操作，给你带来麻烦。

我们这里对九连环的三种基本操作方法详细地、不厌其烦地介绍了一遍，原因是这对熟练地玩九连环是非常重要的。一些朋友虽然对九连环感兴趣，但玩了不久就丧失了信心，不玩了，原因就是急于求成，没有掌握这些基本操作就想解九连环，很快就弄乱而玩不下去了。这里再强调一下，九连环操作中最关键的就是，对于下环，必须将环提起，左移过柄钉转90°后，让它从环柄的两根横杠中落下；对于上环，必须自下而上将环从两根横杠中穿过，也要左移过柄钉后再把它套到环柄上去。此外，要把取下或套上时位置受影响的左侧那个环通过柄钉重新正确复位，架在环柄的两个横杠上口。

● 九连环的解法

掌握了九连环的基本操作以后，我们可以学习九连环的解法了。为此，我们先看一下各环上、下的可能性。

对于1号环，由于没有别的环的环杆约束它，所以可以自由上下，这是没有疑问的。

对于2号环，由于1号环的环杆从其中穿过，受到约束，所以它

可以同1号环"随动"，即随同1号环一起上下。

如果2号环要单独下，则1号环必须留在柄上，否则，由于1号环的杆是穿过2号环的，而1号环已经从柄上脱下，它的环杆已在柄外，这将阻止2号环在左移过柄钉后返回，重新从两根横杠中间落下，也就是说无法下环。因此2号环单独下的必要条件是1号环留在柄上。

至于2号环上时，1号环在柄上还是柄下均可，1号环在柄下时由于1号环的环杆是穿过2号环的，在2号环上时，将连带着把1号环也带到内侧横杠上方"浮"着，只要把它推过钉端即可。

对于3号环的下，我们看到，若1、2号环也在柄上，则1号环的环杆将阻止3号环左移过柄钉，而若1、2号环均在柄下，则2号环的环杆（它是穿过3号环的）将阻止3号环在左移过柄钉后返回，从两个横杠中落下，因此都是无法实现的，因此，只有当1号环在柄下，而2号环在柄上时，3号环才能下。反之亦然。

往下，对4号环、5号环……的上下，就都同3号环类似了，也就是，只有当它前面一个环在柄上，再前面的所有环都在柄下时，这个环才有可能上下。用数学方法表达的话，其规则是：如果只有n号环在柄上，则（n+1）号环就可以从柄上取下或装上。因此，如果想要取下9号环，则8号环必须在柄上，而1～7号环又都必须在柄下；如要取下7号环，则6号环必须在柄上，而小于6号的环都应先取下；如要取下5号环，则4号环必须在柄上而先要将1～3号环取下……

这样，在玩九连环时，要把9个环都从柄上取下，第一步应取

下1号环，而不可将1、2号环同时取下。

下面，我们给出取下九连环的全过程。其中12上、12下指的是1号环和2号环同时上下，这算一步。总共256步。把9个环都装上去的过程与此相反。

① 1下　　第一步，1号环下

② 3下　1上　12下　　3步，2、3号环下。连前共4步

③ 5下　12上　1下　3上　1上　12下　4下　12上
1下　3下　1上　12下

12步，4、5号环下。连前共16步

④ 7下　12上　1下　3上　1上　12下　4上　12上
1下　3下　1上　12下　5上　12上　1下　3上　1上
12下　4下　12上　1下　3下　1上　12下　6下　12上
1下　3上　1上　12下　4上　12上　1下　3下　1上
12下　5下　12上　1下　3上　1上　12下　4下　12上
1下　3下　1上　12下

48步，6、7号环下。连前共64步

④ 9下　12上　1下　3上　1上　12下　4上　12上

1下　3下　1上　12下　5上　12上　1下　3上　1上

12下　4下　12上　1下　3下　1上　12下　6上　12上

1下　3上　1上　12下　4上　12上　1下　3下　1上

12下　5下　12上　1下　3上　1上　12下　4下　12上

1下　3下　1上　12下　7上　12上　1下　3下　1上

12下　4上　12上　1下　3下　1上　12下　5上　13上

1下　3上　1上　12下　4下　12上　1下　3下　1上

12下　6下　12上　1下　3上　1上　12下　4上　12上

1下　3下　1上　12下　5下　12上　1下　3上　1上

12下　4下　12上　1下　3下　1上　12下

96步，至此柄上剩7、8号环。连前共160步

⑤ 8下　12上　1下　3上　1上　12下　4上　12上

1下　3下　1上　12下　5上　12上　1下　3上　1上

12下　4下　12上　1下　3下　1上　12下　6上　12上

1下　3上　1上　12下　4上　12上　1下　3下　1上

12下　5下　12上　1下　3上　1上　12下　4下　12上

1下　3下　1上　12下

48步，至此柄上剩6、7号环。连前共208步

⑥ 7下　12上　1下　3上　1上　12下　4上　12上
1下　3下　1上　12下　5上　12上　1下　3上　1上
12下　4下　12上　1下　3下　1上　12下

24步，至此柄上剩5、6号环。连前共232步

⑦ 6下　12上　1下　3上　1上　12下　4上　12上
1下　3下　1上　12下

12步。至此柄上剩4、5号环。连前共244步

⑧ 5下　12上　1下　3上　1上　12下

6步，至此柄上剩3、4号环。连前共250步

⑨ 4下　12上　1下

3步，至此柄上剩2、3号环。连前共253步

⑩ 3下　1上

2步，至此柄上剩1、2号环。连前共255步

⑪ 12下

1步，结束，9个环全部解下，共256步

解法看似繁琐，但是相信你独立解开一次之后，这些步骤就会烂熟于心的，时刻牢记九连环的基本操作方法和每个环上下所需要的条件，相信你一定会越玩越熟练。

孔明锁

★ 起源

孔明锁，相传是三国时期诸葛
孔明根据八卦玄学的原理发明的一
种玩具（也有人说是由春秋末期到
战国初期的鲁班发明的），曾广泛
流传于民间。近年来又逐渐得到人

们的重视，它对放松身心，开发大脑，灵活手指均有好处，是老少皆宜的休闲玩具。孔明锁看上去简单，其实内中奥妙无穷，如果你不得要领，很难完成拼合。

其实，孔明锁起源于中国古代建筑中首创的榫卯结构。这种三维的拼插器具内部的凹凸部分（即榫卯结构）啮合，十分巧妙。

● 多种多样的孔明锁结构

孔明锁的种类各式各样，千奇百怪，其中以最常见的六根和九根的孔明锁最为著名。其中，六根的孔明锁又按照地区、设计理念的不同，在构造上也不同。按照榫形，目前把六根孔明锁主要分为两大类：A类和B类。当然，六根孔明锁的榫形是远远不局限于这两种的。九根孔明锁，挑选其中的若干根，可以完成"六合榫"、"七星结"、"八达扣"、"孔明锁"。九种榫形要同时满足不同数量实现四种咬合结构，实为不易之事。

上海世博会山东馆的孔明锁由2016块规格为32乘以16厘米的LED模块组合而成。长宽高都达到5.2米的巨大孔明锁在山东馆可以算作一个"地标性"的符号，让人一提到山东馆，便想起孔明锁。从外表上看，六根等长的条形体分成三组，经90度卯榫起来，形成30个显示面，组成一段完整的电影片段。四季轮回的景象、万物生长的朝气、洁白天鹅的优雅飞翔，无不展示了人与自然和谐相处的理念与美好愿景。

山东馆展示的经典孔明锁造型

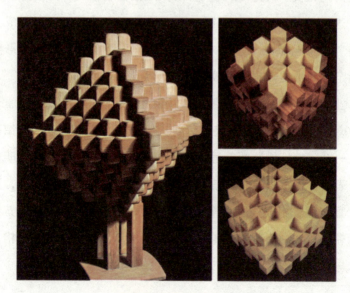

孔明锁千姿百态的变式

一种经典的孔明锁拆装分解图

　　下面为大家介绍一种六根类孔明锁经典造型的拼装方法。

① 先将6根木块并排放置，认清每一块的编号。

⑤   ⑥

② 将 ❶ 和 ❷ 按图示位置交叉放置

③ 把 ❸ 放置在 ❶ 的左侧、❷ 的右侧的相对位置上。将 ❹ 插入与 ❸ 形成对应面。

④ 将 ⑤ 拼上，与 ② 形成对应面。把 ⑥ 插入5根木块形
成的空隙中。

⑤　将 ⑥ 插进正确位置，完成孔明锁的组装。

　　以上是孔明锁的安装过程，拆卸过程其实就是安装过程的逆向操作，只需先抽出木块 ⑥ 即可。

　　孔明锁的造型多样，同种造型的变式更是不胜枚举，玩孔明锁对锻炼人的思维有很大的帮助。

★ 锻炼你的空间思维能力

　　七巧板和华容道属于2D平面游戏，而孔明锁则是3D立体游戏，所以它非常锻炼一个人的空间思维能力。榫卯的咬合搭配都需要细致地考虑木块间的空间布局。

★ 提高你的逻辑思维水平

　　孔明锁的拼装需要按照一定的先后顺序，可以先找到每个木块的对应面，再根据木块的具体形状来安排对应顺序。

★ 锻炼你解决问题的耐心和毅力

孔明锁拆开容易，装上难，在没有指引的情况下要拼好一个孔明锁，需要的只是耐心与毅力，当然也需要一点点的运气。通过玩孔明锁，可以帮助人们提高注意力，减少外界环境对自己的影响，养成不达目的誓不罢休的顽强品质。

风靡全球的魔方

● 起源

　　什么玩具在世界上最受欢迎？魔方当之无愧。前文已经介绍过，魔方和中国人发明的华容道、法国人发明的独立钻石一起被称为智力游戏界的三大不可思议的玩具发明。魔方是这三个玩具中最"年轻"的。

在1974年夏天，匈牙利建筑学院教授和雕塑家鲁比克·艾尔内发明了一种教学工具，他的本意仅仅是想帮助学生增强空间思维能力。直到魔方在手时，他将魔方转了几下后，才发现如何把混乱的颜色方块复原竟是个有趣而且困难的问题。鲁比克就决心大量生产这种玩具。魔方发明后不久就风靡世界，人们发现这个由小方块组成的玩意儿实在是奥妙无穷。

这种魔方就是最为经典的三阶魔方，伴随着人们对魔方研究的不断深入，许多爱好者开始研究更多样式的魔方，于是二阶、四阶、五阶魔方相继问世，甚至还出现了五花八门的不规则魔方。

魔方别看只有26个小方块，变化可真是不少，魔方总的变化数为：

$$\frac{8! \times 3^8 \times 12! \times 2^{12}}{3 \times 2 \times 2} = 43,252,003,274,489,856,000$$

如果你一秒可以转3下魔方，不计重复，你也需要转4542亿年，才可以转出魔方所有的变化，这个数字是目前估算宇宙年龄的大约30倍。

伴随着魔方样式的发展，魔方的玩法也越来越多。世界各地还会举办魔方比赛，这也更激发了魔方玩家的研究兴趣。2010年11月13日，澳大利亚玩家Feliks Zemdegs创下了一个惊人的纪录：只用6.77秒就复原了一个颜色被彻底打乱的魔方。同时，借助于强大的计算机运算能力，现在已经证明出任何一个被打乱的三阶魔方都可以在20步以内还原，"20"这个数字也被定为魔方还原的"上帝之数"。

在中国同样有一大批魔方的忠实爱好者，他们之间也亲切地称呼彼此为"魔友"。怎么样？对这个神奇的方块感兴趣了吧？下面就先学习一下魔方的基础知识吧。

三阶魔方的基本知识

◎ 中心轴 ◎

三阶魔方的中心轴连接着6个面的中心块，观察可知这6个中心块的相对位置是固定不变的。比如说：白色面与黄色面对应，绿色面与蓝色面相对应，红色面与橙色面相对应。

◎ 块 ◎

三阶魔方的块有三类，分别为：

1. 8个角块：位于每个面的边角，每块有三个面。

2. 6个中心块：位于每个面的中间，与中心轴相连，只有一个面。

3. 12个棱块：位于两个面的夹角部位，每块有两个面。

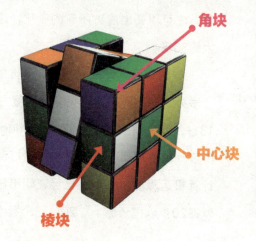

角块

中心块

棱块

◎ 面 ◎

　　三阶魔方是一个正六面体，自然有六个面，通常我们把正对着我们的面叫前面（用字母F表示），把其余五个面按照位置依次记为：背面、左侧面、右侧面、顶面、底面，它们分别用字母：B、L、R、U、D表示。熟悉英语的朋友肯定会发现，这些字母缩写正是表示方位的英文单词的首字母。

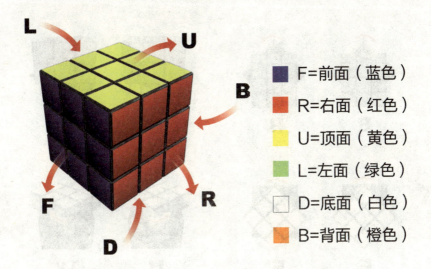

■ F=前面（蓝色）

■ R=右面（红色）

■ U=顶面（黄色）

■ L=左面（绿色）

□ D=底面（白色）

■ B=背面（橙色）

◎ 操作 ◎

　　魔方的玩法就是通过扭转各个面让魔方六面复原，或者拼出指定的图形。前面我们已经介绍了每一个面的字母代码，下面我们就用字母来代替面的操作，其中F代表前面顺时针转90°，F'代表前面逆时针旋转90°（我们用"'"来表示逆时针旋转90°，不带"'"便是顺时针旋转90°）。如下图：

魔方的十二种基本操作

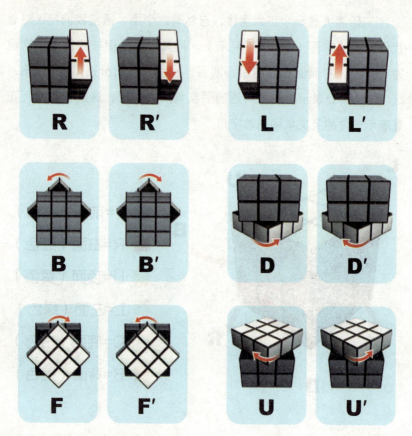

R   R'   L   L'

B   B'   D   D'

F   F'   U   U'

🟠 三阶魔方的初级解法

　　下面为大家介绍三阶魔方的初级解法。不管你的魔方被打乱到何种程度，只要按照下面的步骤操作，都能实现还原。

　　我们以白色为底面介绍还原过程，为了方便对照请你也以白色为底面。

① 还原底层十字架

　　魔方底层十字架可以无师自通，只是我们这一步要复原的四个棱块的相对位置顺序要注意，由于我们以白色中心块做底层，按照我们现在的主流魔方的贴纸的贴法（上黄下白，前蓝后绿，左橙右红），如果我们先复原了白蓝这个棱块，那我们在保持白色中心块在底部的情况下，白红的棱块就一定要放在白蓝棱块的右边，白橙棱块放在白蓝棱块的左边，白绿棱块放在白蓝棱块的对面，由于魔方的中心块不会发生变化，所以在还原的过程中，我们是以中心块为参照物的。这一步方法很多，难度也不大，请朋友们按照中心块的原则自己动脑完成。

目标图 ➡

② 底角归位

　　接下来我们需要把四个侧面的底角的角块还原。此时会有以下三

种情况，按照图后给出的解法可以很快的把底面还原。

★ 注意：图中标示出F字样的面是前面，请把它正对着你。（后面几步也是如此）

情况 1

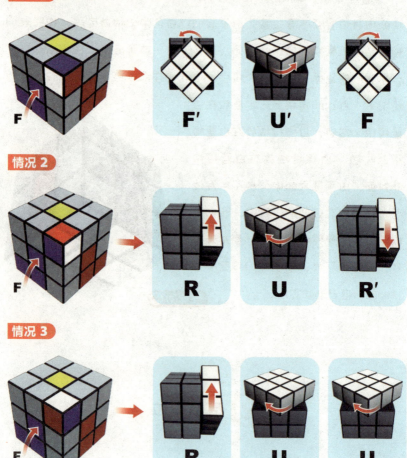

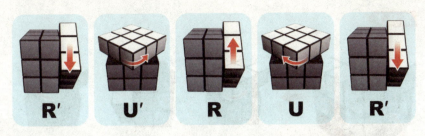

R′	U′	R	U	R′

★得到如右图所示结果，你即
可进入下一步了。

目标图 →

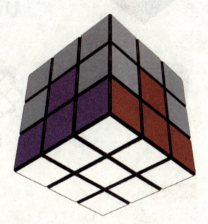

③ 拼好中间层

　　完成这一层仅需记住两个公式，分别对应着两种情况；首先把顶层中棱块侧面的颜色，与中心块的颜色对成一条直线，在这一层需要还原的一共有四个棱块（红蓝、蓝橙、橙绿、绿红），如果在第三层找不到所需棱块，那么它就出现在了中间层，利用下面公式的任意一个可以将其调换至顶层。反复使用下面两个公式，直到中间层的棱块归位。

情况 1

F → U R U'

R' U' F' U F

情况 2

F → U' F' U

F U R U' R'

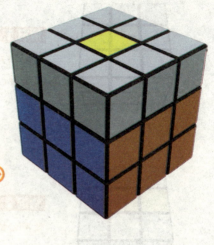

★得到如右图所示结果，你即可
进入下一步了。

目标图➡

④ 拼好顶层黄色十字

　　所谓顶层十字，就是把所有的黄色棱块，都翻到顶面，不用考虑
角块的颜色。解决顶层得到黄色十字架，只需一个公式。具体情况与解
决方法如下：

情况 1

使用公式A，必然会得到情况2或者情况3
的结果，再次使用公式A即可。

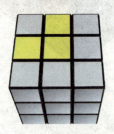

情况 2

使用公式A两次即可得到结果。

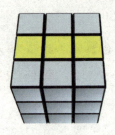

情况 3

使用公式A一次即可得到结果。

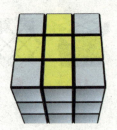

情况 4

直接进入下一个步骤。

★得到如右图所示结果，即可进入下一步了。

目标图 →

⑤ 拼好顶面

解决顶层得到黄色面，同样只需一个公式。具体情况与解决方法如下：

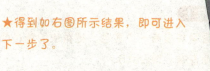

⬇ 公式 **B**

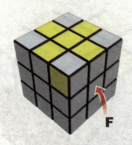

情况 1

顶层角块没有一个黄色，把角块的黄色面面向左侧，用公式B。

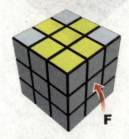

情况 2

顶层角块有一个黄色，把角块放在左前如图，用公式B。

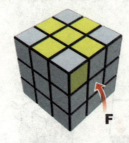

情况 3

假如任何两个角块是黄色的，不要管它的位置，只要把一个黄色的角块面作为前面，用公式B。

★得到如右图所示结果，即可进入下一步了。

目标图 ➡

⑥ 顶层角块归位

　　顶层角块归位就是让顶层的四个角块都回到正确的位置上去，完成这一步只需记住公式C即可。先在四个侧面中找到顶层两个角块颜色相同的面，把它作为前面，使用公式C即可完成此步。如果在同一面上找不到两个颜色相同的角块，则任取一面用公式C一次即会出现有相同颜色角块的一面。

相同颜色的面

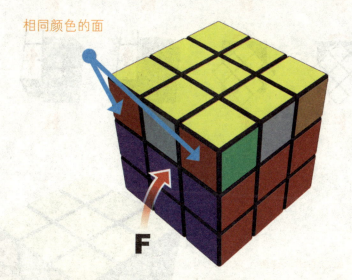

F

★注意：你所得到的相同颜色的面并不一定就是这个颜色，在使用公式操作前，请务必把相同颜色的面作为前面。

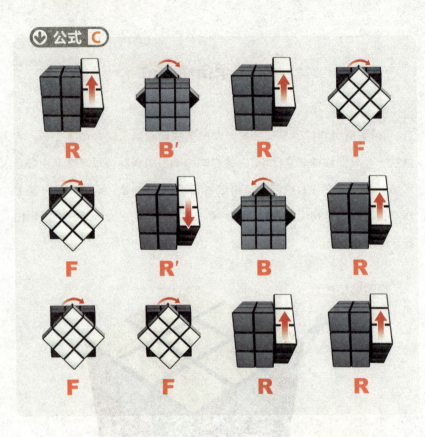

⬇ 公式 C

R	B′	R	F
F	R′	B	R
F	F	R	R

★得到如右图所示结果，你即可
进入下一步了。

目标图 ➡

⑦ 顶层棱块归位

　　最后一步了，此时一定要谨慎，通过观察把处于正确位置的棱块所在的面作为背面。此时的颜色不一定就是图中所示的，此时，最多用三次"三个棱块进行逆时针调换"的公式D就可完成对魔方的还原了！

⬇ 公式 D

R   R'   R   U

R   R   R   U'

R'   U'   R   R

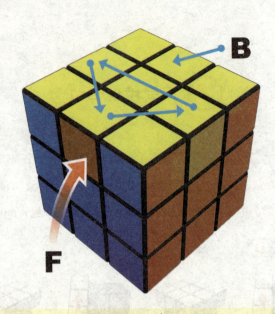

★ 此时最多使用3次公式D，即可还原整个魔方。要注意，在使用公式时，一定要保持前面始终正对着你。

恭喜你完成还原！

目标图 ➡

魔方可以带给你的收获：

魔方还原 ■ 提升你的空间思维能力

魔方速拧 ■ 训练你的观察和衔接能力

魔方手法 ■ 挑战你的手指灵活的极限

魔方盲拧 ■ 培养你的记忆力

魔方改造 ■ 增强你的动手能力

让你越玩越聪明

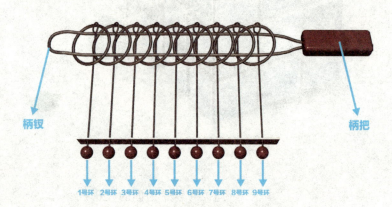

柄钗

柄把

1号环　2号环　3号环　4号环　5号环　6号环　7号环　8号环　9号环

CHAPTER 2

动脑玩de游戏

九宫数独、火柴拼图，还有海量的经典逻辑谜题，你能答出几个？你在遇到困难时是否能跳出思维定势？你是否具备创新能力？打开本章，让自己的头脑接受一场给力的思维风暴吧！

Zorro

淘乐斯变身公仔

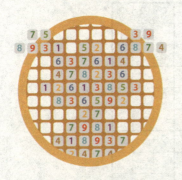

全世界都在玩的
数独游戏

　　你想锻炼自己对数字的敏感性么？你想提高自己观察、分析问题的能力么？玩玩数独游戏吧，一定让你大有收获！数独游戏自出现以后立即风靡全球，在九宫数独的基础上出现了许多变式，我们这里只列出一些经典的九宫数独游戏。

　　九宫数独的游戏规则：

　　在9×9的格子中，用1到9共9个阿拉伯数字填满整个格子，要求符合：

　　每一行都用到1到9，位置不限

　　每一列都用到1到9，位置不限

　　每个宫格即3×3的格子都用到1到9，位置不限

　　下面我们通过一个例题来了解一下解答数独问题的基本思路。

　　例题：完成下列九宫数独

	1	2	3	4	5	6	7	8	9
A	2						9	3	7
B			8					2	1
C		6		9			8		
D			3						
E		4					3	6	
F					8			4	
G		9		6		7	2		
H	6			1	2				
I					5			8	

　　1. 运用直接观察法和排除法，通过F6与I8位置的"8"，可以推断出第7个宫格中的"8"应该在G5的位置上，同理可得出A4、H2均为"8"。经过直接观察可填出如下图形：

	1	2	3	4	5	6	7	8	9
A	2			8			9	3	7
B	9		8				6	2	1
C		6		9		1	8	5	4
D			3						
E		4					3	6	
F					8			4	
G		9		6	8	7	2		
H	6	8		1	2				
I					5			8	6

　　2. 接着考察G8，通过行、列、格交叉法可知，G8不能为：2~9的任何一个数字，故G8为"1"；接着考察第八个宫格中"9"应当放的位置，因为第I行必须有一个"9"，而它不能出现在I7、I4

的位置上，而第七个宫格中有一个"9"，因此I1、I2、I3也不能填"9"，只能在I6上填"9"，类推可得:

	1	2	3	4	5	6	7	8	9
A	2		4	8			9	3	7
B	9		8				6	2	1
C		6		9		2	8	5	4
D			3						
E		4	9				3	6	
F			6			8		4	
G	4	9		6	8	7	2	1	
H	6	8			1	2			
I					5	9		8	6

3. 接着考察第八宫中的两个空格，观察可知应填入"3"、"4"。由D3的"3"可知，第七宫的"3"必然在I1或者I2中，因此I4就不能为"3"，只能填"4"，I6则为"3"。由此可得:

	1	2	3	4	5	6	7	8	9
A	2	5	4	8			9	3	7
B	9		8				6	2	1
C		6	1	9		2	8	5	4
D			3					7	
E		4	9				3	6	
F			6			8		4	
G	4	9		6		7	2	1	3
H	6	8	7	1		3	4	9	5
I			2	4	5	9	7	8	6

　　4. 由G6、E8、F3可知第五宫中的"6"必须在D5或D6的位置上，同理，第五宫中的"4"也必须在D5或D6的位置上，由此可知D5、D6两个位置只能是4和6。又根据C4、E3、I6可判断出，第五宫中的"9"只能在F5或D5中，又因为D5只能是4或者6，所以"9"只能在F5的位置上。之后依此类推，我们可以得到最终答案为：

	1	2	3	4	5	6	7	8	9
A	2	5	4	8	1	6	9	3	7
B	9	3	8	7	4	5	6	2	1
C	7	6	1	9	3	2	8	5	4
D	8	2	3	5	6	4	1	7	9
E	5	4	9	2	7	1	3	6	8
F	1	7	6	3	9	8	5	4	2
G	4	9	5	6	8	7	2	1	3
H	6	8	7	1	2	3	4	9	5
I	3	1	2	4	5	9	7	8	6

完成以下九宫数独 ↻

1.（入门级）

	1	2	3	4	5	6	7	8	9
A	8	2	3	1	6		5		
B		6	4			8		3	
C		5		3			6		8
D					8			7	1
E				4		1			
F	3	7			9				
G	7		9			2		8	
H		4		8			1	2	
I			8		4	5	7	6	3

答案

	1	2	3	4	5	6	7	8	9
A	8	2	3	1	6	9	5	4	7
B	1	6	4	7	5	8	9	3	2
C	9	5	7	3	2	4	6	1	8
D	4	9	6	5	8	3	2	7	1
E	5	8	2	4	7	1	3	9	6
F	3	7	1	2	9	6	8	5	4
G	7	3	9	6	1	2	4	8	5
H	6	4	5	8	3	7	1	2	9
I	2	1	8	9	4	5	7	6	3

2.（入门级）

	1	2	3	4	5	6	7	8	9
A		7							8
B	8			7		9			4
C						5	7		
D	9			6				3	7
E	3	8	4				6	9	2
F	6	2				8			5
G			6	2					
H	2			3		4			6
I	4							2	

答案

	1	2	3	4	5	6	7	8	9
A	5	7	9	4	6	3	2	1	8
B	8	6	2	7	1	9	3	5	4
C	1	4	3	8	2	5	7	6	9
D	9	1	5	6	4	2	8	3	7
E	3	8	4	1	5	7	6	9	2
F	6	2	7	9	3	8	1	4	5
G	7	5	6	2	9	1	4	8	3
H	2	9	1	3	8	4	5	7	6
I	4	3	8	5	7	6	9	2	1

3.（入门级）

	1	2	3	4	5	6	7	8	9
A	3				7		8	9	1
B	6		1					5	
C		9					3	7	
D		2				7			3
E	1	8	7		9		5	4	2
F	5			1				6	
G		1	2					8	
H		5					4		7
I	8	6	4		2			5	

答案

	1	2	3	4	5	6	7	8	9
A	3	4	5	2	7	6	8	9	1
B	6	7	1	9	3	8	2	5	4
C	2	9	8	4	1	5	3	7	6
D	4	2	6	5	8	7	9	1	3
E	1	8	7	6	9	3	5	4	2
F	5	3	9	1	4	2	7	6	8
G	7	1	2	3	5	6	4	8	9
H	9	5	3	8	6	4	4	9	7
I	8	6	4	7	2	9	1	5	3

4.（普通级）

	1	2	3	4	5	6	7	8	9
A			6						2
B			4		9	2			6
C					6		3		
D							1	7	
E		8	3	7	2		6	5	
F		9	7	3					
G			9		8				
H	2		5	6	1		9		
I	6	7					5		

答案

	1	2	3	4	5	6	7	8	9
A	9	5	6	1	7	3	4	8	2
B	8	3	4	5	9	2	7	1	6
C	7	2	1	8	6	4	3	9	5
D	5	6	2	9	4	8	1	7	3
E	4	8	3	7	2	1	6	5	9
F	1	9	7	3	5	6	8	2	4
G	3	1	9	4	8	5	2	6	7
H	2	4	5	6	1	7	9	3	8
I	6	7	8	2	3	9	5	4	1

5.（普通级）

	1	2	3	4	5	6	7	8	9
A	8		4	2		1			
B		2		8					
C	5		1		6			2	7
D	1				3				
E	9	5	8				1	4	3
F					1				2
G	4	1			8		2		6
H						6		7	
I				5		9	3		8

答案

	1	2	3	4	5	6	7	8	9
A	8	7	4	2	5	1	6	3	9
B	6	2	3	8	9	7	4	5	1
C	5	9	1	3	6	4	8	2	7
D	1	4	2	9	3	8	7	6	5
E	9	5	8	6	7	2	1	4	3
F	7	3	6	4	1	5	9	8	2
G	4	1	5	7	8	3	2	9	6
H	3	8	9	1	2	6	5	4	7
I	2	6	7	5	4	9	3	1	8

6.（普通级）

	1	2	3	4	5	6	7	8	9
A	7						1	3	6
B		3		8		1	7		5
C				3			2		
D	4	2	6			8			
E									
F				7			4	5	1
G			4			5			
H	2			7	9		3		6
I	3	8	5						7

答案

	1	2	3	4	5	6	7	8	9
A	7	4	8	5	9	2	1	3	6
B	6	3	2	8	4	1	7	9	5
C	1	5	9	3	6	7	2	4	8
D	4	2	6	1	5	8	3	7	9
E	5	7	1	4	3	9	6	8	2
F	8	9	3	7	2	6	4	5	1
G	9	6	4	2	7	5	8	1	3
H	2	1	7	9	8	3	5	6	4
I	3	8	5	6	1	4	9	2	7

7.（普通级）

	1	2	3	4	5	6	7	8	9
A	6			8	7		2		
B	3		8	1					
C		1		4			7		
D	5							2	
E		2		6		1		3	
F		9							5
G			7			8		1	
H						7	5		8
I			1		9	6			2

答案

	1	2	3	4	5	6	7	8	9
A	6	4	9	8	7	3	2	5	1
B	3	7	8	1	2	5	9	6	4
C	2	1	5	4	6	9	7	8	3
D	5	8	6	9	3	4	1	2	7
E	7	2	4	6	5	1	8	3	9
F	1	9	3	7	8	2	6	4	5
G	9	5	7	2	4	8	3	1	6
H	4	6	2	3	1	7	5	9	8
I	8	3	1	5	9	6	4	7	2

8.（普通级）

	1	2	3	4	5	6	7	8	9
A	7	3		5					
B			2		8	4			
C		6					9		2
D	6	2	1		7				
E	9								4
F					2		6	9	7
G	8		9					5	
H				8	3		2		
I						5		6	8

答案

	1	2	3	4	5	6	7	8	9
A	7	3	8	5	9	2	4	1	6
B	1	9	2	6	8	4	5	7	3
C	4	6	5	7	1	3	9	8	2
D	6	2	1	4	7	9	8	3	5
E	9	8	7	3	5	6	1	2	4
F	3	5	4	1	2	8	6	9	7
G	8	4	9	2	6	7	3	5	1
H	5	7	6	8	3	1	2	4	9
I	2	1	3	9	4	5	7	6	8

9.（困难级）

	1	2	3	4	5	6	7	8	9
A		2			1		5	6	
B		7	1						4
C		8				4			
D				5		1			9
E			9	6		2	7		
F	7			4		3			
G				9				1	
H	3						9	8	
I		9	7		2			3	

答案

	1	2	3	4	5	6	7	8	9
A	4	2	3	7	1	9	5	6	8
B	6	7	1	3	5	8	2	9	4
C	9	8	5	2	6	4	1	7	3
D	8	6	4	5	7	1	3	2	9
E	5	3	9	6	8	2	7	4	1
F	7	1	2	4	9	3	8	5	6
G	2	4	8	9	3	5	6	1	7
H	3	5	6	1	4	7	9	8	2
I	1	9	7	8	2	6	4	3	5

10.（困难级）

	1	2	3	4	5	6	7	8	9
A		9				5		4	
B	7							8	
C					3		5	1	
D				6		8		5	
E		8	6		2		7	9	
F		2		7		3			
G		6	1		7				
H		5							8
I		7		9				3	

答案

	1	2	3	4	5	6	7	8	9
A	1	9	2	8	6	5	3	4	7
B	7	3	5	4	1	9	6	8	2
C	6	4	8	2	3	7	5	1	9
D	3	1	7	6	9	8	2	5	4
E	4	8	6	5	2	1	7	9	3
F	5	2	9	7	4	3	8	6	1
G	2	6	1	3	7	8	4	9	5
H	9	5	3	1	7	6	4	2	8
I	8	7	4	9	5	2	1	3	6

11.（困难级）

	1	2	3	4	5	6	7	8	9
A	9							2	
B	8					4		7	3
C	2			5			6		
D				7		6			
E	1		4				8		7
F				4		2			
G			9			5			6
H	4	7		3					1
I		1							8

答案

	1	2	3	4	5	6	7	8	9
A	9	4	6	8	3	7	1	2	5
B	8	5	1	6	2	4	9	7	3
C	2	3	7	5	9	1	6	8	4
D	5	9	3	7	8	6	4	1	2
E	1	2	4	9	5	3	8	6	7
F	7	6	8	4	1	2	3	5	9
G	3	8	9	1	7	5	2	4	6
H	4	7	2	3	6	8	5	9	1
I	6	1	5	2	4	9	7	3	8

12.（困难级）

	1	2	3	4	5	6	7	8	9
A			8				3		
B				2				5	9
C	4	6			7				
D	7					6			8
E		5		1	3	7	6		
F	3			4					1
G					9			8	6
H	6	1				5			
I			3				4		

答案

	1	2	3	4	5	6	7	8	9
A	5	2	8	6	1	9	3	4	7
B	1	3	7	2	4	8	6	5	9
C	4	6	9	5	7	3	8	1	2
D	7	4	1	9	5	6	2	3	8
E	8	5	2	1	3	7	6	9	4
F	3	9	6	4	8	2	5	7	1
G	2	7	5	3	9	4	1	8	6
H	6	1	4	8	2	5	7	9	3
I	9	8	3	7	6	1	4	2	5

13.（困难级）

	1	2	3	4	5	6	7	8	9
A			6	7		9		5	
B			5		2			1	
C	8								9
D		4			1	6			
E			7		9		3		
F				5				2	
G	9								6
H		2			5		8		
I		3		8		1	5		

答案

	1	2	3	4	5	6	7	8	9
A	2	1	6	7	8	9	4	5	3
B	4	9	5	6	2	3	7	1	8
C	8	7	4	1	3	5	2	6	9
D	5	4	2	3	1	6	9	8	7
E	1	6	7	2	9	8	3	4	5
F	3	8	9	5	7	4	6	2	1
G	9	5	8	4	3	2	1	7	6
H	6	2	1	9	5	7	8	3	4
I	7	3	4	8	6	1	5	9	2

14.（大师级）

	1	2	3	4	5	6	7	8	9
A				7	8			9	1
B	6								3
C	5		1				2		
D	9				7	5	1		
E									
F			7	1	3				
G		2					4		6
H	7								5
I	4	9			6	3			

答案

	1	2	3	4	5	6	7	8	9
A	2	4	3	7	8	6	5	9	1
B	6	7	9	2	5	1	8	4	3
C	5	8	1	3	4	9	6	2	7
D	9	3	2	8	7	5	1	6	4
E	1	5	4	6	9	2	3	7	8
F	8	6	7	1	3	4	2	5	9
G	3	2	5	9	1	7	4	8	6
H	7	1	6	4	2	8	9	3	5
I	4	9	8	5	6	3	7	1	2

15.（大师级）

	1	2	3	4	5	6	7	8	9
A		2				9			3
B					6				2
C		4	6		1			5	
D		9		4				5	
E	3				7				6
F		8				6		2	
G					5		6	8	
H	5				9				
I	1			7				3	

答案

	1	2	3	4	5	6	7	8	9
A	8	2	1	5	4	9	7	6	3
B	9	5	3	8	6	7	4	1	2
C	7	4	6	2	1	3	5	9	8
D	6	9	7	4	2	8	3	5	1
E	3	1	2	9	7	5	8	4	6
F	4	8	5	1	3	6	9	2	7
G	2	7	4	3	5	1	6	8	9
H	5	3	8	6	9	2	1	7	4
I	1	6	9	7	8	4	2	3	5

趣味图形推理

你对图形的敏感度够高吗？根据下面的图形做做推理，选择出最适合填在空格处的图形。

1.

答案：C。第一套图形均由阴影和空白两部分组成，第二套图形内部均为阴影，只有C选项符合题意。

2.

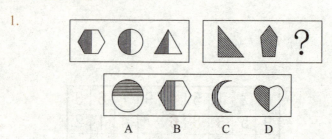

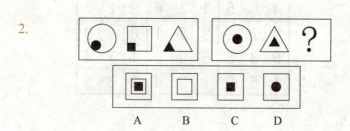

答案：C。图形由全等的内外两部分组成，内部为实心，只有C符合题意。

3.

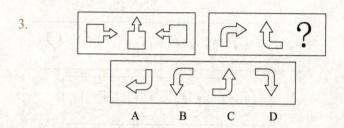

答案：A，根据第一套图可以发现：后面的图形均由前一个图逆时针旋转90度得到，第二套图也符合这个规律，只有A正确。

4.

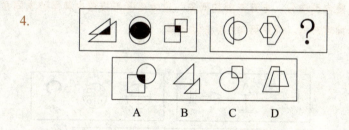

答案：D，本图形为相交的两个相似图形，由此可以排除A和C；B项只是相切，图形没有重合的部分，只有D选项符合图中规律。

5.

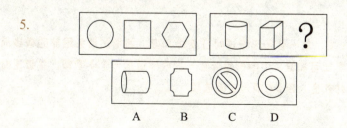

答案：A，第一套图中的图形均为平面图，第二套图中的图形为立体图。四个备选答案中只有A选项是立体的，本题选A。

6.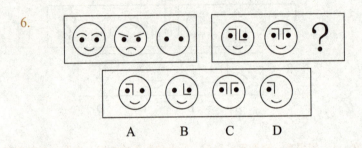

答案：A，通过观察我们可以发现，第三个图形通过保留第一、二图形中重合的部分，舍弃不同的而来。这就是图形推理中典型的求同舍异的推理方式。观察可知A为正确答案。

7.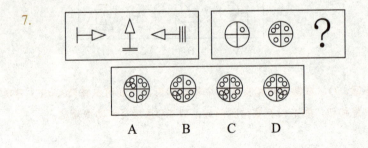

答案：C，第一套图形按逆时针旋转90度，并增加箭头尾部的横线而来；类比可知第二个图形每变化一次内部增加一个小圆圈，并按逆时针旋转90度，因此C项为正确选项。

8.

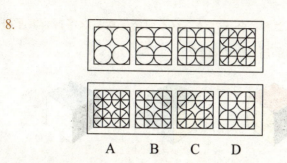

A　　B　　C　　D

答案：A，图形每变化一次小圆内部便增加一条直线，通过观察可知最后一个图内应当有四条直线，应当选择A。

9.

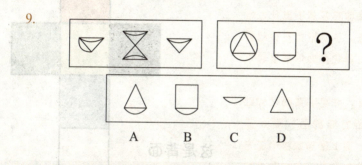

A　　　B　　　C　　　D

答案：C，典型的求同舍异的题目，前两个图形的重合部分构成第三个图形。通过观察可知C选项为第二套图中重合的部分。

10. 一个涂上颜色的正方体，从不同角度看可以得到如下图形，请问，与红色相对的面是哪个颜色？

答案：这种题目非常考验我们的空间思维能力，如果你实在想不出什么好方法，不妨把正方体给剪开，看它是如何折叠起来的。

因此，红色的背面（即红色所对应的面）就是蓝色。把上图当做这个正方体的外表面，在你的大脑里折叠一下，看看是否能得到上面的三个图形吧。

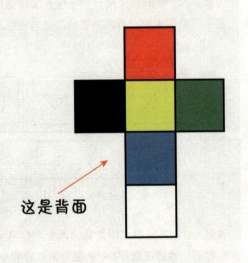

这是背面

11. 用24根火柴棒摆成2个正方形，如何挪动其中任意4根火柴，使其形成3个正方形？

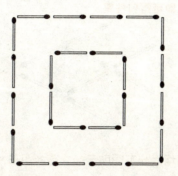

答案：移动处于对角位置的4根火柴棒，得到如下图所示的图形即可。

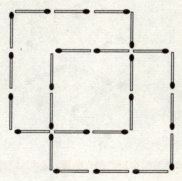

12. 请你平行移动3根火柴棒，让下图小鱼的鱼头朝向右边。

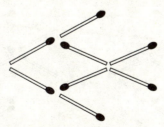

答案：仔细观察图中的火柴方向，我们只需把火柴头朝着右上方的3根火柴平行移动，即可得到答案。

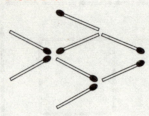

13. 用10根火柴摆成如下图所示的飞鸟状图形，请问如何平行移动3根火柴，使鸟的头部朝右？

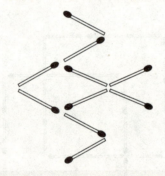

答案：如图，平行移动下图中蓝色的火柴棒，即可让飞鸟调头。

移动3根蓝色火柴：　　　　　　得到所需图形：

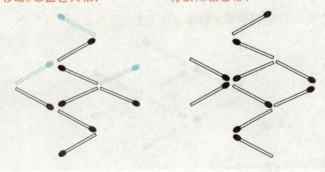

14. 4个儿子继承了祖父留下的如下图所示的土地，请使用8根火柴棍，把它分成同样形状、同样大小的4等份。当心，分错了可不是闹着玩的！

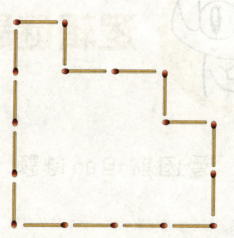

答案：我们令4根火柴围成的一个小正方形的面积为1，则这块土地的面积就是12，若要分成四等份则设小块土地的面积为3。观察土地的形状我们可以将8根火柴添加在右图位置：

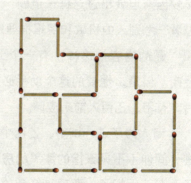

逻辑谜题

爱因斯坦的谜题

许多著名的科学家常常喜欢出一些有趣的题目，伟大的物理学家爱因斯坦就出过这样一道题：《土耳其商人和帽子的故事》，就想考一考别人的机敏和逻辑推理能力。

题的内容是这样：有一个土耳其商人，想找一个助手协助他经商。但是，他要的这个助手必须十分聪明才行。消息传出的三天后，有甲、乙两人前来应聘。

商人为了试一试甲、乙两个人中哪一个聪明一些，就把他们带进一间伸手不见五指的漆黑的房子里。商人打开电灯说："这张桌子上有五顶帽子，两顶是红色的，三顶是黑色的。现在，我把灯关掉，并把帽子摆的位置搞乱，然后，我们三人每人摸一顶帽子戴在头上。当我把灯开亮时，请你们尽快地说出自己头上戴的帽子是什么颜色的。"说完之后，他们就这样做了。

待这一切做完之后，商人把电灯重新开亮。这时候，那两个人看到商人头上戴的是一项红色的帽子。

过了一会儿，甲喊道："我戴的是黑帽子。"甲是如何推理的？

答案

甲是这样推理的：如果我戴的也是红帽子，那么，乙就马上可以猜到自己是戴黑帽子（因为红帽子只有两顶）；而现在乙并没有立刻猜到，可见，我戴的不是红帽子。

可见，乙的反应太慢了。

结果，甲被土耳其商人雇用了。

安徒生的反驳

安徒生是丹麦著名的童话作家。他生活很俭朴，常戴着破旧的帽子在大街上行走。有一次，一个行路人嘲笑他："你脑袋上边的那个玩意儿是什么？能算是帽子吗？"

面对这样的侮辱，安徒生予以巧妙而犀利的回击，你能猜出他是怎么回击的吗？

答案

安徒生回敬道："你帽子下边那玩意儿是什么，能算是脑袋吗？"

机智的纪晓岚

　　清代才子纪晓岚，有一次陪乾隆皇帝观赏弥勒佛像。乾隆突然问："这弥勒佛为什么看着我笑？"

　　纪晓岚知道乾隆常常自比文殊菩萨，便张口答道："佛见佛笑。"

　　皇帝很高兴，却又话锋一转："那弥勒佛为什么看你也笑？"

　　面对这个极具刁难性的问题，纪晓岚给予了巧妙的回答，你能猜出他是怎么说的吗？

答案

纪晓岚说："佛笑我不能成佛。"

幽默反击

　　著名诗人海涅是犹太人。一天，一个人想戏弄他一下，说道："我去过一个小岛，那岛上什么都有，只缺犹太人和驴了。"

　　海涅只平静地说了一句话，那人就灰溜溜地走了。

　　请问海涅是怎样反击的？

答案

海涅说：如果我和你去了，那就什么都不缺了。

机智应对

一日，财主拿出了一块布料，来到阿凡提的染布店，说："阿凡提，快将我这块布染色。"

阿凡提问他要什么颜色，财主说："我不要白色的，不要黄色的，不要蓝色的，也不要红色的，更不要黑色的……"他把所有的颜色都说了一遍，故意刁难阿凡提。

阿凡提想了一下说："不要紧，到时来取吧！"财主忙问："什么时候？"

请问，阿凡提是怎样回答财主的呢？

答案

阿凡提说："不是星期一，不是星期二……不是星期天。"

林肯的回答

美国前总统林肯少年在校读书时聪慧过人，有一次老师想难住他，问他说："林肯，我想考考你，你愿意考一道难题呢，还是考两道容易的题目？"

"考一道难题吧。"

"好吧，那么你回答，"老师说，"鸡蛋是怎么来的？"

　　"鸡生的呗。"林肯答道。"鸡又是哪来的呢？"老师想将林肯引入"鸡生蛋，蛋生鸡"这个纠缠不清的问题的陷阱，没想到林肯以一句机智的回答巧妙地避开了。

　　请问，林肯是怎么回答的?

答案

　　"老师，这是第二个问题了。"林肯说。

"坚硬"的鸡蛋

　　爸爸给儿子出了一道题，一山高800米，一人站在山顶上扔出一个鸡蛋，鸡蛋下落800米时完好无损，这是怎么回事? 儿子说："那山下是水，或是有海绵。""不，山下是石头。"

　　读者朋友们，你能想出来是怎么回事吗?

答案

　　因为人有高度，鸡蛋落地的实际距离是山高加人高，落到800米时还没着地，当然不会摔坏。

潮涨潮落

　　阿明的老家在海边，他第一次回老家，充满了好奇，特别是对涨潮落潮，简直看得入了迷。他想了一个主意，在渔船的船边上放下一条绳梯，绳梯共有10级，每级相隔30厘米，放下时，正好最后一级接触到水面。

涨潮了，阿明赶紧跑去看绳梯，如果水每小时上升10厘米，两小时后水能没过几级绳梯呢？

答案

还是老样子，因为水涨船高。

相对论

爱因斯坦经常到大学里做关于"相对论"的报告。一天，他的司机对他说："博士，你的演讲我听了30遍了，能不能让我去讲一回呢？"

当应邀到一所无人与他相识的大学去演讲时，爱因斯坦与他的司机互换了装束，司机上台充当爱因斯坦。司机讲得很成功，但在准备离开时，一位教授上前请教了一个复杂的问题。司机当然回答不出来，他灵机一动，说了一句话，最后还是爱因斯坦把问题解决了。

司机是怎么说的？

答案

司机说："你这个问题太简单了，为了证明它有多简单，我叫我的司机给你回答就好了。"

沃尔夫的提问

大音乐家瓦格纳的学生、奥地利作曲家胡戈·沃尔夫，37岁时精神失常，被送进一家精神病院。

"那只钟有毛病吗？"作曲家指着医院餐厅里挂着的一只钟问道。

"它走得很准，没有问题。"服务员回答说。

沃尔夫又问了一个问题，巧妙地证明了自己是"正常"的，不应该进精神病院。你知道他是怎么说的吗？

答案

那么，它来这儿干什么呢？

兔子的年龄

有四只兔子，年龄分别为一岁到四岁。它们中有两只说话了，无论谁说话，如果说的是关于比它大的兔子的话都是假话，说比它小的话都是真话。

兔子甲说："兔子乙三岁。"兔子丙说："兔子甲不是一岁。"

你能知道这四只兔子分别是几岁吗？

答案

甲2岁，乙4岁，丙3岁，丁1岁。

如果丙兔子说的是假话，丙就比甲年龄小，而且甲就是1岁，这是不可能的。所以丙兔子的发言是真实的，就是甲不是1岁，丙比甲的年龄要大。

如果甲的发言是真的，就是乙3岁，甲要比乙年龄大就是4岁，这与上面的分析是矛盾的。所以，甲的话是假的，乙也不是3岁，甲比乙的年龄要小。

根据以上分析，乙是4岁，丙是3岁，甲是2岁，剩下的丁就是1岁。

相同的试卷

老师在阅卷时发现两张完全相同的考卷，在考场上作弊肯定是不可能的，这到底是怎么回事？

答案

两张试卷都是满分，或者都是白卷。

压板的两端

在夏天时，在压板的一边放上西瓜，另一边放上冰块，请问，

一直这样放着，最后压板会倾向哪边？

答案

最后压板是平衡的。冰化完了，压板会倾向西瓜，西瓜变
会滚下去，压板便会恢复平衡。

空壶取水

假设有一个池塘，里面有无穷多的水。现有两个空水壶，容积
分别为5升和6升。问题是如何只用这两个水壶从池塘里取得3升的
水。

答案

1. 先把5升的壶灌满，倒在6升的壶里，这时6升的壶里有5
升水。2. 再把5升的壶灌满，用5升的壶把6升的灌满，这时5升
的壶里剩4升水。3. 把6升的壶里的水倒掉，再把5升壶里剩余
的水倒入6升的壶里，这时6升的壶里有4升水。4. 把5升的壶灌
满，倒入6升的壶里，5-2=3。

赚了多少

一个人花8块钱买了一只鸡，9块钱卖掉了，然后他觉得不

划算，花10块钱又买回来了，11块卖给另外一个人。问他赚了多少？

答案

不要被复杂的过程所迷惑。这个人总共进行了两次交易，每次他都从中获利1元，所以他一共赚了2元。

养猫的人

5个人来自不同地方，住不同房子，养不同动物，吸不同牌子香烟，喝不同饮料，喜欢不同食物。根据以下线索确定谁是养猫的人。

1. 红房子在蓝房子的右边，白房子的左边（不一定紧邻）。

2. 黄房子的主人来自香港，而且他的房子不在最左边。

3. 爱吃比萨的人住在爱喝矿泉水的人的隔壁。

4. 来自北京的人爱喝茅台，住在来自上海的人的隔壁。

5. 吸希尔顿香烟的人住在养马人的右边隔壁。

6. 爱喝啤酒的人也爱吃鸡。

7. 绿房子的人养狗。

8. 爱吃面条的人住在养蛇人的隔壁。

9. 来自天津的人的邻居（紧邻）一个爱吃牛肉，另一个来自成都。

10. 养鱼的人住在最右边的房子里。

11. 吸万宝路香烟的人住在吸希尔顿香烟的人和吸"555"香烟的人的中间（紧邻）。

12. 红房子的人爱喝茶。

13. 爱喝葡萄酒的人住在爱吃豆腐的人的右边隔壁。

14. 吸红塔山香烟的人既不住在吸健牌香烟的人的隔壁，也不与来自上海的人相邻。

15. 来自上海的人住在左数第二间房子里。

16. 爱喝矿泉水的人住在最中间的房子里。

17. 爱吃面条的人也爱喝葡萄酒。

18. 吸"555"香烟的人比吸希尔顿香烟的人住的靠右。

答案：根据条件我们可以列出以下表格

1	2	3	4	5
蓝房子	绿	黄	红	白
北京人	上海	香港	天津	成都
茅台酒	葡萄	矿泉水	茶	啤酒
豆腐	面条	牛肉	比萨	鸡
健牌	希尔顿	万宝路	555	红塔山
马	狗	蛇	猫	鱼

所以天津人养猫。

最大的钻石

一楼到十楼的每层电梯门口都放着一颗钻石，钻石大小不一。你乘坐电梯从一楼到十楼，每层楼电梯门都会打开一次，你每次只能携带一颗钻石，问怎样才能拿到最大的一颗？

答案

先拿下第一楼的钻石，然后在每一楼把手中的钻石与那一楼的钻石相比较，如果那一楼的钻石比手中的钻石大的话那就把手中的钻石换成那一层的钻石。

四人过桥

U2合唱团在17分钟内得赶到演唱会场，途中必须跨过一座桥，四个人从桥的同一端出发，你得帮助他们到达另一端，天色很暗，而他们只有一只手电筒。一次同时最多可以有两人一起过桥，而过桥的时候必须持有手电筒，所以就得有人把手电筒带来带去，来回桥两端。手电筒是不能用丢的方式来传递的。四个人的步行速度各不同，若两人同行则以较慢者的速度为准。Bono需花1分钟过桥，Edge需花2分钟过桥，Adam需花5分钟过桥，Larry需花10分钟过桥。他们如何才能在17分钟内过桥呢？

答案

假设这四个人分别为甲（1分钟）、乙（2分钟）、丙（5分钟）、丁（10分钟）。

第一次去：甲和乙（2分钟）；

第一次回：甲（1分钟）；

第二次去：丙和丁（10分钟）；

第二次回：乙（2分钟）；

第三次去：甲和乙（2分钟）；

总计：17分钟。

天平分盐

有7克、2克砝码各一个，天平一只，如何只用这些物品三次将140克的盐分成50克、90克各一份？

答案

可以用以下3步得到答案：

天平一边放9克砝码，另一边放9克盐。

天平一边放7克砝码和刚才得到的9克盐，另一边放16克盐。

天平一边放第2步得到的16克盐和再刚才得到的9克盐，另一边放25克盐。

此时天平两端各有25克盐，合起来就是50克盐，剩余的盐刚好为90克。

假币问题

一天，小红的店里来了一位顾客，挑了25元的货，顾客拿出100元，小红没零钱找不开，就到隔壁小明的店里把这100元换成零钱，回来给顾客找了75元零钱。过一会，小明来找小红，说刚才的是假钱，小红只好给小明换了张真钱。请问小红赔了多少钱？

答案

不要被小明的钱数打乱了你的思路。其实，小明是不赚不赔的，我们只需要找出顾客赚了多少钱就能知道小红赔了多少。

由题目可知，顾客赚了75元的零钱以及25元的货物，所以他赚了100元，小红赔了100元。

开关与灯

屋里三盏灯，屋外三个开关，一个开关仅控制一盏灯，屋外看不到屋里。怎样只进屋一次，就知道哪个开关控制哪盏灯？

答案

　　要知道灯泡在工作一段时间之后会发热，根据这个原理我们可以通过以下方法把开关和电灯匹配出来：先开一盏，足够长时间后关了，开另一盏，进屋看，亮的为后来开的，摸起来热的为先开的，剩下的一盏也就确定了。

猴子分桃

　　有5只猴子在海边发现一堆桃子，决定第二天来平分。第二天清晨，第一只猴子最早来到，但它没办法将桃子等分成五份，就朝海里扔了一只，恰好可以分成5份，随后它拿上自己的一份走了。第2、3、4、5只猴子也遇到了同样的问题，它们采用了同样的方法，都是扔掉一只后，恰好可以分成5份。问这堆桃子至少有多少只？

答案

　　这堆桃子至少有3121只。第一只猴子扔掉1个，拿走624个，余2496个；第二只猴子扔掉1个，拿走499个，余1996个；第三只猴子扔掉1个，拿走399个，余1596个；第四只猴子扔掉1个，拿走319个，余1276个；第五只猴子扔掉1个，拿走255个，余4堆，每堆255个。

老师的生日

小明和小强都是张老师的学生，张老师的生日是M月N日，2人都知道张老师的生日是下列10组中的一天：

3月4日 、3月5日 、3月8日、6月4日 、6月7日、9月1日、9月5日、12月1日 、12月2日 、12月8日

张老师把M值告诉了小明，把N值告诉了小强，张老师问他们知道他的生日是哪一天吗？

小明说："如果我不知道的话，小强肯定也不知道。"

小强说："本来我也不知道，但是现在我知道了。"

小明说："哦，那我也知道了。"

请根据以上对话推断出张老师的生日是哪一天。

答案

应该是9月1日。

首先分析这10组日期，经观察不难发现，只有6月7日和12月2日这两组日期的日数是唯一的。由此可知，如果小强得知的N是7或者2，那么他必定知道了老师的生日。

再分析小明说的"如果我不知道的话，小强肯定也不知道"，而该10组日期的月数分别为3，6，9，12，每个月份的日期都有两组以上，所以小明得知M后是不可能知道老师生日的。

进一步分析"小明说：如果我不知道的话，小强肯定也不知道"，结合第2步结论，可知小强得知N后也绝不可能知道。

结合第3和第1步，可以推断：所有6月和12月的日期都不是老师的生日，因为如果小明得知的M是6，而若小强的N=7，则小强就知道了老师的生日。（由第1步已经推出），同理，如果小明的M=12，若小强的N=2，则小强同样可以知道老师的生日。即：M不等于6和9。现在只剩下"3月4日、3月5日、3月8日、9月1日、9月5日"五组日期。而小强知道了，所以N不等于5（有3月5日和9月5日），于是，小强的N∈（1，4，8），此时N虽然有三种可能，但对于小强只要知道其中的一种，就得出结论。所以小强说："本来我也不知道，但是现在我知道了"，我们则还需要继续推理。至此，剩下的可能是"3月4日、3月8日、9月1日"。

分析小明说："哦，那我也知道了"，说明小明知道通过小强拿到的日期能够确定出老师的生日，只有"9月1日"可以通过"1"直接推导出日期，因此老师的生日是9月1日。

工 人 的 报 酬

你让工人为你工作 7 天，给工人的回报是一根金条。金条上划有七等分线，你必须在每天结束时都付给工人七分之一根金条的报酬，如果只许你两次把金条弄断，你如何给你的工人付费？

答案

假设金条长度为7，把它分为：1、2、4三段，我们分别称这三段为：A、B、C。第一天，A给工人；第二天，B给工人，拿回A；第三天，A还给工人；第四天，C给工人，拿回A和B；第五天，A给工人；第六天，B给工人，拿回A；第七天，A给工人。

聪明人问路

一个岔路口分别通向诚实国和说谎国。来了两个人，已知一个是诚实国的，另一个是说谎国的。诚实国永远说实话，说谎国永远说谎话。现在你要去说谎国，但不知道应该走哪条路，需要问这两个人。请问应该怎么问？

答案

"我要到你的国家去，请问怎么走？"这样问时，如果遇到了诚实国的人，他会给你指向诚实国所在的方向，如果遇到说谎国的人他也会指向同一方向，然后走向路人所指方向的相反方向。

强盗与骑士

　　一个岛上有男女骑士和男女强盗。骑士和强盗唯一的区别是：骑士只说真话，强盗只说假话。一位智者到岛上观光，遇到一位骑马的女士，他想知道这位女士的身份，恰好远处又来了一位骑马的男士。智者便委托女士去问那位男士的身份，女士问过回来告诉智者：男人声称自己是骑士。据此，你可以断定出什么？

答案

　　确定身份的关键是确定所说话的真假，题干只给出了女士的一句话，怎么确定真假呢？只有知道那位男士的话才能确定转述者所说的真假，除此之外，别无可能。这样，我们就知道，那位男士的话一定是可以确定的，不然此题就无法选择了。其实，如果有这方面的知识，就会马上看出，那位男士的话是一个标准的"归一"，即虽然男士本身存在两种可能，或者是骑士，或者是强盗，但根据题干给出的"骑士只说真话，强盗只说假话"的条件，男士是骑士会说自己是骑士（真话），是强盗也会说自己是骑士（假话），由此可知，女士向智者转述的是真话，可以断定女士是骑士，而男士的身份不能断定。

小球排序

有四个外表看起来没有分别的小球，它们的重量可能各有不同。取一个天平将甲乙放一组，丙丁为另一组，分别放在天平的两边，天平是基本平衡的。将乙和丁对调一下，丁一边明显的要比乙、丙一边重很多。可奇怪的是我们将天平的一边放上甲、丙，而另一边刚放上乙，还没有来的及放上丁时，天平就压向了乙一边。则四个球由重到轻的顺序是？

答案

题干条件可以整理为：甲＋乙＝丙＋丁，甲＋丁＞乙＋丙，由此可以得到：丁＞乙，甲＞丙，再由甲＋丙＜乙，可知，乙＞甲，即丁＞乙＞甲＞丙。

红色弹球

你有两个罐子，50个红色弹球，50个蓝色弹球，将两种颜色的球全部放入两个罐子中，之后闭上眼睛任意从一个罐子中选出一颗球，怎么给红色弹球最大的选中机会？在你的计划中，得到红球的准确几率是多少？

答案

把一个红色弹球装入罐子A中，余下的49个红球、50个蓝球装在另一个罐子B中，此时可以保证得到红球的概率最大。其概率为：

50%×100%+50%×49%=50%+24.5%=74.5%

其中50%×100%是选中了罐子A时拿到红色弹球的概率，50%×49%是选中了罐子B时拿到红色弹球的概率，最终得到的最大概率为74.5%。

有趣的酒桶

一位酒商有6桶葡萄酒和啤酒，容量分别为30升、32升、36升、38升、40升、62升。

其中五桶装着葡萄酒，一桶装着啤酒。第一位顾客买走了两桶葡萄酒；第二位顾客所买葡萄酒则是第一位顾客的两倍。请问，哪一个桶里装着啤酒？

答案

通过把数字带入验证可知：第一个人买的葡萄酒为：30升和36升，共66升；第二个人所买的葡萄酒为：32升、38升和62升，共计132升，恰好为66升的两倍。因此，余下的40升的酒桶中装的便是啤酒。

熊是什么颜色的

一口井深20米，一只熊从井口跌至井底用了2秒钟时间。
请问：这只熊是什么颜色的?

答案

这只熊是白色的。其原因是：地球不是圆的而是椭圆的。
根据万有引力，离地球地心越近，地球引力越大。再根据地理
知识，地球上哪里离地球地心较近哪里就是两极，也就是说，
只有在两极，熊才能在2秒钟的时间里下落20米，在其他的地方
是不可能的。而南极没有熊，北极也只有一种熊——北极熊，
因此这只熊只能是一只北极熊，当然是白色的。

在电梯里的男人

有个男人住在十楼。每天他会乘电梯下到大堂，然后离开。晚
上，他会乘电梯上楼，如果有人在电梯里或者那天下雨，他会直接
坐到他的那层。否则，他会坐到第七层，然后他会走三层到他的公
寓。你能解释为什么吗?

答案

这个男人是个侏儒。他够不到电梯上层的按钮，但是他可以叫其它人帮他按。他也可以用他的雨伞按。

抛球

你怎样才能把一个球尽量大力地抛出去，然后球又会折回来，甚至它没有碰到任何东西，也没有任何牵制物，也没有人接到再抛回来。

答案

把球往天上抛。

生物学

让我们来看看一些原始的有机体分解，每一分钟都分裂成同原来相同体积的两部分。在12点的时候，容器里是满的，那在什么时候容器是一半满的？

答案

容器在11点59分时是一半满的，下一分钟就是现在的两倍（所以在12时是满的）。

多出的一元钱

　　有3个人去投宿，一晚30元。三个人每人掏了10元凑够30元交给了老板。后来老板说今天优惠只要25元就够了，拿出5元命令服务生退还给他们，服务生偷偷藏起了2元，然后，把剩下的3元钱分给了那三个人，每人分到1元。这样，一开始每人掏了10元，现在又退回1元，也就是10-1=9，每人只花了9元钱，3个人每人9元，3×9=27元+服务生藏起的2元=29元，还有一元钱去了哪里？

答案

　　这道题迷惑人主要是它把那2元钱从27元钱当中分离了出来，原题的算法错误地认为服务员私自留下的2元不包含在27元当中，所以也就有了少1元钱的错误结果；而实际上私自留下的2元钱就包含在这27元当中，再加上退回的3元钱，结果正好是30元。还有一种算法：每人所花费的9元钱已经包括了服务生藏起来的2元（即优惠价25元+服务生私藏2元=27元=3×9元），因此，在计算这30元的组成时不能算上服务生私藏的那2元钱，而应该加上退还给每人的1元钱。即：3×9+3×1=30元。正好！

老实人

刚搬来骗子村的老实人显然还不太习惯骗子村的身活方式。因此，他只有在星期一说谎，其他日子说的都是真话。请问：老实人只有在星期二才能说的话是什么？

答案

也许你会猜他说的是："今天是星期二。"但是，这句话他在星期一也可以说。他所能说的话是："今天要不是星期一，就是星期二。"

过桥的小丑

马戏团有个体重60千克的小丑要拿着3个各重10千克的环过桥。不幸的是，桥只能承受80千克的重量。马戏团的团长说如果边走边耍这些环，每时每刻都有一个环在空中，那么他就能顺利过桥。

小丑如果照着团长的话去做，桥能支撑得住他们的重量吗？

答案

桥撑不住小丑，牛顿第三运动定律指出，任何物理施力时也

是受力物体；小丑把环扔到空中时对环施加了一个力，这个力
比环的重力大。这个力，加上小丑和剩下两个环的重量将把桥
压垮。

空汽水瓶

5个空瓶可以换1瓶汽水，某班同学喝了161瓶汽水，其中有一些
是用喝剩下来的空瓶换的，那么他们至少要买汽水多少瓶？

答案

我们可以从问题的反面来考虑：先买161瓶汽水，喝完以
后用这161个空瓶还可以换回32瓶（161÷5=32余1）汽水，
然后再把这32瓶汽水退掉，这样一算，就发现实际上只需要
买161-32=129瓶汽水。可以检验一下：先买129瓶，喝完后
用其中125个空瓶（还剩4个空瓶）去换25瓶汽水，喝完后用
25个空瓶可以换5瓶汽水，再喝完后用5个空瓶去换1瓶汽水，
最后用这个空瓶和最开始剩下的4个空瓶去再换一瓶汽水，这
样总共喝了：129+25+5+1+1=161瓶汽水。因此至少要喝129
瓶汽水。

最远距离

有一辆自行车，前轮和后轮都是新的，并且可以互换，轮胎在前轮位置可以行驶5000千米，在后轮位置可以行驶3000千米，问使用两个新轮胎，这辆自行车最多可以行多远？

答案

我们考虑在中途某个时刻将车轮调换，则非常麻烦。如果将这个问题转化成工程问题：把一个车轮的使用寿命看做单位"1"，则每行1千米，前轮被使用了1/5000，后轮被使用了1/3000。

随后，用两个轮子的寿命除以2个轮子每千米消耗的"寿命"可得：

2÷（1/5000+1/3000）=3750（千米），很容易就求出使用这两个轮子最多可以行3750千米，就不用考虑何时调换轮子这个恼人的问题。

1的次数

在一本300页的书中，数字"1"在书中出现了多少次？

答案

解题时不妨从个位、十位、百位分别来看。

从个位来看0～100、101～200、201～300分别有10个"1"，共有30个"1"；

同理可得十位数上的"1"的个数为30个；

百位数上的"1"的个数为100；

因此"1"的总数为：30+30+100=160个。

被整除的数

在1至1000这1000个自然数中，能被5或11整除的自然数一共有多少个？

答案

根据题目要求这样的自然数的个数即为：能被5整除的数目，加上能被11整除的数目，再减去能被55整除的数目。

能被5整除的自然数有多少个？

1000÷5=200，有200个。

能被11整除的自然数有多少个？

1000÷11=90余10，有90个。

既能被5整除又能被11整除的自然数有多少个？

1000÷55=18余10，有18个。

所以能被5或11整除的自然数的个数是：
200+90-18=272个。

第206个数

用1，2，3，4，5这五个数字组成没有重复数字的自然数，从小到大顺序排列：1，2，3，4，5，12，……，54321。其中，第206个数是？

答案

用1，2，3，4，5能组成单位数5个；

能组成两位数5×4=20个；

能组成三位数5×4×3=60个；

能组成四位数5×4×3×2=120个；

此时共有：5+20+60+120=205个。

那么第206个数必为1，2，3，4，5这五个数能组成的一个最小的五位数，也就是12345。

推理火柴

两个人轮流从一堆火柴中移走1、2、3、4、5、6或7根，直至移完为止，谁移去最后一根火柴就算输了。如果有1000根火柴，首先移动的人在第一次移去几根才能在整个游戏中保证获胜？

答案

因为1000是8的倍数，又1+7=2+6=3+5=4+4=8，所以第一人在第一次移去7根就能获胜。这是因为第一次移去7根后，所余的993根等于8×124+1。所以每次移去时，若是第二人每移去a根，则第一人随之移去（8-a)根。这样，轮到124次时恰余1根，第二人只好移去这最后一根。

魔鬼、人和天使

魔鬼说的都是假话，而人有时说假话，有时说真话，但天使总是说真话。现在甲说："我不是天使"，乙说："我不是人"，而丙则说："我不是魔鬼"。你能判断出他们的身份吗？

答案

甲是人，乙是天使，丙是魔鬼。

有几个天使

一个旅行者遇到3个美女。她不知道哪个是天使，哪个是魔鬼。天使常常说真话，魔鬼只说假话。

甲说："在乙和丙之间，至少有一个天使。"

乙说："在丙和甲之间，至少有一个是魔鬼。"

丙说："我告诉你正确的消息吧。"你能判断出有几个天使吗？

答案

至少有2个天使。假设甲是魔鬼的话，由此可推断他们几个都是魔鬼，那么，乙是魔鬼的同时又说了真话，存在矛盾。所以甲是天使。假设乙是天使的话，从她的话来看，甲就成了魔鬼。相反，假设乙是魔鬼的话，从她的话来看，丙就是天使了。无论怎样，都会有2个天使。

网球比赛

体育馆里正在进行一场精彩的室内网球双打赛。王自强、安卫国、钟华夏、赵兴邦这4位大家熟悉的运动员正准备上场，观众相互议论：

1.王自强比安卫国年轻。

2.钟华夏比他的两个对手年龄都大。

3.王自强比他的搭档年纪大。

4.安卫国和王自强的年龄差距要比钟华夏和赵兴邦的差距更大一些。

请问：4位运动员的年龄顺序为何，谁和谁搭档？

答案

（1）由提示1及提示3，可知：

王自强和安卫国不是搭档的关系；

王自强的搭档或是钟华夏或是赵兴邦；

王自强的搭档年纪比安卫国小。

（2）假设王自强的搭档钟华夏，则根据提示2可知：钟华夏的年纪比安卫国大。但这和C相矛盾，所以这假设不成立，因此，王自强的搭档是赵兴邦，安卫国的搭档是钟华夏。

（3）既然知道了搭档关系，便可以进一步推知他们的年龄大小。

由提示3可知王自强的年纪比赵兴邦大；由提示1可知安卫国的年纪比王自强大；由提示2及上述的推断可知，钟华夏的年纪比王自强和赵兴邦都大。

汽车比赛

有五个人进行汽车竞速赛，他们没有比成平局，是先后到达

的。威尔不是第一个，约翰不是第一也不是最后一个，琼在威尔后面到达，詹姆不是第二个，瓦尔特在詹姆后到达，五个人到达的顺序怎样？

答案

詹姆第一，往后依次是：瓦尔特，约翰，威尔，琼。

超车的原因

　　一位年轻司机带着新婚妻子开着新买的越野车，沿湖滨公路游览，他的妻子十分得意。她突然从镜子里看到后面有一辆老掉牙的老爷车，开的很慢，心中不免又自喜一阵儿。

　　湖边的路很窄，又是单行线，新婚妻子觉得没趣，一会就睡着了，等她醒来，简直不相信自己的眼睛，老爷车慢腾腾地开在自己的车前面，它是怎样超过去的？

答案

越野车已经沿湖绕了一圈，所以到了老爷车的后面。

妙语解忧

　　一位画家去采访门采尔，向他请教："我真不明白，为什么我

画一幅画只消一天工夫，可卖掉它却要等上整整一年？"

门采尔听了，认真地说了一句话，让这位画家顿时领悟了原因所在。你知道门采尔是如何教育这个画家的吗？

答案

门采尔说："那就请你倒过来试试吧。"

蚂蚁搬兵

一只蚂蚁发现一条虫子死了，立刻回窝唤来10个伙伴，可还是挪不动。这些蚂蚁全部回窝又各自召唤了10个伙伴，依然如此。这些蚂蚁们又全部回窝各自招来10个援兵，终于把虫子拉到了家。请问一共有多少只蚂蚁？

答案

第一次的蚂蚁数目：1+10=11；

第二次的蚂蚁数目：11+11×10=121；

第三次的蚂蚁数目：121+121×10=1331（只）。

因此一共有1331只蚂蚁参加了搬运。

绳子离地面的高度

假设地球是一个正球形，它的赤道长是4万千米。现用一根比赤道长10米的绳子围绕赤道一周，假设在各处绳子离地面的距离都是相同的，请问绳子距离地面的高度够你从下面走过吗？

答案

令赤道的半径为x，比它长10米的绳子的半径为y。则y-x就是绳子距离地面的高度。

由题意可知2π（y-x）=10（米）；

解得y-x=1.59（米）

因此，绳子距离地面的高度为1.59米，足够一个人低下头走过去。

三种牌

桌上放着红桃、黑桃和梅花三种牌，共20张。

甲说：桌上至少有一种花色的牌少于6张。

乙说：桌上至少有一种花色的牌多于6张。

丙说：桌上任意两种牌的总数将不超过19张。

那么，你认为他们三人谁说的正确呢？

答案

首先看丙的话，由于有三种牌共20张，如果其中有两种总数超过了19，也就是达到了20张，那么另外一种牌就不存在了，这是与题干相矛盾的，由此可见丙的说法正确；同理乙的话也正确；甲的论述不正确，可以举例来说明，假设三种牌的张数分别是：6、6、8，就推翻了甲的假设，所以甲不正确。因此，乙、丙的话正确。

盒子与水果

在桌子上放着四个盒子。每个盒子上都有一张纸条，分别写着一句话。

A盒子上写着：所有的盒子里都有水果；

B盒子上写着：本盒子里有香蕉；

C盒子上写着：本盒子里没有梨；

D盒子上写着：有些盒子里没有水果。

如果这里只有一句话是真的，你能断定C盒子里能拿出水果来吗？

答案

由题意可知A和D是互相矛盾的，其中必有一句是真的。因此B、C都是假话。

所以C盒子中放的是梨，可以从中拿出梨来。

井里的鸟

如果一只鸟掉在枯井里，它能飞出来吗？

答案

不能。因为鸟的飞行原理与一般飞机相同，必须有"机场"。它不能像直升机那样垂直起降，所以只能"坐井观天"了。

巧渡大河

一队士兵来到河边要过河去，河上没桥，水又很深，只有找船了。找了很久，看见两个孩子在一只小船上玩儿，船小得像只洗衣盆，大人只能坐进一人，于是这队士兵就靠这只小船全部渡到对岸，你想想他们是怎么过去的呢？

再说一遍，一次只能坐两个孩子或者一个士兵！

答案

两个孩子先过河，留一个在对岸，另一个划船回来，把船交给一个士兵，士兵自己划船过河，让留在对岸的孩子把船划回去，如此完成一个程序。

然后还是两个孩子过河，重复第一步的过程，直到士兵全部过去。

爱撒谎的一家人

有一家人特别爱撒谎。这天中午吃饭，爷爷先在圆形的餐桌前坐了下来，问其他四个人要怎么坐。没想到他们连这个也要说谎。

妈妈："我坐女儿旁边。"

爸爸："我坐儿子旁边。"

女儿："妈妈是在弟弟的左边。"

儿子："那我右边是妈妈或姐姐。"

请问：他们一家人到底是怎么坐的？

答案

他们是这样坐的：从爷爷的右边开始，依次坐着儿子、女儿、爸爸、妈妈，他们五人又围成一个圆圈，大家可以画一个示意图看看。

打猎

有五个猎人经常一起去打猎。有一天他们一起去杀狼。在晚上

整理猎物的时候，发现A与B共杀了14头狼，B与C共杀了20头狼，C与D共杀了20头狼，D与E共杀了12头狼。而且，A和E杀狼的数量一样多。然后，C把他的狼和B、D的狼放在一起平分为三份，各取其一。然后，其他的人也这么做。D同C、E联合，E同D、A联合，A同E、B联合，B同A、C联合。这样分下来，每个人获得的狼的个数一样多，并且在分的过程中，没有出现把狼分割成块的现象。那么，你能算出每个人各打了多少头狼吗？

> **答案**
>
> 我们可以通过列方程的办法来求解，很容易得到结论。通过运算可以知道A、B、C、D、E打到的狼的数目分别为：8、6、14、4、8（头）。

预言家

阿尔法、贝塔、伽玛和欧米伽四位欧洲少女正在接受训练，以便将来能当上预言家。实际上，她们之中只有一个后来当了预言家，并在特尔斐城谋得一个职位；其余三个人，一个当了职业舞蹈家，一个当了宫廷侍女，另一个当了竖琴演奏家。

一天，她们四个人在练习讲预言。

阿尔法预言："贝塔无论如何也成不了职业舞蹈家。"

贝塔预言："伽玛终将成为特尔斐城的预言家。"

伽玛预言："欧米伽不会成为竖琴演奏家。"

　　而欧米伽预言她自己将嫁给一个叫阿特克赛克斯的男人。

　　可是，事实上她们四个人当中，只有一个人的预言是正确的，而正是这个人后来当上了特尔斐城的预言家。她们四个人各自当了什么？欧米伽和阿特克赛克斯结婚了吗？

答案

　　不妨先假设贝塔的预言是正确的，那么伽玛将成为特尔斐城的预言家。这样，伽玛的预言也是正确的，结果就出现了两个预言家，与题设的条件不符。因此，贝塔的预言是错误的。

　　因为贝塔错误，所以伽玛也没有当时特尔斐城的预言家。伽玛的预言也是错的，因此，欧米伽日后将成为竖琴演奏家，而不是预言家。

　　因此预言家只能是阿尔法，又因为欧米伽的预言是错的，所以后来她没有同名叫阿特克赛克斯的男人结婚。

打　赌

　　甲、乙和丙三兄弟用零花钱打了几次赌。

　　①开始，甲从乙那里赢得了相等于甲手头原有的钱数。

　　②接着，乙从丙那里赢得了相等于乙手头剩下的钱数。

　　③最后，丙从甲那里赢得了相等于丙手头剩下的钱数。

　　④结果，他们三人手头所拥有的钱数相同。

　　⑤我在开始时有50元。

请问：说这番话的是甲、乙、丙中的哪一个?在开始打赌前，他们各自有多少零花钱?

答案

是乙说的这番话，在打赌开始前，甲有30元，乙有50元，丙有40元。

小郭与猴子

一张圆桌子上面有一只猴子。小郭同它面对面站着。小郭想转到它背后，于是就绕着圆桌走；可是不管走到哪里，猴子总是面对着他。

请问：小郭绕着圆桌走时，有没有绕着猴子走?

答案

没有。因为小郭始终没有见到猴子的背面，也就谈不上"绕着猴子走"了。

木匠修庙

我国古代有个木匠跟建筑师鲁班学艺，到南山密林中去修筑香岩寺。

一天，木匠陪鲁班在山上散步，走到一棵古柏和一块怪石跟前，鲁班说："这古树怪石，真是少见！"

木匠说："若在石上建座庙，就更好了。"鲁班看了看木匠说："好！你就试着在这儿修建一百一十一座庙吧！"

鲁班这么一说，木匠愣住了，心想：这虽是一块巨大的怪石，但哪里能容得下这么多庙啊？

一连两天，木匠都想不出如何建造，愁得他茶饭不思。一天早饭后，木匠又坐在古柏下，看着那巨大的怪石发愁。忽然，他眼睛一亮，高兴地说道："师傅说的一百一十一座庙可以建造啦！"

木匠把自己的想法告诉鲁班后，鲁班夸他聪明，肯动脑筋。请问，木匠是怎样想的呢？

答案

鲁班说的"一百一十一座庙"其实用的是谐音，意思是："一柏，一石，一座庙。"

过独木桥

嘟嘟跟着挑着箩筐的哥哥过独木桥，走到桥中间的时候，迎面走来一个小男孩噜噜。嘟嘟和噜噜谁也不肯让谁，嘟嘟的哥哥怎么劝说也不行，于是他急中生智，想出了一个办法，使他们各自过去了。你知道应该怎么做吗？

答案

嘟嘟的哥哥把两个小孩放进两边的箩筐里，转了一个身，两个小孩就互相调换了位置，各自过桥了。

数字推理

根据前面的数字，选出括号中应填的数。

1，2，5，10，17，（　　）

A. 26　　　　　　B. 25　　　　　　C. 23　　　　　　D. 28

答案

A，该数列前项减去后项可得到等差数列：1，3，5，7，9，因此最后一项应该为17+9=26。

2，8，32，128，（　　）

A. 226　　　　　　B. 448

C. 512　　　　　　D. 626

答案

C，该列数字构成公比为4的等比数列，即后一项除以前一项均得到4，由此可知最后一项为128×4=512。

0.5，0.5，1，1.5，（　　），4

A. 2　　　　　B. 2.5　　　　　C. 3　　　　　D. 3.5

答案

B，通过观察可知第三项数字为第一、二项数字之和，第四项为第二、三项数字之和，由此推论空格处应为：1+1.5=2.5，代入后项可知1.5+2.5=4亦符合题意。

2，3，4，9，8，27，16，81，（　　），（　　）

A. 42，243　　　　B. 32，248

C. 30，148　　　　D. 32，243

答案

D，这道题考验你的观察能力，它是由两个数列杂合而成的，仔细观察可以发现奇数项为：2，4，8，16，（　　）；偶数项为：3，9，27，81，（　　）；因此两个空格分别为：16×2=32、81×3=243。

256，269，286，302，（　　）

A. 254　　　　B. 307

C. 294　　　　D. 316

答案

B，这道题依然是考察你的观察能力，将后项与前项做差可以得到：1，3，17，16似乎没有规律可言，但仔细观察会进一步

发现：2+5+6=13，256+13=269；2+6+9=17，269+17=286；
2+8+6=16，286+16=302，那么第四项就为：302+3+2=307。

3，1，12，9，3，17，5，（　　）

A. 12   B. 13

C. 14   D. 15

答案

A，本题初看较难，亦乱，但仔细分析，便不难发现，这是
一道三个数字为一组的题，在每组数字中，第一个数字是后两
个数字之和，即4=3+1，12=9+3，那么依此规律，括号内的数
字就是17-5=12。

6，7，8，13，15，21，（　　），36

A. 27   B. 28

C. 31   D. 35

答案

B，本数列为和数列的变式，通过观察可以发现第一、二项
的和为第四项，第二、三项的和为第五项，由此类推第七项应
当为第五、六项的和，即13+15=28。

11，12，12，18，13，28，（　　），42，15，（　　）

A. 15，55   B. 14，60

C. 14，55   D. 15，60

答案

B，本题为间隔组合数列，即奇数项和偶数项各构成一个数列，通过观察可知奇数项为自然数列，前一个空应该为14；偶数项为12，18，28，42，（　　），为二级等差数列，即通过做差得到一个公差为4的新数列：6，10，14，18，故空格处为42+18=60。

2，5/3，3/2，7/5，（　）
A. 5/7　　　　　　B. 1　　　　　C. 3/5　　　　D. 4/3

答案

D，依然考察你的观察能力和对数字的敏感度，通过变式可将本数列转变为：4/2，5/3，6/4，7/5，（　　），因此最后一项为8/6，即4/3。

2，5，11，56，（　）
A. 126　　　　B. 617
C. 112　　　　D. 92

答案

B，数列由前两项相乘加1得到第三项。

6，11，27，66，146，（　）
A. 198　　　　B. 227

C. 258   D. 291

答案

D，本题较难，数列关系隐藏较深。将各项减2得到新数列：4，9，25，64，144，对数字敏感的朋友应该会发现数列变成了2，3，5，8，12的平方，故第四项应当为17的平方再加2，17×17+2=291。

2，1，7，23，83，（ ）
A. 290   B. 292
C. 294   D. 295

答案

D，考察对数字的敏感性，7=2×2+1×3；23=1×2+7×3；83=7×2+23×3；（ ）=23×2+83×3=295。

5，12，31，68，（ ）
A. 106   B. 139
C. 129   D. 136

答案

C，本题需要有较强的变式转化能力，该数列的前四项分别为：1+4，8+4，27+4，64+4；而1，8，27，64分别为1，2，3，4的立方，故（ ）=5×5×5+4=129。

5，24，6，20，4，（　），40，3

A. 28 B. 30

C. 36 D. 42

答案

观察可知，5×24=120；6×20=120；40×3=120。

因此，相邻而不重复的两项之间的乘积均为120，因此空格处的数字就为：120÷4=30，选B。

4，7，9，4，25，（　）

A. 478 B. 441

C. 386 C. 364

答案

观察可知原数列的后三项均为一个自然数的平方，以此为切入口可以知道：

9为7和4的差的平方；

4为0和7的差的平方；

25为9和4的差的平方；

因此，空格处为25和4的差的平方，21的平方为441。答案为B。

3，4，6，2，-15，（　）

A. −52　　　　　B. −45

C. −36　　　　　D. −24

答案

本数列为一个三级等差数列，将原数列后一项减去前一项可以得到：

1，2，-4，-17，（-37）

继续做差可得：

1，-6，-13，（-20）

继续做差可得：

-7，-7，-7

因此空格处的数字即为：-15-37=-52，选择A。

2，17，69，139，140，（　　）

A. 71　　　　　B. 141

C. 210　　　　　D. 279

答案

通过观察我们可以发现以下对应规律：

2×8+1=17；

17×4+1=69；

69×2+1=139；

139×1+1=140；

因此，括号内的数字为：140×0.5+1=71，答案为A。

129，107，73，17，−73，（　　）

A. −55　　　　　　B. 89

C. −219　　　　　D. −81

答案

前一项减去后一项可以得到如下数列：

22，34，56，90…

观察可知 22+34=56；34+56=90。

因此，括号内的数字为：-73-（56+90）=-219，答案为C。

11，14，19，116，（　　）

A. 132　　　　　　B. 128

C. 125　　　　　　D. 124

答案

我们可以把原数列看为首位为"1"，之后的位数上放自然数的平方数的一列数列，即：

第一项为：1（1的平方）即11；

第二项为：1（2的平方）即14；

第三项为：1（3的平方）即19；

第四项为：1（4的平方）即116；

因此第五项为：1（5的平方）即125，所以答案为C。

非常
思维测试

请你在16分钟内完成回答出以下17道问题，其中1～14题每题5分，15～17题每题10分，共100分。

① 王林的妻子生下一个可爱的小宝宝，医生检查后说婴儿一切正常，但婴儿却只有一只左耳，为什么？

（时间：30秒）

② 河边一棵树，树底下一匹马，它被主人用三米长的绳子拴住了。一会儿，主人拿着饲料来了，他把饲料放在离树四米远的地方，坐在一边抽烟去了。可是，没多会儿，马就把饲料吃完了。当然绳子很结实，没有断，也没有人解开它。你说，这马是怎么吃到饲料的？

（时间：30秒）

③ 你用左手写字还是用右手写字？

（时间：30秒）

---

④ 桌上放着一只盛满咖啡的杯子，小李解手表时不小心把手表掉进去了，小李的手表是不防水的，还好，拿出来时手表上一点没沾水，这是什么道理呢？

（时间：30秒）

---

⑤ 汤姆是黑人，他的妻子是白人，他们刚出生的孩子的牙会是什么颜色？

（时间：30秒）

---

⑥ 一天晚上，老王和儿子在书房看书，突然断电了，儿子忙着去找蜡烛，可这时老王仍然津津有味地读着书，他难道有"特异功能"吗？

（时间：30秒）

---

⑦ 两人抬着一个煤气罐上楼，后边的那人是前边那人的儿子，但前边的那人却不是后边那人的父亲，这二人是什么关系？

（时间：30秒）

---

⑧ 车祸发生不久，一批警察和救护人员就赶到了现场，他们发现

司机没有受伤，翻覆的车子内外血迹斑斑，却没有见到死者和伤者。为什么？

（时间：30秒）

---

9 在一个偏僻山村里住着一位身高2米的农民，他这辈子从未离开过山村，惊讶极了，对外乡人说："这是我有生以来头一次见到比我高的人。"那位外乡人听了后说："不，绝对不可能。"请问高子先生为什么会如此肯定地说不可能呢？

（时间：30秒）

---

10 电灯开关，拉一次，灯亮，再拉一次，灯灭，你能否做到连拉二次使灯不亮？

（时间：30秒）

---

11 哪一个月有二十八天？

（时间：30秒）

---

12 为什么青蛙跳得比树高？

（时间：30秒）

---

13 80厘米长的红螃蟹和30厘米长的黑螃蟹比赛跑步，谁会赢？

（时间：30秒）

⑭ 有一个东西，你能用左手拿，不能用右手拿，这东西是什么？

（时间：30秒）

⑮ 体育课上，体育老师打算玩一种游戏，他让体育班长将班上的24个人排成6列，每5个人为一列，体育委员不知该怎么排，请你帮他一下？

（时间：30秒）

⑯ 从前有个国王，他有一位美丽的女儿准备招附马，有甲、乙两位王子前来求亲。国王招见了他们，对他们说："你们赛马跑到海港里的绿洲去吧。谁的马胜了，我就把女儿嫁给他。但这次不是比快，而是比慢，我到绿洲去等你们，看谁的马到得迟。"两个王子照着国王的话，骑着各自的马开始慢慢吞吞地赛马了。可是在沙漠里慢慢吞吞地走怎么受得了啊！正当两人痛苦难地下马休息时，甲王子突然想到了一个好办法，等乙王子醒悟过来后已经来不及了，甲王子最终赢得了这场比赛。请问他想到的是什么办法？

（时间：30秒）

⑰ 请用6根相同的火柴摆出4个相同的等边三角形来。

（时间：30秒）

答案：

1. 假如左边有两只耳朵那才不正常呢。

2. 绳子没有拴在树上。

3. 我用笔写字。

4. 杯子里装的都是咖啡粉，还没有加水冲泡呢。

5. 莫非你猜的是白色？其实刚出生的婴儿是没有牙齿的。

6. 老王是盲人，他是用"手"看书。

7. 他们是母子关系。

8. 车中运的是血浆。

9. 难道他出生的时候就这么高吗？

10. 可以在停电时或把电闸关掉再拉。

11. 其实每一个月都有二十八天。

12. 树不会跳，自然没有青蛙跳的高。

13. 黑螃蟹，因为红螃蟹是被煮熟了的。

14. 你的右手。

15. 排成一个正六边形，正六边形有6个顶点，这样每条边都有5个人，而总人数只有24人。

16. 国王比的是谁的马后到，于是甲王子骑上了乙的马，向绿洲疾驰而去。

17. 将火柴拼成一个正四面体即可。

你的分数是：_____

0～50分：在日常生活中，当你面临问题时，你通常采用旧有的方法去解决，旧有的方法难以解决问题时，你的思维往往会走进"死胡同"。

50～70分：你会尝试着去突破自己思维的障碍，但并不是每次都能获得成功，但是只要坚持，你也会逐步看到事物更加隐秘的一面。

70～85分：你已具有一定的非常规思维能力。对生活中常见的问题你按照已掌握的方法去做，当已有的方法不能解决时，你能够从其他角度进行深入的思考。

85～100分：你的思维能力是极为优秀的。即使是生活中常见的现象，你也总爱从其他角度对它进行思考，在你的思维信念中，"与别人不同"是永恒存在的。

图书在版编目 (CIP) 数据

就是要不学无束. 玩的就是智慧 / 田姝主编.

-- 北京: 团结出版社, 2011.1 (2020.6重印)

ISBN 978-7-5126-0286-1

Ⅰ.①就… Ⅱ.①田… Ⅲ.①科学知识—少年读物

Ⅳ.①Z228.1

中国版本图书馆CIP数据核字 (2010) 第247877号

出　　版：团结出版社 (北京市东城区东皇城根南街84号　邮编: 100006)

电　　话： (010) 65228880　65244790

网　　址：www.tjpress.com

E-mail：65244790@163.com

经　　销：全国新华书店

印　　刷：北京朝阳新艺印刷有限公司

绘　　图：火种源工作室

开　　本：880×1230mm　1/32

印　　张：40

字　　数：400千字

版　　次：2011年1月第1版

印　　次：2020年6月第3次印刷

书　　号：ISBN 978-7-5126-0286-1/Z.78

定　　价：238.00元 (全8册)